다원주의 세계라는 엄연한 현실에서 이웃과 의미 있는 대화를 하려는 그리스도인은 자신의 세계관을 성찰할 뿐 아니라 이웃의 세계관을 이해해야 한다. 『기독교 세계관과 현대사상』은 기독교 유신론이 어떻게 이신론을 거쳐 자연주의, 허무주의로 이행했으며 허무주의를 극복하기 위해 어떤 세계관이 발흥했는지 설명하면서 각 세계관의 연결점과 취약점을 규명한다. 사이어의 말처럼, 특정 세계관을 강요하지 않고 서로의 세계관을 견주며 타당성을 논하는 것은 지적으로 온전한 상태에 도달하고 검토된 삶을 살기 위해 필요하다. 물론 그가 시도하는 대화는 기독교 유신론이 가장 좋은 세계관이라는 예상 가능한 답으로 귀결되지만, 그 답을 따라가더라도 세계관 선택의 출발점은 겸손이라는 그의 제안을 결코 잊어서는 안 된다.

이 책은 1976년 초판이 나온 이래 판을 거듭하면서 6판에 이르렀다. 세계관에 대한 새로운 논의를 꾸준히 반영하며 생각을 더욱 견실하게 다듬어 온 저자의 성실함은 모든 학자의 본이 된다. 그는 특별히 4판에서 이야기와 마음의 중요성을 반영해 기독교 세계관을 새롭게 정의한 후, 5판에서는 세계관 질문에 핵심 헌신을 묻는 질문을 추가하고 6판에서는 향후 우리가 기독교 세계관을 어떻게 모색할지에 대한 지침을 제시했다. 아울러, 이슬람교를 편협하게 이해하는 분위기가 팽배한 상황에서 이슬람교 유신론을 사려 깊게 개괄한 내용은 매우 반갑다.

사이어가 별세함으로써 다음 개정판이 나오지 않는다는 사실이 안타깝다. 특히 "21세기를 위한 기독교 세계관 세우기" 논의가 제안 수준에서 멈춘 것은 이 주제의 중요성을 생각할 때 몹시 아쉽다. 인간 이해, 도덕적·사회적 규범의 변화, 신무신론의 발흥, 두려운 미래에 대처하는 방법에 대한 그의 통찰을 씨앗 삼아 더 충실한 논의를 풀어 나가는 과제는 이제 우리에게 남겨졌다. 그 과제를 풀기 위해서라도 사이어의 마지막 작품인 이 책은 기독교 세계관 논의에 관심을 가진 모든 사람에게 가장 중요한 필독서 중 하나로 남을 것이다.

전성민 밴쿠버기독교세계관대학원 원장, 유튜브 "민춘살롱" 운영자이 책은 첫째, 우리의 모든 결정이 어떤 특정 세계관에 의해 지배되고 있음을 의식하게 해 주며, 둘째, 그러한 세계관에는 어떤 것이 있는지를 보여 준다. 이것을 알아야 하는 것은 우리의 선택이 좀 더 책임 있는 것이 되게 하기 위해서다. 그러므로 이 책은 우리가 가지고 있는 세계관의 참된 가치를 깨달으며 더 일관성 있고 책임 있는 선택을 해야 하는 그리스도인이라면 반드시 읽어야 할 필독서다.

손봉호 서울대학교 명예 교수

이 책은 단순히 가장 좋은 기독교 신앙서 중 하나가 아니라 당대 최고의 기독교 세계관 교과서다. 현대인들이 직면하고 있는 대표적인 세계관들을 소개하고 우리 시대의 세계관들을 기독교적 관점에서 비평한 보고서다. '시대정신'의 흐름을 단숨에 꿰뚫어 보고 싶다면 이 책을 일독하는 것만으로 충분하다는 사실을 알게 될 것이다.

성인경 한국 라브리 대표

제임스 사이어가 세계관을 다룬 고전적 텍스트 『기독교 세계관과 현대사상』의 새로운 판이 나올 때마다, 교실에서 이루어지는 수업은 물론 개인 공부와 그룹 공부에도 포괄성과 적응성이 더해진다. 이번 6판도 예외는 아니다. 기독교의 지식과 신앙에 대한 가장 현대적인 도전을 다루는 새로운 논평을 포함하고 있다. 또한 최고의 실재, 외부 실재, 인간, 죽음 이후, 지식, 도덕성, 역사, 핵심 헌신과 관련하여 세계관을 정리한 훌륭한 도표도 있다. 제임스 사이어가 세계관을 다룬 작업은 문화, 종교, 시대를 가로지르는 우리의 기본 이해와 기본 헌신의 주요 차이를 평생에 걸쳐 매혹되어 연구하고 표현한 산물이다. 이 책은 세계관 이해의 중요성에 대한 나 자신의 관심과 이해를 자극하는 데 꼭 필요했다. 모든 그리스도인의 장서에 꼭 들어가야 할 책이다.

메리 포플린 클레어몬트 대학원대학교 교육학 교수, *Reality Secular?* 저자

두 세대가 넘는 복음주의자들이 제임스 사이어의 저명한 『기독교 세계관과 현대사상』으로 양육받았다. 이 책은 마땅히 기독교 고전으로 여겨진다. 두 가지 이유에서, 사이어 작품이 이렇게 새 육신을 입고 태어난 것이 특히 중요하다. 우선 하나, 이해를 명료하게 하는 사이드바, 도표, 학습 질문, 기독교 세계관에 대한 최근의 도전을 다루는 새로운 장을 추가하는 여러 새로운 특징을 갖추었다. 이로써 내용이 명확해지고 갱신되었으며 교과서로 사용하기 용이해졌다. 또 하나, 서양 문화가 기독교 세계관의 기억에서 점점 더 멀어짐에 따라 그리스도인들이 세계관 영역을 탐험하고 그리스도인으로서 세계관에 입각해 사고하는 방법을 아는 것이 점점 더 중요해지고 있다. 이 『기독교 세계관과 현대사상』의 새로운 판은 바로 이때를 위한 책이다.

J. P. 모어랜드 바이올라 대학교 탈봇 신학교 철학 석좌 교수, 『기독교 세계관의 철학적 기초』 공저자

대단한 책이다. 이 책으로 여러 번 가르쳤고 영상도 만들었다. 유용한 참고 문헌이 많이 수록되어 있으며, 새롭게 쓴 장은 우리가 세계관의 정신으로 계속해서 생각하도록 격려한다.

데이비드 노글 댈러스 침례대학교 명예 교수, 『세계관 그 개념의 역사』 저자

제임스 사이어가 쓴 고전 『기독교 세계관과 현대사상』의 새로운 판을 추천하게 되어 영광이다. 이 책은 다양한 세계관을 다룬 참고서이지만 읽기 쉬운 산문으로 가득하다. 사이어는 공정하게 조사하고 평가하기 위해 비기독교 세계관의 주요 사상가들을 끌어온다. 옆집 사람들(the people next door)의 견해를 이해하는 데 진심인 사람이라면 누구나 『기독교 세계관과 현대사상』(The Universe Next Door)에서 유익을 얻을 것이다.

압두 머리 강연자, 저술가, More than a White Man's Religion 저자

2006년에 제임스 사이어의 『기독교 세계관과 현대사상』(4판)을 처음 접했을 때, 이 책은 내게 신앙과 철학을 다루는 새로운 어휘를 소개해 주었다. 사이어의 작품은 목회자이자 대학원생이었던 나를 형성시키고 변화시켰는데, 학계의 철학자이자 교수인 지금의 내게도 여전히 그러하다. 새로 개정한 6판은 이전 판이 지닌 근본적 건실함을 훼손하지 않으면서도 유용한 추가 내용(장별로 숙고해 볼 질문, 확장된 사이드바, 부록에 실린 표와 그림, 결론부에 새로 추가된 장)을 담았다. 훌륭하고 가치 있는 계승작이다.

타와 앤더슨 오클라호마 침례 대학교 철학 부교수

이전 판을 향한 찬사

오늘날 지적으로 생각한다는 것은 세계관에 입각해서 생각하는 것이며, 현대의 사상을 구성하는 의미 체계의 구조를 익히 아는 것이다. 이 책은 이에 대한 명쾌한 입문서이자 탁월한 안내서다.
오스 기니스 『소명』 『오늘을 사는 이유』 저자

우리 시대의 주요 세계관을 해설하는 입문서로 이보다 더 나은 책은 없다.
니콜라스 월터스토프 예일 대학교 철학과 노아 포터 명예 교수, 『사랑과 정의』 저자

이제까지 본 대안 체제 가운데 가장 읽기 쉬운 설명이다.
루스 부시 *Handbook for Christian Philosophy* 저자

매우 훌륭하고 유용한 책이다.
E. M. 블레이클록 *Blaiklock's Handbook to the Bible* 저자

전체적으로 읽어 보라. (특히 서양에서 나타난) 세계관의 진화에 대한 유력한 역사를 추적할 뿐만 아니라 기독교 신앙이 오래도록 타당함을 강력하게 변호한다.…탁월한 입문서다.
앨런 케리 *Faith Thought*, 2010년 10월

30년이 넘는 동안, 『기독교 세계관과 현대사상』은 명료하고 읽기 쉬운 세계관 입문서의 표준을 정립해 왔다. 사이어는 유신론, 이신론, 자연주의, 마르크스주의, 허무주의, 실존주의, 동양의 일원론, 뉴에이지 철학, 포스트모더니즘에 대한 간결하고 이해하기 쉬운 소개와 더불어 학생 친화적 특성을 담은 내용을 추가로 제공한다.

폴 케인 *Liturgy, Hymnody, and Pulpit Quarterly Book Review*, 2010년 8월

우리가 일하고 증언하도록 부름받은 문화를 이해하려는 모든 사람에게 이 책은 여전히 없어서는 안 될 자원이다.

데이비드 매케이 *The Covenanter Witness*, 2010년 6월

기 독 교
세계관과
현대사상

IVP(InterVarsity Press)는
캠퍼스와 세상 속의 하나님 나라 운동을 지향하는
IVF(InterVarsity Christian Fellowship)의 출판부로
생각하는 그리스도인을 위한 문서 운동을 실천합니다.

Originally published by InterVarsity Press
as *The Universe Next Door*
Sixth edition ⓒ 2020 by the Estate of James W. Sire
Translated and printed by permission of InterVarsity Press
P. O. Box 1400, Downers Grove, IL, 60515, USA. www.ivpress.com

This Korean translation edition ⓒ 2024 by Korea InterVarsity Press
156-10 Donggyo-ro, Mapo-gu, Seoul 04031, Republic of Korea.

제임스 사이어
김헌수 옮김

Ivp

기독교
세계관과
현대사상

확대 개정 6판

마조리,

캐롤, 마크, 케일럽,

유진과 리사,

리처드, 케이 디, 데릭, 해나,

마이카, 애비게일, 조애나,

앤, 제프, 애런, 제이컵

세계에서

누구의 세계가

나의 익숙하고

급성장하는

우주를

구성하는가?

우리가 지적으로 온전한 상태에 도달하려면
타인의 세계관을 간파할 수 있어야 할 뿐 아니라
우리 자신의 세계관—
왜 우리가 이 세계관을 지니는지,
그토록 많은 선택지 가운데
왜 이것을 참이라고 생각하는지—도
인식할 수 있어야 한다.

짐 사이어

차례

6판 서문—짐 후버		15
5판 서문		17
1장	세계관의 차이: 도입	23
2장	하나님의 장엄으로 가득 찬 우주: 기독교 유신론	41
3장	시계와 같은 우주: 이신론	77
4장	유한한 우주의 침묵: 자연주의	109
5장	영점(零點): 허무주의	151
6장	허무주의를 넘어서: 실존주의	187
7장	동양으로의 여행: 동양 범신론적 일원론	229
8장	또 하나의 우주: 뉴에이지—종교 없는 영성	263
9장	사라진 지평선: 포스트모더니즘	333
10장	중동에서 온 시선: 이슬람교 유신론	381
11장	검토된 삶: 살 가치가 있는 삶	431
12장	21세기를 위한 기독교 세계관 세우기: 진행 중인 작업	445
부록: 세계관 도식과 간략한 개요		461
찾아보기		465
옮긴이 후기		475

6판 서문

짐 후버

짐 사이어를 만난 지도 50년이 넘었다. 나는 스물한 살의 대학생으로 미시간주 어퍼 반도의 시더 캠퍼스에 있는 기독학생회 전국 인도자 연구소에서 열린 행사에 참석하고 있었다. 그때 짐은 기독학생회출판부의 첫 전임 편집장으로 임명되었다. 첫 만남에서 그가 따뜻하고 매력적인 사람임을 알 수 있었다. 그에게는 종종 장난스럽고 도발적이기는 해도 자기를 낮추는 식의 유머 감각이 있었다. 명민하고 탐구심이 있는 그는 대학과 세상을 대상으로 하는 기독교 출판계에서 새 시대를 열어 갈 적임자로 보였다.

그때에는 생각하지도 못한 일이 10년 후에 일어났다. 그의 초청으로 나는 출판부 편집진의 일원이 되었다. 『기독교 세계관과 현대사상』의 초판은 이미 그 당시에, 다양한 세계관이 소용돌이치는 대학교 캠퍼스에서 기독교가 어떻게 적합한지 탐구하는 지적 호기심이 있는 독자들 사이에서 자리를 잡고 주요 도서로서 역할을 하고 있었다. 짐이 밝혔듯이, 그 책은 '기독교적 연구 프로젝트'에서 여러 여름 학기에 걸쳐 개설했던 강좌에서 비롯되었다. 나는 1979년 여름에 며칠 동안 그 강좌에 참석했다. 얼마 지나지 않아 나는 짐의 주요 사내 편집자가 되어서 『기독교 세계관과 현대사상』의 개정판뿐만 아니라 이후 출간한 그의 책 대부분의 편집 작업을 담당했다. 『비뚤어진 성경 해석』(Scripture Twisting, 생명의말

쏨사), 『지성의 제자도』(Discipleship of the Mind), 『홍길동, 대학에 가다』(Chris Chrisman Goes to College), 『지식 건축법』(Habits of the Mind), 『코끼리 이름 짓기』(Naming the Elephant, 이상 IVP), 『왜 사람은 무엇이든 믿어야 하는가?』(Why Should Anyone Believe Anything at All?), 『좋은 논증이 종종 실패하는 이유』(Why Good Arguments Often Fail), 『겸손한 변증학 입문』(A Little Primer on Humble Apologetics) 등. 우리는 점심시간을 수없이 함께 보냈고, 다른 사람들과 함께 짐이 다룬 이 주제 및 여러 다른 주제를 살펴보기도 했다.

그래서 이 6판을 작업하는 데 초대받은 것이 내게는 영예로운 일이었다. 짐이 2018년 2월에 갑작스럽게 사망하기 전에 개정 작업을 거의 마치지 않았다면 나는 이 작업을 시도하지 않았을 것이다. 짐과 오랫동안 쌓은 우정이 그의 사후에도 그의 사상을 떠올리게 하지만, 나는 이 책에서 다루는 자료를 독립적으로 가르치거나 연구한 적이 없다. 짐이 추가한 부분은 대부분 마지막 장, "21세기를 향한 기독교 세계관을 세우기: 진행 중인 과업"에 담겨 있다. 부록에 담긴 도식과 간략한 개요도 이번에 추가했다.

그 과정에서 유용한 정의와 성찰할 거리를 담은 사이드바(도서 박스, 용어 설명)의 수를 늘렸다. 또한 여러 부분에서 최신 참고 문헌을 보충했다. 일부는 짐이 직접 제공했으며, 외부 검토자 타와 앤더슨(Tawa J. Anderson), 로버트 라이블리(Robert Lively), 마크 버트런드(J. Mark Bertrand)가 제공한 자료도 있다. 검토자들의 유용한 제안을 모두 반영하지는 못했지만, 원고를 읽고서 보내 준 피드백에 깊이 감사드린다. 이전 판을 사용한 분들이라면, 세계관 질문에 번호만 붙인 대신 괄호 안에 관련 단어를 한두 개 첨가해 독자가 관련 주제를 기억할 수 있도록 했다는 데 주목할 것이다. 각 장에는 성찰과 토론을 위한 질문을 두어 본문을 이해하는 데 도움이 되도록 했다.

이 새로운 판이 예수 그리스도의 주권 아래에서 성찰하는 삶을 살아가려 하는 새로운 세대의 독자들에게 유익이 되기를 소망한다.

5판 서문

제임스 사이어

1976년에 이 책의 초판이 발간된 지 어언 33년이란 세월이 흘렀다. 그동안 서양의 세계관들이 여러 모양으로 발전했을 뿐 아니라, 나를 비롯한 여러 사상가가 세계관이란 개념을 이해하는 방식도 많이 변했다.

1976년 당시만 하더라도 뉴에이지 세계관이 그 모양새를 막 갖추기 시작하던 터라 이름도 미처 붙지 않은 상황이었다. 나는 그 세계관을 '새로운 의식'이라 불렀다. 그와 동시에 **포스트모던**이라는 단어도 학계에서만 사용했고 아직 지적으로 의미 있는 전환이라고 인식되지는 않았다. 이제 2009년이 되어 뉴에이지도 서른 살을 넘겼지만 그에 걸맞지 않게 아직 사춘기다. 한편 포스트모더니즘은 지적 생활의 모든 영역에 침투하여 적어도 약간의 반발을 불러일으켰다. 그 동반자인 다원주의와 상대주의와 혼합주의는 각각의 모든 관점이 내던 특유한 목소리를 없애 버리고 말았다. 3판에서 이 점을 지적했지만, 이제는 뉴에이지와 포스트모더니즘에 대해 할 이야기가 더 많아졌다. 4판에서는 뉴에이지를 다룬 장을 최신 추세에 맞게 개정했고 포스트모더니즘을 다룬 장은 대폭 수정했다.

4판에서는 세계관이란 개념을 완전히 새롭게 표현했다. 정말 세계관이란 무엇인가? 1976년에 내가 내린 (1988년판과 1997년판에서도 그대로 둔) 정의에 대해 그동안 여러 도전이 제기되었다. 너무 지적인 접근 아닌가? 세계관은 의식적 측면보다 무의식적 측면이 더 크지 않은가? 왜 인식론(우리는 어떻게 아는가)이라는 더 개인적인 질문에서 출발하지 않고 추상적인 존재론(존재에 대한 관념)에서 시작하는가? 궁극적 실재의 본성에 대해 어떤 주장을 하기 전에 우리의 지식 자체를 먼저 정당화해야 하지 않는가? 이 책의 **세계관** 정의는 19세기 독일 관념론이나, 어쩌면 기독교 세계관 그 자체의 진리에 의존한 것 아닌가? 한 사람의 세계관을 형성하거나 평가하는 데, 혹은 그것을 파악하는 데 행위가 하는 역할은 무엇인가? 포스트모더니즘은 세계관이라는 개념 자체를 무너뜨리지 않는가?

나는 이런 도전들에 대해 곰곰이 생각해 보았고, 그 결과는 두 가지로 나타났다. 첫째는 (현재 2판까지 나온) 『코끼리 이름 짓기』를 집필한 것이다. 이 책은 원래 『기독교 세계관과 현대사상』의 4판과 같은 시기에 출간되었다. 『코끼리 이름 짓기』에서 나는 세계관 개념을 둘러싼 여러 사안을 다루었다. 4판과 이번 책에서 사용된 지적 도구에 관심이 있는 독자들은 『코끼리 이름 짓기』에서 그 지적 도구를 훨씬 더 깊이 분석했음을 확인할 수 있을 것이다. 이 작업에 큰 도움을 준 것은 댈러스 침례 대학교 철학 교수인 데이비드 노글(David Naugle)의 저서였다. 『세계관, 그 개념의 역사』(*Worldview: The History of a Concept*)에서 노글은 임마누엘 칸트(Immanuel Kant)에서 아서 홈즈(Arthur Holmes)에 이르기까지 세계관 개념의 기원, 발전 과정, 다양한 정의 등을 고찰하면서 기독교 세계관에 대한 자기 나름의 정의도 제시한다. 사실 세계관을 성경에 나오는 마음(heart) 개념과 동일시한 그의 견해를 접하고서 나도 새로운 정의를 내놓았으며, 그 정의가 4판과 이번 책 1장에 실려 있다.

처음 세 판의 독자들은 이 새로운 정의가 네 가지를 수행한다는 점에 주목하게 될 것이다. 첫째, 세계관을 바라보는 초점을 '일군의 전제들'에서 '헌신(commitment), 마음의 근본 지향'으로 바꿈으로써 지성의 전(前)이론적 뿌리를 더 강조했다. 둘째, 일군의 전제에 이야기라는 관념을 추가함으로써, 세계관을 표현하는 방식을 확장한다. 셋째, 세계관의 가장 깊은 뿌리는 '진짜 실재'를 이해하고 거기에 헌신하는 데 있음을 더 명확히 한다. 넷째, 어떤 사람의 세계관이 실제로 무엇인지 평가하는 데서 행위의 역할을 인정한다. 한 사람이 지닌 헌신으로서 세계관의 중요성을 강조하고자 이번 5판에서는 세계관 질문에서 8번째 문항을 추가했다. **이 세계관과 일치하는, 인격적이고 삶의 방향을 정하는 핵심 헌신은 무엇인가?**

그럼에도 『기독교 세계관과 현대사상』 첫 네 판에서는 세계관 분석 내용을 대부분 그대로 두었다. 이신론을 다룬 3장은 그 세계관 안에 있는 다양성을 설명하려고 상당히 확장했지만, 이 책에서 검토한 여덟 가지 세계관 가운데 첫 여섯 가지에 대한 설명과 분석만 경우에 따라 조금 바꾸었다. 세계관의 정의를 다듬고 내용을 약간 손질함으로써 각 세계관이 지닌 강력한 특성이 더욱 확연히 드러나기를 바란다.

끝으로, 현재 서양에 막대한 영향을 끼치고 있으나 이전 판에서는 다루지 않은 중요한 세계관이 하나 있다. 2001년 9월 11일 이후로 이슬람교는 중동, 아프리카, 동남아시아뿐 아니라 유럽과 북아메리카에서도 중요한 동인이 되었다. 이슬람교의 세계관(어쩌면 세계관들)은 이제 전 세계 사람들의 삶에 영향을 끼치고 있다. 게다가 일간 신문에 **세계관**이라는 용어가 등장하는데, 필자들은 최근 몇 년 동안 일어난 놀라운 사건들을 부채질한 것이 무엇인지 파악하고 설명하려 할 때 이 용어를 사용한다. 유감스럽게도 나는 미국에 사는 우리가 이슬람교의 세상 이해를 알 필요성에 대해 응답할 준비가 되어 있지 않았다. 그래서 테일러 대학교의 철학과 종교학 교수이자 여러 책을 집필한, 특히 『이웃의 신앙』(*Neighboring Faiths*)[1]을

---

1 Winfried Corduan, *Neighboring Faiths*, 2nd ed. (Downers Grove, IL: InterVarsity Press, 2012).

집필한 윈프리드 코두언(Winfried Corduan) 박사에게 이슬람교의 세계관을 다루는 장을 써 달라고 요청했다.

마지막으로, 초판 출간 동기에 관해 몇 마디 덧붙이겠다. 책 출간 이후 부정적인 논평이 많이 나왔는데, 특히 아마존닷컴 독자들의 평가가 그러했다. 그들은 이 책이 친(親)기독교적 편견을 보인다고 불평했으며, 편견 없는 연구를 원했다. 하지만 중요한 지적 사상이나 흐름을 다루는 편견 없는 연구는 없다. 당연히 세계관 분석에서도 편견을 어느 정도 나타낼 것이다. 객관적 서술이라고 생각할 때조차도, 객관성이 가능하며 이것이 헌신되고 인정된 관점보다 더 가치가 있다는 가정하는 것이다. C. S. 루이스(Lewis)는 존 밀턴(John Milton)의 『실낙원』(Paradise Lost)을 해석하는 글을 쓰면서, 자신의 기독교 신앙이 오히려 장점이었다고 말한 적이 있다. 루이스는 이렇게 묻는다. "루크레티우스(대표적인 에피쿠로스학파 철학자—옮긴이)를 읽는 동안 진짜 살아 있는 에피쿠로스학파 사람을 곁에 둘 수 있다면 무엇인들 못 하겠는가?"[2] 여기 기독교 세계관과 그 대안들을 다루는 진짜 살아 있는 안내서가 있다.

게다가 나는 1970년대 중반에 그리스도인 학생들을 위해 이 책을 썼다. 그리스도인 학생들이 볼 때는 이상하거나 심지어 틀린 사상인데 교수들은 진리라고 여길 때 그들은 '소외된다'는 느낌을 받곤 했다. 왜 그렇게 느껴지는지 밝혀서 그런 학생들에게 도움을 주고자 이 책을 고안했다. 이 학생들이 '단지' 기독교 세계관의 개요를, 기독교 세계관이 어떻게 근대 서양 세계의 실재 이해 대부분을 제공했는지를, 기독교에서 변형과 부패가 일어남으로써 생겨났거나 기독교의 지적 뿌리에 반하는 다양한 세계관과 기독교 세계관에는 어떤 차이가 있는지를 알기 원했다. 이 책은 나

---

[2] C. S. Lewis, *Preface to Paradise Lost* (London: Oxford University Press, 1960), p. 65. 『실낙원 서문』(홍성사).

오자마자 세속 기관—예컨대 스탠포드 대학교, 로드아일랜드 대학교, 노스 텍사스 주립 대학교—과 기독교 대학 모두에서 교과서로 사용되었다. 후속 판을 거듭하면서 다른 세계관을 가진 독자를 염두에 두고 개정했지만, 기독교적 관점은 변명하지 않고 변함없이 유지했다.

사실 독자들이 이 책에 계속해서 관심을 보인다는 점은 나를 놀랍고 기쁘게 한다. 이 책은 19개 언어로 번역되었을 뿐 아니라, 해마다 변증학, 역사학, 영문학, 종교학 개론, 철학 개론, 심지어 과학의 인문학적 측면을 다룬 과목에 이르기까지 그야말로 폭넓은 분야에서 교수들의 추천에 따라 많은 학생의 손에 들린다. 그처럼 관심의 폭이 넓다는 사실은 이 책의 토대가 되는 한 가지 가정이 진정으로 참이라는 점을 시사한다. 바로, 우리가 인간으로서 고찰해야 할 가장 근본적인 문제들은 학과의 경계를 넘어선다는 것이다. 최고의 실재(prime reality)는 무엇인가? 하나님인가 우주인가? 인간은 무엇인가? 죽을 때 무슨 일이 발생하는가? 그러면 우리는 어떻게 살 것인가? 이런 질문은 심리학만큼이나 문학과도, 과학만큼이나 종교와도 관련이 있다.

나는 한 가지 사안에 대해서만은 한결같은 태도를 취한다. 나는 우리가 지적으로 온전한 상태에 도달하려면 타인의 세계관을 간파할 수 있어야 할 뿐 아니라 우리 자신의 세계관—왜 우리가 이 세계관을 지니는지, 그토록 많은 선택지 가운데 왜 이것을 참이라고 생각하는지—도 인식할 수 있어야 한다고 확신한다. 이 책이 디딤돌이 되어 다른 이들도 스스로의 세계관을 발전시키고 정당화하기를 바랄 뿐이다.

각주에서 여러 사람에게 감사를 표했는데, 그에 덧붙여 오래전에 미국 IVF 주관으로 미시간주 시더 캠퍼스에서 열린 기독교적 연구 프로젝트에 강사로 초빙해 준 스티븐 보드(C. Stephen Board)에게 특히 감사드리고 싶다. 그 프로그램의 간사로 일했던 그와 토머스 트레베탄(Thomas

Trevethan)은 이 책의 원안이었던 그 강의 자료가 더욱 향상되도록 훌륭한 조언을 해 주었고, 책이 나온 후에도 계속해서 나의 세계관 사상을 비평해 주었다.

원고를 읽고 미진한 부분을 손질하도록 도와준 친구들은 스티븐 에반스(C. Stephen Evans, 마르크스주의 부분을 기고했다), 윈프리드 코두언(이슬람교 장을 기고했다), 오스 기니스(Os Guinness), 찰스 햄턴(Charles Hampton), 키스 얀델(Keith Yandell), 더글러스 그로타이스(Douglas Groothuis), 리처드 부브(Richard H. Bube), 로드니 클랩(Rodney Clapp), 게리 데도(Gary Deddo), 쇼캣 모우캐리(Chawkat Moucarry), 콜린 채프먼(Colin Chapman)이다. 댄 시네스트베트(Dan Synnestvedt)는 4판을 논평함으로써 5판을 내야겠다는 생각을 촉발하고 지침을 제공했는데, 특히 이신론을 다룬 장에 대해 그러했다. 아울러 데이비드 노글의 공로도 인정해야겠다. 그가 없었다면 내가 정의한 세계관의 내용은 변화 없이 그대로 지속되었을 것이다. 이들과 이번 판 편집을 담당한 제임스 후버(James Hoover)에게 심심한 감사를 표한다. 또한 내가 가르친 세계관 과목과 강좌에서 세계관적 비평을 잘 소화하고 여러 의견을 제시해 준 많은 학생에게 감사를 전한다. 끝으로, 마땅히 가장 먼저 감사를 표할 사람은 아내 마조리(Marjorie)다. 판을 거듭하면서 다시 쓴 원고들을 검토해 주었을 뿐 아니라 우리 가정과 그에게 쏟아야 할 나의 관심이 원고로 향할 때도 인내해 주었다. 사랑은 다른 사람을 위해 고난을 감내하는 최상의 선물을 베풀어 준다.

물론 이 책에 여전히 남아 있는 부적절한 표현과 잘못된 부분은 모두 분명히 내 책임이다.

1장

세계관의 차이: 도입

그러나 종종 세상의 가장 복작거리는 거리 속에서도,
그러나 종종 투쟁의 소음 속에서도,
우리의 파묻힌 삶을 알고자 하는
형언할 수 없는 욕망은 일어난다.
그것은 우리의 참되고 근원적인 진로를 추구함에
다함없이 우리의 열정과 힘을 소비하고자 원하는 갈증이다.
그것은 몹시도 거칠고 몹시도 깊이 고동치는
우리 속마음의 신비를 캐고자 하는 갈망이다.
우리의 삶이 어디서 왔으며 어디로 가는지를 알고자 하는 갈망이다.

매슈 아널드, "파묻힌 삶"

19세기 말 스티븐 크레인(Stephen Crane)은 21세기에 사는 우리가 우주를 바라보며 느끼는 비극을 시로 표현했다.

한 남자가 우주에게 말했다.
"선생님, 저는 존재합니다."
"그러나" 하며 우주는 대답한다.
"그 사실은 나에게 아무런 의무감도 일으키지 않네."[1]

이 대화는 자기 주변과 하나님을 바라보며 다음의 노래를 읊었던 고대의 시인과 얼마나 큰 차이를 보이는가!

여호와 우리 주여,
    주의 이름이 온 땅에 어찌 그리 아름다운지요!

주의 영광이
    하늘을 덮었나이다.
주의 대적으로 말미암아
    어린아이들과 젖먹이들의 입으로
    권능을 세우심이여.
    이는 원수들과 보복자들을 잠잠하게 하려 하심이니이다.

---

1   Stephen Crane, *War is Kind and Other Lines* (1899)에서. 명시 선집에도 자주 실린다.

주의 손가락으로 만드신

　주의 하늘과

주께서 베풀어 두신

　달과 별들을 내가 보오니

사람이 무엇이기에 주께서 그를 생각하시며

　인자가 무엇이기에 주께서 그를 돌보시나이까?

그를 하나님보다 조금 못하게 하시고

　영화와 존귀로 관을 씌우셨나이다.

주의 손으로 만드신 것을 다스리게 하시고

　만물을 그의 발아래 두셨으니

곧 모든 소와 양과

　들짐승이며

공중의 새와

　바다의 물고기와

바닷길에 다니는 것이니이다.

여호와 우리 주여,

　주의 이름이 온 땅에 어찌 그리 아름다운지요! (시 8편)

이 두 편의 시에 담긴 세계관은 세계만큼이나 큰 차이가 있다. 둘은 서로 완전히 다른 세계관을 제시한다. 그러나 두 시 모두 현대인의 지성(mind)과 영혼(soul) 속에서 공감을 일으킨다. 스티븐 크레인에게 동조하는 사람 중에서도 대부분은 시편 저자의 크고 영광스런 확신, 즉 우주 안에 있는 하나님의 손길과 자기 백성을 향한 하나님의 사랑을 과거의 기억 이상의 것으로 간직하고 있다. 그들은 자신들이 더 이상 받아들일 수 없는 것을 갈망한다. 삶의 중심이 상실되어서 생긴 마음의 공간은 아버지를 잃은 어린아이의 마음에 남겨진 깊은 틈과 같다. 더 이상 하나님을 믿지 않는 자들이라 해도 이 공허를 메워 줄 수 있는 무언가를 얼마나 갈망하는지!

또한 시편 저자에게 동의하는 많은 사람, 즉 주 여호와 하나님에 대한 신앙이 생명력 있게 차고 넘치는 사람들 역시 크레인의 시에 끌리는 것을 느낀다. 그렇다. 이 시는 하나님을 상실한 자의 실상을 정확하게 그리고 있다. 그렇다. 무한하고 인격적인 우주의 주(Lord)에 대한 신앙이 없는 자가 느낄 수밖에 없는 감정, 즉 소외, 고독, 그리고 절망까지도 이 시는 정확히 표현했다.

우리는 19세기 선조들이 겪었던 신앙의 투쟁을 상기하며 많은 사람이 그렇게 투쟁하다가 신앙을 상실했음을 안다. 앨프리드 테니슨 경(Alfred Lord Tennyson)은 친한 친구의 죽음에 반응하여 다음과 같은 시를 썼다.

> 아아, 인간은 아무것도 알지 못한다.
>   나는 다만 믿을 뿐이다. 세상 만사에
>   마침내―언젠가는―마침내
>   선이 임하리라고.
> 겨울이 지나면 봄이 오리니.
> 나의 몽상은 계속된다. 그러나 나는 무엇인가?
>   밤중에 우는 젖먹이인가?
>   빛을 찾아 우는 젖먹이인가?
> 말도 모르고 울기만 하는 젖먹이인가?[2]

---

2   Alfred, Lord Tennyson, *In Memoriam* (1850), poem 54에서.

테니슨은 결국 믿음을 갖게 되었지만, 그의 투쟁이 해결되는 데는 많은 시간이 걸렸다.

우리 자신의 신앙, 우리 자신의 세계관, 실재에 대한 우리의 믿음을 찾으려는 분투, 이것이 바로 이 책의 내용이다. 격식을 갖춰 진술하자면, 이 책의 목적은 (1) 서양 세계 사람들이 자신, 다른 사람들, 자연계, 하나님 혹은 궁극적 실재에 대해 생각할 때 기초가 되는 기본적 세계관을 개괄하고, (2) 이러한 세계관들이 유신론적 세계관의 붕괴로부터 이신론, 자연주의, 허무주의, 실존주의, 동양의 신비주의, 뉴에이지라는 새로운 의식(new consciousness), 최근에 중동에서 유입된 이슬람교 등을 거치면서 변천한 과정을 역사적으로 추적하며, (3) 포스트모더니즘이 이 세계관들을 어떻게 변형시키는지 보여 주고, (4) 우리 모두가 세계관의 관점에서 생각하도록—즉, 우리 자신의 사고방식을 의식할 뿐 아니라 다른 사람들의 사고방식도 의식하도록—장려함으로써 우리의 다원주의 사회에서 서로를 잘 이해하고 더 나아가 서로 진정으로 소통할 수 있도록 하는 것이다. 이것은 거창한 주문이다. 사실 평생에 걸친 프로젝트를 수행하라는 말처럼 들린다. 많은 사람이 이 책을 읽고 그 함의를 진지하게 받아들임으로써 바로 그렇게 하는 것이 내 바람이다. 이 책에 쓰인 내용은 단지 하나의 생활 양식이 될 만한 것의 서론에 불과하다.

이 책을 저술하면서 특히 힘들었던 점은 포함할 내용과 제외할 내용을 결정하는 문제였다. 그러나 이 책을 입문서로 생각하기에 과감하게도 간결하게 서술하려고 노력했다. 즉, 각 세계관의 핵심을 파악하고 장점과 약점을 제시하면 다음 세계관으로 넘어갔다. 하지만 독자들이 해당 장의 내용보다 더 깊은 내용으로 인도해 줄 본문 및 참고 문헌이 담긴 각주를 포함시킴으로써 내 나름의 관심사를 충족시켰다. 내가 문제의 핵심이라고 여기는 것만을 파악하려는 사람은 각주를 무시해도 무방하다. 그러나 자기 힘으로 그 핵심에 도달하려는 사람(그런 사람이 아주 많기를!)은 다음 단계의 읽기 및 탐구할 질문을 제시한다는 점에서 각주가 유용하다는 사실을 알게 될 것이다.

세계관이란 무엇인가?

플라톤(Plato), 칸트, 사르트르(Sartre), 카뮈(Camus), 니체(Nietzsche) 등과 같은 철학자의 이름이 자주 등장하겠지만 이 책은 전문적인 철학 연구서가 아니다. 또한 사도 바울, 아우구스티누스(Augustine), 아퀴나스(Aquinas), 칼뱅(Calvin) 등에 의해 널리 알려진 개념을 종종 언급한다고 해서 이 책을 신학서 범주에 포함할 수도 없다. 더 나아가, 다양한 세계관이 다양한 종교에서 어떻게 표현되는지 자주 언급하긴 하지만 이 책은 비교 종교학 저술이 아니다.³ 각 종교에는 그 나름의 예식과 예전, 특정한 실천과 심미적 특성, 고유한 교리와 표현 방식이 있다. 이 책은 오히려 세계관을 다루는 책으로, 철학이나 신학이나 비교 종교학을 다루는 일반적인 연구서보다 어떤 점에서는 더 기초적이고 근본적이다.⁴ 다른 식으로 말하자면, 말

---

3   종교에 대한 현상학적 접근이나 비교 종교학적 접근은 Ninian Smart, *Worldviews: Crosscultural Explorations of Human Beliefs*, 3rd ed. (Upper Saddle River, NJ: Prentice Hall, 2000)을 보라. 『종교와 세계관』(이학사). 또한 종교적 세계관에 초점을 맞추고 있는 데이비드 버넷(David Burnett)의 *Clash of Worlds* (Grand Rapids, MI: Monarch Books, 2002)를 보라.
4   세계관이라는 개념에 관해 도움이 될 만한 글 모음집으로는 Paul A. Marshall, Sander Griffioen, and Richard Mouw, eds., *Stained Glass: Worldviews and Social Science* (Lanham, MD: University Press of America, 1989)가 있으며, 그중에서도 James H. Olthuis, "On Worldviews," pp. 26-40는 특히 통찰력 있다. 일반적으로 세계관 분석은 최근에, 세계관의 지적이고 추상적인 성격을 지나치게 강조할뿐더러 **유일한** 기독교 세계관 같은 것이 있음을 암시적으로 전제한다는 점에서 비판을 받는다. 이런 비판은 타당하게 들린다. 세계관이 기독교적인지 아닌지를 막론하고 세계관이라는 표현 자체는 역사의 흐름이나 언어의 다양한 성격에 깊숙이 자리 잡고 있기 때문이다. 일반적인 세계관에 대한 어떤 표현도 그 세계관이 나온 문화의 흔적을 지닐 것이다. 그럼에도 특히 우리 그리스도인들은 언제 어디서나 성경과 기독교 전통에서 근본적으로 확정한 것들에 대한 가장 분명한 표현, 가장 근사치에 가까운 표현을 추구해야 한다. Roger P. Ebertz, "Beyond Worldview Analysis: Insights

과 개념으로 형성된 우주들에 관한 책이라고도 할 수 있는데, 말과 개념은 함께 작용하면서 모든 사상과 행동을 위한 다소 통일된 준거틀(frame of reference)을 제공한다.[5]

논리 정연한 철학―적어도 위대한 철학자들에게서나 볼 수 있는―에 가까운 것을 소유한 사람은 별로 없다. 더구나 용의주도하게 조직된 신학을 소유한 사람은 훨씬 더 적으리라고 생각한다. 그러나 모든 사람이 세계관은 가지고 있다. 우리는 어떤 생각을―일상적인 생각(**시계를 어디에 뒀지?**)부터 심오한 질문(**나는 누구인가?**)에 이르기까지―할 때마다 자신의 세계관에 따라 생각한다. 사실 세계관―기초적이고 간단한 것이더라도―이 전제되지 않고는 생각을 전혀 할 수 없다.[6]

그렇다면 우리 모두에게 그처럼 중요한 세계관이라는 게 무엇인가? 나는 그런 말을 들어 본 적도 없다. 그런데 어떻게 내가 세계관을 소유할 수 있겠는가? 이것이 많은 사람의 반응일 것이다. 이러한 질문은 장 바티스

---

from Hans-Georg Gadamer on Christian Scholarship," *Christian Scholar's Review* 36 (Fall 2006): pp. 13-28를 보라. 이버츠는 다음과 같이 말한다. "결과적으로 세계관은…절대적이지도 비역사적이지도 않다. 있는 그대로의 신학적 주장을 모아 놓은 것도 아니다. 세계관은 살이 통통하게 붙은 관점으로, 과거와 현재에서 얻은 발견뿐 아니라 신자와 불신자에게서 얻은 통찰력을 통합한다"(p. 27). 다음 장에서 다룰 기독교 세계관을 이러한 관점으로 이해하면 좋을 것이다. 이 책 5판을 출간한 이후 IVP Academic에서는 유용한 입문서를 한 권 더 출간했다. Tawa J. Anderson, W. Michael Clark, and David K. Naugle, *An Introduction to Christian Worldview: Pursuing God's Perspective in a Pluralistic World* (Downers Grove, IL: IVP Academic, 2017).

[5] 이 책 3판에서 나는 오래전 T. S. 엘리엇(Eliot)을 진지하게 생각했다고 고백했다. 그는 이렇게 말했다고 한다. "이류 시인은 남의 것을 베끼지만, 훌륭한 시인은 훔친다." 이 책의 제목(원서 제목인 "옆집의 우주")은 E. E. 커밍스(Cummings)의 시 "이 바쁜 괴물, 비인간을 불쌍히"(pity this busy monster, manunkind)의 마지막 두 행에서 가져왔다. "들으라: 옆집에 대단히 / 멋진 우주가 있다. 가자." E. E. Cummings, *Poems: 1923-1954* (New York: Harcourt Brace, 1954), p. 397를 보라. 이 원서를 번역한 책은 아니지만 커밍스의 시는 『세상이 더 푸르러진다면』(미행)에서 한국어로 볼 수 있다―편집자주.

[6] 찰스 테일러가 말한 대로, "모든 믿음은 당연하게 받아들여지는 맥락이나 틀 안에서 유지된다. 이 맥락이나 틀은 대체로 암묵적 상태로 남아 있고 행위자가 인지하지도 못할 것이다. 이전에 명확한 형태로 표현된 적이 결코 없었기 때문이다." Charles Taylor, *A Secular Age* (Cambridge, MA: Belknap, 2007), p. 13.

> 세계관(혹은 삶에 관한 전망)은 우리가 세계와 자기 소명과 미래를 바라보는 근본 믿음의 틀 혹은 집합이다. 이 전망(vision)이 완전히 분명하게 설명될 필요는 없다. 아주 깊숙하게 내면화되어서 대체로 의심 없이 받아들여질 수도 있다. 삶에 관한 체계적 개념으로 표현되도록 명시적으로 발전하지 않을 수도 있다. 이론적으로 심화된 철학이 되지 않을 수도 있다. 신조로 성문화되지 않을 수도 있다. 문화적-역사적 발전을 통해 많이 다듬어질 수도 있다. 그럼에도 이 전망은 삶에 방향과 의미를 부여하는 궁극적 믿음의 통로다. 이것은 질서와 무질서를 판단하는 통합적·해석적 틀이다. 현실을 헤쳐 나가고 추구하는 표준이다. 우리의 모든 일상적인 생각과 행동이 돌아가게 하는 경첩이다.
>
> 제임스 올타이스(James H. Olthuis), "세계관에 관하여",
> 『스테인드글라스: 세계관과 사회과학』

트 몰리에르(Jean Baptiste Molière)의 『부르주아 귀족』(*The Bourgeois Gentleman*, 지만지드라마)에 나오는 주르댕 씨(M. Jourdain)를 생각나게 한다. 그는 자신의 말이 산문(散文)임을 알지 못한 채 지난 40년간 산문을 말하고 있었다는 사실을 어느 날 갑자기 깨달았다. 그러나 자기 자신의 세계관을 깨닫는 일은 훨씬 더 가치 있다. 사실 그러한 깨달음은 자각, 자기 인식, 자기 이해로 나아가는 중대한 발걸음이 된다.

그러면 세계관이란 무엇인가? 간단히 정의하면 이렇다.

세계관은 이야기의 형태로, 혹은 실재의 기본 구성에 대해 우리가 (의식적으로든 무의식적으로든, 일관되게든 비일관되게든) 보유하고 있는 일군의 전제(참이거나 부분적으로 참이거나 전부 거짓인 가정)로 표현되는 것으로서, 우리가 살고 움직이

고 몸담을 수 있는 토대를 제공하는 헌신이요, 마음의 근본 지향이다.[7]

이제 이 함축적 정의를 풀어내야 한다. 각각의 문구가 지니는 구체적 특징을 자세히 설명할 필요가 있다.

세계관은 헌신(commitment)이다. 세계관의 본질은 인간 자아의 내면 깊숙이 자리 잡고 있다. 세계관은 지성(mind)과 관련이 있지만 무엇보다도 헌신, 즉 영혼의 문제다. 단지 지성의 문제가 아니라 영적 지향이다.

세계관은 마음(heart)의 문제다. 오늘날 우리가 **마음**이라는 단어를 성경에서만큼 비중 있게 사용하기만 해도 이 개념을 쉽게 파악할 수 있을 것이다. 성경적 개념은 지혜(잠 2:10), 감정(출 4:14; 요 14:1), 욕망과 의지(대상 29:18), 영성(행 8:21), 지력(롬 1:21) 등을 모두 포함한다.[8] 요컨대, 성경적 견지에서 보면 마음은 "인간을 규정하는 핵심 요소"다.[9] 그러므로 세계관은 자아—모든 사람의 중앙 운전실—속에 자리해 있다고 할 수 있다. 이 마음으로부터 모든 생각과 행위가 나온다.

---

[7] 내가 쓴 *Naming the Elephant: Worldview as a Concept* (Downers Grove, IL: InterVarsity Press, 2004)를 보라. 『코끼리 이름 짓기』(IVP). 이 정의에 대한 더 자세한 설명은 특히 7장을 보라. '세계관적 사고'는 분명 최근 들어 강하게 비판받고 있음을 인정한다. 합리적 체계를 지나치게 강조한다는 것이 비판의 핵심이다. 이것이 어느 정도는 내가 세계관이 헌신, 마음의 근본 지향임을 강조하는 이유라고 고백한다. 나는 세계관이 우리의 출발점이 되는 일군의 명제라기보다는 우리가 의식하거나 의식하지 못하는 가정들을 명료하게 밝힌 것이라고 일관되게 주장해 왔다. 세계관적 사고에 대한 비판은 James K. A. Smith, *Desiring the Kingdom: Worship, Worldview, and Cultural Formation* (Grand Rapids, MI: Baker Academic, 2009, 『하나님 나라를 욕망하라』, IVP), *Imagining the Kingdom: How Worship Works* (Grand Rapids, MI: Baker Academic, 2013, 『하나님 나라를 상상하라』, IVP), *Awaiting the King: Reforming Public Theology* (Grand Rapids, MI: Baker Academic, 2017, 『왕을 기다리며』, IVP), *You Are What You Love: The Spiritual Power of Habit* (Grand Rapids, MI: Brazos, 2016, 『습관이 영성이다』, 비아토르); Alan Noble, *Disruptive Witness: Speaking Truth in a Distracted Age* (Downers Grove, IL: InterVarsity Press, 2018), pp. 50-53를 보라.

[8] 마음(heart)에 대한 성경적 개념을 상세히 묘사한 내용은 David Naugle, *Worldview: The History of a Concept* (Grand Rapids, MI: Eerdmans, 2002), pp. 267-274를 보라. 『세계관: 그 개념의 역사』(CUP). NRSV에서는 '카르디아'(*kardia*)를 '지성'(mind)으로, NIV에서는 이를 '마음'(heart)으로 번역했다.

[9] Naugle, *Worldview*, p. 266.

세계관은 이야기로 혹은 일군의 전제로 표현된다. 세계관이 하나의 이야기거나 일군의 전제라는 말이 **아니라**, 그런 식으로 표현될 수 있다는 뜻이다. 나와 인류 전체가 어디서 왔는지 혹은 나의 인생이나 인류가 어디로 향하고 있는지 성찰할 때, 나의 세계관은 이야기로 표현된다. 과학이 들려주는 이야기는 빅뱅에서 시작해 우주의 진화, 은하의 형성, 별, 행성, 지구에서의 생명 출현, 우주의 수명이 다함에 따른 생명의 소멸이라는 과정으로 진행된다. 그리스도인은 창조, 타락, 구속, 영화로 구성된 이야기를 들려주며, 그 중심부에는 예수님의 탄생, 죽음, 부활이 있다. 그들은 자신과 타인의 생애를 이 으뜸 이야기에 속한 자그마한 대목으로 여긴다. 이 작은 이야기들의 의미는 으뜸 이야기에서 분리될 수 없으며, 이 의미의 일부는 명제로 이루어져 있다. 예를 들어, 내가 하나님, 인간, 우주에 대해 정말로 무슨 가정을 품고 있는지 스스로에게 묻는다면, 그 결과는 내가 명제적 형태로 표현할 수 있는 일군의 전제다.

그렇게 명제로 표현된다는 것은 곧 근본 실재의 본성에 관한 일련의 질문에 답한다는 것이다. 곧 그런 질문들을 열거하고 검토할 것이다. 그러나 그 전에 먼저 이 가정들의 성격을 살펴보자.

세계관은 옳고 의식적이며 일관될 수 있는 가정들이다. 한 사람의 헌신을 표현하는 전제들은 참이거나, 부분적으로 참이거나, 전부 거짓일 수 있다. 물론 **사물의 진면목**이라는 것이 존재하지만, 우리는 그것을 잘못 인식하는 경우가 많다. 다시 말해, 실재는 끊임없이 변형시킬 수 있는 게 아니다. 의자는 우리가 그것을 의자로 인식하든 그렇지 않든 의자로 남아 있다. 무한한 인격적 하나님은 존재하거나 존재하지 않는다. 그러나 어느 쪽이 참인지에 대해서는 의견이 분분하다. 어떤 사람은 이것을 가정하고, 다른 사람은 저것을 가정한다.

둘째, 우리는 때로 우리가 헌신하는 내용을 의식하지만 그렇지 않을 때도 있다. 사람들 대다수는 평소에 사람들을 유기적 기계로 의식하면서 살지 않겠지만, 하나님의 존재를 믿지 않는 이들은 그들이 의식하든 아니든 사람을 그런 존재로 생각하는 셈이다. 그렇지 않고 스스로를 일종의 비물질적 영혼을 가진 존재로 생각하고 타인도 그런 식으로 대우한다면 이는 한마디로 그들의 세계관에 일치하지 않는 일이다. 초자연적인 것을 전혀 믿지 않는 이들 중 일부는 자신이 환생하는지 궁금해한다. 따라서 세 번째로 말할 수 있는 것은, 우리의 세계관이—크고 작은 공동체를 특징짓는 것이든 우리가 개인적으로 가지고 있는 것이든—때로는 비일관적이라는 점이다.

세계관은 우리가 살아가는 토대다. 우선 우리의 세계관이 우리가 생각하는 세계관과 다를 수 있다는 점을 주목하는 것이 중요하다. 우리의 세계관은 오히려 우리의 언행으로 드러난다. 우리의 세계관은 보통 우리의 잠재의식 깊숙이 깔려 있으므로 애써 오랫동안 성찰하지 않으면 인식하지 못한다. 설령 그 세계관이 무엇인지 안다고 생각하고 말끔한 명제와 명쾌한 이야기로 표현하더라도 우리가 틀릴 수 있다. 바로 우리의 행위가 우리의 자기 인식이 거짓임을 드러낼 수 있다.

이 책은 대단히 많은 사람이 견지하는 주요 세계관에 초점을 맞추고 있으므로, 이런 세계관 분석의 사적 요소는 더 비판받을 여지가 없을 것이다. 하지만 우리 자신의 세계관을 명확하게 알고 싶다면 우리가 실제로 어떻게 행동하는지 성찰하고 심사숙고해야 한다.

여덟 가지 기본 질문

어떤 세계관을 명제들로 표현할 수 있다면 그 명제들은 어떤 것인가? 그 명제들은 다음 질문들에 대한 본질적이고 근본적인 대답이어야 할 것이다.

1. **진정으로 참된 최고의 실재는 무엇인가?** 이에 대해 우리는 하나님, 여러 신, 혹은 물리적 우주라고 대답할 수 있다. 이 질문에 대한 우리의 대답이 가장 근본적인 내용이다.[10] 이 답은 나머지 질문에 대해서도 일관되게 대답하도록 경계를 설정한다. 이어지는 장들에서 각기 다른 세계관을 차례로 살펴보는 동안 이 점은 더 분명해질 것이다.

2. **외부 실재, 즉 우리를 둘러싼 세계의 본성은 무엇인가?** 이에 대한 대답은, 우리가 세계를 창조된 것으로 보는지 저절로 된 것으로 보는지, 무질서한 것으로 보는지 질서 있는 것으로 보는지, 물질로 보는지 영으로 보는지 알게 한다. 혹은 우리가 세계에 대한 우리의 주관적·인격적 관계를 강조하는지 우리와 분리된 세계의 객관성을 강조하는지를 알게 한다.

3. **인간은 무엇인가?** 이에 대해 인간이란 매우 정교한 기계다, 잠자는 신이다, 하나님의 형상대로 지음받은 인격적 존재다, 털 없는 원숭이다 등으로 대답할 수 있다.

4. **인간이 죽으면 어떤 일이 일어나는가?** 이 질문에 대해서는 소멸된다, 더 나은 상태로 변형된다, 환생한다, '저 세상'의 유령이 된다 등으로 대답할 수 있다.

5. **지식이 가능한 까닭은 무엇인가?** 그 예시가 될 수 있는 대답으로는, 우리가 전지하신 하나님의 형상대로 지음받았기 때문이다, 오랜 진화 과정에서 생존하다가 우연한 결과로 의식과 이성이 발달했기 때문이다 같은 것이 있다.

6. **무엇이 옳고 무엇이 그른지 어떻게 알 수 있는가?** 다시 말하지만, 선이라는 속성을 가지신 하나님의 형상대로 지음받았기 때문이다, 또는 선

---

10   Sire, *Naming the Elephant*, chap. 3.

과 악이 인간의 판단이나 인간이 좋게 여기는 것에 의해 결정되기 때문이다, 또는 문화적 생존이나 육체적 생존을 향한 동력에 의해 발달한 개념이 있기 때문이다 등으로 대답할 수 있다.

7. **인간 역사의 의미는 무엇인가?** 이 질문에 대해서도, 하나님 혹은 다른 신들의 계획을 실현하는 것이다, 지상에 낙원을 이룩하는 것이다, 사람들이 거룩하신 사랑의 하나님과 교제하는 삶을 준비하는 과정이다 등으로 대답할 수 있다.

이 책의 이전 판에서는 이상 언급한 일곱 가지 질문만을 다루었지만, 이것만으로는 세계관이 **헌신**이며 **마음의 문제**라는 생각을 충분히 담아내지 못한다. 그래서 다소 지적이고 추상적인 성격을 지닌 일곱 가지 질문에 이 질문들이 개인적으로 어떠한 의미를 지니는지를 구체적으로 드러내는 질문을 덧붙인다.

8. **이 세계관과 일치하는, 인격적이고 삶의 방향을 정하는 핵심 헌신은 무엇인가?** 어떤 세계관이든 그 안에 있는 핵심 헌신은 매우 다르다. 예를 들어, 그리스도인은 하나님의 뜻을 성취한다고 말할 수도 있고, 먼저 하나님의 나라를 구한다고 말할 수도 있고, 하나님께 순종하고 그분을 영원토록 즐거워한다고 말할 수도 있고, 하나님을 알거나 사랑하는 데 헌신한다고 말할 수도 있다. 이 각각은 기독교 세계관을 구체적인 부분에서 서로 다소 다르게 이해하는 데로 이어진다. 자연주의자는 삶을 살아가기 위해 자기의 개인 역량을 실현한다고 말할 수도 있고, 다른 사람을 위해 최대한 선을 행한다고 말할 수도 있고, 사회적 다양성 및 사회적 갈등이 있는 세계 속에서 내적 평안의 세계를 살아간다고 말할 수도 있다. 이러한 질문과 대답은 지적 헌신이 개인의 삶에서 작동하는

다양한 방식을 드러낸다. 이 방식들은 아주 다른 세계관의 맥락 안에서뿐 아니라 같은 세계관을 공유한 공동체 안에서도 자기 자신의 세계관을 보는 것이 중요함을 인정한다. 다시 말해, 각 사람은 결국 실재에 대한 각각의 몫을 얻는다. 몇몇 (이를테면 다섯에서 열 가지의) 일반적 세계관의 성격을 확인하는 것이 매우 유용하더라도, 자기 자신의 세계관을 확인하고 평가하는 것이 필요하다. 그래야 그 세계관의 독특한 성격에 주의를 기울일 수 있고, 가장 중요하게는 여덟째 질문에 대해 자기 자신의 답을 할 수 있을 것이다.[11]

다양한 기본 세계관에서는 이 외의 다른 문제도 제기된다. 예를 들어 보자. 이 세상의 책임자는 누구인가? 하나님인가, 인간인가, 아무도 아닌가? 사람은 결정된 존재인가, 자유로운 존재인가? 사람만이 가치를 창출하는가? 하나님은 정말 선하신가? 하나님은 인격적인가, 비인격적인가? 혹은 신이란 도대체 존재하는가?

이런 식으로 질문을 퍼부을 때 우리는 멈칫하게 된다. 해답이 너무 명백하기에 왜 힘들게 그런 질문을 하는지 의아해할 수도 있고, 그런 질문에 어느 정도나 확실하게 대답할 수 있을지 궁금해할 수도 있다. 만일 질문에 대한 대답이 너무 명백해서 고려할 가치가 없다고 생각한다면, 분명 하나의 세계관을 가지고 있긴 하지만 다른 많은 사람이 그 세계관에 동의하지 않는다는 사실은 모르고 있는 것이다. 우리는 다원주의 세계에 살고 있음을 반드시 기억해야 한다. 우리에게는 명백한 것이 옆집 이웃에

---

11 조금 더 개인적이고 인격적인 힘에 초점을 맞추면서 세계관을 분석하는 접근은 J. H. Bavinck, *The Church Between Temple and Mosque* [Grand Rapids, MI: Eerdmans, n.d. (reprinted 1981)]을 보라. 『선교적 변증학』(성광문화사). 바빙크는 다섯 가지 주안점을 두고 다른 세계관을 검토한다. (1) 나와 우주, (2) 나와 규범, (3) 나와 내 존재의 수수께끼, (4) 나와 구원, (5) 나와 최고 권력.

게는 '엄청난 거짓말'이 될 수도 있다. 이 사실을 인식하지 않는다면 우리는 매우 단순하고 편협한 사람이며, 오늘날의 세상을 살아가는 일에 대해 많은 것을 배워야 한다. 이와 반대로 그러한 질문에 대해, 속임수를 쓰거나 지적 자살을 하지 않고서는 답을 얻을 수 없다고 생각한다면, 이미 일종의 세계관을 채택한 것이다. 이는 그 극단적 형태가 허무주의로 이어지는 회의주의의 한 형태다.

우리는 그러한 질문들에 대한 대답을 회피한 채 살 수 없다. 우리는 이런 입장이나 저런 입장을 취하게 된다. 어떤 명백한 세계관을 취하기를 거부하는 것도 결국 그 자체가 하나의 세계관이거나 적어도 하나의 철학적 입장이 된다. 간단히 말해, 우리는 이미 휘말려 있다. 우리가 살아 있는 한, 우리는 검토된 삶이나 검토되지 않은 삶을 산다. 검토된 삶이 더 낫다는 게 이 책에서 취하는 가정이다.

그래서 다음 장부터 주요 세계관을 하나씩 검토해 보고 그 타당성을 설명하려 한다. 여덟 가지 기본 질문에 대한 각 세계관의 대답을 검토할 것이다. 이는 각 세계관에 일관성 있게 접근할 수 있게 하고, 유사점과 차이점을 발견하는 데 도움을 주며, 세계관 자체가 지닌 준거틀이나 다른 경쟁하는 세계관의 관점에서 각 세계관을 평가할 수 있게 할 것이다.

나의 세계관은 논증 초반부에 감지될 것이다. 그러나 불필요한 추측을 막고자, 다음 장 주제가 나의 세계관임을 미리 밝혀 둔다. 그렇지만 이 책은 나의 세계관을 밝히려고 쓴 책이 아니라 여러 선택지를 제시하여 설명하고 비판한 책이다. 이러한 검토 과정에서 독자가 자신의 세계관을 발견하거나 수정하거나 더 명확히 갖추어 간다면 이 책의 주요 목적은 성취된 것이다.

말로 표현되거나 개념의 형태로 남아 있는 수많은 우주가 있다. 어떤 것들은 오래전에 생겨났고, 또 어떤 것들은 이제 형성되고 있다. 당신의 우주는 무엇인가? 옆집의 우주(the universe next door)는 무엇인가?

성찰과 토론을 위한 질문

1. 이번 장 서두에 실린 두 편의 시에서 어느 것이 당신의 세계관을 잘 표현하는가?
2. 저자에 따르면 세계관은 어떻게 마음의 문제가 되는가? 당신은 이 주장을 어떻게 생각하는가?
3. 당신의 세계관을 포함해 각기 다른 세계관들을 분석하는 것이 중요한가? 왜 그런가 혹은 왜 그렇지 않은가?
4. 이 책을 끝까지 읽으면 무엇을 배우거나 경험하리라고 기대하는가?

2장

하나님의 장엄으로 가득 찬 우주: 기독교 유신론

세계는 신의 장엄으로 충만해 있다.
그것은 흔들리는 금박의 광채처럼 불꽃이 되어 터져 나오리라.
그것은 짓눌려 스며 나오는 기름처럼 모여서 거대하게 되리라.
그런데 인간은 어찌하여 그의 권위에 무관심한가?

제라드 맨리 홉킨스, "신의 장엄"

17세기 말까지 서양 세계에서는 분명히 유신론적 세계관이 지배적이었다. 그 당시의 지적 논쟁들—현재와 마찬가지로 당시에도 많은 지적 논쟁이 있었다—은 대부분 집안 싸움에 불과했다. 도미니크회는 예수회와, 예수회는 성공회와, 성공회는 장로교와 서로 의견이 달랐고 한없이 그럴 수 있겠지만, 이 교파들은 모두 동일한 기본 전제를 갖고 있었다. 성경에서 말하는 삼위의 인격적 하나님이 존재하신다, 하나님은 자신을 우리에게 계시하셨고 우리는 그분을 알 수 있다, 우주는 하나님의 피조물이다, 인간은 그분의 특별한 피조물이다 등. 논쟁이 있다 해도 유신론이라는 범위를 벗어나지는 않았다.

예를 들어, 사람이 어떻게 하나님을 아는가? 이성으로? 계시로? 믿음으로? 명상으로? 대리인을 통해? 직접 접근함으로써? 이 논쟁은 1,200년 이상 여러 곳에서 되풀이되었으며 현대에도 유신론자 사이에서 계속되고 있다. 다른 쟁점을 가져와 보자. 우주의 기본적 구성 원료는 질료(matter)인가 형상(form)인가 아니면 양자의 조합인가? 유신론자들은 이 문제에 대해서도 서로 다른 의견을 가지고 있다. 하나님이 주권자이신 우주 안에서 인간의 자유는 무슨 역할을 하는가? 다시 말하지만, 집안 싸움이다.

중세 초기부터 17세기 말까지, 하나님의 존재를 의심하거나 궁극적 실재는 비인격체라고 주장하거나 죽음은 개인의 소멸을 의미한다고 이야기하는 사람은 거의 없었다. 그 이유는 명백하다. 기독교가 서양 세계 깊숙이 침투해 있었기 때문에, 사람들이 그리스도를 믿든지 단지 다른 그리스도인들이 하는 대로 행동하든지 그들은 모두 기독교 신앙의 영향을 받고 형성된 사상적 배경 속에서 살았다. 심지어 신앙을 거부하던 자들도 종종 지옥 불이나 연옥의 고통을 두려워하며 살았다. 악인들이 기독교의 선을 거부했겠지만, 그들은 기본적인 기독교적 기준에 비추어 볼 때 자신이 악하다는 사실을 알고 있었다. 물론 기독교적 기준에 대한 그들의 이해는 매우 조야했겠지만 그 본질은 기독교적이었다. 그들의 가치관 기저를 이룬 유신론적 전제들은 젖먹이 때부터 체득되었다.

물론 이는 더 이상 참이 아니다. 서양 세계에서 태어났다는 사실은 아무것도 보장해 주지 않는다. 세계관은 계속 증식해 왔다. 유럽이나 북미의 대도시에서 길거리를 지나다 마주치는 사람들은 인생이란 무엇인가에 대해 서로 다른, 참으로 다양한 이해를 드러낼 것이다. 우리에게 이상해 보이는 것은 거의 없어서, 토크쇼 진행자가 텔레비전 시청자에게 충격을 선사함으로써 좋은 시청률을 얻는 일은 점점 더 어려워지고 있다.

어른으로 성장해 가는 문제를 생각해 보자. 21세기에 서양 세계에서 태어난 아이는 서로 크게 다른 두 가지 형태(아버지의 것과 어머니의 것)로 규정된 현실을 습득하곤 한다. 그러다가 가정이 깨지기라도 하면 법원이 끼어들어 인간 현실에 대한 세 번째 정의를 들이밀 수도 있다. 이는 세계의 실제 모습이 무엇인지를 결정하는 데 분명 문제를 야기한다.

17세기의 아이들은 위치감(a sense of place)을 주는 문화적 합의 안에서 자랐다. 주변 세계는 하나님이 창조하여 두신 바로 거기에 있었다. 하나님께 위임받아 섭정하는 자로서 그는 자신을 포함한 모든 인류가 세상을 다스릴 권세를 받았다고 알고 있었다. 그는 하나님을 예배하도록 요구받았는데, 당시에는 하나님이 경배를 받으시기에 지극히 합당하신 분이었다. 그는 하나님께 순종하도록 요구받았는데, 당시에는 인간이란 그렇게 창조되었기에 하나님께 순종하는 것이 진정한 자유였다. 게다가 하나님의 멍에는 쉽고 그분의 짐은 가벼웠다. 더 나아가, 하나님의 명령은 주로 도덕적인 것으로 간주되었고, 사람은 자유로이 외부 세계에 대해 창의력을 발휘하고, 자유로이 그 세계의 비밀을 캐내며, 자유와 존엄으로 피조물을 존중해 주시는 하나님 앞에 자신의 노동을 진정한 예배로 드리는 하나님의 청지기로서 그 세계를 자유로이 형성하고 가꾸어 나갈 수 있었다.

그때는 의미와 도덕성의 근거뿐만 아니라 정체성의 문제에 대한 근거도 있었다. 아직 부조리의 사도들(the apostles of absurdity)이 나타나기 전이었다. 셰익스피어(Shakespeare)의 리어왕(아마 영국 르네상스기의 가장 '고뇌하던' 주인공이었을 것이다)조차도 철저한 절망으로 끝을 맺지는 않았다. 셰익스피어의 후기 희곡들을 보아도, 그가 절망의 순간을 잘 극복했으며 세상에는 궁극적 의미가 있다고 생각했음을 알 수 있다.

부조리주의

부조리주의(absurdism)는 삶이란 본질적으로 무의미하며 목적도 없고 혼돈뿐이라는 믿음 혹은 철학이다. 그러므로 이것은 허무주의의 한 형태다. 많은 소설가와 극작가—그중에는 외젠 이오네스코(Eugène Ionesco), 장폴 사르트르(Jean-Paul Sartre), 알베르 카뮈, 해럴드 핀터(Harold Pinter), 사뮈엘 베케트(Samuel Beckett), 에드워드 올비(Edward Albee)가 있다—가 부조리주의적 주제를 탐구했다.

"부조리의 극장은 이성적 방식과 논증적 사고를 공개적으로 포기함으로써, 인간 조건의 무의미함과 이성적 접근의 부적절함에 대한 감각을 표현하고자 애쓴다"(마틴 에슬린, "부조리의 극장").

따라서 세계관에 관한 우리의 연구는 유신론에서 시작하는 것이 타당하겠다. 유신론은 기본 관점으로, 1700년에서 1900년 사이에 발전한 다른 모든 세계관은 본질적으로 이 관점에서 유래했다. 유신론 이전의 그리스-로마 고전주의로 거슬러 올라갈 수도 있겠지만, 이조차도 르네상스기

에 부활할 때는 거의 유신론이라는 틀 안에서만 가능했다.¹

기독교 유신론의 기본 내용

이제 각 세계관의 본질을 최소한의 간결한 명제로 표현할 텐데, 이것이 각 장의 핵심 부분이 될 것이다. 각 세계관은 신 또는 궁극적 실재의 본성과 속성, 우주의 본성, 인간의 본성, 인간이 죽을 때 무슨 일이 일어나느냐는 질문, 인간 앎의 근거, 윤리의 기초, 역사의 의미, 삶의 방향을 정하는 핵심 헌신 등 근본 문제들을 다룬다.² 유신론의 경우에는 기본 명제가 하나님의 본성에 관한 것이다. 이 첫 번째 명제가 매우 중요하므로 다른 내용보다 더 상세히 살펴보기로 한다.

---

1   이를 다룬 가장 흥미로운 연구 중 하나인 Jean Seznec, *The Survival of the Pagan Gods* (New York: Harper & Row, 1961)에서는 그리스의 신들이 "기독교화"되었다고 주장한다. 즉, 배교자 율리아누스(Julian the Apostate)가 말한 것과 같다. "오 창백한 갈릴리인이여, 그대가 이겼도다."

2   이 책 초판 출간 이후 기독교 세계관에 관한 책이 여러 권 출간되었다. 특히 주목할 만한 것은 다음과 같다. Arthur F. Holmes, *Contours of a World View* (Grand Rapids, MI: Eerdmans, 1983). 『기독교 세계관』(솔로몬); Arthur F. Holmes, ed., *The Making of a Christian Mind* (Downers Grove, IL: InterVarsity Press, 1985); W. Gary Phillips and William E. Brown, *Making Sense of Your World from a Biblical Viewpoint* (Chicago: Moody Press, 1991); Brian Walsh and Richard Middleton, *The Transforming Vision: Shaping a Christian World View* (Downers Grove, IL: InterVarsity Press, 1984). 『그리스도인의 비전』(IVP); J. Richard Middleton and Brian Walsh, *Truth Is Stranger Than It Used to Be* (Downers Grove, IL: InterVarsity Press, 1995. 『여전히 우리는 진리를 말할 수 있는가』(IVP). 내가 쓴 *Discipleship of the Mind* (Downers Grove, IL: InterVarsity Press, 1990)은 이 장의 논의를 더욱 발전시킨 것이다. 『지성의 제자도』(IVP). 더 최근의 저술은 다음과 같다. David Naugle, *Worldview: The History of a Concept* (Grand Rapids, MI: Eerdmans, 2002); Nancy Pearcey, *Total Truth: Liberating Christianity from Its Cultural Captivity* (Wheaton, IL: Crossway, 2004). 『완전한 진리』(복있는사람); J. Mark Bertrand, *(Re)thinking Worldview: Learning to Think, Live, and Speak in This World* (Wheaton, IL: Crossway, 2007); Charles H. Kraft, *Worldview for Christian Witness* (Pasadena, CA: William Carey Library Publishers, 2008); and Paul G. Hiebert, *Transforming Worldviews: An Anthropological Understanding of How People Change* (Grand Rapids, MI: Baker Academic, 2008). 『21세기 선교와 세계관의 변화』(복있는사람).

1. 세계관 질문 1(최고의 실재): 최고의 실재는 성경에 계시된 무한하고 인격적인 하나님이시다. 이 하나님은 삼위로 계시고, 초월적이고 내재적이며, 전지하시고, 주권자이시며, 선하시다.[3]

이 명제를 하나씩 나누어 생각해 보자.

하나님은 무한하시다. 이 말은 하나님이 인간의 어떤 측정이나 범위도 뛰어넘는 분이라는 의미다. 우주의 어떤 존재도 그분의 본성에 도전할 수 없다. 다른 모든 존재는 부차적이다. 그분에게는 필적할 자가 없고 다만 홀로 모든 존재의 근거가 되시고 모든 존재의 궁극적 목적이 되신다. 사실상 그분만이 자존자(自存者)이시다.[4] 떨기나무 불꽃 가운데서 모세에게 말씀하셨듯이 말이다. "나는 스스로 있는 자이니라"(출 3:14). 그분은 다른 존재와 전혀 다른 방식으로 **존재하신다.** 모세가 "이스라엘아, 들으라. 우리 하나님 여호와는 오직 유일한 여호와이시니"(신 6:4)라고 선포했듯이 하나님은 최고의 존재이시고 최고의 실재이시며, 뒤에서 다시 자세히 논하겠지만 다른 모든 실재의 근원이시다.

하나님은 인격적이시다. 이 명제는 하나님이 단순한 힘이나 에너지나 현

---

3 하나님이 어떤 분이신지에 대한 개신교의 고전적 정의가 웨스트민스터 신앙고백 제2장 1항에 있다.

4 전문 철학의 관점에서 하나님에 대한 유신론적 개념을 살펴보려면 Étienne Gilson, *God and Philosophy* (New Haven, CT: Yale University Press, 1941). 『철학자들의 신』(도서출판100); E. L. Mascall, *He Who Is: A Study in Traditional Theism* (London: Libra, 1943); H. P. Owen, *Concepts of Deity* (London : Macmillan, 1971), pp. 1-48를 보라. 여기서 다룬 다른 형이상학적 쟁점은 William Hasker, *Metaphysics* (Downers Grove, IL: InterVarsity Press, 1983); C. Stephen Evans, *Philosophy of Religion* (Downers Grove, IL: InterVarsity Press, 1985). 『종교철학』(기독교문서선교회); Thomas V. Morris, *Our Idea of God* (Downers Grove, IL: InterVarsity Press, 1991); J. P. Moreland and William Lane Craig, *Philosophical Foundations for a Christian Worldview*, 2nd ed. (Downers Grove, IL: InterVarsity)에서 논의하고 있다. 『기독교 세계관의 철학적 기초』(기독교문서선교회).

존하는 '실체'(substance)가 아니라는 의미다. 하나님은 인격적이시다. 인격은 자기반성과 자기 결정성이라는 두 가지 기본 특성을 지닌다. 다시 말해, 하나님은 자신이 존재한다는 사실을 아시고(그분께는 자기의식이 있다) 자기 결정성이라는 특성을 지니셨으므로(그분은 '생각'하시며 '행동'하신다) 인격적이시다.

하나님의 인격이 지닌 의미 가운데 하나는 그분이 우리와 유사하다는 것이다. 이 표현은 어떤 면에서 말 앞에 마차를 매는 식이다. 사실은 우리가 그분과 유사하다. 그러나 간단한 설명을 위해 순서를 잠시 바꾸는 게 도움이 될 것이다. 하나님은 우리와 유사하다. 이 사실은 우리의 가장 고귀한 열망과 우리의 가장 귀한 소유—인격—의 근거가 되는 궁극적인 어떤 분이 계시다는 의미다. 하지만 이에 관해서는 뒤의 명제 3에서 다루겠다.

하나님의 인격이 지닌 또 다른 의미는 그분이 단순한 단일체(unity)가 아니라 완전체(integer)라는 사실이다. 그분은 속성과 특성을 지니셨다. 그분은 단일체이시나, 복합성의 단일체(a unity of complexity)이시다.

또한 (유대교나 이슬람교가 아닌) 기독교 유신론은 **하나님은 인격적이실 뿐 아니라 삼위로 계신다고 믿는다**. 즉, 하나님은 "신성의 한 본질 안에 세 '위격'으로 계시는데, 이는 세 분의 신이 있다는 의미도 아니고 하나님의 세 부분 혹은 하나님의 세 양태가 있다는 의미도 아니다. 세 위격은 동등하며 영존하는 하나님이시다."[5] 삼위일체는 확실히 위대한 신비이며, 나는 지금 이에 대한 명쾌한 설명을 시작조차 할 수 없다. 여기서 중요한 것은 삼위일체 교리는 궁극적 존재가 상호 친교를 나누는 '인격적' 본성을 갖고 있음을 확증한다는 사실이다. 하나님은 거기에 계시는—실제로 존재하는—분일 뿐 아니라 인격적인 분이시기에 사람들은 인격적 방법으로

---

5   Geoffrey W. Bromiley, "The Trinity," in *Baker's Dictionary of Theology*, ed. Everett F. Harrison (Grand Rapids, MI: Baker, 1960), p. 531. 『Baker's 신학사전』(엠마오).

그분과 교제할 수 있다. 그러므로 하나님을 안다는 것은 그분이 존재하신다는 사실 이상을 아는 것이다. 그분을 알되 우리가 형제를, 더 낫게는 우리 아버지를 아는 것처럼 아는 것이다.

하나님은 초월적이시다. 이 말은 하나님이 우리와 우리의 세상 너머에 계신 분이라는 의미다. 그분은 **타자**(他者)로 계신다. 돌을 보라. 하나님은 돌이 아니며, 돌 너머에 계신다. 사람을 보라. 하나님은 사람이 아니며, 사람 너머에 계신다. 그러나 하나님은 우리 및 우리의 세상과 관계를 가질 수 없을 정도로 멀리 계시지는 않는다. **하나님이 내재하신다**는 말도 마찬가지로 참이며, 이 말은 하나님이 우리와 함께 계신다는 의미다. 돌을 보라. 하나님은 거기 계신다. 사람을 보라. 하나님은 거기에도 계신다. 그렇다면 이것은 모순이 아닌가? 유신론은 이 점에서 터무니없는가? 나는 그렇게 생각하지 않는다.

내 딸 캐롤(Carol)은 다섯 살 때 이에 관해 나에게 많은 것을 가르쳐 주었다. 캐롤은 자기 엄마와 함께 부엌에 있었고, 아내는 캐롤에게 하나님이 모든 곳에 계신다는 사실을 가르쳐 주고 있었다. 그러자 캐롤이 물었다.

"하나님은 거실에 계시나요?"

"그럼." 아내가 대답했다.

"하나님은 부엌에 계시나요?"

"그럼."

"제가 지금 하나님을 밟고 서 있는 것인가요?"

아내는 할 말을 잃어버렸다. 여기서 제기된 문제의 핵심을 살펴보자. 하나님은 돌이나 의자나 부엌이 여기에 존재하는 것과 똑같은 방식으로 **여기에** 계시는가? 그렇지 않다. 하나님은 그분의 초월성과 완전히 똑같은 의미에서 여기에, 모든 곳에 내재하신다. 하나님은 우리처럼 물질이 아니고 영이시기 때문이다. 그러면서도 그분은 여기 계신다. 신약성경 히브

> 오직 한 분, 사시고 참되신 하나님만 계십니다. 하나님은 존재와 완전성이 무한하시고, 지극히 순수한 영이시며, 보이지 아니하시고, 몸이나 지체(肢體)나 성정(性情)이 없으며, 변함이 없고, 광대하시며, 영원하시고, 측량할 수 없으며, 전능하십니다. 지극히 지혜로우시고, 지극히 거룩하시며, 지극히 자유로우시고, 지극히 절대적이십니다. 불변하고 지극히 의로운 자기 뜻의 경영을 따라서 모든 일을 행하시되 자기의 영광을 위하여 하십니다. 지극히 사랑하시고, 은혜로우시며, 자비로우시고, 노하기를 더디 하시며, 인자와 진실이 많으시고, 악과 과실과 죄를 용서하시며, 자기를 부지런히 찾는 자에게 상을 주십니다. 그러나 또한 하나님의 심판은 지극히 의롭고 두려우니, 그분은 모든 죄를 미워하시고, 죄지은 자를 결코 죄 없다 하지 않으십니다.
>
> 웨스트민스터 신앙고백 제2장 1항

리서에서는 예수 그리스도가 "그의 능력의 말씀으로 만물을 붙드시는"(히 1:3) 분이라고 말한다. 즉, 하나님은 만물 위에 계시지만 만물 안에 계시고 만물을 붙드시는 분이다.

하나님은 전지하시다. 이 말은 하나님은 모든 것을 아신다는 의미다. 하나님은 알파와 오메가이며 시작과 끝을 아신다(계 22:13). 그분은 모든 지식과 모든 지성의 궁극적 원천이시다. 그는 **전지자**(He Who Knows)이시다. 시편 139편 저자는 하나님이 모든 곳에 계신다는 사실과 자신이 모태에서 형성되기도 전에 하나님이 그를 아시고 그를 택하셨다는 사실에 대한 경탄을 아름답게 표현한다.

하나님은 주권자이시다. 이는 참으로 그분의 무한성에 따른 결과지만, 그분이 통치하고 주의를 기울이시려는 관심, 다시 말해 우주에서 일어나는 모든 활동에 대한 그분의 관심을 더욱 충분히 표현한 말이다. 이 말은 어떤 것도 하나님의 궁극적인 관심, 통제, 권위에서 벗어날 수 없다는 사실을 표현한다.

하나님은 선하시다. 이 말은 하나님의 성품에 대한 최고의 선언이다.[6] 하나님의 이 성품에서 다른 모든 성품이 흘러나온다. 선하다는 것은 선한 **존재**라는 의미다. 하나님은 **선이시다**. 즉, 하나님이 **어떠시냐면** 바로 선하시다는 것이다. 선이 하나님을 능가하거나 하나님이 선을 능가한다는 의미가 아니다. 존재가 그분 본성의 본질인 것처럼, 선은 그분 성품의 본질이다.

하나님의 선은 거룩과 사랑이라는 두 가지 방법으로 표현된다. 거룩은 악의 그림자조차 용납하지 않으시는 그분의 절대 공의를 강조한다. 사도 요한이 "하나님은 빛이시라. 그에게는 어둠이 조금도 없으시다"(요일 1:5)라고 말했듯, 하나님의 거룩함은 아무리 사소한 악도 용납하지 않는다. 그러나 하나님의 선은 또한 사랑으로 표현된다. 사실 요한은 다른 구절에서 "하나님은 사랑이시라"(요일 4:16)고 가르친다. 이 사랑으로 말미암아 하나님은 자기를 희생하면서까지 구약성경에서 "그의 기르시는 양"(시 100:3)이라고 표현한 자기 백성에게 은혜를 충족히 내려 주신다.

그러므로 하나님의 선이 의미하는 바는, 첫째, 의의 절대적 표준(이것은 하나님의 성품에서 발견된다)이 있다는 것이고, 둘째, 인간에게는 소망이 있다는 것이다(하나님은 사랑이시므로 그분의 피조물을 버리지 않으시기 때문이다). 앞으로 유신론적 세계관을 거부한 결과를 살펴본다면 이 두 가지 사실이

---

6 많은 사람이 악의 문제로 혼란을 느낀다. 하나님이 전지하고 선하시다는 점을 고려할 때, 악이란 무엇이며 왜 존재하는가? 이 주제에 대한 상세한 논의는 Peter Kreeft, *Making Sense out of Suffering* (Ann Arbor, MI: Servant, 1986)과 Henri Blocher, *Evil and the Cross* (Downers Grove, IL: InterVarsity Press, 1994)를 보라. 나는 이 문제를 *Why Should Anyone Believe Anything at All?* (Downers Grove, IL: InterVarsity Press, 1994) 12, 13장에서 다루었다.

매우 중요함을 더욱 느끼게 될 것이다.

2. 세계관 질문 2(외부 실재): 외부 실재는 하나님이 무에서 창조하신 우주로, 열린 체계 속에서 원인과 결과의 균일성을 갖고 운행한다.

하나님은 무에서 우주를 창조하셨다. 하나님은 스스로 계신 분이며 따라서 다른 모든 것의 근원이시다. 그러나 그분 자신으로부터 우주가 나옴으로써 하나님이 우주를 만드신 게 아니라는 사실을 이해하는 게 중요하다. 오히려 하나님이 말씀하셔서 우주가 존재하게 되었다. 우주는 그분의 말씀에 의해 생겨났다. "하나님이 이르시되 '빛이 있으라' 하시니 빛이 있었고"(창 1:3). 그래서 신학자들은 하나님이 무에서 우주를 '창조하셨다'(창 1:1)고 말하지 하나님이 자신으로부터 혹은 선재한 혼돈으로부터 우주를 창조하셨다고 말하지 않는다(정말로 '선재한' 것이 있다면 하나님처럼 영원할 것이기 때문이다).

둘째로, 하나님은 우주를 **열린 체계 속 원인과 결과의 균일성**으로서 창조하셨다. 이 표현은 두 가지 주요 개념을 매우 쉽게 설명한다.[7] 우선, 우주는 무질서하게 창조되지 않았음을 의미한다. 이사야는 이 사실을 장엄하게 진술한다.

대저 여호와께서 이같이 말씀하시되

---

[7] 이 표현은 Francis A. Schaeffer, *He Is There and He Is Not Silent* (Wheaton, IL: Tyndale House, 1972), p. 43에서 가져왔다. 『거기 계시며 말씀하시는 하나님』(생명의말씀사). C. S. Lewis, *Miracles* (London: Fontana, 1960) p. 18와 8장은 열린 체계에 관한 내용을 매우 뛰어나게 서술한다. 『기적』(홍성사). 과학에 대한 기독교적 이해에 관한 다른 쟁점은 Del Ratzsch, *Philosophy of Science* (Downers Grove, IL: InterVarsity Press, 2000, 『과학철학』, IVP)와 Nancy R. Pearcey and Charles Thaxton, *The Soul of Science* (Wheaton, IL: Crossway, 1994, 『과학의 영혼』, SFC출판부)에서 논한다.

하늘을 창조하신 이
그는 하나님이시니
그가 땅을 지으시고 그것을 만드셨으며
그것을 견고하게 하시되
혼돈하게[8] 창조하지 아니하시고
사람이 거주하게 그것을 지으셨으니
나는 여호와라.
나 외에 다른 이가 없느니라.
나는 감추어진 곳과
캄캄한 땅에서 말하지 아니하였으며
야곱 자손에게
너희가 나를 혼돈 중에서 찾으라고 이르지 아니하였노라.
나 여호와는 의를 말하고
정직한 것을 알리느니라. (사 45:18-19)

우주는 질서 정연하며, 하나님은 우리에게 혼란이 아니라 명료함을 주셨다. 하나님이 만드신 우주의 본성과 하나님의 속성은 이처럼 매우 밀접한 관계가 있다. 세상이 적어도 부분적으로나마 지금처럼 존재하는 것은 하나님이 자존하시는 분이기 때문이다. 타락이 이 말을 어떻게 제한했는지는 뒤에서 살펴보겠다. 여기서는 우주에 질서와 규칙이 있다는 데 주목하는 것으로 충분하다. 우리는 지구가 계속 자전하기에 매일매일 해가 '뜨리라'고 기대할 수 있다.

그러나 이 짧은 표현에는 또 다른 중요한 개념이 숨어 있다. 바로 그 체

---

8   혹은 "공허하게."

계가 **열려 있다는** 것이며, 이는 우주가 프로그램화되어 있지 않음을 의미한다. 하나님은 우주의 운행이 전개되는 유형에 끊임없이 관여하신다. 인간도 마찬가지다! 세계의 운행 과정은 하나님이나 사람에 의한 재조정(reordering)에 열려 있다. 우리는 이 극적인 재조정을 타락에서 찾아볼 수 있다. 아담과 하와는 중대한 의미를 지닌 선택을 했다. 그러나 하나님도 그리스도를 통한 구속이라는 또 다른 선택을 하셨다.

타락 후에도 세계의 운행은 우리의 계속되는 활동에 의해 재조정되고 있다. 각 사람의 개별 활동, 저 과정보다 이 과정을 택하는 결정 등은 그 하나하나가 미래를 변화시키거나 '형성한다.' 깨끗한 냇가에 많은 오염 물질을 버린다면 고기가 죽을 뿐 아니라 앞으로 수년 동안 우리의 식량 조달 방법도 바뀌게 된다. 그러나 하천을 '깨끗이 함'으로써 우리는 다시 미래를 바꿀 수 있다. 만일 우주에 질서가 없다면 우리의 결정은 아무런 효과도 얻지 못할 것이다. 앞으로 일어날 사건들이 이미 정해져 있다면 우리의 결정은 아무런 의미를 지니지 못할 것이다. 그러므로 유신론에서는 우주에 질서가 있으나 그것이 결정되어 있지는 않다고 선언한다. 이 말의 의미는 우주에서 인간의 위치를 살펴볼 때 더 명확하게 알게 될 것이다.

---

3. 세계관 질문 3(인간): 인간은 하나님의 형상으로 창조되었으므로 인격, 자기 초월성, 지성, 도덕성, 군거성, 창조성 등을 지닌다.

여기서 핵심 문구는 '하나님의 형상'이다. 이 개념은 창세기의 짧은 두 절 속에서도 세 번이나 나올 정도로 매우 강조된다.

> 하나님이 이르시되 우리의 형상을 따라 우리의 모양대로 우리가 사람을 만들고 그들로 바다의 물고기와 하늘의 새와 가축과 온 땅과 땅에 기는 모든 것을

다스리게 하자 하시고

하나님이 자기 형상, 곧 하나님의 형상대로

사람을 창조하시되

남자와 여자를 창조하시고. (창 1:26-27. 창 5:3; 9:6과 비교해 보라.)

사람이 하나님의 형상으로 지음을 받았다는 것은 우리가 하나님과 유사하다는 의미다. 우리는 앞에서 이미 하나님이 인간과 유사하시다는 사실을 살펴보았다. 그러나 실제로 성경이 가르치는 순서는 그 반대다. '우리가 하나님과 유사하다'는 말의 강조점은 속한 대상, 즉 하나님의 뛰어나심에 있다.

하나님이 인격적이시기에 우리도 인격적이다. 즉, 우리는 우리가 누구인지 알며(자기의식적이며), 강요 없이도 결정을 내릴 수 있다(자기 결정성이 있다). 우리는 스스로 행동할 수 있다. 단순히 환경에 반응할 뿐 아니라 우리의 성격이나 본성에 따라 행동할 수 있다.

우리는 세상에 똑같은 사람이 없다고 말한다. 이 말이 단순히 동일한 유전 인자와 환경을 지닌 사람이 없다는 의미는 아니다. 개개인은 각기 독특한 성품을 가졌기에 그 성품에 따라 자유로이 생각하고, 욕망하며, 결과를 신중히 고려하고, 고려하지 않기도 하며, 어떤 일에 몰두하고, 몰두하지 않기도 한다. 요컨대, 행동을 선택한다.

이 점에서 모든 인간은 (하나의 형상으로서) 우주에 대한 하나님의 초월성을 반영한다. 하나님은 그분의 환경에 전혀 구속받지 않으신다. (우리가 이렇게 말할 수 있다면) 단지 그분의 속성에 의해서만 제한되신다. 선하신 존재인 하나님은 속이실 수 없고, 속으실 수 없으며, 악한 의도를 갖고 행동하실 수 없다 등 말이다. 또한 하나님 외부의 그 어떤 것도 그분을 강요할 수 없다. 만일 하나님이 깨져 버린 우주를 회복시키겠다고 하셨다면 그것은 그분이 '원하시기' 때문이다. 즉, 세상을 사랑하시고 가장 좋은 것으로

> 주의 손가락으로 만드신 주의 하늘과
> 　주께서 베풀어 두신 달과 별들을 내가 보오니
> 사람이 무엇이기에 주께서 그를 생각하시며
> 　인자가 무엇이기에 주께서 그를 돌보시나이까?
>
> 그를 하나님보다 조금 못하게 하시고
> 　영화와 존귀로 관을 씌우셨나이다.
> 주의 손으로 만드신 것을 다스리게 하시고
> 　만물을 그의 발아래 두셨으니
> 곧 모든 소와
> 　양과 들짐승이며
> 공중의 새와 바다의 물고기와
> 　바닷길에 다니는 것이니이다.
>
> 시편 8편 3-8절

채워 주기 원하시기 때문이다. 하나님은 자신의 의지대로 자유롭게 행하시는 분이며, 그분의 의지는 그분 성품(그분은 **누구신가**)의 지배를 받는다.

이처럼 인간도 **어느 정도는** 자신의 환경을 초월할 수 있다. 병이나 신체적 결핍(예를 들어, 죽음 직전의 기아, 암흑 속에서 며칠 동안 감금되어 있는 것 등)과 같은 극한 생존 상황을 제외하고는 어떤 필연적 반응을 하도록 강요받지 않는다.

내 발을 밟아 보라. 내가 화를 내겠는가? 그럴 수 있다. 용서하겠는가? 그럴 수 있다. 고함을 지르겠는가? 그럴 수 있다. 미소를 짓겠는가? 그럴 수 있다. 내가 취하는 행동은 나의 성품을 반영한다. 그러나 반응하는 사람은 바로 '나'이며, 버튼을 누르면 울리는 초인종과 같은 반응은 하지 않는다.

요컨대, 사람은 인격을 지니며 자신이 사는 우주를 초월할 수 있다. 인간은 자신이 위치한 우주에 관해 무엇인가를 알 수 있으며 인간사와 우주적 사건의 과정을 변화시키는 의미 있는 행동을 할 수 있다는 점에서 그러하다. 이를 달리 표현하면, 하나님이 만드신 우주의 체계는 인간에 의해 재조정되는 데 **열려** 있다.

이렇게 말하는 게 공정하다고 생각하는데, 인격과 존재가 무한하신 하나님께 인격이 주요한 것이듯 사람에게도 인격은 주요하다. 우리의 인격은 하나님의 인격에 근거한다. 즉, 우리는 진정한 고향을 하나님 안에서 그리고 그분과의 밀접한 관계 속에서 찾을 수 있다. 그래서 파스칼(Pascal)은 "모든 사람의 마음속에는 하나님만이 채우실 수 있는 공허(God-shaped vacuum)가 있다"라고 썼다.[9] 아우구스티누스도 "우리가 당신 안에서 쉬기까지 우리의 마음에는 쉼이 없습니다"라고 썼다.[10]

하나님은 우리의 궁극적 갈망을 어떻게 채워 주시는가? 매우 다양한 방법으로 채워 주신다. 우리의 본성에 꼭 들어맞는 분이 되심으로써, 대인 관계에 대한 우리의 갈망을 채워 주심으로써, 그분의 전지하심으로 말미암아 우리가 앎을 탐구하는 목표가 되심으로써, 그분의 무한하심으로 말미암아 모든 두려움에서 피난처가 되심으로써, 그분의 거룩하심으로 말미암아 우리가 정의를 추구하는 정당한 근거가 되심으로써, 그분의 무한하신 사랑으로 말미암아 우리가 구원을 소망하는 이유가 되심으로써, 그분의 무한하신 창조성으로 말미암아 우리가 창작 활동에 반영하려 하는 궁극적 미와 창조적 상상력의 원천이 되심으로써 그리하신다.

---

9 Pascal, *Pensées* 10.148. 『팡세』(IVP).
10 Augustine, *Confessions* 1.1.1. 『고백록』(경세원).

우리는 인류가 하나님의 형상으로 지음을 받았다는 이 개념을 다음과 같이 요약할 수 있다. 하나님처럼 인간은 **인격**, **자기 초월성**, **지성**(이성과 지식을 활용하는 능력), **도덕성**(선과 악을 인식하고 이해하는 능력), **군거성** 혹은 **사회성**(특히 '남자와 여자'라는 측면에서 잘 나타나는 인간의 교제—공동체—에 대한 특유의 기본적인 욕망과 필요), **창조성**(새로운 것을 상상하는 능력과 옛것에 새로운 의미를 부여하는 능력) 등을 지닌다.

인간 지성의 근거는 뒤에서 살펴볼 것이다. 여기서는 인간의 창조성—통속적 유신론에서 가장 많이 잊힌 것—을 논하고자 한다. 인간의 창조성은 하나님 자신의 무한한 창조성을 반영함으로써 인간 안에 담겨 있다. 필립 시드니(Philip Sidney, 1554-1586) 경은 시인에 대해 다음과 같은 찬사를 표명했다. "시인은 자신의 창작품을 타고 힘차게 오른다. 자연의 사물을 원래보다 더 아름답게 만들거나 자연에 전혀 없었던 것을 완전히 새로 만드는 그들은 실로 다른 세계에 산다.…자신의 지혜의 세계를 자유로이 일주하면서." 시드니 경은 인간의 창조성을 존중하는 것은 하나님께 영광을 돌리는 것이라고 주장했다. 하나님은 "그 창조자(maker)를 만드신 하늘의 창조자(Maker)"이시기 때문이다.[11]

유신론적 세계관 안에서 활동하는 예술가에게는 자기 작품에 대한 분명한 근거가 있다. 인간이 하나님과 유사하기 때문에 진정으로 창작할 수 있다는 사실을 깨닫는 것보다 예술가들을 더 자유롭게 하는 사실은 없다. 예술가의 창작성은 바로 하나님이 지니신 무한한 창조의 능력을 반영

11　Sir Philip Sidney, *An Apology for Poetry: Or, The Defence of Poesy* (New York: Barnes & Noble, 1973), pp. 100-101. 『신의 변명』(한신문화사). 또한 Dorothy L. Sayers, *The Mind of the Maker* (New York: Meridian, 1956). 『창조자의 정신』(IVP); J. R. R. Tolkien, "On Fairy Stories," in *The Tolkien Reader* (New York: Ballantine, 1966), p. 37; Andy Crouch, *Culture Making: Recovering Our Creative Calling* (Downers Grove, IL: InterVarsity Press, 2008)을 보라. 『컬처 메이킹』(IVP).

하는 것이다. 인간의 창조성은 한 가지 중요한 점에서 하나님의 창조성과 다르다. 하나님은 아무것도 없는 데서 창조하셨지만 인간은 이미 존재하고 있는 물질에 형태를 부여함으로써 창조한다.

기독교 유신론에서 인간은 진정 존귀해진다. 시편 저자의 표현을 빌리면 인간은 "하나님보다 조금 못한" 존재인데, 하나님이 그렇게 창조하시고 "영화와 존귀"로 관을 씌우셨기 때문이다(시 8:5). 인간의 존엄성은 어떤 점에서는 스스로의 것이 아니다. 프로타고라스(Protagoras)의 주장과는 반대로, 인간이 척도가 아니라는 말이다. 인간의 존엄성은 하나님에게서 유래한다. 비록 선물로 주어지기는 했지만 그 존엄성은 그분에게서 유래했고 인간은 이를 소유한다. 이것을 헬무트 틸리케(Helmut Thielicke)는 다음과 같이 잘 표현했다. "그의[인간의] 위대성이란 단지 다음의 사실, 즉 하나님이 그분의 측량할 수 없는 선 가운데서 인간에게 사랑을 베풀어 주셨다는 사실에만 기초한다. 우리가 그만큼 가치 있어서 하나님이 우리를 사랑하신게 아니다. 하나님이 우리를 사랑하셨기에 우리가 가치 있는 것이다."[12]

그러므로 인간의 존엄성은 두 측면을 지닌다. 인간은 존엄하지만 우리는 이를 자랑거리로 여겨서는 안 된다. 우리의 존엄성은 궁극적으로 존엄하신 분을 반영함으로써 지니게 된 존엄성이기 때문이다. 그것은 반영 그 이상도 그 이하도 아니다. 그러므로 유신론자는 자신이 일종의 중간 지점에 있다고 본다. 하나님이 주신 지배권(창 1:28-30; 시 8:6-8) 때문에 다른 피조물보다는 위에 있고, 비자율적이고 스스로 설 수 없기 때문에 하나님보다는 아래에 있다.

이것이 이상적인, 균형 잡힌 인간의 상태다. 이러한 균형 유지에 실패하면서 인간의 비극이 시작되었고 그 실패에 대한 이야기가 기독교 유신

12　Helmut Thielicke, *Nihilism*, trans. John W. Doberstein (London: Routledge and Kegan Paul, 1962), p. 110.

론에서 상당히 많은 부분을 차지한다. 그러나 인간의 균형 잡힌 상태를 깨뜨린 것이 무엇인지 살펴보기 전에 사람이 하나님의 형상으로 창조되었다는 사실의 의미를 더 깊이 살펴보자.

4. 세계관 질문 5(지식): 인간은 주변 세계와 하나님 자신을 알 수 있다. 하나님이 그렇게 할 수 있는 능력을 인간 안에 심어 주셨으며 능동적으로 인간과 교통하시기 때문이다.

인간 지식의 기초는 창조주 하나님의 성품이다. 인간은 하나님의 형상대로 지음을 받았다(창 1:27). 하나님이 모든 사물에 대한 모든 것을 아시는 인식자이시므로, 우리도 어떤 것에 대한 어떤 것을 아는 인식자가 될 수 있다. 요한복음에서는 이 개념을 이렇게 말한다.

> 태초에 말씀이 계시니라. 이 말씀이 하나님과 함께 계셨으니 이 말씀은 곧 하나님이시니라. 그가 태초에 하나님과 함께 계셨고.
> 만물이 그로 말미암아 지은 바 되었으니 지은 것이 하나도 그가 없이는 된 것이 없느니라. 그 안에 생명이 있었으니 이 생명은 사람들의 빛이라. (요 1:1-4)

말씀[헬라어로는 '로고스'(*Logos*). 이 말에서 **논리**(logic)라는 단어가 파생했다]은 영원하며, 이것은 하나님의 한 속성이다.[13] 즉, 논리성, 지성, 합리성, 의미 등은 모두 하나님께 내재해 있다. 이 지성으로부터 세계, 곧 우주가 나왔다. 그리고 이 출처로 말미암아 우주에는 구조와 체계와 의미가 있게 된다.

---

[13] 요한복음 및 기타 다른 곳에서 사용한 '로고스'란 단어는 문맥에 따라 다양한 의미를 지닌다. 예를 들어 J. N. Birdsall, "Logos," in *New Bible Dictionary*, 3rd ed. (Downers Grove, IL: InterVarsity Press, 1996), pp. 744-745를 보라. 『새성경사전』(기독교문서선교회).

더구나, 말씀—이 내재하는 지성—안에 '모든 인류의 빛'이 있고, 요한복음에서는 이 빛이 도덕적 능력과 지성의 상징이다. 덧붙여 요한복음 1:9에서는 말씀을 "참 빛 곧…각 사람에게 비추는 빛"이라고 말한다. 따라서 하나님의 지성이 인간 지성의 기초다. 인식 대상(하나님과 피조물)과 인식자(전지하신 하나님과 그분의 형상대로 지음받은 인간)가 있으므로 지식은 가능하다.[14]

물론 하나님은 영원히 인간을 뛰어넘는 분이시기에 사람은 결코 하나님을 완전히 이해할 수 없다. 사실 하나님이 원하시면 그분은 영원히 자신을 감추실 수도 있다. 그러나 하나님은 우리가 자신을 알기 원하셨고 자신에 대한 지식을 먼저 우리에게 전해 주셨다.

신학적 용어로, 하나님이 먼저 자신을 알리신 것을 계시(revelation)라 한다. 하나님은 두 가지 방식, 즉 일반 계시와 특별 계시로 인간에게 자신을 계시하신다(혹은 열어 보이신다). 일반 계시란 하나님이 우주의 창조된 질서를 통해 말씀하시는 것이다. 사도 바울은 이렇게 썼다. "이는 하나님을 알 만한 것이 그들 속에 보임이라. 하나님께서 이를 그들에게 보이셨느니라. 창세로부터 그의 보이지 아니하는 것들 곧 그의 영원하신 능력과 신성이 그가 만드신 만물에 분명히 보여 알려졌나니 그러므로 그들이 핑계하지 못할지니라"(롬 1:19-20). 그보다 수 세기 전에 시편 저자는 이렇게 썼다.

하늘이 하나님의 영광을 선포하고

---

[14] 기독교적 관점에서 인식론을 더욱 포괄적으로 다룬 것으로는 Arthur F. Holmes, *All Truth Is God's Truth* (Downers Grove, IL: InterVarsity Press, 1977). 『모든 진리는 하나님의 진리다』(크리스챤다이제스트); W. Jay Wood, *Epistemology: Becoming Intellectually Virtuous* (Downers Grove, IL: InterVarsity Press, 1998); 내가 쓴 *Discipleship of the Mind*, chaps. 5-6를 보라. 더 최근에 나온 특히 유용한 자료는 John G. Stackhouse Jr., *Need to Know: Vocation as the Heart of Christian Epistemology* (New York: Oxford, 2014)다.

궁창이 그의 손으로 하신 일을 나타내는도다.
날은 날에게 말하고
밤은 밤에게 지식을 전하니. (시 19:1-2)

다시 말해, 창조주요 우주의 능력 있는 지지자이신 하나님의 존재와 본성은 그분의 최고 '작품', 그분의 우주에 잘 드러나 있다. 그 위대함—우주의 질서와 아름다움—을 묵상할 때 우리는 하나님에 대해 많은 것을 배울 수 있다. 또한 우리 눈을 우주 일반으로부터 사람에게로 돌리면 거기서 더 많은 것을 본다. 인간에게는 인격이라는 하나의 차원이 더 있기 때문이다. 그러므로 하나님은 적어도 인간처럼 인격을 지니셨다고 추론할 수 있다.

여기까지는 일반 계시가 통하지만 좀 더 들어가 보자. 토마스 아퀴나스의 말처럼, 우리는 일반 계시를 통해 하나님이 존재하신다는 사실을 알 수 있지만 특별 계시를 떠나서는 하나님이 삼위로 계신다는 사실을 알 수 없다.

특별 계시란 하나님이 초자연적 방법으로 자신을 계시하시는 것이다. 하나님은 불이 붙었으나 타지 않는 떨기나무처럼 눈에 보이는 장엄한 형태로 계시하실 뿐 아니라 인간의 언어를 사용해 말씀하신다. 하나님은 모세에게 "나는 스스로 있는 자이니라" 하시며 자신을 정의하셨고, 히브리 민족을 위해 일하셨던 그 하나님과 동일한 분임을 밝히셨다. 그분은 자신을 아브라함과 이삭과 야곱의 하나님이라고 부르셨다(출 3:1-17). 실제로 하나님은 모세와 진정한 양방향 소통이 일어나는 대화를 이끌어 가셨다. 이것이 특별 계시가 일어나는 한 가지 방법이다.

후에 하나님은 모세에게 십계명을 주시고 히브리인들이 생활의 규범으로 삼아야 할 장문의 율법도 계시하셨다. 또한 후대에 하나님은 여러 계층 출신의 선지자들에게 자신을 계시하셨다. 하나님의 말씀이 그들에게 임했고 그들은 후손을 위해 계시를 기록으로 남겼다. 신약성경 히브리서 저자는 그것을 이렇게 요약한다. "옛적에 선지자들을 통하여 여러 부분과 여러 모양으로 우리 조상들에게 말씀하신 하나님이"(히 1:1). 어쨌든 모세, 다윗, 여러 선지자에게 임한 계시는 하나님의 명령으로 한 책에 기록되었고 백성에게 반복해서 읽혔다(신 6:4-8; 시 119편). 이러한 기록이 모여 구약성경으로 묶였으며 예수님도 그것이 정확하고 권위 있는 하나님의 계시임을 확증하셨다.[15]

히브리서 저자는 하나님의 지난 계시를 요약하는 것으로 끝맺지 않고 계속해서 말한다. "[그러나] 이 모든 날 마지막에는 아들을 통하여 우리에게 말씀하셨으니 이 아들을 만유의 상속자로 세우시고…이는 하나님의 영광의 광채시오 그 본체의 형상이시라"(히 1:2-3). 예수 그리스도는 하나님의 궁극적인 특별 계시다. 예수 그리스도는 바로 하나님 그 자체이시기 때문에 다른 어떤 형태의 계시가 할 수 있는 것보다 더욱 충만히 하나님이 어떤 분이신지 우리에게 보여 주셨다. 또한 예수님은 완전한 인간이시기 때문에 다른 어떤 형태의 계시가 할 수 있는 것보다 더욱 명료하게 우리에게 말씀해 주셨다.

여기서 다시 요한복음의 서론이 이와 관련이 된다. "말씀이 육신이 되어 우리 가운데 거하시매…은혜와 진리가 충만하더라"(요 1:14). 말씀이 곧 예수 그리스도시다. 요한은 계속해서 이렇게 말한다. "우리가 그의 영광을 보니 아버지의 독생자의 영광이요." 예수님은 그야말로 육신을 입고 오셔서 우리에게 하나님을 알려 주셨다. 특별 계시는 오늘날에도 성경의 기록을 통해 우리에게 다가오며, 우리는 믿음으로 말미암아 그것을 하나님에

---

15 John Wenham, *Christ and the Bible*, 2nd ed. (Grand Rapids, MI: Baker, 1984)을 보라.

게서 나온 권위 있는 말씀으로 인식한다. 우리는 성경의 말씀을 통해 예수님의 계시, 선지자의 말, 다른 모든 수단을 안다.

요점을 추려 보면, 유신론에서는 하나님이 사람과 명확히 교통하실 수 있고 또한 그리하셨다고 가르친다. 이 때문에 우리는 하나님이 어떤 분이신지, 인간에게 무엇을 요구하시는지 많이 알게 되었다. 이것은 모든 시대와 모든 장소의 사람에게 해당하지만, 이제 우리가 살펴보려는 타락 이전의 사람에게는 특히 그러했을 것이다.

---

5. 세계관 질문 6(도덕성): 인간은 선하게 창조되었다. 그러나 타락으로 인해 하나님의 형상은, 비록 회복될 수 없을 정도로 완전히 파괴되지는 않았지만 훼손되었다. 한편 그리스도의 사역을 통해 하나님은 인간을 구속하시고 선을 회복하는 과정을 시작하셨다. 물론 이 구속의 사실을 접한 인간은 구속을 거부하는 길을 택할 수도 있다.

인간의 '역사'는 **창조, 타락, 구속, 영화**라는 네 단어로 요약할 수 있다. 우리는 앞에서 인간의 본질적 특성을 다루었는데, 여기에 인간과 다른 모든 피조물이 선하게 창조되었다는 사실을 덧붙여야겠다. 창세기 1:31에서는 "하나님이 지으신 그 모든 것을 보시니 보시기에 심히 좋았더라"라고 기록한다. 하나님이 그분의 속성에 의해 의의 표준을 정하셨기 때문에 사람의 선이란 하나님이 원하시는 존재가 되는 것, 즉 하나님의 형상으로 창조된 자로서 매일의 생활에서 그 성품을 드러내는 것이었다. 비극은 바로 우리가 원래의 창조된 상태에서 벗어났다는 것이다.

앞에서 보았듯, 인간은 자기 결정성을 지닌 존재로 창조되었다. 하나님은 인간에게 원본과 형상의 밀접한 관계에 머물러 있을 자유는 물론 그렇게 하지 않을 자유도 주셨다. 창세기 3장에서 기록하듯, 최초의 부부인 아담과 하와는 창조주께서 유일하게 금하신 것을 범함으로써 창조주께

불순종하는 길을 택했다. 이것이 타락 이야기의 본질이다. 아담과 하와는 하나님이 먹지 말라고 금하신 열매를 먹었고, 그럼으로써 창조주와 맺었던 인격적 관계를 깨뜨렸다.

이러한 방식으로 모든 시대의 인간은 자신을 높여 스스로를 자율적 존재로, 자신의 생활 방식을 결정하는 자로 삼고자 했다. 그들은 마치 하나님으로부터 독립해서 존재할 수 있는 양 행동하기를 택했다. 그러나 이 독립성은 그들이 결코 소유할 수 없는 것이다. 그들의 모든 것은—그들의 기원은 물론 그들이 존재를 지속하는 것도—하나님께 속해 있기 때문이다.

아담과 하와가 행한 반역 행위의 결과는 죽음이었다. 그것은 그들의 죽음에서 그치지 않고 그 후손들을 긴 세월 동안 인격적·사회적·자연적 혼란에 빠뜨렸다. 간단히 요약하면, 우리는 인간의 형상이 모든 면에서 훼손되었다고 말할 수 있다. **인격** 면에서, 인간은 자신을 정확히 알 수 있는 능력이나 지성의 지시대로 자유로이 자신의 길을 결정할 능력을 상실했다.

우리의 **자기 초월성**은 하나님에게서 멀어짐으로 인해 손상되었다. 아담과 하와가 하나님에게서 돌아섰을 때 하나님은 그들을 그냥 보내셨기 때문이다. 그리고 궁극적 초월자와의 친밀한 교제를 상실함에 따라 우리는 외부 세계에 맞서 그것을 이해하고, 바르게 판단하며, 그리하여 진정으로 '자유로운' 결정을 내릴 능력을 상실했다. 인류는 하나님의 종이 아니라 더욱 자연의 종이 되었다. 또한 자연을 하나님께 위임받아 섭정하는 자라는 지위(하나님의 형상의 한 측면)도 역전되었다.

인간의 **지성** 역시 손상되었다. 이제 인간은 더 이상 주위 세계에 대한 완전히 정확한 지식을 얻을 수 없으며, 논증 역시 항상 오류를 범할 수밖에 없게 되었다. **도덕적으로는**, 선과 악을 분별하는 능력이 희미해졌으며 우리가 잘 아는 기준에 따라 살 수 있는 능력도 희미해졌다. **사회적으로**, 우리는 다른 사람을 착취하기 시작했다. **창조력** 면에서, 우리의 상상력은 점차 실재에서 유리되기 시작했다. 상상은 망상으로 변했고, 예술가들은 자기 나름의 모습으로 신들을 창조함으로써 사람들이 점점 더 원래의 기원에서 멀어지게 했다. 이러한 결과의 연속으로 말미암아 만들어진 인간의 공허함은 실로 불길하다(성경에 충실하게 이런 생각을 다루어 표현한 내용이 롬 1-2장이다).

신학자들은 이 사실을 이렇게 요약한다. 인간은 하나님에게서, 다른 사람들에게서, 자연으로부터, 심지어 자기 자신에게서도 소외되었다. 이것이 **타락한** 인간의 본질이다.[16] 그러나 인류는 구속될 수 있으며 또한 구속되었다. 창조와 타락의 이야기는 창세기의 첫 세 장에 기록되어 있다. 구속의 이야기는 성경의 나머지 부분을 차지한다. 성경은 인간을 향한 하나님의 사랑 이야기, 즉 잃어버려 소외된 상태에 있는 인간을 찾아 자기 아들이신 예수 그리스도, 삼위일체 가운데 두 번째 위격이신 그분의 희생을 통해 구속하신 이야기를 담고 있다. 하나님의 무조건적 호의와 크나큰 은혜로 새로운 삶, 즉 소외의 근본적 치료와 하나님과의 회복을 포함하는 삶의 가능성이 우리에게 주어졌다.

> 우리는 다 양 같아서 그릇 행하여
> > 각기 제 길로 갔거늘
> 여호와께서는 우리 모두의 죄악을
> > 그에게 담당시키셨도다. (사 53:6)

하나님이 인간 회복의 길을 열어 놓으셨다는 것이 우리가 할 역할이

---

16 예를 들어 Francis A. Schaeffer, *Genesis in Space and Time* (Downers Grove, IL: InterVasity Press, 1972), pp. 69-101에서 타락과 그 결과에 대한 논의를 보라. 『창세기의 시공간성』(생명의말씀사).

없다는 뜻은 아니다. 아담과 하와는 강제로 타락하지 않았다. 우리는 강제로 회복하지 않는다. 유신론의 이러한 내용을 언급함으로써 유신론 내의 유명한 집안 싸움(예정 대 자유의지)에서 어느 한 편을 들려는 것은 아니지만, 정확히 하나님이 맡으신 역할과 인간에게 남겨진 역할의 관계에 대해서는 그리스도인 사이에서도 의견이 분분하다는 사실에 주의를 기울여야 한다. 그렇지만 대부분은 하나님이 구원의 제1행위자라는 사실에 동의한다. 우리가 할 일은 우리의 잘못된 태도와 행위를 회개하고, 하나님이 예비하신 것들을 받아들이며, 그리스도를 구주이실 뿐만 아니라 주님으로 따르는 일이다.

구속받은 인류는 훼손된 하나님의 형상을 회복해 가는 과정에 있다. 다시 말해, 모든 영역—인격, 자기 초월성, 지성, 도덕성, 사회적 능력, 창조성—에서 상당 부분 회복을 누린다. **영화된** 인류는 완전한 회복된 인류로 하나님과 화평을 누리며, 개인은 다른 사람 및 자기 자신과 화평을 누린다. 그러나 이는 죽음과 몸의 부활 이후에야 이르는 상태로, 바울은 그 중요성을 고린도전서 15장에서 강조한다. 개인은 매우 중요하기에 각자의 고유성—인격적·개인적 존재—은 영원히 유지될 것이다. 영화된 인류는 정화된 인격으로 변화되어 하나님 및 하나님의 백성과 친교를 나눈다. 요컨대, 유신론에서는 인간을 중요하게 본다. 인간이 본질적으로 하나님과 유사하고, 비록 타락했지만 원래의 존엄성이 회복될 수 있기 때문이다.

---

6. 세계관 질문 4(죽음): 각 사람의 죽음은 하나님 및 그분의 백성과 함께 누리는 생명의 문이든지, 인간의 갈망을 궁극적으로 채워 주실 유일한 분과 영원히 갈라서는 문이든지 둘 중 하나다.

실은 죽음의 의미는 세계관 질문 6(도덕성)의 일부인데, 모든 세계관에서

죽음에 대한 태도는 매우 중요하므로 여기에 따로 뽑아냈다. 사람이 죽으면 어떤 일이 생기는가? 이 질문은 실제로 세계관에서도 가장 개인적인 측면을 다루므로 개인적 형태로 물어보자. 나는 사라지는가? 즉, 개인적 소멸을 겪는가? 나는 잠자고 있다가 다른 형태로 나타나는가? 즉, 환생하는가? 나는 천국이나 지옥에서 변형된 존재로 계속해서 사는가?

기독교 유신론에서는 분명 마지막 견해를 가르친다. 죽을 때 인간은 변형된다. 하나님 및 그분 백성과 같은 존재―영화된 존재―로 들어서거나 영원히 하나님에게서 분리된 존재로 들어선다. 후자의 경우, 그들의 고유성은 그들을 충만히 채워 주실 바로 그분에게서 분리되어 두려운 외로움 속에 거하게 된다.

그것이 지옥의 본질이다. G. K. 체스터턴(Chesterton)은 지옥이란 인간의 자유를―덧붙인다면 존엄성을―기념하는 곳이라고 말했다. 하나님이 인간에게 섬길 대상을 선택할 자유를 주시면서 그 자유의 의미를 뚜렷이 보여 주신 것이 지옥이다. 그것은 우리의 결정에는 영원에 이르기까지 영향을 끼치는 의미가 있음을 인식하는 것이다.[17]

하지만 하나님이 베푸신 구원을 받아들인다면 하나님의 영광스런 피조물로서―완전하고 완성되었으나 물리지 않는 상태로 영원한 기쁨을 주는 성도의 교제를 나누면서―영원의 평원에서 살게 될 것이다. 성경은 영화의 세부 상태에 대해서는 거의 언급하지 않는다. 그러나 예를 들어 요한계시록 4-5, 21장 등에서 엿볼 수 있는 천상의 편린은 그리스도인들로 하여금 그들이 가장 좋아하는 것보다 더 그 나라의 완성을 갈망하게 한다.

---

17 이 주제에 대한 성경의 가르침은 John Wenham, *The Enigma of Evil* (Grand Rapids, MI: Zondervan, 1985), pp. 27-41를 보라.

7. 세계관 질문 6(도덕성): 도덕성은 초월적이며, (거룩하고 사랑하는) 선이라는 하나님의 성품에 근거한다.

이 명제는 명제 1의 의미를 생각하면서 이미 살펴보았다. 하나님은 물질 세계뿐 아니라 도덕 세계에서도 유일한 원천이시다. 하나님은 선하시며, 이를 성경에 계시하신 율법과 도덕의 원칙에 나타내셨다.

하나님의 형상으로 지음받은 우리 역시 본질적으로 도덕적 존재이며, 따라서 우리 행동에 도덕 범주가 반영되는 것을 피할 수 없다. 물론 우리의 도덕적 감각도 타락으로 손상되어서 이제는 파편적으로만 참된 선을 나타낸다. 그러나 우리가 도덕적으로 상대화되었다는 것이, 어떤 것이 '옳다' 또는 '옳지 않다', '자연스럽다' 또는 '부자연스럽다' 등과 같은 감각을 우리가 제거할 수 있다는 말은 아니다.

오랫동안 동성애 행위는 대다수 사회에서 부도덕한 행위로 여겨졌다. 요즘에는 많은 사람이 이에 이의를 제기한다. 하지만 이들은 도덕적 범주가 전혀 존재하지 않는다는 근거에서 그리하는 게 아니라 이 영역—동성애—이 도덕과 부도덕의 구분을 넘어선다는 근거에서 그리한다. 이러한 견해를 가진 사람들도 대개 근친상간은 용납하지 않는다! 그러므로 사람들이 각기 다른 도덕적 판단을 내린다는 사실은 사람들이 도덕적 판단을 내리거나 그에 의해 살거나 그것을 위반한다는 사실에 전혀 변화를 일으키지 않는다. 모든 사람은 도덕적 세계에 살고 있으며, 사실상 모든 사람이—숙고해 본다면—이를 인식하고 다른 식으로는 생각하지 못할 것이다.

하지만 유신론에서는 도덕 세계가 실재한다고 가르칠 뿐 아니라 다른 모든 도덕적 판단을 평가하는 절대 기준이 있다고 가르친다. 하나님 자신―그분의 선(거룩과 사랑)이라는 속성―이 바로 그 기준이다. 더 나아가, 그리스도인과 유대인은 그분의 기준이 성경의 여러 율법과 원리에 계시되었다고 주장한다. 십계명, 산상수훈, 사도 바울의 윤리적 가르침, 기타 다른 말씀을 통해 하나님은 자신의 성품을 우리에게 나타내셨다. 따라서 선과 악의 기준이 있으며, 누구든지 그것을 알기 원하면 알 수 있다.

하지만 선의 완전한 구현자는 예수 그리스도다. 그분은 완전한 인간, 하나님이 원하시는 인류다. 바울은 예수님을 둘째 아담이라고 불렀다(고전 15:45-49). 그리고 우리는 예수님 안에서 선한 생활이 구현되었음을 본다. 예수님의 선한 삶은 그분의 죽음에서 최고조로 계시된다. 무한한 사랑의 행위인 그 죽음을 바울은 이렇게 말한다. "의인을 위하여 죽는 자가 쉽지 않고…우리가 아직 죄인 되었을 때에 그리스도께서 우리를 위하여 죽으심으로 하나님께서 우리에 대한 자기의 사랑을 확증하셨느니라"(롬 5:7-8). 또한 사도 요한도 반복하여 이렇게 말한다. "사랑은 여기 있으니 우리가 하나님을 사랑한 것이 아니요, 하나님이 우리를 사랑하사 우리 죄를 속하기 위하여 화목 제물로 그 아들을 보내셨음이라"(요일 4:10).

이처럼 윤리는 대단히 많은 부분이 사람의 영역이지만 궁극적으로는 하나님과 관련된 일이다. 사람은 도덕의 척도가 아니다. 하나님이 척도다.

---

8. 세계관 질문 7(역사): 역사는 직선적이며, 인류를 위한 하나님의 계획을 성취해 나가는 사건들의 의미 있는 연속이다.

'역사는 직선적'이라는 말은 인간의 행위가―비록 흔들리고 혼란스럽게 보일지라도―시작과 중간과 끝이 있는 의미 있는 연속의 일부라는 뜻이다. 역사는 돌이킬 수 없고 반복할 수도 없으며 순환하지도 않는다. 역사는 무의미하지 않다. 오히려 역사는 어딘가로 향하는, 알려진 목표를 향

해 전진하는 목적론적인 것이다. 시작과 끝을 아시는 하나님은 인간의 행위를 아시고 인간을 다스리신다.

성경 저자들은 역사의 과정에 있는 몇 가지 근본적 전환점에 특별한 관심을 보였는데, 그것들은 시간 속에 있는 인간에 대한 유신론적 이해의 기초를 형성한다. 이 전환점에는 창조, 죄에 빠진 타락, 히브리인을 향한 하나님의 계시(우르에서 가나안으로 아브라함을 부르신 일, 출애굽, 율법 수여, 선지자들의 증언이 포함된다), 성육신, 예수님의 생애, 십자가와 부활, 오순절, 교회를 통한 복음 전파, 그리스도의 재림, 최후 심판이 포함된다. 이는 창조, 타락, 구속, 영화라는 인간 삶의 유형과 유사하며 이를 더 상세히 나눈 목록이다.

이런 식으로 보면 역사는 그 자체로 계시의 한 형태다. 즉, 하나님은 역사 안에서(여기, 저기, 그때) 자신을 계시하실 뿐 아니라 사건들의 연속 자체가 계시다. 그러므로 역사란(특히 유대 민족의 경우처럼 지방화된 역사는) 인간의 사건들에 하나님이 개입하시고 관심을 두신 일을 기록한 것이라고 말할 수 있다. 역사는 하나님의 신적 목적이 구체적 형태로 나타난 것이다.

물론 이 유형은 기독교 전통에 기대고 있다. 언뜻 보면 이 사관은 유대인과 그리스도인 이외의 다른 사람들은 고려하지 않는 것처럼 보인다. 그러나 구약성경에서는 이스라엘 주변 국가들에 대해서, 또한 하나님을 경외하는 자들(God-fearers: 유대인은 아니지만 유대인의 믿음을 받아들여 하나님의 약속에 참여한 것으로 여겨진 자들)에 대해서 많은 이야기를 들려준다. 또한 신약성경에서는 하나님의 목적과 통치의 국제적 차원을 훨씬 더 강조한다.

하나님의 계획에 대한 계시는 우선적으로 한 민족—유대 민족—을 통해 베풀어졌다. 그러므로 우리는 윌리엄 에워(William Ewer)처럼 "하나님이 / 유대인을 / 택하심은 / 얼마나 기이한가!" 하고 말할 수 있지만, 그렇게 행하신 것이 하나님의 편애를 나타낸다고 생각할 필요는 없다. 베드로도 "하나님은 사람의 외모를 보지 아니하시고 각 나라 중 하나님을 경외하며 의를 행하는 사람은 다 받으시는 줄 깨달았도다"(행 10:34-35)라고 말했다.

그래서 유신론자들은 심판에 의해 역사가 종식되고 이후에 시간을 초월한 새 시대가 열리기를 고대한다. 그러나 새 시대가 오기 전에는 시간이 역행할 수 없으며 역사는 공간 안에서 지역적 제한을 받는다. 이 개념은 전형적인 동양 사상과 매우 다르므로 강조할 필요가 있다. 동양에서는 대체로 시간은 하나의 환상에 불과하며 역사는 영원히 순환한다고 생각한다. 환생을 통해 영혼이 시간 안으로 들어오는 일이 반복된다. 영혼의 여행길은 길고 험난하며 아마도 영원할 것이다. 그러나 기독교 유신론에서는 "한 번 죽는 것은 사람에게 정해진 것이요 그 후에는 심판이 있으리니"(히 9:27)라고 가르친다. 개인의 선택은 그 사람에게, 다른 사람에게, 하나님께 의미를 갖는다. 역사는 그러한 선택들의 결과이며, 하나님은 그러한 결정들을 주관하시면서 이 세상에 대한 하나님의 계획을 이루어 가신다.

요컨대, 유신론의 역사 개념에서 가장 중요한 점은 역사가 의미를 지닌다는 것이다. 하나님—로고스, 의미 그 자체—이 모든 사건의 배후에 계셔서 "그의 능력의 말씀으로 만물을 붙드실"(히 1:3) 뿐 아니라, "하나님을 사랑하는 자, 곧 그의 뜻대로 부르심을 입은 자들에게는 모든 것이 합력하여 선을 이루도록"(롬 8:28) 하시기 때문이다. 외견상 혼란스러워 보이는 사건들 배후에는 모든 것에 충족하신 사랑의 하나님이 계신다.

핵심 헌신

기독교 유신론을 일관되게 견지하는 사람에게 계속하여 연료를 공급하는 것은 무엇인가? 그들의 삶을 추동하는 동기는 무엇인가?

9. 세계관 질문 8(핵심 헌신): 기독교 유신론자는 먼저 하나님의 나라를 구하기 위해, 즉 하나님을 영화롭게 하고 그분을 영원토록 즐거워하기 위해 살고자 한다.

기독교 세계관은 여러 면에서 독특한데, 특히 삶의 궁극적 의미에 초점을 맞추도록 한다는 점에서 그렇다. 단지 추상적으로 인간 역사와 인간 존재의 의미를 다루지 않고, 각각의 그리스도인에게 삶의 의미가 무엇인지 알려 준다는 점에서 독특하다. 하나님 자신이 참으로 실재하신 분이고 존재의 궁극적 근거이며 그분을 제외한 모든 것을 창조하신 분이므로 신실한 그리스도인은 자기 자신을 위해 살지 않고 하나님을 위해 산다. 웨스트민스터 소요리문답에서는 "사람의 제일 되는 목적이 무엇입니까?"라고 묻고, "하나님을 영화롭게 하고 그분을 영원토록 즐거워하는 것입니다"라고 답한다.[18] 하나님을 영화롭게 하는 것은 경건하게 예배를 드리거나 찬송을 부르거나 교회에서 행하는 전통적 예식에 참여하는 것을 의미하지 않는다. 하나님을 영화롭게 하는 것은 우리가 창조된 그 존재로서 그분의 성품을 나타내는 것이다. 인간의 모습에서 하나님의 형상을 구현하는 것이다. 우리가 그분처럼 될 때 우리는 그분을 영화롭게 한다. 그분처럼 된다는 게 무엇인가? 그분은 단지 위엄 가운데 계신 자존자(自存者)로서 천둥소리로 하늘과 땅을 뒤흔드시는 초월자만은 아니시다. 그분은 예수님이시다. 그분은 임마누엘, 즉 '우리와 함께 계신 하나님'이시다. 그렇다면 예수님처럼 되는 게 바로 하나님처럼 되는 것이다. 하나님은 예수님 안에서 그분의 모든 영광을 나타내신다.

예수님은 이 땅에 오셔서 하나님 나라를 선포하셨고, 이 세상에 계실

---

18   Westminster Shorter Catechism, Question 1.

때에 아버지 나라의 현존을 구체적으로 나타내셨다(막 1:14-15). 우리는 그분을 본받아야 하고, "먼저 그의 나라와 그의 의를 구하라"(마 6:33)는 명령에 순종해야 한다. 놀라운 사실은, 우리가 이렇게 행할 때 우리는 한편으로 이기심과 교만의 비극적 결과를 피할 수 있고 다른 한편으로 우리의 삶을 실제로 충만하게 하는 것을 받을 수 있다는 것이다. 우리의 욕망을 하나님의 영광을 추구하는 것으로 대체할 때, 우리는 그분의 뜻에 순종한 결과로 우리가 추구하는 모든 행복과 기쁨을 얻게 된다. 인간의 번영이 우리의 주된 목적은 아니지만, 하나님과 그분의 영광으로 우리의 관심을 돌릴 때 그 결과로 얻게 된다.[19] 예수님은 산상수훈에서 "그리하면 이 모든 것을 너희에게 더하시리라"(마 6:33) 하고 말씀하셨다. 웨스트민스터 소요리문답에서 말하듯, 하나님을 영화롭게 하는 것은 그분을 영원토록 즐거워하는 것이다.

물론 이 핵심 헌신을 개인화하는 다른 방법도 있다. 어떤 그리스도인은 그것이 하나님께 순종하는 것이라고 하거나, 자신의 마음과 지성과 영혼과 힘을 다하여 하나님을 사랑하고 이웃을 자기 자신처럼 사랑하는 것이라고 하거나, 복음을 위하여 자기 삶을 포기하는 것이라고 표현하기도 한다. 또 다른 그리스도인은 꽤 독특한 방식으로 대답을 제시할 수도 있다. 하지만 실재에 대한 기독교적 이해를 파악하고 헌신하는 일이 참으로 반영된 대답이라면, 그들의 말에서는 하나님 중심성과 그분의 선하신 기쁨이 바르게 강조될 것이다. 이 대답들은 행복을 우선으로 놓지 않는다. 행복이나 기쁨은 목표가 아니라 결과다. 삶은 모두 하나님에 대한 것으

---

19 '인간의 번영'(human flourishing)은 인간의 삶이 목표로 삼아야 할 적합한 목적을 묘사하는 단어로 오늘날 자주 사용되는 용어다. 하지만 각 세계관에서는 인간의 번영에 무엇이 포함되는지, 인간의 번영이 초월적인 것과는 어떤 관련이 있는지에 대해 다른 견해를 갖고 있다. Charles Taylor, *A Secular Age* (Cambridge, MA: Belknap, 2007), pp. 16-20를 보라.

로, 그들은 자신에 대해서는 말하지 않는다.

하나님의 장엄

기독교 유신론에서는 모든 것이 하나님으로부터 나왔다고 주장하기에 무엇보다도 하나님에 대한 개념에 의존하고 있다는 사실이 이제 분명해졌을 것이다. 하나님보다 우선하거나 그분과 동등한 것은 없다. 그분은 **자존자**(He Who Is)시다. 따라서 유신론은 형이상학의 기초를 지닌다. 자존자는 가치 있는 속성을 지니고 계시며 따라서 **가치자**(The Worthy One)이시기에, 유신론은 윤리학의 기초를 지닌다. 자존자는 또한 **전지자**(He Who Knows)이시기에, 유신론은 인식론의 기초를 지닌다. 다시 말해, 유신론은 완전한 세계관이다.

그러므로 하나님의 위대함은 기독교 유신론의 중심 교리다. 어떤 사람이 이 사실을 깨닫고 의식적으로 받아들여 이에 근거해서 산다면 이 중심 개념은 그에게 인생의 의미를 부여하고 그의 삶이 세상에서 매일 부딪치는 기쁨과 슬픔으로 펼쳐지는 드라마—항상 슬픔이 함께하는 게 아니라 어떤 날에는 기쁨만이 함께하는—에서 의미 있는 순간들이 되게 하는 반석이요 초월적 준거점이 될 것이다. 그러나 지금 이 세계 역시 제라드 맨리 홉킨스(Gerard Manley Hopkins)가 표현한 것처럼 "신의 장엄으로 충만해 있다."[20] "매일의 생활상 속에 하나님의 그림자"가 있다는 것은 하나님이 하늘에만 계시지 않고 우리와 함께 계셔서 우리를 유지시키시고 사랑하시며 돌보신다는 사실을 깨닫게 한다.[21] 그러므로 기독교 유신론을

---

20 "God's Grandeur," in *The Pomes of Gerard Manley Hopkins*, 4th ed., ed. W. H. Gardner and N. H. MacKenzie (New York: Oxford University Press, 1967), p. 66.
21 Saul Bellow, *Mr. Sammler's Planet* (Greenwich, CT: Fawcett, 1970). p. 216.

잘 이해한 자는 자신의 견해가 옳다고 믿거나 선포하는 데서 그치지 않는다. 그의 주된 행동은 하나님을 향한다. 즉, 창조주요, 지지자이며, 예수 그리스도를 통해 구속자이자 친구가 되신 우주의 주재를 사랑하고 그분께 순종하며 그분을 찬양하는 반응을 보인다.

성찰과 토론을 위한 질문

1. 기독교 유신론은 당신의 사회와 문화를 어떠한 방식으로 형성했는가?
2. 기독교 유신론에서 하나님과 우주는 어떻게 연결되는가?
3. 사람이 하나님의 형상으로 창조되었다는 믿음은 우리의 존엄성과 가치를 이해하는 데 어떠한 함의가 있는가?
4. 유신론은 사람이 도덕적 판단을 하는 이유와 우리가 옳은 것을 아는 방식을 어떻게 설명하는가?
5. 이번 장을 읽고서 기독교 유신론에 대해 새롭게 깨달은 내용이나 얻은 통찰력이 있는가?

3장

시계와 같은 우주: 이신론

먼저 말해 보라. 천상의 신이나 지상의 인간에 관해
우리가 아는 것 이외에 무엇을 사유할 수 있겠는가?
인간에 관해, 사유하고 추론하는 근거가 되는
여기서의 그의 지위 이외에 우리는 무엇을 보는가?
무수한 세계를 통해 신이 알려지지만,
우리 자신의 세계 안에서만 그를 추적하는 것이 우리의 일이다.
알렉산더 포프, 『인간론』

유신론이 그렇게 오랫동안 서양을 지배했는데, 무엇이 유신론을 무너뜨릴 수 있었는가? 만일 유신론이 인간의 모든 근본 문제에 만족할 만한 대답을 제시하고 두려움에 대해서는 피난처를, 미래에 대해서는 소망을 주었다면 왜 다른 사상이 유입되었는가? 이 질문에 대한 답은 여러 수준에서 주어질 수 있을 것이다. 분명한 사실은 많은 힘이 작용해 서양의 기본적인 지적 통일성이 깨졌다는 것이다.[1]

어떤 사람들은 이신론이 신학과 철학의 혼란한 논쟁을 벗어나 통일을 이루고자 하는 시도에서 발전했다고 주장한다. 17세기에는 논쟁을 좋아하는 이들조차도 사소하게 여기는 질문에서 시작된 것이 장황한 말다툼으로—심지어 종교전쟁으로—전개되곤 했다. 존 밀턴이 철학적 신학으로 장황한 말놀이를 하는 타락한 천사들을 상상할 때도 아마 그런 질문을 염두에 두고 있었던 것 같다.

> 저리 떨어져 언덕 위에 물러나 앉은 무리도 있다.
> 한층 고상한 사색에 잠겨 크게 논하는 것은
> 섭리, 예지, 의지와 운명,
> 부동의 운명, 자유의지, 절대적 예지에 관하여.
> 그러나 미궁에 빠져서 길을 잃고 헤맬 뿐, 결론을 얻지 못한다.[2]

---

1 기독교 유신론에서 이신론으로 넘어간 과정을 간략하면서도 매우 유용하게 개괄한 내용은 Jonathan Hill, *Faith in the Age of Reason* (Downers Grove, IL: InterVarsity Press, 2004)을 보라. 기독교 유신론이 이신론을 거쳐 자연주의로 이행하는 과정을 상세히 연구한 내용은 찰스 테일러의 대작 *A Secular Age* (Cambridge, MA: Belknap, 2007)를 보라.

2 John Milton, *Paradise Lost* 2.557-561.

3장 시계와 같은 우주: 이신론

수십 년의 장황한 논쟁 끝에 루터교, 청교도, 성공회의 신학자들은 다시 일치점을 찾기를 갈망했을지도 모른다. 이신론도 어느 정도는 이에 대한 반응이었지만 그 일치의 방향은 전통적 기독교의 범위를 다소 벗어났다. 이신론의 성립에 영향을 준 다른 요소는 신지식(神知識)에 대한 권위의 위상이 변한 것이다. 그 근거는 성경의 특별 계시에서 인간 지성 안에 있는 '하나님의 촛불', 즉 이성이나 '내면의 빛'인 직관으로 옮겨졌다.[3] 왜 권위의 위상이 그렇게 바뀌었는가?

여러 이유 중 하나가 특별히 역설적이다. 그것은 유신론이 함축하는 바와 연결되는데, 발견된 이후에 논의가 매우 크게 발전했다. 중세에는 다소 플라톤적인 지식론이 널리 받아들여진 까닭에 유신론을 신봉하는 학자들과 지식인들의 관심이 하나님께 향했다. 그러한 생각에 따르면 인식자는 어떤 의미에서 그들이 아는 대상이 **된다**. 또한 인간은 어떤 의미에서 선하고 거룩하게 되어야 하므로 하나님을 공부해야 했다. 따라서 하나님에 대한 **학문**(science, 중세에는 단지 지식을 의미했다)인 신학은 학문의 여왕으로 간주되었다.

만일 어떤 사람이 동물이나 식물이나 광물을 연구(동물학, 식물학, 화학, 물리학)한다면 그것은 자신을 낮추는 일이었다. 실재에 대한 이 계층적 견해는 유신론적이거나 기독교적이라기보다는 플라톤적인 것에 훨씬 가깝다. 물질이 악은 아니라 해도 분명 선은 아니며 적어도 비이성적이라는 관념은 플라톤에게서 유래했기 때문이다. 물질은 이해할 대상이 아니라 초월할 대상이었다.

그러나 더 성경적인 방향의 지성을 소유한 사람들이 인정하기 시작한 것처럼 세계 전체가 바로 하나님의 세계다. 비록 타락했지만 이 세계는

---

3 이신론의 발생과 쇠퇴를 다룬 간략하고도 뛰어난 설명은 Avery Cardinal Dulles, in "The Deist Minimum," *First Things* (January 2005): pp. 25-30를 보라.

하나님에 의해 창조되었으며 값지다. 정말로 알고 이해할 만한 가치가 있다. 더 나아가, 하나님은 이성적 하나님이시기에 그분의 우주도 합리적이고 질서 정연하며 알 수 있는 대상이다. 이러한 근거에 바탕을 두고 과학자들은 우주의 **형태**를 탐구하기 시작했다. 하나님이 만드신 세계의 상(像)이 드러났다. 그것은 거대하면서도 질서 정연한 기계, 기어와 지레가 기계적으로 정확히 맞물리는 거대한 시계처럼 보였다. 그러한 상은 과학적 연구 결과로 얻은 것인데, 우주의 구성에 대해 더 많이 탐구하고 발견하도록 자극했다. 다시 말해, 우리가 현재 알고 있는 과학(science)이 탄생하여 놀라운 성공을 거두기 시작했다.

물론 그와 동시에 과학자들의 발견을 신뢰하지 않는 자들도 있었다. 갈릴레오 갈릴레이(Galileo Galilei, 1564-1642)가 유명한데, 상당히 왜곡된 형태로, 즉 기독교 유신론의 반과학적 성격에 대한 증거로 종종 인용된다. 사실 갈릴레오뿐 아니라 르네상스 시대의 다른 과학자들, 니콜라우스 코페르니쿠스(Nicolaus Copernicus, 1473-1543), 프랜시스 베이컨(Francis Bacon, 1561-1626), 요하네스 케플러(Johannes Kepler, 1571-1630) 등은 온전한 기독교 세계관을 견지하고 있었다.[4] 더구나, 베이컨의 말처럼 지식은 힘, 즉 창조 세계를 조종하여 더 완전히 인간의 지배 아래 두게 하는 힘이 되었다. 이런 관점은 브로노우스키(J. Bronowski)에게서 현대의 말투로 되울린다. "나는 과학을, 자연의 감춰진 능력을 더 많이 쓸 수 있도록 우리의 지식을 조직한 것이라고 정의한다."[5] 우주에 대한 지식을 얻는 이 방법이 큰 성

---

4   낸시 피어시(Nancy R. Pearcey)와 찰스 택스턴(Charles B. Thaxton)은 "가톨릭교회는 과학으로서의 갈릴레오의 이론과는 아무런 논쟁도 하지 않았다"고 지적한다. 가톨릭교회에서는 실제로 반대한 것은 "갈릴레오가 아리스토텔레스 철학을 공격한 것"이지 기독교 신앙을 손상시키는 게 아니었다. *The Soul of Science: Christian Faith and Natural Philosophy* (Wheaton, IL: Crossway Books, 1994), pp. 38-40를 보라.
5   J. Bronowski, *Science and Human Values* (New York: Harper & Row, 1965), p. 7. 『과학과 인간가치』(이화여자대학교출판부).

공을 거두었는데, 동일한 방법을 하나님에 대한 지식을 얻는 데 적용하지 않을 이유가 있겠는가?

물론 하나님이 자연에서 자신을 계시하신다고 가르치는 기독교 유신론에서도 그런 방법이 이미 사용되고 있었다. 하지만 이처럼 일반 계시를 통해 나타난 내용의 깊이는 제한된 것으로 간주되었으며, 하나님에 대해서는 특별 계시를 통해 훨씬 더 많이 알게 된다고 여겼다. 그러나 이신론에서는 계시를 통해, 즉 하나님이 자신을 표현하는 특별한 행위—예컨대 성경이나 성육신—를 통해 하나님을 알 수 있다는 것을 부정했다. 과학의 문제에서 권위자 자리에 있던 아리스토텔레스를 쫓아낸 이신론은 이제 신학에서 권위자 자리에 있는 성경을 쫓아내고 단지 '인간'의 이성만을 적용해야 용납하기 시작했다. 피터 메더워(Peter Medawar)가 말한 대로, "이성의 **필요성**이라는 17세기의 교리는 점차 이성의 **충족성**에 대한 믿음에 자리를 비켜 주고 있다."[6] 따라서 이신론에서는 하나님을 '자연'을 통해서만 알 수 있는 분으로 보았으며, 그 자연은 우주의 구조를 의미했다. 그리고 우주의 구조는 거대한 시계에 비유되었기에 하나님은 그 시계공으로 간주되었다.

어떤 면에서, 신지식을 일반 계시로 제한하는 일은 아침 식사로 계란을 먹는 게 좋다는 것을 알고는 남은 생애(모르는 사이에 다소 줄었을 것이다!)에 아침 식사(아마 점심 식사와 저녁 식사도) 때 계란만 먹는 것에 비유할 수 있겠다. 유신론에서는 사람이 자연을 통해 하나님을 알 수 있다고 분명히 말한다. 그러나 또한 그 방법을 통해서 알 수 있는 것보다 **알아야 할 더 많은 것**이 있으며 그것을 **알 수 있는 다른 방법**도 있다고 주장한다.

---

[6] Peter Medawar, "On 'The Effecting of All Things Possible,'" *The Listener* (October 2, 1969): p. 438.

이신론의 기본 내용

프레더릭 코플스턴(Frederick Copleston)이 설명하듯, 이신론은 역사적으로 보았을 때 실제로 어떤 사상의 '학파'로 있지는 않았다. 17세기 말과 18세기에 이신론자를 자처하거나 이신론자로 불린 사상가는 그리 많지 않다. 이 사상가들은 여러 가지 상호 관련된 주장을 피력했으나 그 내용이 모두 일치하지는 않았다. 예를 들어, 존 로크(John Locke. 1632-1704)는 계시라는 생각을 거부하지는 않았지만 인간의 이성으로 계시를 판단해야 한다고 주장했다.[7] 볼테르(Voltaire) 같은 **차가운** 이신론자는 기독교에 적대적이었던 반면 로크 같은 **따뜻한** 이신론자는 그렇지 않았다.[8] 벤저민 프랭클린(Benjamin Franklin, 1706-1790) 같은 사람은 영혼의 불멸성을 믿었으나 그렇지 않은 사람도 있었다. 하나님이 창조 세계가 스스로 운행하도록 내버려 두셨다고 생각한 사람이 있는가 하면 하나님의 섭리를 믿는 사람도 있었다. 인격적 하나님을 믿는 사람이 있는가 하면, 어떤 사람은 그렇지 않았다. 그러므로 기본적 문제에 대해 이신론자들이 일치하는 내용은 유신론자들보다 훨씬 적었다.[9] 게다가, 이번 장 후반부에서 살펴보겠지만 **도덕주의적 치료 이신론**(moralistic therapeutic deism)처럼 대중적 형태의 이신론이 전적으로 기독교적이라고 생각하는 사람도 있다.

그렇지만 이신론을 하나의 체계로 생각하고 그 체계를 비교적 극단적인 형태로 살펴보는 일은 유익하다. 이렇게 파악할 때 18세기에 나타

---

7   Frederick Copleston, *A History of Philosophy* (London: Burns and Oates, 1961), 5: pp. 162-163. 『영국경험론』(서광사).
8   '차가운'과 '따뜻한'이라는 용어는 철학자 대니얼 시네스트베트에게 (개인 서신을 주고받으면서) 배웠다.
9   피터 게이(Peter Gay)의 *Deism: An Anthology* (Princeton, NJ: D. Van Nostrand, 1968)는 폭넓고 다양한 이신론자들의 글을 모아 놓은 책으로 유용하다.

나기 시작한 유신론의 여러 '변형'에 함축된 의미를 쉽게 이해할 수 있기 때문이다. 앞으로 살펴볼 자연주의도 이 함축된 의미를 더욱 밀어붙인 것이다.

1. **세계관 질문 1**(최고의 실재): 제1원인(a First Cause)인 초월적 하나님은 우주를 창조하셨으나 스스로 운행하도록 내버려 두셨다. 따라서 하나님은 내재하지 않고, 삼위일체도 아니며, 완전한 인격도 아니고, 인간사의 주권자도 아니며, 섭리자도 아니다.

유신론과 마찬가지로, 가장 중요한 명제는 하나님의 존재와 속성에 관한 것이다. **따뜻한** 이신론—프랭클린이 갖고 있는 이신론으로, 그는 "나는 한 분 하나님, 우주의 창조자를 믿습니다. 그분은 그분의 섭리로 우주를 다스리십니다"라고 고백한다—에서는 하나님의 인격성을 충분히 유지하며, 프랭클린은 이 하나님은 "경배를 받으셔야 한다"고 말한다.[10] 그러나 **차가운** 이신론에서는 하나님이 나타낸다고 하는 인격성의 특징들을 대부분 배제했다. 하나님은 단지 초월적 힘이나 에너지, 제1운동자(a Prime Mover)나 제1원인, 과거 원인들의 끝없는 복귀 종착점이었다. 비록 하나님에 대해 계속 그(he)라는 인칭 대명사를 사용하지만, 그는 진정한 의미의 그가 아니다. 분명히 그는 자신의 창조물을 돌보지도 않고 사랑하지도 않는다. 피조 세계와는 아무런 '인격적' 관계가 없다. 분명 그는 예수님 안에서 성육신하지 않았다. 그는 단지 단일신일 뿐이다. 토머스 페인(Thomas Paine)이 말한 것처럼, "사람이 하나님의 이름에 붙일 수 있는 유일한 개념은 **제1원인**, 만물의 원인이다."[11]

---

10   Benjamin Franklin, Letter to Ezra Stiles, March 9, 1790, http://franklinpapers.org/framed-Names.jsp.

11   Thomas Paine, *The Age of Reason*, part 1, chap. 10, 첫 문장. 『이성의 시대』(돋을새김).

> 하나님이 계시한 것은 무엇이든 참이다. 조금도 의심할 수 없다. 이것은 분명 믿음의 대상이다. 그러나 이것이 하나님의 계시인지 아닌지는 이성이 판단해야 한다.…이성의 진술, 곧 분명하고 자명한 이 진술과 어긋나거나 일치하지 않는 것에는 믿음의 문제라며 강력히 권고하거나 동의하라고 할 권리가 없다. 그것은 이성과는 무관하다.
>
> 존 로크, 『인간지성론』 4.18.

현대의 이신론자라고 할 만한 버크민스터 풀러(Buckminster Fuller)는 자신의 신앙을 이렇게 표현했다. "나는 예견적인 지적 분별력의 완전성을 믿는데, 그것을 우리는 '하나님'이라 부를 수 있다."[12] 그러나 풀러의 하나님은 경배받을 수 있는 인격체가 아니라 단지 인식될 수 있는 지성이나 힘에 불과하다.

그러므로 이신론자의 하나님은 멀리 있는 낯설고 소외된 존재에 불과하다. 하지만 초기의 이신론자들은 이러한 신관(神觀)이 사람들에게 남겨 준 고독감을 느끼지 못한 것 같다. 이러한 점이 인간의 감정에서 두드러지게 나타난 것은 거의 두 세기가 지난 후의 일이다.

2. 세계관 질문 2(외부 실재): 하나님이 창조하신 우주는 결정론적 성격을 지닌다. 닫힌 체계 안에서 원인과 결과가 균일성을 갖도록 창조되었기 때문이다. 따라서 어

12　Buckminster Fuller, *Ideas and Integrities*, Sara Sanborn, "Who Is Buckminster Fuller?" *Commentary*, October 1973, pp. 59-67에서 재인용. 샌본은 "풀러의 자애로운 지성(Benevolent Intelligence)은 이신론자들의 위대한 시계공과 에머슨(Emerson)의 대영(大靈, Over-Soul)의 복합체인 것 같다"고 논평했다(p. 66).

떤 기적도 일어날 수 없다.

차가운 이원론에서는 우주의 체계가 두 가지 의미에서 폐쇄적이다. 첫째, 우주의 체계는 하나님의 재조정에 대해 폐쇄적인데 이는 하나님이 세상에 '관심'을 갖고 있지 않기 때문이다. 그는 단지 창조했을 뿐이다. 그러므로 하나님의 특별한 관심을 나타내 보이는 기적이나 사건은 불가능하다. 우주라는 기계를 조금이라도 변경시킨다는 것은 하나님의 원래 계획에 잘못이 있음을 드러내는 것이고, 따라서 전능한 신의 위엄을 손상시킨다.

둘째, 우주는 사람의 재조정에 대해서도 폐쇄적이다. 이는 우주가 시계 같은 방식으로 잠겨 있기 때문이다. 사람이 체계를 재조정하려면 그 체계를 초월해야, 즉 원인과 결과의 사슬에서 벗어나야 가능하다. 그러나 이는 우리가 할 수 없는 일이다. 하지만 이신론자들이 이 둘째 의미를 많이 의식하지 못했다는 데 주의해야 한다. 우리 모두가 숙고하지 않고도 그렇게 생각하듯이, 그들 대다수는 여전히 우리가 환경을 바꾸는 행위를 할 수 있다고 생각한다.

3. 세계관 질문 3(인간): 인간은 비록 인격체이지만 우주라는 시계의 한 부품이다.

분명 이신론자들은 사람의 인격을 부인하지 않는다. 우리 각자에게는 자기의식과, 적어도 언뜻 보기에는 자기 결정성이 있다. 그러나 이는 단지 인간적 차원에서만 고려해야 한다. 말하자면 우리 인간은 하나님과 본질적 관계—원형(original)에 대한 형상(image)으로서의 관계—를 맺고 있지 못하고, 따라서 우리가 사는 체계를 초월할 방도가 없다.

프랑수아 페늘롱(François Fénelon, 1651-1715) 주교는 당대의 이신론자들을 비판하며 이렇게 썼다. "그들은 자신이 하나님을 창조주로 인정하며,

그 하나님의 지혜는 그분이 지으신 작품 가운데 명백하게 드러남을 믿고 있다고 자부한다. 그러나 그들의 말에 따르자면, 하나님이 인간에게 자유의지—즉 죄를 짓고, 인간의 최종 목표에서 이탈하고, 체계를 조정하고, 영원히 멸망당할 수 있는 능력—를 주셨다면 그 하나님은 선하지도, 지혜롭지도 않은 존재가 되어 버린다."[13] 페늘롱은 이신론의 주요 문제점, 즉 인간이 의미 있는 행동을 할 수 있는 능력이 없어져 버렸다는 점을 잘 지적했다. 우리가 '체계를 조정할' 수 없다면 우리는 의미 있는 존재가 될 수 없다. 우리는 단지 꼭두각시일 뿐이다. 설령 개인에게 인격이 있더라도, 자기 결정성이라는 요소를 포함하지 않는 유형일 것이다.

물론 이신론자들은 인간에게 지성(확실히 그들은 인간의 이성을 강조한다), 도덕 감각(이신론자들은 윤리학에 많은 관심을 기울인다), 공동체를 이루는 능력과 창조적 능력이 있다고 강조한다. 그러나 이 모든 것은 피조된 존재로서 우리가 갖춘 성품이긴 해도 하나님의 속성에 근거를 두지는 않는다. 하나님과 어떤 특별한 관련이 있는 것은 없다. 자기 나름의 근거가 있을 뿐이다.

4. 세계관 질문 4(죽음): 육체적 존재 이후의 인간은 생명이 있을 수도 있고 없을 수도 있다.

여기서 **따뜻한** 이신론과 **차가운** 이신론의 구분은 유용하다. 이신론은 확고한 기독교 유신론이 쇠락한 역사적 결과다. 즉, 전통적 기독교가 지닌 특별한 헌신과 믿음은 점차 버려졌다. 사라진 것 가운데 처음이자 가장

---

13 François Fénilon, *Lettres sur divers sujets, metaphysique et de religion*, letter 5. Émile Bréhier, *The History of Philosophy*, trans. Wade Baskin (Chicago: University of Chicago Press, 1967), 5: p. 14에서 재인용.

의미 있는 믿음은 하나님의 온전한 인격성과 삼위일체적 본성이었다. 하나님을 어떤 힘이나 궁극적 지성으로 축소한 결과 그러한 재난이 시작되었다. 앞으로 보겠지만, 사실 이는 단지 자연주의가 아니라 결국 허무주의에 이른다. 세계관의 역사가 참으로 실재하는 것에 관한 생각의 변화를 이성적으로 즉시 적용한 것이었다면, 죽음 이후의 삶에 관한 믿음은 즉시 사라졌을 것이다. 그러나 그렇게 되지 않았다. 도덕성에 대한 믿음도 바로 사라지지 않았다. 그러한 변화는 한 세기가 더 지나서야 이루어졌다. 따라서 기독교 유신론자와 매우 흡사한 **따뜻한** 이신론자들은 죽음 이후의 삶에 관한 관념을 계속 가지고 있었고, 기독교 유신론에서 더 멀리 나아간 **차가운** 이신론자들은 그렇지 않았다.

---

5. 세계관 질문 5(지식): 생득적이고 자율적인 인간의 이성과 과학의 방법을 통해 우리는 우주를 알 수 있을 뿐 아니라 하나님이 어떠한 분인지를 적어도 어느 정도 추론할 수 있다. 우주, 즉 이 세계는 정상 상태에 있는 것으로 이해된다. 타락했거나 비정상적이지 않다.

이신론에서 인간 이성은 자율적이 되었다. 즉, 외부에서 오는 어떠한 계시에 의존하지 않고도—성경 없이도, 살아 있는 예언자나 꿈과 환상을 통한 하나님의 메시지 없이도—인간은 자기 자신, 우주, 심지어 하나님까지 알 수 있는 능력을 갖고 있다. 존 로크가 표현한 것처럼, "이성의 진술, 곧 분명하고 자명한 이 진술과 어긋나거나 일치하지 않는 것에는 믿음의 문제라며 강력히 권고하거나 동의하라고 할 권리가 없다. 그것은 이성과는 무관하다."[14]

---

14 John Locke, *An Essay Concerning Human Understanding* 4.18.10 (New York: Dover Publications, 1959), 2: pp. 425-426. 『인간지성론』(한길사).

우주는 본질적으로 하나님이 창조하신 대로 있고 사람은 주변 세상을 이해할 수 있는 지적 능력이 있으므로 우주를 연구하면 하나님에 대해 알 수 있다. 앞서 살펴보았듯, 성경도 그 근거를 제시한다. 시편 저자는 "하늘이 하나님의 영광을 선포하고 궁창이 그의 손으로 하신 일을 나타내는도다"(시 19:1)라고 썼다. 물론 유신론자들도 하나님이 자연을 통해 자신을 계시하신다고 주장한다. 그러나 유신론자는 하나님이 말씀을 통해서도—선지자들과 여러 성경 저자에게 주신 명제적인, 언어로 표현된 계시를 통해서도—자신을 계시하셨다고 본다. 또한 기독교 유신론자들은 하나님이 그분의 아들 예수 안에서—"말씀이 육신이 되어"(요 1:14)—자신을 계시하셨다고 주장한다. 그러나 이신론자들은 하나님이 사람과 교통하지 않으신다고 본다. 특별 계시는 필요하지 않으며 실제로 주어지지도 않았다.

철학사가 에밀 브레이어(Émile Bréhier)는 이신론과 유신론의 차이를 잘 요약한다.

> 우리는 기독교 신앙과 전혀 양립할 수 없는 새로운 인간관이 소개되었음을 분명히 본다. 우주의 놀라운 질서를 창조하고 유지한 조물주 하나님(God the architect)은 자연 속에서 발견되었기 때문에 기독교 드라마의 하나님, 즉 아담에게 '죄를 짓고 질서를 뒤집을 능력'을 주신 하나님이 설 자리는 이제 사라졌다. 하나님은 자연 안에 계실 뿐 더 이상 역사 속에서 섭리하시는 분이 아니다. 그분은 자연주의자와 생물학자가 분석한 불가사의 속에 계시지, 더 이상 인간의 양심 속에 계시면서 그분의 임재 앞에서 느낄 수 있는 감정인 죄나 수치심이나 은혜를 일으키시지 않는다. 그분은 인간이 스스로의 운명을 책임지도록 내버려 두셨다.[15]

---

15   Bréhier, *History of Philosophy*, 5: p. 15.

이신론자들이 발견한 하나님은 조물주이지 사랑과 심판을 베푸시거나 인격을 지니신 분은 아니었다. 또한 역사 속에서 섭리하시는 분도 아니었다. 그분은 세상을 그냥 내버려 두었다. 그런데 어떤 면에서 스스로의 운명을 만들어 나가야 할 인간은 아직 닫힌 체계 안에 갇혀 있었다. 하나님으로부터의 자유는 다른 어떤 것을 **향한** 자유가 아니었다. 사실 그것은 전혀 자유가 아니었다.

이신론 내의 한 긴장은 알렉산더 포프(Alexander Pope)의 『인간론』(*Essay on Man*, 1732-1734) 서두에서 찾아볼 수 있다. 포프는 이렇게 쓴다.

> 먼저 말해 보라. 천상의 신이나 지상의 인간에 관해
> 우리가 아는 것 이외에 무엇을 사유할 수 있겠는가?
> 인간에 관해, 사유하고 추론하는 근거가 되는
> 여기서의 그의 지위 이외에 우리는 무엇을 보는가?
> 무수한 세계를 통해 신이 알려지지만,
> 우리 자신의 세계 안에서만 그를 추적하는 것이 우리의 일이다.[16]

이 여섯 행에서는 우리가 주변 세계를 연구함으로써만 하나님을 알 수 있다고 말한다. 사람은 자료에서 배우며 구체적인 것에서 일반적인 것을 도출해 낸다. 자신이 경험하는 것 외에는 전혀 알 수 없다. 포프의 말은 계속된다.

> 광대한 공간을 꿰뚫어 볼 수 있고,
> 수많은 세계가 하나의 우주를 구성함을 알고,

---

16 Alexander Pope, *Essay on Man* 1.17-22. 『포프 시선』(지식을만드는지식).

천체는 더 큰 천체에 포함되는 것을 보고,

어떤 다른 행성이 다른 태양을 도는지,

어떤 다양한 존재가 각각의 별에 사는지 아는 자는

하늘이 우리를 왜 지금의 모습으로 만들었는지 말할 수 있으리라.

그러나 이 세계를 떠받치는 것과 묶어 두는 것,

강한 연결, 세밀한 의존,

정확한 단계를, 널리 퍼져 있는 그대의 영혼은

꿰뚫어 보았는가? 아니면 부분이 전체를 담을 수 있는가?[17]

여기서 포프는 경험으로는 파악할 수 없는 하나님과 자연에 대한 지식을 가정한다. 그가 독자들에게 실제로 우주를 "꿰뚫어 보았는가?"라고, 즉 우주라는 시계 장치를 보았느냐고 질문을 던지는 대목에서는 그도 경험의 한계를 인정하는 것 같다. 우리가 우주의 시계 장치를 보지 못했다면 아마 포프도 보지 못했을 것이다. 그렇다면 우주가 잘 조직된 거대한 시계라는 사실을 포프는 어떻게 알았을까?

사람은 다음 두 가지를 동시에 받아들일 수 없다. (1) 모든 지식은 경험에서 얻어지므로 유한한 인간은 체계 전체를 파악할 수 없거나, (2) 어떤 지식은 다른 근원, 예를 들어 인간의 생득 관념(innate idea)이나 외부에서 온 계시 등에서 얻어진다. 그러나 대부분의 이신론자처럼 포프도 계시를 경시했다. 그러므로 우리는 포프의 인식론에 긴장이 있음을 알게 된다. 그리고 이런 긴장은 18세기 이신론을 불안정한 세계관으로 만들었다.

---

6. 세계관 질문 6(도덕성): 도덕성은 직관적이거나 일반 계시에 국한된다. 우주는

17　Pope, *Essay on Man*, lines 23-32; 참조. lines 233-258.

정상이므로 무엇이 옳은지 보여 준다.

이신론의 윤리는 대체로 선과 악을 구별할 수 있는 능력이 인간 본성에 새겨져 있다는 생각에 근거한다. 인간 이성은 기독교 유신론에서 말하는 것처럼 '타락한 것'이 아니다. 따라서 선한 의지를 가진 사람이 이성을 잘 사용하면 도덕적 분별력을 얻을 수 있다. 물론 인간에게는 선이라고 분별한 것을 행하지 않을 자유도 있다. 그리하여 사람에게 내재한 본성에 부합하지 않은 것의 결과로 나온 것이 바로 악이다.[18]

인간의 선과 악에 관해서는 그렇다고 하자. 하지만 자연에 있는 악은 어떻게 보아야 하는가? 홍수, 태풍, 지진 같은 자연 재난은 많은 사람에게 엄청난 재앙, 극심한 공포, 고통을 안겨 준다. 이신론자들은 인간 이성이나 우주 자체가 '타락'했다고 여기지 않는다. 오히려 우주는 정상 상태에 있다고 한다. 그렇다면 우리가 그렇게 많은 비극을 겪는 정상 우주가 여전히 선하다고 할 수 있는가? 하나님이, 전능하신 창조주께서 이 모든 일을 책임지셔야 하는 것 아닌가? 이 우주는 하나님이 원하시는 것이나 그분과 닮은 것을 반영해야 하는 것 아닌가? 그렇다면 하나님은 정말로 선하신가?

알렉산더 포프가 설명한 대로 이신론 자체를 애매한 것이라고 논박하는 것은 공정하지 않겠지만, 이신론이 함의하는 바가 드러나면 어떠한 일이 발생할 수 있을지를 살펴보는 것은 유익하다. 포프는 이렇게 쓴다.

모든 자연은 그대가 모르는 예술이며

---

18 **자연법**을 이렇게 생각하는 것은 기독교 유신론의 관점에서 적극 추천할 만하다. C. S. 루이스는 *Mere Christianity*에서 자신의 논증을 선과 악 개념의 보편성에 근거하여 시작한다. 『순전한 기독교』(홍성사).

모든 우연은 그대가 볼 수 없는 방향성이며

모든 불일치는 그대의 이해를 넘어선 조화이며

모든 부분적 악은 보편적 선이다.

자만심이나 잘못되기 쉬운 판단에도 불구하고

한 가지 진리는 명백하니, **존재하는 모든 것은 옳다.**[19]

이 입장은 결국 윤리 파괴로 귀결된다. 존재하는 모든 것이 옳다면 세상에 악은 없다. 선과 악을 구분할 수 없게 된다. 샤를 보들레르(Charles Baudelaire, 1821-1867)가 말했듯이, "만일 하나님이 존재한다면 그는 악마가 틀림없다." 불행히도 **선**은 전혀 존재할 수 없다. 구분할 능력이 없기 때문에 이것과 저것, 선과 악이 달리 존재하지 않는다. 윤리는 사라져 버린다.

모든 이신론자가 자신의 가정이 포프가 말한 결론을 수반하리라고 생각하지는 않았다는(혹은 지금도 그렇다는) 점을 지적하고 넘어가야겠다. 어떤 이신론자는 예수님의 윤리적 가르침은 말로 표현된 자연법이라고 생각한다. 물론 산상수훈에 '존재하는 모든 것은 옳다' 같은 명제는 없다. 이 신론자들을 더 깊이 연구해 보면, 그들의 주장은 매우 일관성 없으며 그들은 이 사실조차도 모르고 있다는 결론에 도달하게 된다.

알렉산더 포프 자신도 일관성이 없다. 그는 존재하는 모든 것이 옳다고 주장하면서도 인간의 교만함을 꾸짖었기 때문이다(교만이 존재한다면 교만 역시 옳아야 하지 않은가!).

교만, 이성의 교만 속에 우리의 과오가 있으며

모든 사람은 제 위치를 버리고 하늘로 치달리고 있다.

---

19   Alexander Pope, *Essay on Man* 1.289-294.

> 교만은 언제나 복 받은 자의 위치를 겨냥하니
> 인간은 천사가 되기를 바라고, 천사는 신이 되기를 바란다.…
> 질서의 법을 뒤집어엎기를 바라기만 해도
> 영원한 원인(the Eternal Cause)을 거역하는 범죄가 된다.[20]

사람이 마땅히 생각해야 할 위치보다 자신을 더 높이 평가하는 것이 교만이다. 교만은 잘못이며, 심지어 **죄**다. 그러나 인격적 하나님에 대한 죄가 아니라 철학적 추상인 '영원한 원인'에 대한 죄라는 점에 주의하라. **죄**라는 단어조차도 그런 문맥에서는 새로운 의미를 지닌다. 그런데 더욱 중요한 것은, 존재하는 모든 것이 옳다는 입장에 서면 죄라는 개념 전체가 사라진다는 것이다.

7. 세계관 질문 7(역사): 역사의 과정은 창조 때에 정해졌으므로 역사는 직선적이다. 역사에서 일어난 사건의 의미는, 새로 발굴되어 역사가의 손에 들어온 자료들을 인간 이성을 사용하여 해석할 때 이해할 수 있다.

만일 이신론자들이 시계공/시계 장치 비유를 철저하게 붙들고 있다면, 역사에는 거의 관심을 기울이지 않을 것이다. 브레이어가 지적했듯, 그들은 하나님을 아는 지식을 주로 자연 속에서 구하되, 점차 증가하는 자연과학의 내용 안에서 이해된 대로 구했다. 성경에 기록된 유대 역사는 대체로 전설로 치부했다. 부분적이긴 하지만, 하나님이 그분의 택한 백성에게 그리고 그들 안에서 직접 행동하셨다고 가르쳤기 때문이다. 구약과 신약에는 기적 이야기가 많이 기록되어 있다. 이신론자들은 기적이 발생할 수

---

20 Pope, *Essay on Man*, lines 123-126, 129-130.

없다고 주장한다. 예를 들어, 토머스 제퍼슨(Thomas Jefferson, 1743-1826)은 제퍼슨의 성경이라고 잘 알려진 『예수의 생애와 도덕』(*The Life and Morals of Jesus*)이라는 책을 썼다. 인기 있는 제퍼슨 버전에서 기적에 관한 모든 내러티브는 배제되었다. 그러한 방식으로 성경은 하나님이나 인간에 대한, 특히 자연 질서에 대한 통찰력을 주는 책으로만 여겨지도록 크게 격하되었다. 제퍼슨은 무엇이 진리가 될 수 있고 믿을 만한 가치가 있는 것인지 판단하는 자가 되었다. 기껏해야 성경 내러티브는 하나님의 법을 보여 주는 사례로, 거기서 윤리적 원칙을 이끌어 낼 수 있을 뿐이다. 라이마루스(H. S. Reimarus, 1694-1768) 같은 사람은 "예수님의 생애와 설교를 비평사의 도구를 사용해 재건"하려고 시도했다.[21] 존 톨런드(John Toland, 1670-1722)는 기독교가 창조만큼이나 오래되었다고, 복음은 곧 자연이라는 종교의 '재판'(再版)이라고 주장했다. 이러한 견해로 보면, 역사의 구체적 행위들이 참된 종교에서는 별로 중요하지 않다. 강조되는 것은 일반 법칙들이다. 포프가 말하듯, "전능한 제1원인/행위는 부분적 법칙이 아닌 일반 법칙에 의한 것이다."[22] 하나님은 개인에게, 심지어 인류 전체에 매우 무관심하다. 게다가 우주는 닫혀 있으며, 그분의 재조정에 전혀 열려 있지 않다.

그렇지만 시네스트베트가 말하듯, 근본적으로 이신론 경향이 있는 지식인, 역사가, 철학자는 "역사에 큰 매력을 느꼈다." 그는 일곱 명의 이신론 학자가 쓴 주요 저작을 언급하는데, 거기에는 데이비드 흄(David Hume, 1711-1776)의 『영국사』(*History of England*), 에드워드 기번(Edward Gibbon, 1737-1794)의 『로마제국 쇠망사』(*The History of the Decline and Fall of the Roman Empire*, 민음사), 마리 장 앙투안 니콜라 드 카리타(Marie Jean Antoine Nicolas de Caritat), 즉 콩도르세 후작(marquis de Condorcet)의 『인간 정신의 진보에 관

---

21 Dulles, "The Deist Minimum," p. 29.
22 Pope, *Essay on Man* 1.145-146.

한 역사적 개요』(Sketch for a Historical Picture of the Progress of the Human Mind, 책세상)가 포함되어 있다.²³ 물론 이 모든 '역사'는 전적으로 인간 이성의 자율성에 근거한다. 그중 어느 것도 계시에서 유래한 관점에 호소하지 않는다. 그 결과 인간 사건의 의미와 중요성에 대한 매우 다양한 해석을 보여 준다.

8. 세계관 질문 8(핵심 헌신): 차가운 이신론자는 자신의 자율적 이성을 사용하여 자기 인생의 목적을 결정한다. 따뜻한 이신론자는 다소 인격적인 하나님에 대한 자신의 헌신을 숙고하고 자기 삶의 목표를 그들의 하나님이 기뻐하신다고 여기는 것에 맞추어 정한다.

기독교 유신론과 달리 이신론에는 정통 이신론 같은 것이 없으므로 이신론자들은 이성이나 직관이나 전통이나, 혹은 궁극적 실재에 대한 자신의 관점과 비슷한 것을 경우에 따라 자유롭게 사용한다. 따라서 이신론자들의 핵심 헌신은 그들의 개인적 열정을, 혹은 통상적인 말로 하면 그들을 활기차게 만드는 것—개인의 삶, 가족의 삶, 공적 삶의 번영—을 반영한다. 프랭클린과 제퍼슨 같은 초기 이신론자는 공적 행복을 핵심 헌신으로 여겼다. 페인 같은 사람은 공적 삶에 대한 헌신, 그리고 종교의 독재로부터 개인적으로 자유롭기 원하는 (그리고 공화국의 모든 사람이 자유롭기 원하는) 열정을 핵심 헌신과 결합했다. 그러나 이신론자들이 인격적 하나님

---

23 시네스트베트가 개인 서신에서 언급한 나머지 네 작품은 조반니 바티스타 비코(Giovanni Battista Vico, 1688-1744)의 *The New Science*(『새로운 학문』, 아카넷), 볼테르의 *The Age of Louis XIV*과 *Essay on Manners*, 헨리 세인트 존(Henry St. John), 즉 볼링브로크 경(Lord Bolingbroke, 1679-1751)의 *Letters on the Study and Use of History*, 임마누엘 칸트(1724-1804)의 *Idea for a Universal History from a Cosmopolitan Point of View*("세계시민적 관점에서 본 보편사의 이념," 『비판기 저작 1』, 한길사)다.

에 대한 충성에서 점점 더 멀어질수록, 더 적은 종교적 관행과 전통적 목표가 그들의 핵심 헌신을 이루는 특징이 되었다. 그 결과 사회는 점점 더 다원화되고 사회의 응집력은 더 약해졌다. 이렇게 세계관으로서의 이신론과 개인적이고 사회적인 목표로서의 자유가 결합함으로써 프랑스 혁명의 유혈 폭력에 영감을 불어넣고, 민주주의의 발전 및 결국에는 미국 사회의 광범위한 문화적 다양화에 박차를 가하게 되었다. 서양 사회는, 그리고 특히 미국은 해가 지날수록 더욱 다원주의적이 되고 있다.

근대 이신론

앞의 서술에서 알 수 있듯 이신론은 안정적 복합체가 아니다. 그 이유를 찾기는 어렵지 않다. 이신론은 확신을 위해 기독교 유신론에 근거한다. 이신론은 그 특정 성격에 따라 생략한 바에 달려 있다. 가장 먼저 그리고 가장 중요한 손실은 하나님의 온전한 인격성에 대한 거부다. 17세기 말과 18세기에 살던 많은 사람의 정신에서는 하나님의 전능하심, 창조주로서의 그분의 성품, 그리고 대개 전지하심은 유지했지만, 편재성(피조물에 대한 친밀한 관계와 관심)은 잃었다. 결국 하나님의 의지도 단지 추상적인 지적 힘으로 바뀌었는데, 우주의 기원은 달리 설명될 수 없었으므로 이것이 우주의 존재를 설명하는 충분한 근거가 되었다. 온전한 인격성에서 순수한 추상에 이르는 스펙트럼은 이신론에서 다양한 형태로 나타난다. 우리는 초기 이신론자들 가운데서도 **따뜻한** 이신론과 **차가운** 이신론이 구별되는 것을 이미 보았다. 이제 이신론의 현대적 형태를 살펴보자. 다음과 같이 새 이름을 붙일 수 있다. (1) **정교한 과학적 이신론**, (2) **정교한 철학적 이신론**, (3) **대중적 이신론**, 그중 **도덕주의적 치료 이신론**이 이를 특별히 보여 주는 실례다.

정교한 과학적 이신론. 차가운 이신론은 전 세계에 걸쳐 있는 학문 중심지에서 몇몇 자연과학자나 소수의 인문주의자 사이에서 번성하고 있다. 알베르트 아인슈타인(Albert Einstein) 같은 과학자들은 우주 안에서 혹은 우주 배후에서 일하는 더 큰 힘을 '보았고', 창조된 세계에서 이성이 유지되기를 원했다. 이 점에서 그들은 내심 이신론자로 볼 수 있다. 물론 상당수가 삶의 철학 같은 것을 주장하기를 원하지는 않겠지만 말이다.[24]

스티븐 호킹(Stephen Hawking) 같은 천체물리학자도 이신론적 신을 위한 여지를 남겨 두었다. 그는 우주의 근본 법칙이 "최초에는 하나님에 의해 제정되었을 수 있다. 그러나 하나님은 우주가 스스로 진화하도록 내버려 두며 지금은 간섭하지 않는다"고 쓴다.[25] 호킹이 유신론에서 말하는 하나님을 거부한 것은 분명하다. 한번은 배우이자 뉴에이지 지도자인 셜리 매클레인(Shirley MacLaine)이 호킹에게 "우주를 창조하고 자신의 피조물을 인도하는" 하나님이 존재하느냐고 묻자 호킹은 컴퓨터가 만들어 낸 음성으로 "아니오" 하고 간단히 대답했다.[26] 결국 호킹이 추측하는 것처럼 우주가 "자족적이고 경계나 한계가 없다"면 창조주는 설 자리를 잃는다. 하나님은 불필요하게 된다.[27] 그래서 호킹은 "하나님이라는 용어를 물리 법칙의 구현"으로 사용했다.[28] 과학자나 여타 지식인 중에서 호킹이 그러한 견해를 가진 유일한 사람은 아니다.[29]

---

24 Albert Einstein, *Ideas and Opinions* (New York: Bonanza, 1954). 『아인슈타인의 나의 세계관』(중심). 또한 Robert Jastrow, *God and the Astronomers* (New York: Warner, 1978)를 보라. 『신과 천문학』(전파과학사).
25 Stephen Hawking, *A Brief History of Time* (New York: Bantam, 1988), p. 122. 『시간의 역사』(까치).
26 Michael White and John Gribbin, *Stephen Hawking: A Life in Science* (New York: Plume, 1992), p. 3. 『스티븐 호킹』(해냄).
27 Hawking, *Brief History*, p. 141.
28 Kitty Ferguson, *Stephen Hawking: Quest for a Theory of the Universe* (New York: Franklin Watts, 1991), p. 84. 『스티븐 호킹』(해나무).
29 지성이 우주의 작동 안에 있다고 생각하는 과학자들을 범재신론자(panentheists)라고 부를

> 외부에 있는 모든 게 단지 우연이라는 사실이 내게는 믿기지 않는다.…[그렇지만] 나는 어떤 종교적 믿음도 갖고 있지 않다. 신이 존재한다고 믿지 않는다. 기독교나 유대교, 혹은 그와 같은 어떤 종교도 믿지 않는다. 나는 무신론자가 아니다.…불가지론자가 아니다.…그저 단순한 상태에 있을 뿐이다. 나는 거기에 무엇이 존재하는지 혹은 존재해야 하는지 모른다.…그러나 다른 한편 내가 말할 수 있는 것은, 우리가 살고 있는 이 특별한 우주는 내가 지성이라고 부를 무언가의 결과처럼 보인다는 사실이다.
>
> 로버트 라이트, 『세 과학자와 그들의 신』

정교한 철학적 이신론. 오랫동안 무신론자이자 기독교 유신론의 반대자임을 자처해 왔던 앤터니 플루(Antony Flew. 2010년 사망)는 2004년에 자신이 이신론자임을 밝혔다. 그는 아리스토텔레스의 논증에서 시작해 우주의 미세 조정(the fine-tuning of the universe)에 이르기까지 다양한 논증을 검토했고, 이 논증들이 실제로 강력한 설득력이 있다고 생각하면서 마음을 바꾸었다. 그가 말하듯, "그는 그저 증거가 인도하는 대로 가야 했다."[30] 플루에게 신이란 "고전적인 신학적 속성들"을 가장 많이 소유한 존

수도 있다. 범재신론은 유신론과 범신론(pantheism)의 중간에 위치하는 사상이다. 범재신론에서는 우주가 하나님이 **아니라**, 우주가 하나님 **안에** 존재한다. 혹은, 하나님은 우주의 **지성**이지만 우주와 동일시되지도 않고 분리되지도 않는다. 매우 지적인 사람들만 이 세계관을 견지하는 성향을 지닌다. 예를 들면, 종교의 진보에 기여한 사람에게 주는 템플턴상을 받은 물리학자 폴 데이비스(Paul Davies) 같은 사람이다. 그가 쓴 "Physics and the Mind of God: The Templeton Prize Address," *First Things* (August/September 1995), pp. 31-35; *God and the New Physics* (New York: Simon and Schuster, 1983). 『현대물리학이 발견한 창조주』(정신세계사); *The Mind of God: The Scientific Basis for a Rational World* (New York: Simon and Schuster, 1992)를 보라. 『현대물리학이 탐색하는 신의 마음』(한뜻).

30 Antony Flew with Abraham Varghese, *There Is a God: How the World's Most Notorious Atheist Changed His Mind* (San Francisco: HarperOne, 2007, 『존재하는 신』, 청림출판), Gary

재다. 그는 이 신에게서 특별 계시가 나온다는 생각은 거부했으나 그 가능성은 열어 두었다. 전에는 그렇게 강력하게 무신론을 주장하던 사람이 이렇게 전환한 것을 두고서 그 진정성이 의심받기도 했다. 그렇지만 전환의 증거는 매우 확고하다.[31]

조금 더 인간적이고 **따뜻한** 이신론의 명확하게 주창하는 사람을 꼽자면 바츨라프 하벨(Václav Havel)을 들 수 있겠다. 그는 희극 작가, 공공 지식인, 체코 공화국의 대통령이었다. 하벨의 세계관을 규정하는 특징은 첫 번째 세계관 질문인 최고의 실재에 관한 그의 이해에 있다. 하벨은 그 질문에 대답하며 몇 가지 용어를 사용한다. **존재, 존재의 신비, 존재의 질서, 숨겨진 영역, 절대 지평** 혹은 **최종 지평**. 이 모든 용어는 **차가운** 이원론을 암시하는 것처럼 보인다. 그러나 이 순수한 존재를 경험하는 데는 차가운 것이 하나도 없다. 예를 들어, 하벨은 늦은 밤 안내원이 없는 전차를 탈 때 요금을 내지 않으려는 생각이 들면 항상 죄책감을 느끼는 이유를 숙고한다. 그는 자기 안에서 주고받은 대화에 대해 이렇게 말한다.

> 그러면 실제로 나와 대화한 사람은 대체 누구란 말입니까? 분명히 내가 검표원보다, (자신의 의견을 문제 삼을 때 나타나는) 나의 소중한 친구보다 더 높다고 생각하는 자, 어떤 면에서는 나 자신 곧 세계-내-실존의 주체이자 나의 '실존적' 관심(그중 하나는 왕관을 지키려는 아주 본능적인 노력입니다)을 수행하는 나 자신보다 더 높다고 생각하는 누군가일 겁니다. '모든 것을 아는'(그러므로 전지한) 누군가가 모든 곳에 있고(그러므로 편재하고) 모든 것을 기억합니다. 무한히 이

Habermas, "Antony Flew's Deism Revisited," *Philosophia Christi* 9, no. 202 (2007)를 보라. 또한 온라인으로는 www.epsociety.org를 보라.

31 리처드 도킨스는 *The God Delusion*(『만들어진 신』, 김영사)에서 플루의 회심은 합리적 숙고가 아닌 노령에 따른 결과라고 했는데, 그에 대한 플루의 대답을 보라. "Documentation: A Reply to Richard Dawkins," *First Things* (December 2008), pp. 21-22.

해하지만 전혀 부패하지 않는 자, 내게는 모든 도덕적 문제에서 가장 높고 절대적인 권위를 지니며 따라서 법 자체인 자입니다. 영원할 뿐 아니라 그를 통해 나도 영원하게 만드는 자이므로, 나는 모든 것이 끝나고 따라서 내가 그를 의지하는 것까지도 끝날 순간이 도래하는 것을 상상할 수 없습니다. 내가 모든 것을 이야기할 수 있고 궁극적으로 그를 위해 내가 모든 것을 할 수 있는 자입니다. 동시에 이 '누군가'는 (검표원처럼 나를 대중 속 무명의 승객으로 대하지 않고) 나에게 직접 인격적으로 말을 겁니다.[32]

이러한 숙고는 온전한 기독교 유신론의 하나님 개념과 동일하지는 않더라도 매우 비슷하다. 전지하고 편재하며 선한, 당신에게 직접 개인적으로 말하는 어떤 존재는 분명 그 자신[himself, '그 자체'(itself)라는 말은 이 기준에 맞지 않는다]이 인격적이다.

하벨도 이를 잘 포착했다. 그런데 결론에서 그는 한 걸음 물러선다.

그런데 그는 누구입니까? 하나님입니까? 내가 그 단어 사용을 주저하는 데는 미묘한 이유가 많이 있습니다. 여기서 한 가지 요인은 어떠한 수치심인데(무엇에 대한, 어떤 이유로 누구 앞에서 느끼는 수치심인지는 정확히 알 수 없지만), 내 생각에 그보다 더 중요한 것은 공포입니다. '하나님이 존재한다'라고 명확히 구체적으로 지목하면 (혹은 단언하면) 어떤 경험, 곧 전적으로 개인적이고 모호하며(그것이 얼마나 심오하고 긴급한지는 신경 쓰지 말자) 지나칠 정도로 외곬으로 '외향적인' 경험을 '객관적 실재'라고 불리는 그 문제 투성이 스크린에 투사하여 스크린보다도 더 멀리 나가게 될 것이라는 공포 말입니다.[33]

---

32 Václav Havel, *Letters to Olga; June 1979-September 1982*, trans. Paul Wilson (New York: Henry Holt, 1989), pp. 345-346.
33 Václav Havel, *Letters to Olga*, p. 346.

따라서 그 **존재**(Being)는 유신론에 헌신하기를 요구하는 성품들을 나타내고 있으나, 하벨은 그의 관심사를 (객관적 실존인) **존재**로부터 (자기의 의식적 경험을 반추하는 자인) 자기 자신에게로 옮김으로써 그 결론을 피한다. 하벨이 이 경험에서 끌어내려는 것은—이는 매우 좋은 점이기도 하다—**존재**도 도덕적 차원을 갖고 있다는 사실이다. 그러므로 **존재**는 인간의 도덕적 책임에 대한 '좋은' 존재론적 기초다.[34]

대중적 이신론. 대중적 이신론은 두 가지 의미에서 인기가 있다. 이것은 전능하고 비인격적이고 초월적인 존재, 혹은 힘이나 지성에 대한 단순하고 안이한 믿음이자 수백만 명의 미국인이 지닌 모호한 믿음으로, 추정컨대 서양 세계 전체에서 그런 믿음을 가진 사람은 수백만 명 더 있을 것이다.

대중적 이신론의 **차가운** 버전에서 하나님은 단지 추상적 힘이다. 그는 세상을 존재하게 하고 대체로 스스로 운행하도록 내버려 두었다. 순전히 개인적인 추측인데, 내 생각에 고등 교육을 받은 사람들은 대부분, 특히 학계나 전문직 분야에서 활동하는 사람들은, 그런 존재가 아마도 존재하리라는 사실은 인정하지만 그들의 일상생활에서는 그 존재를 대체로 무시하고 살아가는 것 같다. 그들의 도덕적 감수성은 대체로 공통의 기독교적 덕목들에 대한 공공의 기억, 사회의 관행 등에 근거해 있으며, 때때로 사업에서의 정직함, 성적 지향에 대한 태도, 관습과 같은 몇몇 특정 이슈에서는 자기의 지성을 사용한다. 그들은 하나님이 어떻게 생각하실지는 그다지 생각하지 않으며 세속적 삶을 산다. 만약 죽음 이후의 삶 같은 것이 정말로 있다고 생각한다면 그 삶을 준비하고자 선한 삶을 살 것이다.

---

34 하벨은 자신의 세계관 전체를 깊이 이해한 사람이었다. 내가 쓴 *Václav Havel: The Intellectual Conscience of International Politics* (Downers Grove, IL: InterVarsity Press, 2001)에서는 이 점을 분석했다. 지금은 절판된 책이다.

대중적 이신론의 **따뜻한** 버전에서, 하나님은 인격적이며 심지어 친절하다. 노스캐롤라이나 대학교의 사회학자 크리스천 스미스(Christian Smith)와 멜린다 런드퀴스트 덴턴(Melinda Lundquist Denton)은 2005년에 10대들의 종교 믿음에 관한 광범위한 연구를 출간했다. 그들이 내린 결론은, 10대 대다수가 **도덕주의적 치료 이신론**(moralistic therapeutic deism)이라고 부르는 세계관을 고수한다는 것이었다. 그들은 그 세계관을 다음과 같이 요약했다.

1. 세계를 창조하고 다스리며 땅에서 살아가는 인간을 지켜보는 어떤 하나님이 존재한다.
2. 하나님은 성경 및 대다수 종교에서 가르치는 것처럼 사람이 서로에게 선하고 친절하며 공정하기를 원한다.
3. 삶의 중심 목표는 행복해지는 것이고 자기 자신을 좋게 느끼는 것이다.
4. 하나님은 문제를 해결하기 위해 필요한 경우를 제외하고는 개인의 삶에 특별히 관여할 필요가 없다.
5. 선한 사람은 죽은 다음에 천국에 간다.[35]

이 관점에서 궁극적 실재인 하나님은 자신의 피조물에게 거룩하라거나 의로우라거나 매우 선하라는 등의 요구를 하지 않는다. "보수 개신교에서 자란 플로리다 출신의 어느 17세 소녀가 우리[연구자들]에게 말했다. '하나님은 여러분 주위에 항상 있어요. 그는 사람과 기타 등등을 용서할 수 있다고 믿으며, 누군가가 우리의 문제를 통해 우리와 이야기하고 우

---

35 Christian Smith and Melinda Lundquist Denton, *Soul Searching: The Religious and Spiritual Lives of American Teenagers* (New York: Oxford University Press, 2005), pp. 162-163.

리를 도울 수 있도록 거기서 우리를 인도해요. 물론 딴지를 걸지도 않고요.'"[36] 브린마 칼리지에 다니는 어떤 학생에게 하나님은 무엇과 같으냐고 물었더니 크게 웃는 얼굴을 보이며 이렇게 썼다. "그는 환하게 웃고 있는 큰 얼굴이에요. 큰 손…큰 손이에요."[37] 이러한 형태의 이원론은 분명 젊은이들에게만 한정된 것이 아니다. 추측하건대, 이는 그들의 부모 및 성인 이웃의 세계관과 매우 비슷하다.

불안정한 복합체

계몽주의 이신론은 견고히 유지될 수 있는 세계관이 아님이 드러났다. 역사적으로도 17세기 말에서 18세기 전반까지의 짧은 기간에 프랑스와 영국의 지성계에서만 영향력을 행사했을 뿐이다. 이후에 그 문화적 중요성은 쇠퇴했다. 그러나 세계관 전환이 이루어졌다고 해서 그 세계관이 완전히 사라지는 일은 거의 없다. 이신론은 실제로 여전히 건재하다.

무엇이 이신론을 그토록 불안정하게 했으며 계속해서 불안정하게 하는가?[38] 내가 생각하는 주요 이유는 다음과 같다.

첫째, 자율적 인간 이성은 성경과 전통을 대체하는 권위가 되어 궁극적 실재를 이해하는 방식을 정해 주었다. 모든 사람은 하나님이 어떤 분과 같은지를 스스로 정할 수 있었다. 일단 하나님 개념이 손에 들어가자,

---

36　Smith and Denton, *Soul Searching*, p. 164.
37　1992년에 캠퍼스에서 강의 전에 실시했던 조사에서 가져왔다.
38　덜레스는 여기에 다음과 같은 내적 긴장을 덧붙인다. "[1] 만일 전 우주를 설계하고 그것이 존재하도록 할 수 있는 전능한 하나님이 있다면, 그 하나님이 세계에 개입할 수 없다고 주장하는 것이 이상해 보인다.…[2] 하나님이 무한한 존재라면…신비라는 관념을 배제하는 것이 비이성적이지 않은가?…[3] 하나님이 세계에 결코 개입하지 않는다면, 인간의 관점에서 볼 때 그의 존재는 그냥 불필요하게 남은 것 정도에 불과할 수 있다"(Dulles, "The Deist Minimum," p. 28).

그 존재는 기독교 유신론의 풍부한 하나님 개념에서 단순한 힘이나 추상적 지성으로 축소되었다. 따라서 활기찬 기독교 유신론에서 점점 미끄러지는 것은 필연적이었다. 성경에서 가르치는 하나님은 인격성이 점점 줄어드는 다양한 신으로 대체되었다.

계몽주의

계몽주의, 혹은 이성의 시대는 18세기 내내 유럽의 사상계를 지배한 지적·철학적 운동이다. 계몽주의의 중요한 요소는 과학 혁명이다. 다른 도움 없이 그 자체의 조건에 따라서 세운 것을 선호하는 이성은 권위, 특히 종교적 권위를 거부했다. 19세기 초의 낭만주의는 균형을 잡아 주는 역할을 했다. 이성만이 지배적 역할을 차지하는 데 반대하면서 감정의 자리를 강조했으며 사람이 자연에 영적으로 반응하는 것에도 주의를 기울였다. 포스트모더니즘은 이성을 의지하는 계몽주의에 훨씬 더 큰 도전장을 내밀었으나, 과학적 탐구가 빠른 속도로 진행되고 있어 별로 영향을 받지는 않는 것처럼 보인다.

둘째, 자율적 인간 이성이 도덕성의 권위가 되어 성경과 전통을 대체했다. 처음에는 자율적 이성과 전통적 도덕성이 잘 어울렸다. 인간 지성은 주변 문화와 접촉하면서 그 문화적 가치가 대부분 실제로 합리적이라고 여겼다. 초기에 이신론자들은 인간 본성의 보편성을 신뢰해서, 이성을 사용하는 사람은 선과 악에 관하여 같은 생각을 하리라고 여겼다.[39] 이는 결국 잘못된 희망으로 드러났다. 보편적 인간 본성이 무엇이든, 실제로 사람들은 무엇이 선이고 악인지에 관하여, 무엇이 '선한' 행위를 구성하는지

---

39   덜레스가 말하길, "이신론은 스스로를 도움받지 않는 이성의 순수한 산물이라고 묘사하지만, 사실은 주장되는 바와 다르다. 하나님, 덕스러운 삶, 무덤 너머에 있는 보상 등에 관한 기본 원칙은 사실 기독교, 즉 이신론이 양육받아 온 신앙에서 파생된 것이다"("The Deist Minimum," p. 28).

에 관하여 초기 이신론자들이 생각한 것처럼 의견이 일치하지 않았다.

셋째, 이신론자들은 타락이라는 성경적 개념을 거부하고, 현재의 우주는 정상 상태, 피조된 상태라고 전제했다. 포프가 말했듯, "존재하는 모든 것은 옳다." 인간은 자기의 가치를 자연 질서에서 얻은 단서로부터 도출할 수 있다. 한 가지 단서는 인간 본성의 보편성이다. 그렇지만, 존재하는 모든 것이 옳다면 윤리의 독특한 내용이 설 자리는 없다.

넷째, 우주가 재조정에 닫혀 있으므로 인간의 행동도 결정되어 있다. 그렇다면 인간의 중요성은 어떻게 되는가? 사람은 우주라는 시계 장치 기계의 톱니에 지나지 않게 된다. 인간의 중요성과 기계적 결정론은 동반자가 될 수 없다.

다섯째, 오늘날 우리는 이신론의 더 많은 측면에 이의를 제기할 수 있다. 과학자들은 대체로 우주가 거대한 시계라는 생각을 포기했다. (훨씬 더 이해하기 어려운 아원자 입자들을 언급하지 않고) 전자(電子)는 기계의 정밀 부품처럼 운동하지 않는다. 만일 우주가 기계라 해도 그것은 이신론자들의 생각보다 훨씬 복잡한 기계일 것이고, 하나님은 단순한 '조물주' 혹은 '시계공'과는 매우 다른 분일 것이다. 더구나 사람의 인격도 우주의 한 '사실'(fact)이다. 하나님이 인격을 만드셨다면 그분도 분명 인격적이시지 않겠는가?

그러므로 역사적으로 이신론은 과도기적 세계관이었다. 그러나 이신론은 대중적 형태로나 정교한 형태로나 명맥을 유지해 왔다. 대중적 차원에서는, 오늘날 여전히 많은 사람이 하나님의 존재를 믿으면서도 하나님이 어떤 분이시냐는 질문에 **에너지, 힘, 제1원인**—즉, 우주의 운행을 가능케 하는 무엇, 사람들은 그것에 신성을 부여하고자 종종 첫 글자를 대문자로 표시한다—같은 단어로 그분을 묘사하는 데 그친다. 에티엔 질송(Étienne Gilson)의 말대로, "거의 200년 동안…기독교의 하나님이라는 환영은 기독교 종교라는 환영을 동반해 왔다. 즉, 깊은 신앙심이라는 모호한 감정, 다른 선한 동료들도 자신에게 어려운 일이 있을 때 의지할 수 있는 최고의 선한 동료에 대한 일종의 든든한 친근감 같은 것 말이다."[40]

기독교의 하나님이라는 환영이 사라지고서 무엇이 그 자리를 대신했는가? 이제 그 세계관을 다루겠다.

성찰과 토론을 위한 질문

1. 이신론과 유신론의 주요 차이점을 어떻게 요약하겠는가?
2. 우주는 닫힌 체계라는 믿음이 함의하는 바는 무엇인가?
3. 이번 장에서는 현대의 이신론을 세 가지 유형으로 표현했는데, 그러한 표현을 본 적이 있는가?
4. 이신론이 견고히 유지될 수 없는 이유로 저자가 제시한 내용을 숙고해 보라. 어떤 것이 가장 설득력 있는가? 달리 덧붙일 생각이 있는가?

---

40 Étienne Gilson, *God and Philosophy* (New Haven, CT: Yale University Press, 1941), pp. 106-107.

4장

유한한 우주의 침묵: 자연주의

경고도 없이 데이비드는 생생한 죽음의 환영(幻影)을 보았다: 너는 좁고 긴 구덩이 속에 내려졌다. 창백한 얼굴들이 멀어져 간다. 너는 그들을 붙잡으려 하지만 팔이 묶여 있다. 삽들의 움직임 속에 진흙이 얼굴을 덮는다. 바로 이 자리에서 너는 똑바로 누운 채 눈과 입이 닫히고 영면할 것이다. 잠시 후면 아무도 널 기억하지 않을 것이고 네 이름을 부르는 자도 없을 것이다. 지층의 변화가 생길 때 네 손가락은 함께 늘어날 것이고, 치아는 비스듬히 눌릴 것이니, 아무도 지하의 백악층(白堊層)에서 심히 변형된 너의 모습을 분간해 낼 수 없으리라. 땅이 요동하고 태양이 소멸하리니, 한때 별들이 빛났던 곳에서는 불변하는 어둠이 통치하도다.
존 업다이크, "비둘기의 깃털"

이신론은 유신론과 자연주의라는 두 개의 큰 대륙을 연결하는 지협(地峽)이다. 첫째 대륙에서 둘째 대륙으로 건너가려면 자연히 이신론이라는 길을 통과하게 된다. 아마도 이신론이 없었다면 자연주의가 그리 쉽게 도래하지 않았을 것이다. 18세기의 **따뜻한** 이신론은 지적 호기심을 일으키는 것으로, 미국 민주주의의 기초를 설명하는 데에는 도움이 되었으나 오늘날에는 따르는 사람이 별로 없다. 오늘날에는 기독교 유신론자를 제외하면 우리의 현실을 하나님의 섭리로 설명하는 사람이 거의 없다. 정교한 21세기 이신론 버전은 대부분 **차가우며**, 소수의 과학자와 지식인, 그리고 스스로 신을 믿는다고 하면서도 신의 존재에 대해서는 모호한 개념만을 가지고 있는 사람들에게 제한되었다. 반면 자연주의는 그때나 지금이나 중대한 사조다.

지적 측면에서 보면 그 경로는 이렇다. 유신론에서 하나님은 무한하고 인격적인 존재이면서 우주의 창조주이자 유지자다. 이신론에서는 하나님이 축소되는데, 여전히 우주의 창조주나 (암시적으로) 유지자로 남아 있지만 인격성을 상실하기 시작한다. 자연주의에서 하나님은 훨씬 더 축소되는데, 그의 존재 자체를 상실한다.

특히 1600년에서 1750년 사이에는 유신론에서 자연주의로 넘어가는 사람들이 매우 많았다. 르네 데카르트(René Descartes, 1596-1650)는 기독교 유신론자라고 의식적으로 고백했지만, 우주는 '물질'로 구성된 거대한 기계이며 사람의 '정신'으로 파악할 수 있다고 주장한 점에서 새 시대의 장을 열었다. 이처럼 그가 실재를 두 가지 존재로 구분했기 때문에 그 이후로 서양 세계는 그 자체를 하나의 통일된 완전체로 파악하는 데 어려움을 겪고 있다. 일원론으로 가는 경로를 택한 자연주의자들도 정신을 기계적 물질의 종속 범주로 규정하였다.

존 로크는 하나님을 우리에게 자신을 계시하신 인격적 신으로 믿는 등 대체로 기독교 유신론자였으나, 하나님이 주신 우리의 이성이 성경에 기록된 '계시'에서 무엇을 참된 것으로 받아들일 수 있는지 판단하는 판단자라고 생각했다. 자연주의자들은 이 개념에서 '하나님이 주신'이란 말을 빼고 '이성'만을 진리에 대한 유일한 판단 기준으로 삼았다.

이런 이행기에서 가장 흥미로운 인물 중 하나가 쥘리앙 오프레 드 라 메트리(Julien Offray de La Mettrie, 1709-1751)일 것이다. 라 메트리는 동시대인들에게 무신론자 취급을 받았지만, 다음과 같이 말한다. "나는 최고의 존재를 의심하지 않는다. 오히려 이 믿음에 찬성하는 것이 내게는 가장 높은 확률인 것 같다." 그럼에도 그는 계속해서 이렇게 말한다. "신의 존재란 실제적 가치가 거의 없는 이론적 진리에 불과하다."[1] 그가 하나님의 존재에는 실제적 가치가 거의 없다고 결론을 내릴 수 있는 근거는, 존재하는 하나님은 **단지** 우주의 창조자일 뿐이라는 점이다. 하나님은 인간의 예배나 우주 어느 것에도 인격적으로 관심을 갖지 않는다. 그러므로 하나님의 존재는 사실상 중요하지 않은 것으로 치부할 수 있다.[2]

바로 이런 분위기, 이런 결론이 자연주의로의 이행을 결정지었다. 라 메트리는 이론적으로 이신론자였으나 실제적으로는 자연주의자였다. 후

---

1 Julien Offray de La Mettrie, *Man a Machine* (1747), in *Les Philosophes*, ed. Norman L. Torrey (New York: Capricorn, 1960), p. 176. 『인간기계론·인간식물론』(도서출판b).
2 예를 들어, 앨프리드 노스 화이트헤드(Alfred North Whitehead)는 이렇게 말한다. "물론 우리는 18세기 페일리(Paley)의 유명한 논증에서 기계론적 우주관은 자연의 창조자인 하나님을 전제하고 있음을 알 수 있다. 그러나 페일리가 이 논증을 최종적 형태로 내놓기도 전에 흄은 반박문을 썼는데, 그 내용은 당신이 발견한 하나님은 기계를 만드는 하나님과 같은 유이라는 것이다. 다시 말해, 그 기계는 기껏해야 기계공을, 단지 어떤 기계공이 아니라 **그 기계의** 직공(*its* Mechanic)을 가정할 수 있을 뿐이다." Whitehead, *Science and the Modern World* (1925; reprint, New York: Mentor, 1948), p. 77. 『과학과 근대세계』(서광사).

세대는 큰 어려움 없이 라 메트리의 실제(實際)를 자신들의 이론으로 삼아서, 자연주의는 믿음과 행동의 준칙이 되었다.³

정말로 행동이 지적 발달을 부채질한다. 실제로, 우리가 1장에서 **세계관**의 정의를 내린 내용 중 마지막 부분("우리가 살고 움직이고 몸담을 수 있는 토대")을 진지하게 받아들인다면, 라 메트리를 어엿한 자연주의자라고 부를 수 있을 것이다.

자연주의의 기본 내용

자연주의의 정의가 담긴 첫째 명제부터 살펴보자.

---

1. 세계관 질문 1(최고의 실재): 최고의 실재는 물질이다. 물질은 영원히 존재하며, 존재하는 것의 전부다. 신은 존재하지 않는다.

유신론과 이신론에서처럼, 가장 주요한 명제는 근본 존재의 본성에 관한 것이다. 앞의 두 세계관에서는 하나님의 본성이 핵심 요소다. 자연주의에서는 우주의 본성이 주요 요소다. 이제 영원한 창조주 하나님이 무대에서

---

3   라 메트리의 논문에서 나타나는 자신만만한 반(反)기독교적·반(反)성직적 어투는 그 반유신론적 내용—계시를 포기하고 이성을 높인—과 일치한다. 한 예로 *Man a Machine*의 결론부에서 인용한 다음 글에는 시사하는 바가 있다. "나는 과학자만을 내가 도출한 결론들의 심판자로 인정한다. 따라서 나는 편견을 가진 자, 즉 인체 해부학자가 아니거나 유일하게 적절한 철학인 인체에 관한 철학에 익숙하지 않은 모든 자에게 도전한다. 신학, 형이상학, 스콜라 철학 등의 나약한 갈대가 그토록 튼튼하고 단단한 상수리나무를 어떻게 당하겠는가? 그것은 펜싱의 즐거움은 제공할 수 있지만 원수를 해치는 것은 불가능한 연습용 칼 같은 유치한 무기다. 내가 끊임없이 교차하고 상호 작용하는 두 실체의 양립이 불가능하다고 생각하는 바[여기서 라 메트리는 데카르트가 실재를 정신과 물질로 양분한 것을 가리키고 있다], 편견과 미신의 그림자가 이 세상에 남아 있는 한 계속될 그 불가능한 양립을 옹호하는 진부하고 불쌍한 논쟁이나 공허하고 무가치한 관념을 가리키고 있다는 것을 말할 필요가 있을까?"(p. 177)

사라지고 우주 자체가 영원한 것이 되었기 때문이다. 반드시 현재의 형태가 아니더라도—**분명** 현재의 형태가 아니다—우주는 항상 거기에 존재한다.[4] 천체물리학자이자 과학을 대중화한 칼 세이건(Carl Sagan)은 이를 분명하게 말한 바 있다. "우주는 존재하는 모든 것이자 존재했던 모든 것이며 앞으로 존재할 모든 것이다."[5]

무신론, 불가지론, 신에 대한 무관심론

무신론은 하나님/신은 존재하지 않으며 우리는 그 주장이 참임을 알 수 있다는 과감한 철학적 주장이다. 강한 형태의 불가지론에서는 신 존재 여부를 우리가 알 수 없다고 하는데 이 역시 과감한 철학적 주장이다("나는 증거들을 검토해 봤으며, 우리는 신 존재 여부를 알 수 없다고 결론을 내렸다"). 약한 형태의 불가지론은 신 존재 여부를 알 수 있는 지식이 부족하다는 사실을 제시하는 정도다("나는 신 존재 여부를 모르며, 그 증거를 결코 면밀히 살펴보지 않았다"). ('무관심'과 '유신론'을 합해서 만든) 신에 대한 무관심론(apatheism)은 1972년에 사회학자 스튜어트 존슨(Stuart D. Johnson)이 고안한 개념이다. 여기서는 하나님/신 존재 여부는 우리와 아무런 관계가 없는 질문이라고 주장한다. ("왜 내가 신 존재 여부에 관심을 기울여야 하는가? 이러한 질문에 대하여 답하는 것은 나의 삶과는 아무런 상관이 없다.")

---

4   엄밀하게 말해서, 자연주의자이면서 유물론자가 아닌, 즉 물질적이지 않은 우주의 요소가 있을 수 있다고 주장하는 사람들이 있다. 그러나 이들은 서양 문화에 거의 영향을 끼치지 못했다. 내가 정의하는 자연주의는 유물론자에 국한할 것이다.

5   Carl Sagan, *Cosmos* (New York: Random House, 1980), p. 4. 『코스모스』(사이언스북스). 세이건은 계속해서 이렇게 말한다. "우리는 우주를 아주 조금만 생각해 보아도 흥분하게 된다. 등골이 오싹해지고, 목이 꽉 막히며, 아득한 기억인 듯 높은 곳에서 떨어지는 아찔한 느낌이 든다. 우리는 가장 큰 신비에 다가서고 있음을 느낀다." 이 책에서 그리고 같은 제목의 텔레비전 시리즈에서는, 우주가 신의 지위를 차지하며 신을 대하는 것과 같은 경외감을 느끼는 대상이 된다. 세이건은 독자와 텔레비전 시청자에게서도 같은 반응을 일으키고자 한다. 이른바 과학은 그렇게 종교로 변하게 되며, 이를 과학주의 종교라 일컫기도 한다. Jeffrey Marsh, "The Universe and Dr. Sagan," *Commentary*, May 1981, pp. 64-68를 보라.

무(無)에서는 무(無)가 나온다. 무언가가 존재한다. 그러므로 전부터 무언가가 항상 존재했다. 그러나 자연주의자들은 말하기를 그 무언가란 초월적 창조자가 아니라 우주의 물질 그 자체라고 한다. 우주의 모든 물질은 어떤 형태로든 항상 존재했다. 자연주의자들은 전통적으로 그렇게 주장해 왔었다. 하지만 최근에는 점점 더 많은 자연주의적 철학자들이나 천체물리학자들이 무언가가 항상 존재해 왔다고 주장하는 논리를 거부한다. 오히려 우주는 "온도, 압력, 밀도와 함께 시공간 곡률이 무한대가 되는 **특이점**(singularity)"에서 기원했을 수 있다.[6] (우리가 아는 실재의 전부인) 공간과 시간이 함께 존재하게 되었다. 게다가 이 우주적 사건으로부터 영적인 것이나 초월적인 것이 나오지 않았다. 특이점 전에 **그 이전**이 있었다고 말하는 것은 무의미하다. 요컨대, 물질(혹은 물질/에너지의 복잡한 교환)이 존재하는 것의 전부다. **자연적** 우주가 우리의 세상이다.

물질이라는 단어는 다소 넓은 의미로 이해되었다. 18세기 이래로 과학에서 물질에 대한 이해가 세분화되어 왔기 때문이다. 18세기 과학자들은 아직 물질의 복잡성이나 물질과 에너지의 관계 등을 더 탐구해야 했다. 그들이 생각하기에, 실재는 서로 기계적·공간적 관계 안에 존재하는 분할 불가능한 '단위'로 구성되어 있으며, 화학과 물리학을 통해 그 관계를 알아낼 수 있고 불변의 '법칙들'로 표현할 수 있었다. 그 이후에 과학자들은 자연이 그렇게 잘 정돈되어 있거나 적어도 그렇게 단순하지는 않다는 사실을 깨닫게 되었다. 그렇게 분할 불가능한 '단위'란 존재하지 않는 듯하고, 물리학 법칙들은 수학으로 표현될 뿐이다. 스티븐 호킹 같은 물리학자들은 다름 아닌 "우주에 대한 완결된 설명"을 찾으면서도 심지어 그

---

[6] J. P. Moreland and William Lane Craig, *Philosophical Foundations for a Christian Worldview* (Downers Grove, IL: InterVarsity Press, 2003), p. 477를 보라.

것을 찾을 수 있기를 희망할지도 모른다.[7] 그러나 자연이 무엇인지에 대한 확신, 혹은 그것이 어떠한 모습으로 밝혀지리라는 확신은 사라졌다.[8]

그러나 앞에서 말한 명제는 아직까지도 자연주의자들을 연합시킨다. 우주는 두 가지—물질과 정신, 혹은 물질과 영—로 구성되지 않았다. 라 메트리의 말처럼 "전 우주에는 다양한 변형으로 나타나는 단 하나의 실체만 있다."[9] 우주는 궁극적으로 하나이며, 그 너머의 존재와는 무관하다. '신'도 없으며, 창조자도 없다.

2. 세계관 질문 2(외부 실재): 우주는 닫힌 체계 속에서 원인과 결과의 균일성으로서 존재한다.

이 명제는 이신론의 둘째 명제와 유사하다. 차이점은, 우주를 기계나 시계 장치로 여길 것인지 혹은 그렇지 않을 것인지다. 현대 과학자들은 실재의 각 요소의 관계가 시계 장치 이미지로 설명할 수 있는 것보다 더 신비하지는 않더라도 훨씬 복잡함을 발견했다.

그럼에도 우주는 **닫힌** 체계다. 우주는 외부의 재조정에—초월적 존재의 재조정이든(그런 건 없으므로), 뒤에서 자세히 살펴볼 자율적이며 자기 초월적인 인간의 재조정이든(인간은 균일성의 한 부분이므로)—열려 있지 않

---

[7] Stephen Hawking, *A Brief History of Time* (New York: Bantam, 1988), p. 13. 호킹의 결론은 신중한 낙관론이다. "우리가 [우주에 대한] 완결된 이론을 찾을 수 있다면…그것은 인간 이성의 궁극적 승리가 될 것이다. 우리가 하나님의 마음(mind)을 알게 될 테니 말이다"(p. 175).

[8] 비전문적인 언어로 쓰인 갱신된 내용은 Dennis Overbye, "Dark, Perhaps Forever," *The New York Times*, June 3, 2008, sec. D, pp. 1 and 4를 보라.

[9] La Mettrie, *Man a Machine*, p. 177. 한편, 인간을 '더 큰 에너지가 유동하는 체계 안에서 활동하는 에너지의 영역'으로 정의하는 것 역시 자연주의적이다. 어느 경우든 인간은 우주를 초월하는 존재로 간주되지 않는다. Marilyn Ferguson, *The Brain Revolution: The Frontiers of Mind Research* (New York: Taplinger, 1973), p. 22를 보라.

다. 에밀 브레이어는 이 관점을 다음과 같이 묘사한다. "자연의 질서는 사물의 본질에 기초를 두기 때문에 그 모든 부분에 대해 엄격하게 필수적인 하나의 조정자가 된다. 예를 들어, 계절의 변화와 같은 아름다운 규칙은 하나님의 계획에 따른 결과가 아니라 중력의 결과다."[10]

'세속적 인문주의자'를 자처하는 사람들의 견해를 표명한 "인문주의자 선언 II"(*Humanist Manifesto II*, 1973)에서는 "우리는 초자연적 존재를 믿을 만한 충분한 증거를 찾지 못했다"고 말한다.[11] 물론 하나님이나 '초자연적 존재'를 거부하면 자연계 외부에서는 아무런 일도 일어날 수 없다. 로즈 페어브리지(Rhodes H. Fairbridge)는 『컬럼비아 세계사』(*The Columbia History of World*)를 저술하면서, "우리는 기적을 거부한다"고 단언했다.[12] 컬럼비아 대학교의 지질학 교수로서 그가 그러한 주장을 하는 것은 예상할 만하다.

놀라운 것은 신학교 교수인 데이비드 조블링(David Jobling)이 거의 비슷한 이야기를 한다는 것이다.

> 우리[즉 현대인]는 우주가 공간, 시간, 물질이 내적으로 결합된 연속체라고 생각한다.…하나님은 인간의 '영적' 부분과 교통하기 위해 시간과 공간 '바깥'에 계시거나 물질과 멀리 떨어져 존재하는 분이 아니다.…우리는 예수 그리스도 역시 우리와 동일한 진화의 산물이라는 사실에 대처할 방법을 찾아야 한다.[13]

10　Émile Bréhier, *The History of Philosophy*, trans. Wade Baskin (Chicago: University of Chicago Press, 1967), 5: p. 129.
11　*Humanist Manifestos I and II* (Buffalo, N. Y.: Prometheus, 1973), p. 16. 이 두 선언, 특히 [폴 커츠(Paul Kurtz)가 초안을 작성한] 두 번째 선언은 자연주의의 주장을 사용하기 편하게 모아 놓은 자료다. 2012년에 세상을 떠난 폴 커츠는 뉴욕 주립대학교 버펄로의 철학 교수, *Free Inquiry*('세속적 인문주의' 전파에 전념하는 계간지)의 편집자, 프로메테우스 북스의 편집자였다.
12　John A. Garraty and Peter Gay, eds., *The Columbia History of the World* (New York: Harper & Row, 1972), p. 14.
13　David Jobling, "How Does Our Twentieth-Century Concept of Universe Affect Our Understanding of the Bible?," *Enquiry* (September-November 1972), p. 14. 어니스트 네이글은

조블링은 기독교를 자연주의 세계관 안에서 이해하려 했다. 그는 하나님을 체계—원인과 결과의 균일하고 닫힌 체계—안에 단단히 가둔 후, 주권을 비롯해 그리스도인들이 전통적으로 참이라고 믿어 온 많은 것을 부정했다. 하지만 여기서 요점은, 자연주의는 아주 만연해 있는 세계관이어서 가장 예상치 못한 분야에서도 발견된다는 사실이다.

이 닫힌 체계의 중심 특징은 무엇인가? 처음에는 "공간, 시간, 물질이 내적으로 결합된 연속체"를 주장하는 자연주의자들이 결정론자로 보일 것이다. 그들은 닫힌 체계가 원인과 결과의 엄연한, 깨질 수 없는 연결로 유지된다고 확언하기 때문이다. 자유의지에 대한 감각이나 우리 행동에 대한 책임이 사라지지는 않는다고 주장할 사람도 많겠지만, 대부분의 자연주의자는 실제로 결정론자다. 그런 자유가 닫힌 체계라는 개념과 정말로 일치하는가? 답변하기 위해서는 먼저 자연주의에서 말하는 인간 개념을 더 자세히 살펴보아야 한다.

---

3. 세계관 질문 3(인간): 인간은 복잡한 '기계'다. 인격이란 우리가 아직 완전히 이해하지 못한 화학적·물리적 성질의 상호 관계다.

데카르트는 인간을 부분적으로 기계(part machine)라고 인식하면서도, 인간은 부분적으로 정신(part mind)이며 정신은 기계와는 다른 실체라고 생각했다. 하지만 자연주의자들은 정신도 기계의 작용으로 간주한다. 라 메

20세기 중엽에 나타난 형태의 자연주의를 정의하는 유용한 논문에서 이 입장을 더 엄밀하게 철학적인 언어로 표현했다. "[자연주의의 중심 명제 중] 첫째는 자연의 활동 질서 내에서 조직된 물질의 실존적·인과적 수위성이다. 이것이 가정하는 바는, 사건의 발생, 특징과 과정, 여러 개인의 개성적 행동은 시공간적으로 위치한 물체들의 조직, 즉 그 내적 구조와 외적 관계가 발생하는 모든 것의 출현과 퇴장을 결정하고 제한하는 조직에 의해 결정된다는 것이다." Ernest Nagel, "Naturalism Reconsidered"(1954), *Essays in Philosophy*, ed. Houston Peterson (New York: Pocket Library, 1959), p. 486.

트리는 이 사실을 직설적으로 말한 최초의 사람 중 하나다. "이제 담대하게 인간은 기계이며 우주에는 여러 변형으로 나타나는 단일한 실체가 있을 뿐이라는 결론을 내리자."¹⁴ 피에르 장 조르주 카바니(Pierre Jean Georges Cabanis, 1757-1808)는 이를 더 노골적으로 표현하며, "간이 담즙을 분비하듯이 뇌는 생각을 분비한다"라고 썼다.¹⁵ 윌리엄 배럿(William Barrett)은 데카르트에서 현재에 이르기까지 서양 사상에서 영혼이나 자아 개념이 점진적으로 상실되어 온 흥미 있는 지성사를 다루면서 이렇게 쓴다.

그리하여 우리는 라 메트리에 도달했다.…인간의 몸을 상상의 기어, 톱니, 래칫의 체계로 기묘하게 묘사한 그에게 이른 것이다. 소우주인 인간은 우주라는 보편적 기계 안에 있는 또 다른 기계에 불과하다. 우리는 이 묘사가 기묘하고 조야하다며 웃어넘기지만, 내심 이 묘사가 조금 설익었더라도 결국은 옳은 방향의 개념이라는 생각을 품고 있을지도 모른다. 하지만 컴퓨터가 도래하면서 이 기계 구조설로 향하려는 유혹은 더욱 거세지고 있다. 톱니바퀴와 도르래라는 시대에 뒤떨어진 기계 대신 지금은 인간 지성의 과정을 재현할 수 있는 듯한 기계가 나와 있기 때문이다. 기계도 생각할 수 있는가? 이 질문은 이제 우리 시대의 주요한 질문이 되었다.¹⁶

어쨌든 요점은 인간이 우주의 한 부분에 불과하다는 것이다. 우주에

---

14 La Mettrie, *Man a Machine*, p. 177.
15 Fredrick Copleston, *A History of Philosophy* (London: Burns and Oates, 1961), 6: p. 51. 인간이 기계라는 관념을 지지하는 인물 중 하나가 존 브라이얼리(John Brierley)다. *The Thinking Machine* (London: Heinemann, 1973).
16 William Barrett, *The Death of the Soul: From Descartes to the Computer* (New York: Anchor, 1987), p. 154. 컴퓨터가 인간의 자기 이해에 미치는 영향을 연구한 셰리 터클(Sherry Turkle)은 "스스로를 컴퓨터처럼 생각하려는 사람들은 자아 개념에 문제가 있다"고 말한다[칼 미첨(Carl Mitcham)은 "Computer Ethos, Computer Ethics," in *Research in Philosophy and Technology* (Greenwich, CT: JAI Press), 8: p. 271에서 터클의 연구에 관해 발표한다].

는 물질이라는 한 가지 실체만 있다. 우리는 물질이며, 단지 물질에 지나지 않는다. 물질에 적용되는 법칙이 우리에게 적용된다. 우리는 어찌되든 우주를 초월하지 못한다.

물론 우리는 매우 복잡한 기계이며, 우리의 메커니즘은 아직 완전히 이해되지 않았다. 그래서 사람들은 계속해서 우리를 놀라게 하며 기대를 뒤엎는다. 그렇더라도, 우리의 이해를 둘러싼 신비는 어떤 것이든 진짜 신비가 아니라 기계적 복잡성에 따른 결과일 뿐이다.[17]

인간은 우주의 많은 사물과 구별된 존재가 아니라 그중 하나에 불과하다고 결론을 내릴 수도 있을 것이다. 그러나 자연주의자들은 그렇지 않다고 주장한다. 예를 들어, 줄리언 헉슬리(Julian Huxley)는 인간이 동물 중에서도 독특한 존재라고 주장했는데, 인간만이 유일하게 개념적으로 사고할 능력이 있고, 언어를 사용하며, 축적된 전통(문화)을 소유하고 있으며, 독특한 진화 과정을 거쳤기 때문이다.[18] 이외에도 대부분의 자연주의자는—별도로 논할—우리의 도덕적 능력을 덧붙일 것이다. 이 모든 특징은 공공연하게 널리 받아들여진다. 자연주의자들은 그중 어느 것도 초월적 능력을 의미하거나 물질 외의 근거를 요구하지 않는다고 말한다.

어니스트 네이글(Ernest Nagel)은 인간과 인간 구성 요소 가운데 비인간적 요소와의 '연속성'을 강조하지 않아야 할 필요성을 지적한다. "성숙한 자연주의는 인간의 가장 독특한 특징조차도 비인간적 물질에 의지하고 있다는 주장을 부인하지 않으면서, 인간의 본성을 **인간의** 행동과 업

---

[17] *Humanist Manifesto II*에서는 그 상황을 일반적으로 자연 전체와 관련하여 진술한다. "실로 자연은 현재 우리가 아는 것보다 더 광대하고 심오할지 모른다. 하지만 어떤 새로운 발견이라도 자연적인 것에 대한 우리의 이해를 넓혀 줄 뿐이다"(p. 16).

[18] Julian Huxley, "The Uniqueness of Man," in *Man in the Modern World* (New York: Mentor, 1948), pp. 7-28. 조지 게일로드 심슨(George Gaylord Simpson)은 인간의 "지성, 적응성, 개인화, 사회화의 상호 관련 요소" 목록을 만들었다. *The Meaning of Evolution*, rev. ed. (New York: Mentor, 1951), p. 138.

적, **인간의** 열망과 능력, **인간의** 한계와 비극적 실패, **인간이** 상상과 재주를 통해 만든 놀라운 작품 등에 비추어 평가하려고 노력한다."[19] 자연주의자들은 인간의 인간다움(humanness, 우주의 다른 부분과는 구별되는 독특한 점)을 강조함으로써 가치의 근거를 찾았다. 지성, 문화적 세련됨, 옳고 그름에 대한 감각은 인간의 독특한 점일 뿐 아니라 인간을 가치 있는 존재로 만드는 것이기 때문이다. 이는 뒤에서 다룰 명제 6에서 더 살펴보겠다.

끝으로, 어떤 자연주의자는 인간의 행동을 포함한 우주의 모든 사건에 대해 엄격한 결정론을 주장함으로써 어떠한 의미의 자유의지도 거부하는 반면, 많은 자연주의자는 인간이 자신의 운명을 적어도 부분적으로는 자유롭게 결정할 수 있다고 주장한다. 예를 들어, 어떤 사람들은 닫힌 우주가 결정론을 함축하기는 하지만 결정론은 인간의 자유와, 혹은 적어도 자유롭다고 느끼는 감정과 양립할 수 있다고 주장한다.[20] 우리는 우리가 하고 싶은 많은 일을 할 수 있으며, 우리가 하고 싶지 않은 일을 하도록 항상 강요당하지는 않는다. 예를 들어, 나는 원한다면 이 책의 새로운 판을 준비하는 일을 그만둘 수도 있다. 그리고 싶지는 않다.

많은 자연주의자가 주장하듯이, 이것은 인간이 의미 있는 행동을 할 수 있다는 가능성을 열어 두며 도덕성의 근거를 제공한다. 우리가 하는 일 외에 다른 일을 할 자유가 없다면 우리가 하는 일에 책임을 질 수 없기 때문이다. 하지만 이 견해는 계속 반박을 받았고, 자연주의 사유 체계의 약점 가운데 하나이기도 하다. 다음 장에서 이를 살펴보겠다.

---

19   Nagel, "Naturalism Reconsidered," p. 490.
20   예를 들어, 물리학자 에드워드 프레드킨(Edward Fredkin)은 완벽하게 결정론적인 우주에서조차 인간의 행동은 예측 가능하지 않아서 "유사 자유의지"(pseudo-free will)의 여지가 있다고 믿는다. Robert Wright, *Three Scientists and Their Gods* (New York: Harper & Row, 1988), p. 67. 『3인의 과학자와 그들의 신』(정신세계사).

4. 세계관 질문 4(죽음): 죽음은 인격과 개체성의 소멸이다.

아마 이것은 자연주의의 명제 중에서 '가장 수긍하기 힘든' 명제일 것이다. 그러나 이 명제는 자연주의자가 지닌 우주 개념의 분명한 논리적 귀결이다. 인간은 물질로 구성되었으며 그 밖의 아무것도 아니다. 그러므로 개인을 구성한 물질이 사망 시에 해체되면 사람은 소멸한다.

"인문주의자 선언 II"에서는 다음과 같이 진술한다. "우리가 아는 바로는 전 인격이란 사회적·문화적 맥락 안에서 활동하는 생물학적 유기체의 작용이다. 육체의 죽음 후에도 생명이 계속된다는 것에 대한 신뢰할 만한 증거는 없다."[21] 버트런드 러셀(Bertrand Russell)은 "그 어떤 열정이나 영웅적 행동, 아무리 강력한 사상과 감정을 가졌더라도 그것들이 개인의 삶을 무덤 너머까지 계속 유지시킬 수는 없다"고 쓴다.[22] A. J. 에이어(Ayer)도 "나는 인간의 존재가 사망 시에 종료된다는 것을 사실로…받아들인다"고 말한다.[23] 더 일반적인 의미에서 볼 때 인간은 덧없는 존재처럼 보인다. 어니스트 네이글은 "인간의 운명이란 두 망각 사이의 삽화"라고 고백한다.[24]

이러한 진술은 명확하며, 모호하지 않다. 이 개념이 많은 심리학적 문제를 야기할지 모르지만 그 근본 입장은 전혀 변함이 없다. "인문주의자 선언 II"에서 말하듯, 오직 "불멸은 우리의 후손 안에, 그리고 우리 문화에서 다른 사람에게 영향을 주는 방식으로 존재한다."[25] 존 업다이크(John

---

21 *Humanist Manifestos I and II*, p. 17.
22 Bertrand Russell, "A Free Man's Worship," *Why I Am Not a Christian* (New York: Simon & Schuster, 1957), p. 107. 『나는 왜 기독교인이 아닌가』(사회평론).
23 A. J. Ayer, ed., *The Humanist Outlook* (London: Pemberton, 1968), p. 9.
24 Nagel, "Naturalism Reconsidered," p. 496.
25 *Humanist Manifestos I and II*, p. 17.

> 인간이란 우리가 성취하려는 목적을 예견하는 것과는 무관한 여러 원인의 결과물이다. 인간의 기원, 성장, 소망과 두려움, 사랑과 믿음도 결국 모두 원자가 우연하게 배열된 결과다. 열정으로도, 영웅적 행위로도, 생각과 감정의 강렬함으로도 개인의 삶을 무덤 너머까지 유지할 수는 없다. 시대들을 통해 이루어진 모든 노동, 인간의 천재성이 낳은 모든 헌신과 모든 영감과 정오처럼 빛나는 모든 명철함도 태양계의 광대한 죽음 안에서 사라지도록 정해져 있다. 인간이 성취한 거대한 사원 전체가 우주의 무덤에 던져져 그 아래에 묻히는 일은 피할 수 없다. 논쟁의 여지가 전혀 없지는 않더라도, 이 모든 것은 매우 확실해서 이 사실을 거부하는 철학이 설 가능성은 없다. 이 진리의 비계 안에서만, 굴복하지 않는 절망이라는 굳건한 토대 위해서만 영혼의 거처를 안전하게 지을 수 있다.
>
> **버트런드 러셀, "자유로운 인간의 예배"(A Free Man's Worship)**

Updike)는 "비둘기의 깃털"(Pigeon Feathers)라는 단편에서 이러한 관념을 인간적 차원에서 아름답게 묘사한다. 그는 어린 소년 데이비드가 하늘나라란 "에이브러햄 링컨이 죽은 후에도 계속 남아 있는 그의 선함"과 같다고 묘사한 목사의 말을 되새기는 장면을 그린다.[26] 앞에서 인용한 신학교 교수처럼 데이비드의 목사도 유신론과 결별하고 단지 자연주의의 틀 안에서 '영적' 조언을 제공하려는 것이다.

---

5. 세계관 질문 5(지식): 과학의 방법을 포함해, 우리가 본래 가지고 있던 자율적 인간 이성을 통해 우주를 알 수 있다. 이 세계를 포함하는 우주는 정상 상태에 있

---

26   John Updike, "Pigeon Feathers," in *Pigeon Feathers and Other Stories* (Greenwich, CT: Fawcett, 1959), p. 96.

다고 이해된다.

우리가 어떻게 앎을 얻게 되는지에 관하여 이신론자와 자연주의자의 생각이 비슷하다는 점에 주목하라. 둘 모두 이성의 내적 기능과 인간이 갖게 된 사고를 주어진 것으로 받아들인다. 우주적 관점에서 보면, 이성은 아주 오랜 기간 진행된 자연적 진화라는 우발성 가운데 발전했다. 인간의 관점에서 보면, 아이는 본래적 기능을 갖고 태어나며 그 기능은 자연적으로 발전되어야 할 뿐이다. 그러한 기능은 그가 노출되는 언어와 문화의 틀 안에서 스스로 발전한다. 일상적인 물질세계 밖으로부터 그들에게 더해지는 정보나 해석이나 지적 틀은 어느 경우에도 있을 수 없다. 아이들은 자라면서 어떠한 생각이 그들 주위의 세계를 이해하거나 다루는 데 도움이 되는지 배운다. 현대 과학의 방법은 우리의 우주에 관하여 점점 더 깊이 있는 지식을 얻도록 한다는 점에서 특히 도움이 된다. 그러므로 인간의 지식은 인간과 세계에 관한 진리에 도달할 수 있게 한다고 인정된 능력에 기반한 자연적인 인간 이성의 산물이다.[27]

여기서 내가 **진리**라는 말을 인간 이성을 사용해 얻은 성공적 결과를 서술하기 위해 사용해 왔다는 점에 주목해야 한다. 18세기와 19세기 초에는 그 타당성에 의문을 제기하는 사람이 거의 없었다. 아리스토텔레스가 『형이상학』 첫 문장에서 말한 것처럼, "모든 사람은 알기를 갈망한다"는 말은 "모든 인간은 진리, 곧 실재가 실제로 존재하는 방식을 알기 원한다"는 의미다. 오늘날 자연주의자, 특히 과학자나 보통의 교육받은 사람들은 계속해서 이런 식으로 생각할 것이다. 물은 수소와 산소 두 가지가 하

---

27 지식에 관한 우리의 주장을 정당화하기 위해 자연주의자의 방법을 소개하고 비판하는 내용은 Hilary Kornblith, ed., *Naturalizing Epistemology*, 2nd ed. (Cambridge, MA: MIT Press, 1997)을 보라.

나로 결합한 것이라고 말하면 사람들은 대부분 그것이 물의 화학적 구성을 정확히 설명했다고 생각한다. 그것이 물**이라는** 것이다. 더 철학적으로 사고하는 현대의 자연주의자들은, 우리가 현실로 받아들이는 것을 언어로 설명하는 법을 배워서 세상에서 성공적으로 살아갈 수 있지만 어느 누구도 어떤 것이 무엇인지 알 수 없다고 말하는 데 만족한다. 말과 사물 사이에는 다리를 놓을 수 없는 간극이 있다.[28] 이 간극이 어떻게 나타나는지는 포스트모더니즘을 다루는 9장에서 살펴보겠다. 여기서 주목할 중요한 점은 자연주의자들이 인간 이성을 인간의 본성 자체에 근거한 것으로 여긴다는 사실이다.

6. 세계관 질문 6(도덕성): 도덕성은 오직 인간과 관련되어 있다.

윤리적 고찰은 자연주의의 발생에서 큰 역할을 하지 않았다. 자연주의는 특정한 형이상학적 관념, 즉 외부 세계의 본질에 대한 관념을 논리적으로 확대한 결과 성립된 사조다. 초기 자연주의자 대다수는 그들 주변 문화의 윤리관과 유사한 윤리관을 계속 지지했으며, 이는 그 당시 널리 퍼져 있던 기독교의 윤리관과 구별하기가 쉽지 않았다. 거기에는 개인의 존엄성에 대한 존중, 사랑에 대한 긍정, 진리와 기본적 정직에 대한 헌신 등이 있었다. 예수는 매우 윤리적인 가치를 지닌 스승으로 여겨졌다.

그러한 성격은 점점 감소하고 있긴 하지만 오늘날까지 어느 정도 이어지고 있다. 약간의 변형―예를 들어, 혼전 성관계와 혼외 성관계에 대

---

28 기독교 유신론에서는 말과 사물 사이에 간극이 있을 필요가 없다. 하나님 자신을 제외하고 존재하는 모든 것이 말씀(하나님의 인격적 지성)에 의해 창조되었기 때문이다. 2장을 보라. 나는 유신론의 이 측면을 *Discipleship of the Mind* (Downers Grove, IL: InterVarsity Press, 1990), pp. 87-94에서도 논했다.

한 허용적 태도, 안락사와 낙태와 개인의 자살권에 대한 긍정적 반응—이 있긴 해도, "인문주의자 선언 II"(1973)의 윤리적 규범은 대체로 전통적 도덕과 일치한다. 유신론자들과 자연주의자들은 대체로 윤리적 문제에서 서로 조화를 이루며 살 수 있다. 그러나 둘 사이에는 항상 불일치가 있었으며, 인문주의가 기독교적 윤리라는 기억에서 점점 멀어질수록 불일치는 더 커질 것이다.[29] 그러나 윤리적 규범의 불일치(혹은 일치)가 어떻든, 두 규범의 **기초**는 근원적으로 다르다.

유신론자에게는 하나님이 가치의 기초다. 자연주의자에게 가치란 인간이 구성하는 것이다. 자연주의자의 이 관념은 앞서 살펴본 명제들로부터 논리적으로 나온다. 인간 이전에 의식적 존재가 없었다면, 인간 이전에는 옳고 그름에 대한 감각도 없었다. 또한 자신이 하는 일 외에 다른 일을 할 능력이 없다면 옳고 그름에 대한 감각은 실질적 가치가 없을 것이다. 그러므로 윤리가 가능하려면 의식과 자기 결정성이라는 두 요소가 있어야 한다. 요컨대, 인격이 있어야 한다.

자연주의자들은 의식과 자기 결정성이 인간과 함께 발생하였기에 윤리도 그에 따라 성립되었다고 주장한다. 인간의 의식 바깥에 있는 '사물'의 본성에서 도출한 윤리 체계란 있을 수 없다. 다시 말해, 우주에 새겨진 자연법은 없다. 자기의 이신론적 뿌리를 배신하는, "자연은 우리 모두[인간과 동물]를 오로지 행복하도록 창조했다"라는 모호한 말을 했던 라 메트리조차도 윤리 면에서는 확실히 자연주의자였다. "자연법도 사상을 포함한 다른 감정처럼 상상에 속하는 일종의 친밀한 감정**에 지나지 않는다**."[30] 물

---

29 윤리적 규범 내용의 이러한 변화에 대해서는 "인문주의자 선언 I"(1933)과 "인문주의자 선언 II"(1973)를 비교함으로써 연구할 수 있다. 1973년 이후로는 당연히 더 많은 변화가 일어났는데, 가장 눈에 띄게 많은 주장은 동성애가 그에 따른 부수적인 도덕적 권리와 함께 정상적인 인간 조건으로 여겨진다는 것이다.
30 La Mettrie, *Man a Machine*, p. 176. 강조는 저자.

론 라 메트리는 상상을 완전히 기계적 방식으로 생각했기에, 윤리란 인간이 피조물로서 자신에게 심긴 전형(pattern)을 따르는 것이 되었다. 분명 거기에는 도덕에 대한 어떤 초월성도 없었다.

"인문주의자 선언 II"는 자연주의 윤리의 근원을 매우 명백한 표현으로 밝힌다. "우리는 도덕적 가치의 근원이 인간의 경험에 있음을 확신한다. 윤리는 **자율적**이며 **상황적**인 것으로, 신학적 혹은 이념적 재가를 필요로 하지 않는다. 윤리는 인간의 필요와 관심에서 발생한다. 이를 부인하는 것은 삶의 모든 근거를 왜곡하는 것이다. 우리가 미래를 창조하고 발전시켜 나가기에 인간의 삶에는 의미가 있다."[31] 의식 있는 자연주의자 대다수가 아마 이러한 진술에 동의할 것이다. 그러나 인간의 상황에서 어떻게 가치가 창출되는지는 우주의 기원을 이해하는 방식만큼이나 풀어야 할 숙제와 같다.

주요 문제는 이것이다. 어떻게 **존재**(is, 윤리학에서는 '사실'로도 번역한다—옮긴이)에서 **당위**(ought)를 끌어내는가? 전통적 윤리, 즉 기독교 유신론의 윤리는 윤리의 초월적 기원을 긍정하고, 선을 판단하는 척도를 무한하신 인격적 하나님께 두었다. 하나님의 존재는 선이며, 이것은 여러 가지 다양한 방법을 통해, 그리고 그리스도의 생애와 가르침과 죽음에서 가장 충만히 계시되었다.

하지만 자연주의자들은 그러한 준거점을 가지고 있지도 않고 만들려 하지도 않는다. 윤리는 단지 인간만의 영역이다. 그러므로 이런 질문이 제기된다. 어떻게 자기의식과 자기 결정성이라는 **존재**와 **가능**(can)의 영역으로부터 **당위**의 영역에 이르는가?

자연주의자들의 답변 중 하나는 모든 사람이 도덕적 가치관을 가지고

---

31   *Humanist Manifestos I and II*, p. 17.

있다는 것이다. 심슨(George Gaylord Simpson)은 가치관을 직관("관계된 전제에 대한 진위 판단 없이, 또한 감정 발생의 이유에 대한 객관적 탐구 없이 옳다고 느끼는 감정"),[32] 권위, 관습 등에서 얻을 수 있다고 주장했다. 환경에서 가치관을 배우지 않고 성장하는 사람은 없으며, 어떤 사람이 이 가치관을 거부하여 배척이나 순교를 당하는 일이 있을지는 몰라도 문화와 완전히 분리된 가치관을 만드는 데 성공하는 경우는 거의 없다.

물론 가치관은 문화마다 다르고 절대적으로 보편적인 가치관이란 없는 것처럼 보인다. 그래서 심슨은 객관적 탐구에 근거한 윤리를 주장하며, 그것을 다른 사람과 환경에 조화롭게 적응하는 데서 찾는다.[33] 무엇이든지 그러한 조화를 증진하는 것은 선이며 그렇지 않은 것은 악이다. 존 플랫(John Platt)은 B. F. 스키너(Skinner)의 행동주의를 위한 윤리를 구성하려고 시도한 논문에서 이렇게 쓴다.

> 행복은 중기(中期)와 장기(長期)의 강화제[reinforcer, 스키너와 같은 행동주의 심리학자들의 주장, 즉 모든 행위는 상(긍정적 강화제)과 벌(부정적 강화제)의 영향을 크게 받는다는 주장을 언급하는 것이다―옮긴이]와 일치하는 단기의 강화제를 갖는 것이며 이것을 얻는 방법을 아는 것이 지혜다. 단기의 개인적 강화제와 장기의 집단적 강화제가 일치할 때 윤리적 행동이 나온다. 그러한 일치로 말미암아 우리는 '선하게', 좀 더 정확히 표현하면 '행동을 잘하게' 되기 쉽다.[34]

이 주장의 결론은, 선한 행동이란 집단이 승인하고 생존을 증대시키는 것

---

32 Simpson, *Meaning of Evolution*, p. 145.
33 Simpson, *Meaning of Evolution*, p. 149.
34 John Platt in *The Center Magazine*, March–April 1972, p. 48.

> 도덕성의 참된 원리를 발견하기 위해 신학이나 계시나 신들이 필요한 게 아니다. 상식만 있으면 된다. 그저 그들이 자신과 교감하고, 자신의 본성을 성찰하며, 눈에 보이는 이익을 고려하고, 사회의 대상과 사회를 구성하는 개인에 대해 숙고하면, 그들 자신과 같은 사람에게는 덕이 유익이 되고 악덕은 해가 됨을 쉽게 알 것이다. 정직하고 자비로우며 온건하고 사회적인 존재가 되자고, 다만 그러한 행동을 하는 것은 신에게 요구받기 때문이 아니라 인간에게 즐거운 일이기 때문이라고 그들을 설득하자. 악과 범죄를 금하라고, 그것은 다음 세상에서 벌을 받기 때문이 아니라 이 세상에서 고통을 당하기 때문이라고 그들에게 충고하자.
>
> 돌바크 남작(Baron d'Holbach, 1723-1789), "상식"(Common Sense)

이라고 정의할 수 있다는 것이다. 심슨과 플랫은 인간의 삶을 지속하는 것을 최고의 가치로 택했다. 따라서 생존이란 기본적인 것이지만, **인간의 생존**이야말로 가장 기본적인 것으로 인정된다.[35]

심슨과 플랫은 자신들의 책임, 즉 더 인간다워지고 따라서 그들의 과학적 지식과 도덕적 가치관을 일치시킬 책임을 의식하고 있던 과학자들이다. 인문학 분야에서는 월터 리프먼(Walter Lippmann)이 있다. 『도덕 서설』(A Preface to Morals, 1929)에서 리프먼은 우주의 기원과 무목적성에 대한 자연주의자들의 입장을 받아들인다. 그의 방법은 '위대한 종교적 스승들'

---

[35] 진화론의 기반 위에 윤리를 세우려 했던 두 명의 또 다른 자연주의자로는 Daniel Dennett, *Darwin's Dangerous Idea* (New York: Simon & Schuster, 1995)와 James Q. Wilson, *The Moral Sense* (New York: Free Press, 1993, 『도덕감성』, 자유기업센터)가 있다. 둘 모두 도덕 감각의 발달을 설명하려 했지만, 자연주의적 오류를 피하는 데-**존재**에서 **당위**를 끌어내는 데-실패했다.

의 중심 합의라고 간주하는 것을 바탕으로 윤리를 구축하는 것이다. 리프먼이 보기에 선이란 지금까지 단지 엘리트, 즉 "정신의 자발적 귀족"[36]에 의해서만 인식되어 온 어떤 것으로 판명된다. 그가 주장하는 바는, 20세기의 가치관 위기를 극복하고 생존하려면 이제 엘리트 윤리가 모든 사람의 의무가 되어야 한다는 것이다.

선 그 자체는 무사심(disinterestedness)으로 구성되어 있다. '현대성이라는 산(酸)'이 윤리적 행동의 전통적 근거를 잠식해 버린 현대에, 무사심은 현대인의 '혼란과 좌절'을 경감시키는 방법이다. 리프먼이 **무사심**이라는 단어에 부여한 의미를 요약하기란 어렵다. 그는 책의 마지막 3분의 1에서 무사심을 실행하는 방법을 길게 논한다. 그러나 그 윤리는 도덕적이기 원하는 각 개인의 헌신에 근거하며, 사실의 세계―일반적으로는 사물의 본성―와는 완전히 유리되어 있다는 점에 주의를 기울이는 게 유익할 것이다.

천문학, 생물학, 역사학 등 어떤 분야의 특정한 결론에 근거를 둔 종교는 새로운 진리가 발견되면 치명적 타격을 받을 것이다. 그러나 영의 종교(the religion of the spirit)는 신조나 우주론에 좌우되지 않는다. 영의 종교는 어느 특정한 진리에 한정된 관심을 두지 않는다. 이 종교는 물질의 조직과 관계하지 않고 인간 욕망의 특성과 관계한다.[37]

---

36 Walter Lippmann, *A Preface to Morals* (New York: Time Inc., 1964), p. 190.
37 Walter Lippmann, *A Preface to Morals*, p. 307. 앨런 블룸의 *The Closing of the American Mind*에서는 인간의 가치에 대해, **헌신**이나 인간의 **결단**과는 다른 근거를 유지하기를 일관되게 소리 높여 주장한다. 이러한 가치의 근거가 되는 무한하고 인격적인 하나님이라는 문제와 진지하게 씨름해 보지 않고서는 현대의 여러 가치가 절대적으로 확고한 근거를 가지기 어렵다. Allan Bloom, *The Closing of the American Mind* (New York: Simon and Schuster, 1987), 특히 pp. 194-216를 보라. 『미국 정신의 종말』(범양사). 또한 Alasdair McIntyre, *After Virtue*, 2nd. ed. (Notre Dame, Ind.: Notre Dame University Press, 1984)을 보라. 『덕의 상실』(문예출판사).

리프먼의 언어는 조심스럽게 이해해야 한다. 리프먼이 사용하는 **종교**라는 말은 도덕성 혹은 도덕적 충동을 의미한다. 또한 **영**이란 말은 다른 동물이나 단순히 '대중적'인 '종교'를 가진 동료 인간보다 그를 더 고귀하게 만드는 인간의 도덕적 능력을 의미한다. 그는 유신론의 언어를 사용하지만 그 내용은 순전히 자연주의적이다.

어쨌든 윤리에서 최종적으로 남는 것은, 단지 거기 존재하며 그 자체로는 의미가 전혀 없는 우주를 두고 그 우주가 옳다는 환상을 강하게 확증하는 것이다. 따라서 윤리는 인격적이고 선택적이다. 내가 알기로 리프먼은 실존주의자들과 널리 교분을 갖지 않았지만, 앞으로 6장에서도 보듯 그가 설명한 자연주의 윤리는 궁극적으로 실존주의자의 윤리다.

자연주의자들은 윤리 체계를 세우려고 매우 다양한 방법을 사용했다. 기독교 유신론자들조차도 자연주의자들의 윤리적 통찰에 타당한 내용이 많다는 사실을 수긍해야 한다. 유신론자들은 사람들이 인간의 본성과 행동을 관찰함으로써 도덕적 진리를 얻을 수 있다는 사실에 놀라서는 안 된다. 사람이 하나님의 형상으로 창조되었고, 또 비록 타락했지만 그 형상이 완전히 파괴되지는 않았으므로 희미하게나마 하나님의 선하심을 부분적으로 반영하는 것은 당연하기 때문이다.

---

7. 세계관 질문 7(역사): 역사는 원인과 결과로 연결된 사건들의 직선적 연속이지만, 전체적인 목적성은 없다.

첫째로, 이 명제에서 **역사**라는 단어는 자연의 역사와 인간의 역사를 모두 포함한다. 자연주의자는 둘의 연속성을 보기 때문이다. 인간 가족의 기원은 자연에 있다. 인간은 (단지 개인으로만이 아니라 하나의 종으로서) 자연에서 나왔으며 필시 자연으로 돌아갈 것이다.

자연의 역사는 우주의 기원과 함께 시작된다. 엄청나게 오랜 시간 전에 우주의 물질에서 어떤 과정—빅뱅이나 갑작스런 출현—이 발생하여, 현재 우리가 살고 있으며 지각하고 있는 우주를 형성하는 결과를 낳았다. 그러나 정확히 어떻게 그렇게 되었는지를 말하는 사람은 거의 없다. 컬럼비아 대학교에 있다가 유럽 남방 천문대 총책임자로 옮긴 천문학자 로드베이크 볼처(Lodewijk Woltjer)는 다른 사람들의 입장을 대변하여 말한다. "인간, 지구, 우주 등 존재의 기원은 신비에 감추어져 있어서 창세기 저자가 접근할 수 없었던 것처럼 우리도 접근할 수 없다."[38] 우주의 생성 과정을 설명하기 위한 수많은 이론이 나왔지만 학계가 참으로 공인한 이론은 아직 없다.[39] 그러나 자연주의자들의 공통 전제는 그 과정이 스스로 작동하여 일어난 일이며, 제1운동자—하나님 혹은 다른 존재—에 의해 시작되지 않았다는 것이다.

일반적으로는 어떻게 우주가 생겨났는지보다 어떻게 인간이 생겨났는지가 더 확실하다고 주장된다. 자연주의자들이 오랫동안 반신반의했던 진화론은 다윈에 의해 하나의 메커니즘으로 확립되었고 널리 받아들여졌다. 이 이론을 사실로 선언하지 않는 교과서는 거의 없는 실정이다. 하지만 모든 형태의 진화론이 엄격하게 자연주의적이라고 생각해서는 안 된다. 유신론자 가운데 상당수가 진화론자다. 실제로 진화는 이 책이 처음 출판되었을 때보다 요즘 들어 그리스도인이나 자연주의자 사이에서 훨씬 더 골치 아픈 문제가 되었다.[40]

---

38 Garraty and Gay, *Columbia History of the World*, p. 3.
39 호킹이 *A Brief History of Time*에서 소개한 내용은 우주의 기원에 관한 가장 흥미로운 논의 중 하나다.
40 자연주의 과학자 대부분이 진화론의 일부 형태를 받아들인다. 대니얼 데닛(Daniel C. Dennett)이 "진화론 내부에 격렬한 논쟁이 있지만" 그것들은 모두 가족 싸움에 불과하다고 한 것은 옳은 말이다. 다윈주의 사고는 "과학계의 어느 분야에서도 매우 확고하다." "인류는 진화의 산물"이라는 진술은 "논란의 여지가 없는 사실"이다(*Darwin's Dangerous Idea*, pp. 19,

481). 그러나 다윈주의나 신다윈주의를 인정하지 않는 자연주의자이자 과학자인 사람도 있다. 바로 *Evolution: A Theory in Crisis* (Bethesda, MD: Adler and Adler, 1985, 『진화론과 과학』, 한국창조과학회)와 *Evolution: Still a Theory in Crisis* (Seattle: Discovery Institute Press, 2016)를 쓴 마이클 덴턴(Michael Denton)이다. 그리스도인 중에도 많은 과학자와 신학자와, 특히 미국 과학 연맹(American Scientific Affiliation)과 연관된 이들은 진화론의 일부 형태를, 과학적으로도 가능하고 기독교 유신론과도 일치하는 것으로 받아들인다(*Journal of the American Scientific Affiliation*과 *Perspectives on Science and Christian Faith*(ASA가 이름을 바꾼 저널)에 실린 수많은 논문을 보라]. 다른 예로는, Charles Hummel, *The Galileo Connection* (Downers Grove, IL: InterVarsity Press, 1985), 『과학과 성경, 갈등인가 화해인가?』 (IVP); Howard J. Van Till, *The Fourth Day* (Grand Rapids, MI: Eerdmans, 1986); Howard J. Van Till, Davis A. Young and Clarence Menninga, *Science Held Hostage* (Downers Grove, IL: InterVarsity Press, 1988)를 보라. 최근에 출간된 세 권은 특히 그리스도인 학자들이 현재 진화에 관하여 다양하게 판단하고 있음을 파악하는 데 유용하다. Darrel R. Falk, *Coming to Peace with Science* (Downers Grove, IL: InterVarsity Press, 2004); Francis S. Collins, *The Language of God* (New York: Free Press, 2006), 『신의 언어』(김영사); Kenneth R. Miller, *Finding Darwin's God* (San Francisco: Harper Perennial, 2007).

방법론적 자연주의는 세속 과학자와 그리스도인 과학자를 막론하고 대다수 과학자 사이에서 여전히 우위를 점하는 전제지만 많은 과학자, 철학자, 문화 비평가에게 심각한 도전을 받아 왔다. 크리스토퍼 스튜어트(W. Christopher Stewart)는 "Religion and Science," in *Reason for the Hope Within*, ed. Michael J. Murray (Grand Rapids, MI: Eerdmans, 1999), pp. 318-344에서, 그리스도인 사이에서 벌어지는 갈등을 설명한다. 방법론적 자연주의에 반대하면서 '설계'나 '유신론적' 과학을 지지한 사람으로는 다음 목록을 보라. 생물학자 Michael Behe, *Darwin's Black Box: The Biochemical Challenge to Evolution* (New York: Free Press, 1996), 『다윈의 블랙박스』(풀빛); Charles B. Thaxton, Walter L. Bradley and Roger Olson, *The Mystery of Life's Origin* (New York: Philosophical Library, 1984); 수학자이자 철학자 William Dembski, *The Design Inference* (New York: Cambridge University Press, 1998); *Intelligent Design: The Bridge Between Science and Theology* (Downers Grove, IL: InterVarsity Press, 1999), 『지적 설계』(IVP); *Signs of Intelligence: Understanding Intelligent Design* (Grand Rapids, MI: Brazos, 2001, 『위대한 설계, 그 흔적들』(새물결플러스); *No Free Lunch* (Lanham, MD: Rowan and Littlefield, 2002); *Design Revolution: Answering the Toughest Questions About Intelligent Design* (Downers Grove, IL: InterVarsity Press, 2004); 법학 교수이자 문화 비평가 Phillip E. Johnson, *Darwin on Trial* (Downers Grove, IL: InterVarsity Press, 1993, 『심판대의 다윈』(까치); *Reason in the Balance: The Case Against Naturalism in Science, Law and Education* (Downers Grove, IL: InterVarsity Press, 1995, 『위기에 처한 이성』(IVP); *The Wedge of Truth* (Downers Grove, IL: InterVarsity Press, 2000, 『진리의 쐐기를 박다』(좋은씨앗); *The Right Questions* (Downers Grove, IL: InterVarsity Press, 2002); 화학자이자 과학사가 Charles B. Thaxton과 작가 Nancy Pearcey, *The Soul of Science* (Wheaton, IL: Crossway, 1994). '지적 설계' 운동의 기원, 발전, 비판을 역사적으로 다룬 두 권의 책이 있다. Thomas Woodward, *Doubts About Darwin* (Grand Rapids, MI: Baker, 2003); *Darwin Strikes Back* (Grand Rapids, MI: Baker, 2006). 진화론에 대한 기독교적 논증을 비판한 내용은 Del Ratzsch, *The Battle of Beginnings: Why Neither Side Is Winning the Creation-Evolution Debate* (Downers Grove, IL: InterVarsity Press, 1996); *Science and Its Limits*, 2nd ed. (Downers Grove, IL: InterVarsity Press, 2000); *Nature, Design, and Science* (Albany: State University of New York Press, 2001)에서 찾아볼 수 있다.

유신론자는 무한한 인격적 하나님이 자연의 과정 모두를 책임지고 있다고 생각한다. 만일 생물계가 진화했다면 그 과정은 하나님의 설계에 일치하여 그렇게 된 것이며, 하나님이 친히 의도하신 목표를 향해 전진한다는 의미에서 목적론적이다. 자연주의자에게 그 과정은 자율적이다. 이 사실을 잘 묘사한 조지 게일로드 심슨의 글은 약간 길게 인용할 가치가 있다.

> 유기적 진화의 기원과 작용은 전적으로 물질적 과정이다.…생명은 본성상 물질적이다. 그러나 생명은 자체의 고유한 특성을 가지고 있으며, 그 특성은 물질이나 기계적 부분이 아닌 생명의 조직체에 내재한다. 인간은 유기적 진화 과정의 결과로 생겼고 그 존재와 활동 역시 물질적이다. 그러나 인간이란 종(種)은 모든 형태의 물질과 활동에 대해 생명이 갖는 고유한 특징을 가지고 있을 뿐 아니라 그에 덧붙여 모든 형태의 생명 가운데서 인간 자체의 고유한 특징을 지니고 있다. 인간의 지적·사회적·영적 본성은 동물의 수준에 비해 예외적이나, 그 역시 유기적 진화의 산물이다.[41]

이 단락은 인간과 인간 이외 여타 우주와의 연속성 및 인간의 특별한 독특성 둘 다를 명백히 밝힌 점에서 큰 의의가 있다. 그러나 인간의 독특성,

---

여러 학자가 공동으로 집필한 에세이 모음 여섯 권도 이 주제를 집중적으로 다룬다. J. P. Moreland, ed. *The Creation Hypothesis: Scientific Evidence for an Intelligent Designer* (Downers Grove, IL: InterVarsity Press, 1994); Jon Buell and Virginia Hearn, eds., *Darwinism: Science or Philosophy?* (Richardson, TX: Foundation for Thought and Ethics, 1994); William A. Dembski, ed., *Mere Creation: Science, Faith and Intelligent Design* (Downers Grove, IL: InterVarsity Press, 1998); J. P. Moreland and John Mark Reynolds, *Three Views on Creation and Evolution* (Grand Rapids, MI: Zondervan, 1999). 『창조와 진화에 대한 세 가지 견해』(IVP); Michael Behe, William A. Dembski, and Stephen C. Meyer, *Science and Evidence for Design in the Universe* (San Francisco: Ignatius, 2000); Robert T. Pennock, ed., *Intelligent Design Creationism and Its Critics* (Cambridge, MA: MIT Press, 2001).

41 Simpson, *Meaning of Evolution*, p. 143. 심슨이 인간에게 영적 본성을 부여한 이유는 분명하지 않다. 하지만 인간에게는 닫힌 우주를 초월할 차원이 있다는 것이 심슨의 의미한 바라는 결론을 내려서는 안 된다.

자연의 최고 창조물로서의 지위 등이 우주 가운데 작용하는 어떤 목적론적 원칙에 의해 고안된 것이라는 결론을 내리지 못하도록 하기 위해 심슨은 "인간이 진화의 목표가 아님은 분명한 사실이다. 명백하게 진화에는 목표가 없다"라고 덧붙인다.[42]

어떤 점에서 진화론은 문제를 해결하지만 또 다른 문제를 야기한다. 진화론은 영원 전에 **무슨** 일이 일어났는지는 설명하지만 그 일이 **왜** 일어났는지는 설명하지 않기 때문이다. 자연주의자들은 계획자(Purposer)라는 개념을 용납하지 않는다. 오히려 자크 모노(Jacques Monod)의 말처럼, 인간은 순수한 우연의 게임인 "몬테 카를로 게임에 올라온 수(數)"에 지나지 않는다.[43] 신다윈주의 진화론자 가운데서도 큰 목소리를 내는 한 사람인 리처드 도킨스(Richard Dawkins)가 이 점을 확인해 준다. "자연 선택은 무목적적 시각의 눈먼 시계공인데, 앞을 내다보지 못하고 이후의 일들을 계획하지 않기에 눈이 멀었다고 표현한다."[44] 어떤 목적성도 처음부터 가능성에서 배제된다.[45]

어쨌든 자연주의자들은 인간의 출현과 함께 진화는 갑자기 새로운 국면에 접어들었다고 주장한다. 인간은 자기의식이 있는—아마도 우주에서 유일하게 자기의식이 있는—존재이기 때문이다.[46] 그뿐 아니라 인간은 얼

---

42 Simpson, *Meaning of Evolution*, p. 143.
43 Jacques Monod, *Chance and Necessity*, trans. Austryn Wainhouse (New York: Alfed A. Knopf, 1971), p. 146. 『우연과 필연』(궁리).
44 Richard Dawkins, *The Blind Watchmaker* (New York: W. W. Norton, 1986), p. 21. 『눈먼 시계공』(사이언스북스).
45 진화의 목적에 관한 기독교적 관점은 Christoph Cardinal Schönborn, *Chance or Purpose? Creation, Evolution and a Rational Faith*, trans. Henry Taylor (San Francisco: Ignatius Press, 2007)를 보라.
46 칼 세이건 같은 몇몇 자연주의자는 우주의 크기나 연령으로 볼 때 틀림없이 우주의 다른 곳에 다른 지적 존재가 진화해 존재하고 있다고 믿는다. 그러나 세이건도 이러한 견해를 뒷받침하는 뚜렷한 증거는 없음을 인정한다(Sagan, *Cosmos*, pp. 292, 307-315). 이는 1980년의 상황이었으며, 오늘날도 마찬가지다.

마든지 자유롭게 의식적으로 사고하고 결정하고 행동할 수 있다. 결국 엄밀하게 생물학적 차원에서 따져 본 진화는 여전히 무의식적이고 돌발적인 데 비해서 인간의 행동은 그렇지 않다. 인간의 행동은 단순히 '자연' 환경의 한 부분이 아니다. 인간의 행동은 인간의 역사다.

다시 말해, 인간이 출현할 때, 의미 있는 역사인 인간의 역사—자기의식과 자기 결정성이 있는 인간의 사건—가 시작된다. 그러나 고유한 목표가 없는 진화와 마찬가지로 역사에도 고유한 목표가 없다. 역사는 인간이 만드는 대로 형성된다. 사람들이 어떤 사건을 선택하고 회상하는 등 의미를 부여할 때만 인간의 사건들은 그렇게 부여된 만큼의 의미를 갖게 된다.

유신론과 마찬가지로(동양 범신론의 순환론과는 달리) 역사는 직선적이지만 미리 정해진 목표는 없다. 역사는 신인(the God-man)이신 그리스도의 재림에서 절정을 이루는 게 아니라 단지 의식적 인간이 존재할 때까지만 '지속될' 뿐이다. 인류가 소멸하면 인간의 역사는 사라지고 자연의 역사만 계속될 것이다.

---

8. 세계관 질문 8(핵심 헌신): 자연주의라는 개념 자체는 어떤 자연주의자가 특정한 핵심 헌신을 한다는 의미를 담고 있지 않다. 핵심 헌신은 개인들이 무의식적으로 취하거나 택할 뿐이다.

각 개인은 자기가 원하는 대로 목표를 설정할 수도 있고 헌신할 수도 있다. 자연주의자는 대부분 특정한 문화 공동체 안에서 중요한 부분을 차지하고 있으며, 그들 개인의 삶을 그 공동체의 규범 안에서 영위하려고 한다. 그러나 자연주의 세계관의 요구에 따라 그러는 것은 결코 아니다. 어떤 사람들이 그 사회에서 말하는 선한 삶의 규범을 거스른다고 해서 그

들이 사회 규범을 어겼다며 합리적으로 비판할 수는 없다. 자연주의는 다른 사람을 위한 삶을 합리적으로 정당화하지는 않지만, 자연주의자들은 여전히 종종 그들의 공동체를 섬기는 삶을 택하기도 하고 순전히 세속적인 인간의 번영을 꾀하기도 한다. 물론 자연주의자들이 하나님이나 신들을 기쁘게 하려는 삶을 택하지는 않을 것이다.

실제의 자연주의: 세속적 인문주의

자연주의의 두 가지 형태는 특별히 주목할 만하다. 먼저 **세속적 인문주의**라는 용어는 신봉자들과 비평가들에 의해 한결같이 사용되거나 거부당한다. 용어들의 의미를 명확히 알아보자.

첫째, 세속적 인문주의는 인문주의의 가장 일반적인 형태지만 유일한 형태는 아니다. 인문주의는 인간이 특별한 가치를 지닌 존재이며 인간의 열망, 사고, 갈망은 중요하다는 태도 전반을 말한다. 인문주의에서는 개별 사람이 지닌 가치를 강조한다.

르네상스 이후 다양한 신념을 가진 지식인들이 자타에 의해 인문주의자로 불렸다. 그중 많은 사람이 그리스도인이었다. 장 칼뱅(1509-1564), 데시데리우스 에라스무스(Desiderius Erasmus, 1456?-1536), 에드먼드 스펜서(Edmund Spenser, 1552?-1599), 윌리엄 셰익스피어(1564-1616), 존 밀턴(1608-1674)은 모두 기독교 유신론 세계관 안에서 글을 쓴 인문주의자—오늘날 종종 기독교 인문주의자로 불린다—였다. 그들이 각 사람 안에 있는, 하나님의 형상으로 말미암은 인간의 존엄성을 강조했기 때문이다. 오늘날 **인문주의**라는 말을 순전히 세속적인 형태와 구별하려는 여러 사려 깊은 그리스도인은, 인간의 가치에 대한 그리스도인들의 확신을 명백하게 나타내는 "기독교 인문주의자 선언"(Christian humanist manifesto, 1982)에 동

> 현대의 세속화가 도래한 것은…역사상 최초로, 순전히 자충족적 인문주의가 많은 사람에게 가능한 선택이 된 것과 시기를 같이한다. 이는 인간의 번영을 넘어서는 다른 궁극적 목표를 받아들이지 않고 그 번영을 넘어서는 다른 어떤 것에도 충성하지 않는 인문주의를 의미한다. 이전에는 이러한 식으로 생각한 사회가 없었다.…세속의 시대에는 인간 번영 이외의 다른 목표가 모두 사라진 것이 현저하게 보인다. 달리 표현하면, 대중들이 생각하는 삶의 영역 안에서 그렇게 나타나는 시대다.
>
> 찰스 테일러(Charles Taylor), 『세속의 시대』(*A Secular Age*)

의한다.[47]

세속적 인문주의의 신조는 "인문주의자 선언 II"에 잘 나타나 있다.[48] 세속적 인문주의는 자연주의 세계관 안에서 완전히 뼈대를 갖춘 인문주의의 한 형태다. '세속적 인문주의자'라는 꼬리표를 편안하게 받아들이는 사람들은 앞 단락에서 이야기한 여섯 가지 전제가 그들의 관점을 표현하고 있음을 발견할 것이다. 다시 말해, 비록 모든 인문주의자가 세속적 인문주의자는 아니지만 세속적 인문주의자는 자연주의자다.

---

47 Christian Humanist Manifesto는 *Eternity*, January 1982, pp. 16-18에 발표되었다. 그에 동의하여 서명한 사람은 도널드 블러쉬(Donald Bloesch), 조지 브러셰이버(George Brushaber), 리처드 부브, 아서 홈즈, 브루스 로커비(Bruce Lockerbie), J. I. 패커(Packer), 버나드 램(Bernard Ramm), 그리고 나다. 노먼 클라센(Norman Klassen)과 옌스 치머만(Jens Zimmerman)은 자신들이 "성육신적 인문주의"라 부르는 기독교 인문주의의 한 형태를 기독교 교육, 특히 대학교 수준 교육의 근거로 널리 전파한다. 그들이 쓴 *The Passionate Intellect* (Grand Rapids, MI: Baker Academic, 2006)를 보라.

48 *Humanist Manifestos I and II*. 세속적 인문주의에 대한 더 간략한 글은 *Free Inquiry*, Summer 1987 뒷표지에 실린 "The Affirmations of Humanism: A Statement of Principles and Values"를 보라.

실천하는 자연주의: 마르크스주의

19세기 후반 이후로 역사적으로 가장 중요한 형태의 자연주의 가운데 하나는 마르크스주의였다.[49] 마르크스주의의 운은 시간이 흐르면서 성쇠를 반복했으며, 동유럽과 구소련의 공산주의가 붕괴하고서 '공식적인' 마르크스주의 국가는 몇 남지 않았다. 그럼에도 20세기의 좋은 시절 지구의 상당 분야는 철학자 카를 마르크스(Karl Marx, 1818-1883)에게서 나온 사상들이 지배했다. 현재 이데올로기로서의 공산주의는 쇠퇴했지만, 마르크스의 여러 사상은 아직도 서양의 과학자와 지식인 사이에서 영향력을 행사하고 있다. 심지어 동유럽에서는 이전의 공산주의자들이 다소 기세가 꺾인 채 민주주의에 대한 헌신을 공언하며 정치적 복귀를 감행하는 듯하다.

매우 다양한 유형의 '마르크스주의자'가 있기 때문에 마르크스주의를 간단히 정의하거나 분석하기는 어렵다.[50] 각기 다른 마르크스주의 이론 사이에는 큰 차이점이 있는데, 인문주의적이며 어떤 형태의 민주주의에 투신한 사상가에서, 마르크스주의를 전체주의로 규정하는 강경한 '스탈린주의자'까지 그 범위가 다양하다. 아울러 온갖 종류의 마르크스주의 **이론**과 구소련을 비롯한 여러 지역에서 실행된 마르크스주의의 **실천**에도 큰 차이가 있다. 이론상으로 마르크스주의는 노동 계급의 이익을 추구하

---

49 마르크스주의를 다룬 이 부분은 베일러 대학교의 철학과 인문학 교수 C. 스티븐 에반스가 집필했다.
50 마르크스주의의 다양한 측면에 관한 가장 훌륭한 입문서 중 하나가 Richard Schmitt, *Introduction to Marx and Engels: Critical Reconstruction* (Boulder, CO: Westview Press, 1987)이다. 기독교의 관점에서 접근한 좋은 입문서는 David Lyon, *Karl Marx: A Christian Assessment of His Life and Thought* (Downers Grove, IL: InterVarsity, 1979)다. 『마르크스의 생애와 사상 평가』(기독교문서선교회). 물론 마르크스를 이해하는 데 마르크스 자신의 저작과 그의 가까운 친구이자 협력자인 프리드리히 엥겔스(Friedrich Engels)의 저작을 대신할 만한 것은 없다. 가장 중요한 저술 가운데 많은 내용이 Richard Tucker, ed., *The Marx-Engels Reader*, 2nd ed. (New York: W. W. Norton, 1978)에 수록되어 있다.

고 그들이 삶에 대한 경제적 통제력을 얻을 수 있도록 돕는다. 그러나 실제로는 공산주의의 관료적 경직성이 경기 침체와 더불어 개인 자유의 상실로 이어졌다.

('과학적 사회주의'라는 이름에서 알 수 있듯이) 마르크스주의가 일반적으로 **과학적** 이론으로 주장되어 왔음에도, 이런 주장은 대개 받아들여지지 않았다. 물론 인문주의자 대다수가 마르크스주의자가 아니긴 해도, 마르크스주의는 인문주의의 한 형태로 보는 것이 유용하다. 마르크스주의적 인문주의가 그 자체의 독특성을 지니더라도, 마르크스주의와 세속적 인문주의는 자연주의의 형태로서 많은 전제를 공유한다.

마르크스주의의 모든 형태는 당연히 카를 마르크스의 저작에서 그 기원을 찾을 수 있다. 마르크스의 '진정한 후계자'가 누구냐는 질문을 두고 격렬한 논쟁이 벌어지는데, 인도주의적 마르크스주의자일수록 마르크스의 저작에 드러난 중요한 주제들을 지적할 수 있다. 초기에 쓴 글 중 한 곳에서 그는 분명하게 "인간은 인간을 위한 최고의 존재"라고 말한다.[51] 이 인도주의적 논지로부터 마르크스는 "인간이 비하되고 노예화되며 유기되고 멸시받는 존재가 되는 모든 상황을 전복하라"는 혁명 명령을 도출한다.[52]

마르크스는 19세기의 중요한 두 철학자와의 만남을 통하여 자신의 인도주의에 도달했다. 바로 게오르크 빌헬름 프리드리히 헤겔(Georg Wilhelm Friedrich Hegel, 1770-1830)과 루트비히 포이어바흐(Ludwig Feuerbach, 1804-1872)다. 헤겔의 철학은 신 혹은 '절대정신'(absolute spirit)은 세계와 구분되지 않으며 현실 세계에서 점진적으로 자신을 실현해 가는 실재라고 가르치는 관념론의 한 형태다. 헤겔은 이 과정이 자연 속에서 **변증법적**으

---

51 Karl Marx, "Contribution to the Critique of *Hegel's Philosophy of Right*: Introduction," in Tucker, *Marx-Engels Reader*, p. 60.
52 Karl Marx, "Contribution to the Critique of *Hegel's Philosophy of Right*," p. 60.

로 이루어진다고 말한다. 즉, 정신의 각 실현체는 그 적대자 혹은 '반'(反, negation)을 야기하고 이 양자가 갈등하는 가운데 그 실현 과정이 진행된다. 갈등으로부터 정신의 더 상위 표현이 출현하고 이것이 다시 그 자신의 반(反)을 야기하는 그런 과정이 계속된다. 헤겔은 정신이 표현되는 최상위의 수단을 인간 사회, 특히 19세기 서양 유럽의 자본주의 국가에서 꽃피고 있던 근대 사회라고 생각했다.

포이어바흐는, 인간은 '그가 먹는 것'(what he eats)이며 종교는 인간의 발명품이라고 주장한 유물론자다. 포이어바흐에 따르면 신은 인간 잠재성의 반영, 우리의 실현되지 않은 이상들의 표현이다. 종교는 그 기능상 해로운데, 인간은 신을 발명하자마자 신을 발명하도록 만든 한계들을 극복하기 위해 애쓰기보다는 스스로의 상상으로 만든 것을 기쁘게 하는 데 관심을 쏟아붓기 때문이다. 포이어바흐는 자신의 종교 비판을 헤겔의 철학적 관념론에까지 확장하여 헤겔의 '정신' 개념을 또 다른 인간 투사(projection), 기독교의 하나님을 조금 세속화한 형태로 본다.

마르크스는 포이어바흐의 종교 비판을 전적으로 받아들였고, 무신론은 오늘날 대부분의 마르크스주의 형태의 한 부분으로 남아 있다. 하지만 그는 포이어바흐의 헤겔 비판이 옳다면 헤겔의 철학은 여전히 진리를 담고 있는 것이라는 사실에 놀랐다. 만약 헤겔의 정신 개념이 단지 인간 실재를 잘못 투사한 것이라면 헤겔이 묘사한 변증법적 과정은 진짜일 수 있다. 마치 촬영된 실재의 정확한 그림이 필름에 투사되는 것과 마찬가지다. 단지 '헤겔을 그대로 뒤집어' 정신의 관념적 대화를 현실 인간의 물질적 대화로 해석하면 된다. 즉, 일단 우리가 헤겔의 투사 혹은 '필름'을 이해하면 우리는 헤겔의 관점을 참으로 만드는 방식으로 해석할 수 있다. 역사는 경쟁자들이 자신의 적대자를 만들어 내는 갈등을 통해서 진행**되어 왔고**, 이 역사적 갈등의 연속은 어딘가로 '가고 있다.' 역사의 목표는 완벽한 혹은 이상적 인간 사회다. 그러나 그런 사회를 '정신'이라고 부르는 것은 오도하고 혼란을 일으키는 일이다.

마르크스는 실제로 자신을 '유물론자'라고 불렀고, 어떤 의미에서 그는 분명 유물론자다. 이런 사실에도 불구하고 마르크스는 '물질'에 대해 거의 말하지 않았다. 마르크스의 유물론은 **역사적**이고 **변증법적**이다. 이 유물론은 주로 인간 역사에 대한 교리이며, 역사를 변증법적 투쟁의 연속으로 본다. 경제적 요소는 역사의 기본적 결정 인자다. 인간은 물질이기 때문에, 인간의 삶은 물질적 요구를 만족시키기 위해 일해야 할 필요라는 관점에서 이해되어야 한다.

마르크스는 인간 역사가 가족 같은 부족에서 조직된 비교적 작은 인간 공동체에서 시작되었다고 생각했다. 사적 소유라는 것은 모르며, 일종의 원시적 혹은 자연적 공산주의가 성립되고 개인은 공동체 전체와 동일시된다. 이 공동체는 빈곤하여 구성원들이 번영하게 할 수 없긴 했지만 말이다. 사회에서 기술이 발전함에 따라, 점차 노동 분화가 일어난다. 사회의 어떤 사람들은 사회가 의존하는 도구나 자원을 통제한다. 이로써 그들은 다른 사람들을 착취하는 힘을 갖는다. 그렇게 노동 분화와 그에 따른 생산 수단의 통제가 사회 계급을 탄생시킨다.

마르크스에게 사회 계급은, 헤겔이 영적 실재라고 불렀던 변증법적 적대자들이다. 역사는 마르크스가 보기에 계급 투쟁의 역사다. 원시 사회가 사라진 이후 사회는 항상 생산 수단을 통제하는 계급에 의해 지배되어 왔다. 사회에서 필요로 하는 물적 재화가 생산되는 과정이 그 사회를 이해하는 열쇠다. 마르크스주의자들은 이 과정을 사회의 '토대'(base, 하부구조)라고 불렀다. 봉건적 농업 혹은 산업 자본주의와 같이 물적 재화를 생산하는 특별한 체제가 특별한 계급 구조를 만든다. 그리고 마르크스가 사회의 '상부 구조'라고 부른 예술, 종교, 철학, 도덕성, 가장 중요한 것으로는 정치 제도가 그 계급 구조에 의존한다.

하나의 생산 체제가 '변증법적으로' 새로운 체제를 낳을 때 사회의 변화가 일어난다. 새로운 경제적 토대가 옛 상부 구조의 자궁 안에서 탄생한다. 물론 옛 질서를 지배하던 사회 계급은 국가에 의존하여 가능한 한 오랫동안 기득권을 유지하려 애쓴다. 그러나 끝내 새로운 경제 체제와 신흥 계급이 너무 강해진다. 그 결과 옛 상부 구조가 철거되고 토대가 되는 경제 질서를 더 잘 반영하는 새로운 질서가 세워지는 혁명이 일어난다.

마르크스에 따르면 자본주의의 역사는 이런 진리를 명백히 보여 준다. 중세 봉건 사회는 변증법적으로 정반대인 근대 산업 사회를 탄생시켰다. 오랫동안 봉건 귀족 계급은 권력을 유지하려고 노력했지만, 마르크스는 프랑스 혁명에서 자본주의 사회의 생산 수단을 통제하는 새로운 중산층의 승리를 보았다. 하지만 자본주의를 탄생시킨 동일한 변증법적 힘이 자본주의를 파괴할 것이다. 자본주의는 착취를 위해 수많은 무산 노동자, 즉 프롤레타리아트를 필요로 한다. 마르크스가 보았듯, 자본주의의 경제적 역학은 필연적으로 프롤레타리아트가 점점 더 많아지고 점점 더 착취당하는 사회로 이어진다. 자본주의 사회는 점점 더 생산적으로 되지만 부(富)는 점점 더 좁게 분배된다. 결국 부의 집중은 구매될 수 있는 양보다 더 많이 생산되는 사회로 이어지고, 과잉 생산은 실업과 더 많은 고통을 가져온다. 마침내 프롤레타리아트는 혁명을 일으킬 수밖에 없다.

마르크스는 프롤레타리아트의 혁명이 이전의 어느 혁명과도 다르리라고 생각했다. 과거에는 한 사회 계급이 경쟁하는 억압 계급을 전복하고 새로운 억압자가 되었다. 하지만 프롤레타리아트는 소수가 아닌 다수가 될 것이다. 옛 질서 속에서 어떠한 기득권도 없으므로, 계급 억압이라는 전체 체제를 없애는 것이 그들 자신에게 가장 큰 이익이 될 것이다. 근대 기술에 의해 창출된 물질적 풍부함이 인류 역사상 최초로 이것을 가능하게 한다. 그러한 풍부함이 없다면 필연적으로 투쟁, 경쟁, 억압이 새로운 형태로 나타날 수밖에 없기 때문이다.

새롭게 등장할 계급 없는 사회는 마르크스주의자들이 부르는 '새로운 사회주의적 개인'을 가능하게 할 것이다. 사람들은 전보다 덜 개인주의적이고 덜 경쟁적일 것이며, 다른 사람의 이익을 위해 일하는 가운데 성취를 찾으려 할 것이다. 이전 모든 사회에 존재했던 '소외'는 극복되고, 새롭고 더 높은 형태의 인간 생활이 등장할 것이다. 이러한 비전은 여러 면에서 하나님 나라의 도래에 대한 기독교의 비전과 유사하다. 따라서 어떤 사람들이 마르크스주의를 기독교 이단으로 규정하는 이유를 쉽게 찾을 수 있다.

마르크스의 비전이 그렇게 많은 사람에게 그토록 오랫동안 인기를 끈 이유는 누구든 쉽게 알아차릴 수 있다. 마르크스는 인간에게 진정한 공동체 및 노동에서의 성취가 필요하다는 점을 깊이 이해했다. 그는 단지 가난의 문제뿐 아니라 인간이 한낱 거대한 기계의 톱니바퀴로 취급될 때 일어나는 존엄성 상실에도 민감했다. 그는 사람들이 자신의 일에서 창조적으로 자기 자신을 표현하고 일을 통해서 자신뿐 아니라 다른 사람들을 도울 수 있는 기회를 발견할 수 있는 사회를 갈망했다.

어느 시점에 조건이 변하더라도 마르크스에 대한 관심이 다시 불붙지 않으리라는 것이 분명하지는 않다. 예를 들어, 일부 이론가들은 미국의 경제 엘리트와 경제적으로 침체에 빠진 대다수의 사람 사이에 간극이 커지고 있다며, 또한 이렇게 점증하는 불평등이 다시 한번 마르크스의 이론을 적절한 것으로 만들지도 모른다며 우려한다.

그러나 마르크스가 설득력 있게 대답하지 못하는 난제들도 있다. 그중 가장 중요한 일군의 질문은 공산주의 하에서의 삶의 현실을 다룬다. 그처럼 인도주의적 해방에 전념하는 이론이 어떻게 스탈린주의의 비인간화와 억압을 낳을 수 있었는가? 그에 대한 답변의 일부는 블레디미르 레닌(Vladimir Lenin)이 마르크스주의에 도입한 변화에서 찾을 수 있다. 마르크스는 영국이나 미국처럼 경제적으로 가장 선진화된 사회에서 사회주의가 발전하리라고 예상했지만, 러시아 같은 후진국에서 진정한 사회주의가 가능하리라고는 생각하지 못했다. 레닌은 사회가 단일 공산당에 의해 철저하게 통제되면 경제적 후진성을 보완하리라고 믿었다. 그래서 '민주주의적 사회주의'에 헌신한 수많은 서양 마르크스주의자는, 레닌 스타일의 공산주의는 마르크스주의의 이단적 형태이며 마르크스 본인의 사상은 공정한 기회를 부여받은 적이 없다고 주장했다.

그럼에도, 공산주의하에서의 삶의 현실과 굴라크[Gulag: 구소련의 교정(矯正) 노동수용소 관리 본부—편집자]의 공포를 무시하더라도 마르크스의 사상에는 취약한 부분이 많다. 그중 중요한 한 가지로 인간의 역사가 이상 사회로 향한다는 그의 신뢰를 검토해 보자. 섭리에 대한 어떠한 종교적 믿음도 받아들이지 않고, 보이지 않는 역사로서의 절대정신에 대한 헤겔의 믿음도 저버린 마르크스에게는 그러한 기대를 가질 만한 실질적 기반이 없다. 그는 역사에 대한 실증 연구, 특히 경제적 힘에 관한 분석에 희망을 두었다. 그러나 마르크스의 여러 예언, 예를 들면 발달한 자본주의 국가의 노동자들이 점점 더 빈곤해지리라는 주장은 크게 빗나갔다. 어떤 사회과학자—마르크스주의자건 아니건—가 미래를 정확하게 예측할 수 있겠는가?

마르크스의 두 번째 문제는 미래 사회를 위해 일하는 동기—특히 이 사회가 필연적이라는 것을 인식하고 있을 때—와 관련된다. 왜 더 나은 사회를 위해 일해야 하며 사회적 착취를 없애기 위해 노력해야 하는가? 마르크스는 어떠한 도덕적 가치도 그러한 동기의 근거로 삼기를 거부하였다. 자연주의자로서 그는 도덕성을 그저 인간 문화의 산물로 보았다. 문화를 비판적으로 평가할 근거로 사용할 수 있는 초월적 가치는 존재하지 않는다. 그러나 마르크스는 종종 자본주의의 전횡에 대한 도덕적 분개로 가득 차 있는 것 같다. '정의'나 '공정성' 같은 도덕적 정의가 단지 이데올로기적 발상에 불과하다면 마르크스가 자본주의를 비난하는 근거는 무엇인가?

끝으로 마르크스의 두 가지 심각한 문제는 인간 본성에 대한 그의 전망과 인간의 근본 문제에 대한 그의 분석에 있다. 마르크스는 인간을 근본적으로 스스로를 창조하는 존재로 본다. 우리는 일을 통해 스스로를 창조한다. 우리의 일이나 삶의 활동이 소외되면 우리도 소외되고, 우리의 일이 진정으로 인간적이 되면 우리 또한 인간적이 된다. 탐욕, 경쟁, 시기는 모두 사회적 분열과 빈곤 때문에 생기는데, 이상 사회에서는 이러한 악이 제거될 것이다.

문제는 인간 본성에 대한 마르크스의 관점과 인간의 문제에 대한 분석이 충분한 심도를 갖고 있느냐는 것이다. 이기심과 탐욕을 그저 희소성과 계급 분열의 산물일 뿐이라고 생각하는 것이 정말 이치에 맞는가? 제대로 된 환경만 주어진다면 인간이 근본적으로 선해질 수 있는가? 자본주의 사회건 사회주의를 공언한 사회건 역사가 말해 주는 교훈은, 인간은 자신의 이익을 위해 어떠한 체제라도 조작하는 방법을 기발하게 찾아낸다는 것이다. 아마도 인간 본성의 문제는 마르크스가 생각했던 것보다 더 깊은 곳에 있을 것이다. 이는 그의 인간관에 대한 문제를 드러낼 수 있다. 우리는 순전히 물질적 존재인가?

인간 사회를 형성하는 데 노동과 경제적 요인을 매우 중요한 것으로 강조한 면에서 마르크스는 분명 옳지만, 인간의 삶에는 경제 이상의 것이 있다. 경제적으로 발전한 대부분의 나라에서 많은 젊은이가 삶의 의미와 목적을 찾기 위해 발버둥치고 있다. 자연주의의 다른 형태들과 마찬가지로 마르크스주의도 인간에게 그 의미와 목적을 주는 데 어려움을 겪는다.

자연주의의 지속성

자연주의는 지속력이 매우 강하다. 18세기에 태어난 자연주의는 19세기에 성년이 되었고 20세기에 성숙해졌다. 시대의 징후가 나타나면서 포스트모던의 나팔수들은 계몽주의 이성의 죽음을 알리는 신호를 보내고 있지만 자연주의는 여전히 매우 활발하다. 자연주의는 대학, 대학교, 고등학교를 지배하고 있다. 대부분의 과학적 연구에 틀을 제공한다. 자연주의는 인문학이 인간의 가치를 위해 계속해서 투쟁하는 배경이 되며, 그래서 작가, 시인, 화가, 예술가 중 많은 사람은 자연주의가 함의하는 바에 몸서리를 친다.[53] 자연주의는 포스트모던 전위 예술의 거대한 악역으로 비쳐진다. 그럼에도 아직까지 어떤 세계관도 자연주의를 무너뜨리지 못했다. 그러나 20세기는 몇 가지 강력한 대안을 제공했다고 말해야 공정할 것이다. 기독교 유신론이 사회의 모든 분야에서 다시 부흥하고 있으며, 이슬람 유신론은 무대 밖에서 도전장을 던지고 있다.

왜 자연주의 세계관이 이처럼 지속될 수 있는가? 근본적인 면에서 두 가지로 답할 수 있다. 첫째로, 자연주의는 정직하고 객관적이라는 인상을 준다. 자연주의는 사실과 과학적 탐구와 학문의 확실한 결과에 근거한 것만을 받아들이도록 요구한다. 둘째로, 자연주의는 많은 사람에게 일관성이 있는 것처럼 보인다. 사람들은, 자연주의의 전제들이 함의하는 바가 대체로 이해되고 수용 가능하다고 생각한다. 자연주의는 신도, 영혼도, 사후의 삶도 가정하지 않는다. 자연주의에서는 인간을 가치의 창조자로 본

---

53 자연주의에 대한 기독교의 중요한 비판을 존슨의 *Reason in the Balance*에서 볼 수 있다.

다. 자연주의는 인간이 어떤 계획 덕분에 우주의 중심이 되었다는 주장은 불허하지만, 인간이 스스로를 우주의 중심에 놓고 자신의 힘으로 자신을 위해 가치 있는 어떤 것을 만든다는 주장은 허용한다. 심슨이 말하듯, "인간이야말로 최고의 동물이다. 인간에게만 그러한 판단력이 있다는 사실 자체가 인간의 판단이 옳다는 부분적 증거다."[54] 그렇다면 가능한 한 자신의 진화를 조절하거나 바꾸면서까지도 자연에서 인간이 차지하는 특별한 지위의 의미를 창출하는 것은 우리에게 달려 있다.[55]

이 모든 주장은 매력적이다. 만일 자연주의가 정말로 묘사된 바와 같다면, 어쩌면 단지 매력적이거나 지속적인 것일 뿐 아니라 참이라고 불러야 할 것이다. 그렇다면, 우리는 자연주의의 덕목을 높이 기리고 이 책의 자연주의 논증을 우리 시대를 위한 전도 책자로 재편집해야 할 것이다.

그러나 20세기가 채 시작되기도 전에 자연주의라는 건물에는 금이 가기 시작했다. 유신론적 비판자들은 항상 그 허점을 지적했다. 유신론자들은 무한하시며 인격적인 하나님이 우주의 배후에서 활동하신다는 확신을 포기할 수 없었다. 이들의 비판은 계몽이 덜 된, 마치 해도에 나타나지 않는 새로운 진리의 바다에서 항해하기를 꺼리는 것과 같은 보수적 항변으로 치부될 수 있다. 그러나 이보다 더 많은 비판이 일어났다. 다음 장과 포스트모더니즘을 다루는 9장에서 더욱 상세히 살펴보겠지만, 자연주의자 진영 내부에서도 불만의 소리가 흘러나왔다. 자연주의의 기반을 이루

---

54 Simpson, *Meaning of Evolution*, p. 139.
55 Simpson, *Meaning of Evolution*, pp. 166-181. 다윈과 T. H. 헉슬리(Huxley) 초기부터 자연주의자들은 인간 진화에 커다란 소망을 걸었다. 현대의 낙관론자들은 다음과 같다. Arthur C. Clarke, *Profiles of the Future* (New York: Bantam, 1964), pp. 212-227; Peter Medawar, "On Effecting All Things Possible," *The Listener*, October 2, 1969, pp. 437-442; Glenn Seaborg, "The Role of Science and Technology," Washington University Magazine, Spring 1972, pp. 31-35; Julian Huxley, "Transhumanism," in *Knowledge, Morality and Destiny* (New York: Mentor, 1960), pp. 13-17.

는 사실―외부 우주의 본성, 원인과 결과의 닫힌 연속성―은 문제가 되지 않았다. 문제는 일관성이었다. 자연주의는 우리가 우리 자신을 가치 있게 여길 만한 적절한 이유를 제시했는가? 아마도 인간은 독특할 것이다. 그러나 고릴라도 독특하다. 자연의 모든 범주도 마찬가지다. 가치 문제가 첫 번째 골칫거리였다. 우연에 의해 던져진 존재가 가치 있는 존재일 수 있는가?

둘째로, 그처럼 '불분명한' 기원을 가진 존재가 자신의 지적 능력을 신뢰할 수 있는가? 개인적으로 말해 보자. 만일 나의 정신이 뇌와 경계를 접하고 있다면, '내가' 단지 생각하는 기계에 불과하다면 어떻게 내 생각을 신뢰할 수 있는가? 의식이 물질의 부대 현상이라면, 도덕성의 기초를 이루는 인간의 자유가 나타난 것도 우연 혹은 불변의 법칙의 부대 현상일 것이다. 어쩌면 우연이나 사물의 본성이 내게 자유롭다는 '느낌'을 새겨 넣은 것일 뿐 실제로는 자유롭지 않은 것일 수 있다.

이러한 질문들 및 이와 유사한 질문들은 자연주의 세계관 밖에서 제기되지 않았다. 자연주의에 내재해 있었다. 이러한 질문들로 인하여 어떤 사람들의 마음에 야기된 두려움은 허무주의로 이어졌다. 허무주의도 세계관이라 부르고 싶지만, 실상 허무주의는 모든 세계관을 부정하는 것이다.

성찰과 토론을 위한 질문

1. 저자는 "정말로 행동이 지적 발달을 부채질한다"고 말한다. 이에 대한 근거를 이 책이나 다른 데서 본 적이 있는가?
2. 자연주의 세계관은 지난 몇 세기 동안 과학의 발전과 함께 어떻게 진화해 왔는가?
3. 자연주의자들이 윤리 체계의 근거를 마련할 방법은 무엇인가? 이 체계

의 강점과 약점은 무엇인가?
4. 마르크스 이후에 다양한 사회에서 마르크스주의의 형태들이 그토록 영향력을 발휘한 이유가 무엇이라고 생각하는가? 이번 장에서 마르크스주의를 비판한 내용에 동의하는가?
5. "자연주의가 그렇게 지속적인 이유는 무엇인가?"라는 질문에 어떻게 답하겠는가?

5장

영점(零點): 허무주의

내가 만일 이 남루한 외투를 벗어 버리고
저 광대한 하늘 속으로 자유로이 간다면,
내가 만일 거기서
메아리도 없고 아무것도 모르는
오로지 망망한 푸르름만 발견한다면
어떻게 될까?
스티븐 크레인, 『흑기사』

허무주의는 철학이라기보다는 감정에 가깝고, 세계관이라기보다는 우주 앞에서 홀로 서 있는 자세에 가깝다. 엄밀히 말하면 허무주의는 어떤 철학이나 세계관에 대한 부정—지식의 가능성에 대한 부정이며, 어떠한 것이 가치 있다는 사실에 대한 부정—이다. 만일 허무주의가 모든 것에 대한 절대적 부정에 이른다면 존재의 실재 자체마저도 부정할 것이다. 다시 말해, 허무주의는 모든 것—지식, 윤리, 아름다움, 실재 등—에 대한 부정이다. 허무주의에서는 어떠한 진술도 타당성을 갖지 못한다. 어떤 것도 의미를 갖지 않는다. 모든 것은 우연이며 불필요하다. 즉, 그냥 거기 있는 것이다.

허무주의와 관계된 절망, 불안, 권태의 감정을 느껴 보지 않은 사람은 그것이 진지하게 유지되는 마음의 성향이라는 사실이 쉽게 이해되지 않을 것이다. 그러나 허무주의는 진지하게 유지되고 있으며, 20세기와 21세기를 이해하기 원한다면 허무주의의 어떤 면을 인간 실존에 대한 입장으로서 간접적으로나마 경험해 보는 것이 좋다.

현대의 화랑들은 허무주의의 산물로 가득 차 있다. 만일 누가 무(존재하면서도 자기 존재의 궁극적 의미를 부정하는 예술가)에서 나온 어떤 것(예술품)에 관해 이야기할 수 있다면 말이다. 뒤에서 살펴보겠지만, 궁극적인 허무주의 예술이란 존재하지 않는다. 어떤 예술이 허무주의의 여러 특징을 구현하려고 노력할 뿐이다. 마르셀 뒤샹(Marcel Duchamp)이 일반 시장에서 구입한 평범한 소변기에 가공의 이름을 새긴 후 "샘"(Fountain)이라는 작품명을 붙인 것이 시작이다. 사뮈엘 베케트의 연극, 특히 〈게임의 종말〉(End Game)이나 〈고도를 기다리며〉(Waiting for Godot) 등은 드라마에서 대표적인 예다. 하지만 베케트의 허무주의 예술의 극치는 아마도, 어떤 배우도 등장하지 않는 35초짜리 연극인 〈숨소리〉(Breath)일 것이다. 소품은 무대에 쌓아 놓은 쓰레기 더미로 구성되어 있으며, 거기에 조명을 희미하게 비추기 시작해 점점 밝아지다가(그러나 완전히 환해지지는 않는다) 점차 어두워진다. 대사는 없으며, 단지 '녹음된' 비명에 따라 막이 오르면 숨을 들이쉬는 소리와 내쉬는 소리가 들리고 다시 동일한 '녹음된' 비명과 함께 막이 내린다. 베케트에게 삶이란 그런 '숨소리'다.

더글러스 애덤스(Douglas Adams)의 우주 공상 과학 소설에서는 인간의 의미에 대한 해답을 컴퓨터 과학에서 찾으려는 사람들의 상황을 묘사한다. 『은하수를 여행하는 히치하이커를 위한 안내서』(The Hitchhiker's Guide to the Galaxy), 『우주의 끝에 있는 레스토랑』(The Restaurant at the End of the Universe), 『삶, 우주 그리고 모든 것』(Life, the Universe and Everything), 『안녕히, 그리고 물고기는 고마웠어요』(So Long and Thanks for All the Fish, 이상 책세상)에서 애덤스는 우주의 내력을 시간 여행자 네 명의 관점에서 이야기한다. 이들 시간 여행자는 빅뱅으로 인한 창조에서 최후의 멸망에 이르기까지 우주의 시공간을 히치하이킹하며 누빈다.[1] 이 역사의 전개 과정에서 고도로 지적이고 범차원적인 한 종족이(소설에서는 '쥐') 거대한 컴퓨터를 제작해('작은 도시 크기의') '삶, 우주, 그리고 모든 것'에 대한 답을 구하려 한다. '심사숙고'라는 이름의 이 컴퓨터는 750만 년 걸려 답을 계산해 낸다.[2]

---

[1] Douglas Adams, *The Hitchhiker's Guide to the Galaxy* (New York: Pocket, 1981); *The Restaurant at the End of the Universe* (New York: Pocket, 1982); *Life, the Universe and Everything* (New York: Pocket, 1983); *So Long and Thanks for All the Fish* (London: Pan, 1984). 국내에는 5권인 『대체로 무해함』까지 포함해 『은하수를 여행하는 히치하이커를 위한 안내서 1-5』라는 제목으로 출간되었다.-편집자.

[2] Adams, *Hitchhiker's Guide*, p. 173.

심사숙고는 750만 년 만에 계산 작업을 마치고 마침내 결과를 내놓았다. 그 답은 다름 아닌 42이며, 그래서 실제로 질문이 무엇이었는지 알아내기 위해 또 다른 더 큰 컴퓨터를 만들어야 했다.

그런데 지구라고 불리는 이 컴퓨터는 크기가 너무 커서 행성으로 오해되는 일이 자주 있었다. 특히 지구 표면 위를 어슬렁거리며 다니는 이상한 유인원 같은 것들은 자신이 거대한 컴퓨터 프로그램의 일부에 불과하다는 사실을 전혀 모르고 있었다.

이것은 아주 이상한 일이다. 아주 간단하고 분명한 지식이 없다면 지금까지 지구에서 일어났던 모든 일은 조금도 이해가 되지 않았을 것이기 때문이다. 하지만 슬프게도, 결과를 판독하는 결정적인 순간에 지구는 느닷없이 보곤족에게 폭파당하고 만다. 보곤족은 초우주 공간 우회로를 새로 내기 위한 것이었다고 주장했다. 그렇게 인생의 의미를 발견하려는 모든 희망은 영원히 사라졌다. 아니면 그렇게 보였다.[3]

두 번째 소설이 끝날 무렵, 시간 여행자들은 '질문 자체'(삶, 우주, 그리고 모든 것)가 "6 곱하기 9는 무엇인가?"라는 질문임을 발견한다.[4] 그래서 그들은 문제와 답 모두 어이없음을 알게 된다. 42라는 답은 인간적 차원에서(목적과 의미의 차원에서) 의미가 없는 답일 뿐 아니라 나쁜 수학이기도 하다. 대학에서는 가장 이성적인 학문이 부조리로 전락한 것이다.

세 번째 소설이 끝날 무렵에는 왜 문제와 답이 서로 맞지 않는지에 대한 설명이 나온다. 궁극적인 것을 안다고 여겨지는 인물인 프락은 이렇게 말한다. "안됐지만…문제와 답이 상호 배타적인 것 같아요. 하나를 아는 것이 논리상 나머지 하나를 아는 것을 배제하고 있으니까요. 같은 우주

---

3 Adams, *Restaurant*, p. 3.
4 Adams, *Restaurant*, p. 246.

에 대해 그 둘을 다 아는 것은 불가능합니다."[5] [물리학도라면, 하이젠베르크(Heisenberg)의 불확정성 원리를 거론하고 있음을 눈치챌 것이다. 전자의 위치와 운동량을 각각 알 수는 있으나, 그 둘을 동시에 정확히 알 수는 없다.]

따라서 우리는 문제가 없이는 아무 의미도 없는 42와 같은 답을 알 수 있다. 아니면 (탐구 방향을 제시하는) 문제만 남는다. 그러나 두 가지가 동시에 성립할 수는 없다. 즉, 우리는 궁극적 의미에 대한 우리의 갈망을 만족시킬 수 없다. 사뮈엘 베케트, 프란츠 카프카(Franz Kafka), 외젠 이오네스코, 조지프 헬러(Joseph Heller), 커트 보니것 주니어(Kurt Vonnegut Jr.), 최근의 더글러스 애덤스 등의 작품을 읽으면―비록 우울한 현대에서 아직 그런 감정을 느끼지 못했던 사람이라도―인간의 공허로 말미암은 고통, 즉 가치도 없고 목적도 없고 의미도 없는 삶의 고통을 느끼기 시작한다.[6]

그러나 어떻게 자연주의에서 허무주의로 넘어갔는가? 자연주의는 과학과 자유로운 지적 탐구의 확실한 결과에 의해 얻어진 합리적 설명이 아니었던가? 세계관으로서 자연주의는 우주의 사물 가운데서 인간만의 독특함을 설명하지 않았던가? 인간의 존엄성과 가치를 드러내지 않았던가? 우주에서 유일하게 자기의식과 자기 결정성이 있는, 자연의 최고 산물인 인간은 만물의 영장으로서 자신이 원하는 대로 가치를 창출하고 미래의 진화까지도 자유롭게 조절할 수 있다. 더 바랄 게 있겠는가?

대부분의 자연주의자는 여기서 만족하고 더 이상 추구하지 않는다. 사실 그들은 더 이상 원하지도 않는다. 그들에게는 허무주의로 통하는 길이 열려 있지 않다.[7]

---

5 Adams, *Life*, p. 222. 날카롭게 꼬집는 맛을 거의 잃어버린 네 번째 소설이 끝날 무렵, 우리는 신이 우리에게 보내는 최후의 전언을 알게 된다. "불편을 드려 죄송합니다"(*So Long*, p. 189).
6 마지막에는 애덤스가 웃을지도 모르겠다. 수학자 친구들이 말해 주었는데, 6 곱하기 9는 54지만 이를 13진법으로 표기하면 42가 된다. 계산해 보라!
7 과학자인 내 친구 칼 페라이노(Carl Peraino)가 그런 사람 중 하나다. 그는 일관된 자연주

그러나 점점 더 많은 사람에게, 이성의 결과는 그리 확신할 만한 것이 아니고, 우주의 폐쇄적 성질은 제한이며, 죽음이 소멸이라는 관념은 심리적 불안을 야기하고, 창조물 가운데 가장 높은 우리의 지위는 우주로부터의 소외나 우주와의 연합으로—우리는 바닷가의 조약돌보다 더 가치 있는 존재가 아니다—간주된다. 사실 조약돌이 훨씬 오래 '산다!' 인간 삶의 가치를 긍정하는 자연주의와 그렇지 않은 자연주의 사이에서 다리 역할을 했던 것은 무엇인가? 허무주의는 어떻게 생겨났는가?

허무주의는 유신론자나 이신론자들이 외부에서 자연주의의 결점을 들추어냈기 때문에 탄생한 것이 아니다. 허무주의는 자연주의의 자연스러운 자녀다.

첫 번째 다리: 필연과 우연

허무주의가 발생하게 된 가장 기본적인 이유는 자연주의의 주요 명제들의 직접적·논리적 귀결에서 찾을 수 있다. 사람들이 (1) '물질은 존재의 전체이며 영원히 존재한다'와 (2) '우주는 닫힌 체계 속에서 원인과 결과의 균일성을 갖고 운행한다'라는 두 명제를 진지하게 받아들일 때 인간 본성의 개념이 어떻게 변화하는지에 주의를 기울여 보라. 이 명제들은 인간도 체계의 한 부분임을 의미한다. 자연주의자들은 인간의 자유가 무엇을 암시하는지 제대로 이해하지 못하면서도, 우리가 4장에서 살펴본 세 번째 명제, 즉 **"인간은 복잡한 기계이고, 인격이란 우리가 아직 완전히 이해하지 못한 화학적·물리적 힘의 매우 고등한 작용이다"**라는 명제에 동의

를 주장하지만 이것이 자신을 허무주의로 이끌지는 않는다고 주장한다. 우리의 대화는 우리가 쓴 *Deepest Differences: A Christian-Atheist Dialogue* (Downers Grove, IL: InterVarsity Press, 2009)를 보라.

한다. 하지만 니체는 고통을 견디어 내며 인간 존엄성의 상실을 깨닫는다. 즉, 사람은 자유의지를 갖고 있다고 착각할 뿐이다.

여전히 많은 자연주의자는 닫힌 체계 내에서 인간의 자유를 주장하려 애쓴다. 그들의 주장은 이렇다. 우주의 모든 사건은 유전자 구조, 각 사람의 형편, 심지어 인간의 욕구와 욕망까지 포함해 모두 그 이전의 상태에 따른 결과로 발생한다. 그러나 각 사람은 그런 욕구와 욕망을 자유로이 표출할 수 있다. 만일 내가 샌드위치를 먹고 싶은데 근처에 식품 가게가 있다면 나는 샌드위치를 사 먹겠다고 결정할 수 있다. 만일 주인이 보지 않는 사이에 샌드위치를 훔치겠다고 결정한다면 그렇게 할 수도 있다. 아무것도 나의 선택을 제한하지 않는다. 나의 행동은 자기 결정적이다.

따라서 분명히 자기의식적이며 자기 결정성이 있는 인간은 의미 있는 행동을 할 수 있으며 자신의 행동에 책임을 질 수 있다. 나는 샌드위치를 훔친 죄로 체포당해 당연히 벌금을 물어야 할 처지가 될 수 있다.

그러나 문제가 그렇게 단순하겠는가? 많은 사람은 그렇게 생각하지 않는다. 인간의 자유라는 주제는 자연주의자가 보는 것보다 더 깊은 의미를 지닌 문제다. 확실히 나는 내가 원하는 것을 무엇이든 할 수 있지만, 내가 원하는 것은 궁극적으로 내가 통제할 수 없었던 과거 사건의 결과다. 나는 특정한 유전자 구조나 태어날 가정 환경을 자유롭게 선택하지 않았다. 내가 자유롭게 행동할 수 있도록 자유로운지 물었던 그때, 이미 나는 본성과 양육에 의해 그렇게 형성되어 그 질문이 내게 일어난다는 사실 자체가 결정되어 있었다. 즉, 내 자아 자체가 외부의 힘에 의해 결정되어 있었다. 실로 나는 그런 질문을 할 수 있고, 나 자신의 욕구와 욕망에 따라 행동할 수 있으며, 나 자신에게 자유로워 보일 수 있지만, 단지 외관상 그럴 뿐이다. 니체의 말이 맞다. "행동하는 인간의 자기기만, 자유의지가 존재한다는 가정 또한 계산된 메커니즘의 일부다."

> 어떤 사람이 전지(全知)하다면, 그는 [인간] 개개인의 개별 행동, 지식 진보의 각 단계, 모든 실수, 모든 악행을 미리 계산할 수 있을 것이다. 확실히, 행동하는 사람은 의욕이라는 자신의 환상에 사로잡혀 있다. 세상의 바퀴가 한순간 멈추고, 전지한 계산적 지성이 이 기회로 득을 볼 수 있는 상황에 있다면, 그는 각 존재의 먼 미래까지 예견할 뿐 아니라 세상의 바퀴가 굴러갈 바퀴 자국 하나하나까지 묘사할 수 있을 것이다. 행동하는 사람의 자기기만, 자유의지가 존재한다는 가정 또한 이 계산된 메커니즘의 일부다.
>
> 프리드리히 니체, 『인간적인, 너무나 인간적인』(*Human, All Too Human*)

문제는 만일 우주가 진정으로 닫혀 있다면 우주의 활동이란 오직 내부에서만 통제될 수 있다는 것이다. 어떠한 차원(소우주, 인간, 대우주)에서든지 우주를 변경시키려는 힘도 우주의 한 부분일 뿐이다. 그러므로 변화에 대해서는 **단 하나**의 설명, 즉 반드시 현재의 상황이 미래를 결정한다는 설명만이 가능하다. 다시 말해, 현재가 미래를 초래하고 미래는 그다음 미래를 초래하는 식이다.

아인슈타인의 시간 상대성(time-relativity)의 우주에서는 동시성을 규정할 수 없으며 인과 관계 역시 증명할 수 없다는 반론은 논점을 벗어난 것이다. 우리는 지금 사건들이 어떻게 상호 연결되었는지 논하는 게 아니라 단순히 사건들이 연결되어 있다는 사실을 이야기하고 있을 뿐이다. 어떤 사건들이 일어난 것은 다른 사건들이 일어났기 때문이다. 우주의 모든 활동은 이런 식으로 연결되어 있다. 우리는 그 연결 상태를 알 수 없을지도 모르지만, 닫힌 우주를 전제한다면 그러한 연결이 존재한다고 결론 내릴 수밖에 없다.

더구나 그러한 연결이 존재한다는 증거가 있다. 사건의 유형들은 감지될 수 있으며, 어떤 사건들은 지구 시간의 관점에서 거의 절대적으로 정확하게 예측할 수 있기 때문이다. 예를 들어, 다음 일식이나 월식이 일어날 시간과 장소를 정확히 예측할 수 있다. 우리는 향후 15세기 동안에 일어날 모든 일식이나 월식으로 인한 그림자를 정확히 예측하고 지구의 공간과 시간을 가로지르는 것을 추적할 수 있다. 대부분의 사건이 그처럼 정확히 예고될 수 있지는 않지만, 이는 모든 변수와 상호 관계를 알 수 없기 때문이라고 추정된다. 어떤 사건은 다른 사건보다 예고하기가 더 쉽지만, **불확실한** 것은 없다. 모든 사건은 반드시 일어난다.

닫힌 우주에서 어떤 것은 필요 없어지고 다른 것이 가능하게 될 가능성은 없다. 변화가 일어날 수 있는 유일한 길은 그 변화를 일으키기 위해 움직이는 힘이 있을 경우이며, 또한 그 힘이 일어나는 유일한 길은 그 이전의 다른 힘에 의해서, 또 그 힘이 일어나는 유일한 길은⋯하는 식으로 무한히 연결된다. 영원한 과거부터 영원한 미래까지, 즉 영원토록 이 사슬이 끊어지는 일은 없다, 아멘.

보통 사람들이 보기에는 결정론이 적용되는 것 같지 않다. 우리는 스스로를 자유로운 행위자라고 생각한다. 그러나 우리의 인식은 환상이다. 사람들은 무엇이 자신에게 결정을 내리도록 '야기했는지' 알지 못한다. 당연히 뭔가가 그 결정을 야기했지만, 우리는 그것이 우리가 자유롭게 내린 선택이었다고 생각한다. 그리고 그렇게 인식된 자유는―만일 그 자유의 의미를 깊이 생각하지 않는다면―매우 충분하다.[8]

다시 말해, 닫힌 우주에서 자유란 **인식되지 않은 결정성**에 불과하며, 그 의미를 깊이 생각한 사람들에게 이는 자기 결정성과 도덕적 책임을 허

---

8   예를 들어, 존 플랫은 이것이 인간에게 진정으로 필요한 유일한 자유라고 생각한다(*Center Magazine*, March-April 1972, p. 47).

용하기에 충분하지 않다. 만일 내가 은행을 털었다면 그것은 궁극적으로 나로 하여금, 내 결정이라고 생각할 수 없는 방식으로 결정을 내리게 한 저항할 수 없는(비록 인식하지 못했더라도) 힘 때문이다. 이 결정이 내 것이 아니라면 나는 책임을 질 필요가 없다. 모든 사람의 모든 행동이 마찬가지일 것이다.

따라서 사람은 단지 기계의 한 부품이나 장난감—매우 복잡하지만 우주의 비인격적인 힘에 의해 움직이는—에 불과하다. 인간의 자기의식은 단지 부수 현상이다. 스스로를 바라보는 기계의 부속에 지나지 않는다. 의식도 기계의 부품일 뿐이다. 이 기계와 분리된 '자기'(self)는 없다. 그 체계에 대항할 수 있거나 자신의 뜻대로 그 체계를 조정할 수 있는 '자아'(ego)는 없다. 그의 '의지'는 우주의 의지다. 그런데 우리는 이 그림에서 행동주의 심리학자 B. F. 스키너가 본 인간의 모습에 대한 꽤 좋은 설명을 찾을 수 있다. 스키너는 사람을 변화시키려면 그의 환경, 그의 활동을 지배하는 우발성, 그에게 작용하는 힘을 바꾸라고 말한다. 사람은 환경에 따라 반응한다. 스키너가 보기에 모든 사람은 반응자에 불과하기 때문이다. "사람이 세계에 대해 행동하는 것이 아니라 세계가 사람에 대해 행동한다."[9]

허무주의자들이 따르는 이 논증은 간단히 설명할 수 있다. 인간은 자신의 운명에 영향을 주거나 의미 있는 어떤 일을 할 능력은 없지만 의식은 있는 기계이며, 그러므로 가치 있는 존재로서의 인간은 죽었다는 것이다. 인간의 생명은 베케트의 '숨소리'이지, 하나님이 에덴동산에서 인간에

---

9   B. F. Skinner, *Beyond Freedom and Dignity* (New York: Alfred A. Knopf, 1971), p. 211. 『자유와 존엄을 넘어서』(부글북스). 항상 강도 높은 비판을 받았던 스키너의 행동주의는 (수십 년이 흐른) 이제는 일반적으로 인간 행위에 대한 설명으로는 너무 단순하고 부적절하다고 여겨진다.

게 '불어넣으신' 생명(창 2:7)은 아니다.

그러나 내 논증이 너무 빨리 진행된 것 같다. 무언가를 빠뜨리지는 않았는가? 일부 자연주의자는 분명 그렇다고 대답할 것이다. 그들은 내가 변화에 대한 유일한 설명이 원인과 결과의 연속성이라고 이야기했을 때 내가 틀렸다고 이야기할 것이다. 예를 들어, 자크 모노는 모든 기본적 변화—분명 진정으로 새로운 것의 출현을 의미한다—를 우연에 의한 것이라 말한다. 또한 자연주의자들도 셀 수 없을 만큼 많은 단계를 거쳐 새로운 사물들이 존재하게 되었음을 인정한다. 수소, 탄소, 산소, 질소 등이 자유로이 결합해서 복합 아미노산이나 생명의 다른 기본 구조체를 형성하는 진화의 각 단계가 새로운 존재의 등장이라는 것이다. 모든 단계마다—다 셀 수는 없지만—우연이 새로운 것을 낳는다. 그리고 필연, 혹은 모노가 일컬었던 '불변성의 구조'는 우연 생산 양식(the chance-produced pattern)을 받아들여 복제해 왔다. 아주 오랜 기간에 걸쳐 서서히 우연과 필연의 상호 협력을 통해 단세포 생물, 다세포 생물, 식물계와 동물계, 그리고 인간이 등장했다.[10] 그렇게 우연은 인간이 출현하는 계기가 되었다.

그러나 우연이란 무엇인가? 우연은 실재가 현실로 발현되는 불변의 성향으로서 우리가 그 발생 이유를 모르기 때문에 우연인 것처럼 보이는 일이거나(이 경우 우연은 결정론의 힘에 대한 우리의 무지를 달리 부른 것이다), 아니면 전적으로 비이성적인 것이다.[11] 첫 번째 경우에서 우연은 단지 우리

---

10 Jacques Monod, *Chance and Necessity*, trans. Austryn Wainhouse (New York: Alfred A. Knopf, 1971), pp. 98, 112.
11 어떤 과학자들은 과학적 개념들에서 형이상학적 결론을 이끌어내는 데 신중한 입장을 취한다. 예를 들어 리처드 부브는, 과학적 개념으로서의 우연은 세계관적(즉, 형이상학적) 개념으로서의 우연과는 다르다고 주장한다. 과학에서 말하는 우연이란 과학적 기술(記述)을 위한 용어로, "과학적 기술은 체제의 현 상태에 대한 지식으로부터 그 미래의 가능성을 예측할 수 있을 뿐이다"[Richard Bube, *Putting It All Together: Seven Patterns for Relating Science and the Christian Faith* (Lanham, MD: University Press of America, 1995), p. 23]. 따라서 과학적 우연은 '실재'의 특징을 묘사한다기보다는(즉, 형이상학적인 진술을 한다기보다는) 지식

가 모르는 결정론일 뿐이며 전혀 자유가 아니다. 두 번째 경우에서 우연은 설명이 아니라 설명의 부재다.[12] 어떤 사건이 발생한다. 아무런 이유도 부여할 수 없다. 그것은 우연한 사건이다. 그러한 사건이 발생하지 않을 수도 있을 뿐 아니라 발생하리라는 기대조차 전혀 할 수 없었다. 그러므로 우연은 외견상 자유를 가져다주지만 실제로는 부조리를 낳는다. 우연에는 원인도 목적도 방향도 없다.[13] 그것은 갑자기 주어진 것이다. 시간과

에 한계를 부여한다. 그리스도인들과 자연주의자 모두 이해했듯이, 그러한 과학적 우연은 합리적 세계라는 개념과 양립 가능하다. 그러나 종종 과학자들(특히 모노)의 저술에서도 우연은 세계관적(형이상학적) 의미를 갖는다.

12 Nancy Pearcey and Charles Thaxton, *The Soul of Science: Christian Faith and Natural Philosophy* (Wheaton, IL: Crossway, 1994), pp. 214-215를 보라. chap. 9, "Quantum Mysteries: Making Sense of the New Physics," pp. 187-219에는 관련 문제에 관한 명료한 설명이 담겨 있다.

13 우연의 과학적 개념은 골치 아픈 문제다. 하이젠베르크의 불확정성 원리에서는, 주어진 전자의 위치와 운동량을 동시에 둘 다 정확하게는 알 수 없다고 주장한다. 둘 중 하나를 정확하게 파악하는 것은 가능하지만 둘을 동시에 알기란 불가능하다. 이것은 인식론적 원리다. 그러나 베르너 하이젠베르크를 비롯해 많은 과학자는, 확실하게 정당화되지 않는 인식론적 원리에서 존재론적 의미를 끌어냈다. 하이젠베르크는 이렇게 말했다. "모든 실험은 양자 역학의 법칙에 종속되므로…인과 법칙의 무용성도 양자 역학으로 확실히 증명된다"[Stanley Jaki, "Chance or Reality," in *Chance or Reality and Other Essays* (Lanham, MD: University Press of America, 1986), pp. 6-7에서 재인용]. 이것이 암시하는 바는, 우주는 근본적 차원에서 이해 불가능할 뿐 아니라, 우주 그 자체가 비이성적이거나 심지어 비현실적이라는 것이다. 하이젠베르크는 몇몇 다른 과학자 및 과학 대중화의 선구자와 함께 실재에 대한 무지에서 그 실재에 대한 지식으로 옮겨 왔다. 나는 X를 측정할 수 없다. 그러므로 X는 존재하지 않는다. 이는 지식의 한계를 떠나, 우리가 포스트모던적 사고 유형의 대부분을 구성하는 것은 무엇이든 안다고 생각하는 데는 명분이 없다고 선언하는 데로 나아가는 것이다(이 책 9장을 보라). 실재는 이론적으로는 완벽하게 알 수 있는 방식으로 인간 지성에 들어맞아야 하며, 그렇지 않다면 그것은 존재하지 않는다. 실제로, 유아론은 "하이젠베르크 원리의 대담한 의미가 지니는 필연적 함의로 오랫동안 인식되어 왔다"(Jaki, "Chance or Reality," pp. 12-13).

이와 같은 딜레마에서 벗어나는 한 가지 방법은 닐스 보어(Niels Bohr)가 주장한 것처럼 "존재론이나 존재에 대한 모든 진술은 피하는" 것이다(Jaki, "Chance or Reality," p. 8). 야키가 말하듯, W. 파울리(Pauli)는 "실재에 관한 질문들은, 바늘 끝에 천사를 몇 명 올려놓을 수 있는지에 관심을 기울였던 중세 철학자들의 연구만큼이나 형이상학적이며 쓸모없다"는 데 동의했다(Jaki, "Chance or Reality," p. 10).

알베르트 아인슈타인 및 다른 과학자들이 사용한 또 다른 방법은, 어떻게 하면 측정이 완벽한 동시에 정확할 수 있는지를 생각하는 법을 찾아냄으로써 원리 자체를 회피하려고 애쓰는 것이다. 그들의 시도는 실패했다. 아인슈타인의 말을 빌리자면, "하나님은 우주로 주사위 놀이를 하지 않는다"(Jaki, "Chance or Reality," p. 9). 그러나 이것은 실습이나 사고 실험을 통해 이론화를 성공한 데서 비롯된 결론이 아니라 전(前)이론적 헌신, 전제였다. 그리하

공간 안에 갑자기 구현된 것이다.

그러나 모노가 말했듯이 우연은 새로운 방향으로의 추진력을 시간과 공간 안에 유입시켰다. 우연한 사건에는 원인이 없지만, 그것 자체가 하나의 원인이 되어 닫힌 우주의 필수적 부분이 된다. 우연은 우주를 이성, 의미, 목적 등이 아니라 부조리로 연다. 갑자기 우리는 우리가 어디에 있는지 모르게 되었다. 우리는 더 이상 우주의 매끈한 구조에서 피어난 꽃이 아니라 비인격적 우주의 매끄러운 피부에 우연히 솟아난 사마귀가 되어버렸다.

그러므로 우연은 인간이 자기의식과 자유를 갖는 데 필요한 것을 자연주의자들에게 제시하지 않는다. 우연은 인간에게 자기의식만 허용할 뿐 변덕에 휩쓸리도록 둔다. 변덕스런 행동은 품격을 갖춘 인간의 자유로운 행동이 아니다. 거기에는 원인도 이유도 없다. 그 정의상 변덕스러운 행동은 자기 결정성의 반응이 아니므로 우리에게는 여전히 도덕성의 근거가 없다.[14] 단지 그러한 행동이 존재할 뿐이다.

이상의 내용을 요약하면 이렇다. 자연주의가 허무주의로 변하는 첫 번째 이유는 자연주의가 인간에게 의미 있는 행동을 할 수 있는 근거를 마련해 주지 않는다는 것이다. 오히려 자연주의는 타고난 자기의식적 특성 위에서 자유로이 선택할 수 있는 자기 결정성을 지닌 존재의 가능성을 부

여 이는 많은 사람이 그랬듯 존재론적 결론—우주는 근본적으로 이해 불가능하다—을 도출할 수밖에 없었다(Jaki, "Chance or Reality," p. 8).
　인간이 지닌 알 수 있는 능력에 대한 전근대적 겸손은 이처럼 성급하고 비논리적인 이행을 막을 수 있었을지도 모른다. 사도 바울의 주의("우리가 지금은 거울로 보는 것같이 희미하나")와 소망("그때에는 얼굴과 얼굴을 대하여 볼 것이요." 고전 13:12)을 생각해 보라.
　야키는 문제가 존재론과 인식론의 혼돈으로 요약된다는 결론을 내린다. "양자 역학의 과학은, 측정에서 완벽한 정확성이 불가능하다고 진술할 뿐이다. 양자 역학의 철학은 궁극적으로 물질과 비물질을 구분하는 것이, 심지어는 존재와 비존재를 구분하는 것이 불가능하다고 말한다.…어쨌든, 존재와 비존재를 구분할 수 없다면 자유나 결정론에 대해 무언가를 말하려는 시도는 전혀 무의미해진다(Jaki, "Chance or Reality," p. 14).

14　야키는 지식도 그 토대를 잃는다고 지적한다("Chance or Reality," p. 17).

정한다. 우리는—결정되었든 변덕스럽든—하나의 기계다. 우리는 자기의식과 자기 결정성이 있는 인격이 아니다.

두 번째 다리: 불가지(不可知)라는 먹구름

우주가 닫힌 체계라는 형이상학적 전제는 형이상학뿐 아니라 인식론에도 의미를 지닌다. 이 논증의 요지는 이렇다. 만일 어떤 사람이 비인격적인 힘—우연히 작동하든 불변의 법칙에 의해 나타나든—의 결과라면 그는 자신이 안다고 생각하는 것이 환상인지 진실인지 결코 분별할 수 없다. 어떻게 해서 그런지 살펴보자.

자연주의는 인식과 지식이 뇌와 동일하거나 뇌의 산물이라고 주장한다. 인식과 지식은 물질 작용의 결과다. 물질의 작용이 없다면 사고도 존재하지 않을 것이다. 그러나 물질은 그 자체의 성질에 따라 작용한다. 그러므로 물질이 의식적 존재로 하여금 정확한 관찰과 옳은 전제에 기초한 참된 인식이나 논리적(즉, 옳은) 결론에 이르도록 하는 데 관심을 갖고 있다고 생각할 이유가 없다.[15] 우주에서 그러한 문제에 **관심을 갖는** 유일한 존재가 인간이다. 그러나 사람은 자신의 육체에 예속되어 있다. 그들의 의

---

[15] 앨빈 플랜팅가(Alvin Plantinga)는 인간의 정신이 자연 선택—적자 생존—이라는 수단에 의해 발달했다는 다윈의 '위험한 생각'을 거부하고자 이런 유형의 논증을 이용한다. *Books and Culture*, May/June 1996, p. 35에 실린, 대니얼 데닛의 *Darwin's Dangerous Idea* (New York: Simon & Schuster, 1995)에 대한 플랜팅가의 리뷰 "Dennett's Dangerous Idea"를 보라. 플랜팅가의 전체 논증은 그가 쓴 *Warrant and Proper Function* (New York: Oxford University Press, 1993), chap. 12에서 볼 수 있다. 플랜팅가가 자기의 주장을 발전시킨 내용 및 그의 주장에 대한 비판은 Alvin Plantinga, *Warranted Christian Belief* (New York: Oxford, 2000); James K. Beilby, ed., *Naturalism Defeated? Essays on Plantinga's Evolutionary Argument Against Naturalism* (Ithaca, NY: Cornell University Press, 2002); Alvin Plantinga and Michael Tooley, *Knowledge of God*, 2nd ed. (Oxford: Blackwell, 2009); Alvin Plantinga, *Where the Conflict Really Lies: Science, Religion, and Naturalism* (New York: Oxford, 2011)에서 살펴볼 수 있다.

식은 고도로 잘 '조정된' 물질의 복잡한 상호 관계에서 나온다. 그런데 그 물질이 의식하고 있는 것이 무엇이든 그것이 반드시 실제의 경우와 관계되어야 할 이유가 있는가? 실제와 환상을 구분할 수 있는 검사 방법이 있는가? 자연주의자들은 과학적 탐구, 실용주의적 검사 등을 들 것이다. 그러나 이 모든 방법은 자신이 검사하고 있는 뇌를 사용한다. 각각의 검사는 환상의 일관성을 알아내기 위한 헛된 노력이 될 수도 있다.

자연주의에서, 체계 외부의 존재는 없다. 하나님이란―그가 기만자든 아니든, 완전자든 아니든, 인격이든 아니든―전혀 존재하지 않는다. 우주만이 존재하며, 인간만이 유일한 의식을 지닌 존재다. 그러나 인간은 최근에 나타났다. 인간은 '발생했다.' 그러나 어느 정도 발전한 존재인가? 자신의 정신과 이성을 믿을 수 있는가?

찰스 다윈은 이렇게 말한 적이 있다. "하등 동물의 정신에서 발전되어 나온 인간의 정신이 지닌 신념에 어떠한 가치가 있는지, 그것을 신뢰할 만한지 무서운 의심이 항상 제기된다. 원숭이의 정신에 어떤 확신이 있다 하더라도 누가 그런 정신에서 나온 확신을 신뢰하겠는가?"[16] 다시 말해, 만일 내 뇌가 고등한 원숭이의 뇌에 지나지 않는다면 인간의 기원에 대한 나의 이론이 신뢰받아야 한다는 확신조차 할 수 없다.

다윈의 자연주의가 참이라 하더라도, 이론을 증명하는 것은 고사하고 그 신빙성을 확립하는 방법조차 전혀 없다는 것은 매우 이상한 일이다. 논리에 대한 확신은 배제되었다. 그러므로 인간 기원에 대한 다윈의 이론

---

16 *The Autobiography of Charles Darwin and Selected Letters* (1892; reprint, New York: Dover, 1958)에 실린, W. 그레이엄에게 보낸 편지(1881년 7월 3일)에서 재인용. 이러한 관찰은 찰스 다윈에 대해 강의한 프랜시스 쉐퍼에게서 빚진 것이다. C. S. 루이스는 비슷한 논증에서 J. B. S. 홀데인(Haldane)을 다음과 같이 인용한다. "만일 나의 정신적 과정이 전적으로 내 속에 있는 원자들의 작용에 의해 결정된다면 나는 내 신념이 참이라고 생각할 이유가 없다.…따라서 내 뇌가 원자로 구성되었다고 생각할 이유도 없다"[*Miracles* (London: Fontana, 1960), p. 18].

을 받아들이는 것도 일종의 신앙 행위가 될 수밖에 없다. 우연에 의한 돌연변이와 자연 선택을 통해 생겨난 일종의 장치인 뇌가 하나의 전제 또는 일군의 전제가 참임을 실제로 알 수 있다고 주장해야 한다.

C. S. 루이스는 그러한 경우를 이렇게 표현한다.

> 만일 존재하는 모든 것이 자연, 즉 정신이 없는 거대한 사건의 연속체에 불과하다면, 또한 우리 자신의 가장 심오한 확신이 단지 비이성적 과정의 부산물에 불과하다면, 적합성에 대한 우리의 감각 및 우리가 그에 따라 갖게 되는 균일성에 대한 신앙이 우리 외부의 실재에 대한 어떤 것을 알려 준다고 가정할 만한 근거가 조금도 없음은 명백하다. 우리의 확신은 머리카락의 색처럼 우리에 대한 사실에 국한된다. 만일 자연주의가 참이라면, 우리에게는 자연이 균일하다는 확신을 신뢰할 근거가 없다.[17]

우리가 그러한 확신을 갖기 위해 필요한 것은, 우리와 자연의 외부에 있으면서 우리 자신의 합리성을 이끌어 내는 어떤 '이성적 영'이다. 유신론은 그러한 근거를 제공하지만 자연주의는 그렇지 못하다.

우리는 과거―무생명·무의식의 물질에서 비롯된 우리의 기원―에 갇혀 있을 뿐만 아니라 사색자로서 현재의 상황에 갇혀 있다. 삼단 논법, 즉 "모든 사람은 죽는다. 아리스토텔레스 오나시스는 사람이다. 그러므로 아리스토텔레스 오나시스는 죽는다"라는 차원에서 논증을 했다고 하자. 그것은 증명된 결론이다. 정말 그런가?

그것이 옳다는 건 어떻게 알 수 있는가? 간단하다. 논리의 법칙을 따랐

---

[17] Lewis, *Miracles*, p. 109. 다른 맥락에서 루이스는 다음과 같이 말한다. "네가 '그만'이라고 외쳐야 할 때는 바로 비이성(non-reason)에서 나온 이성(Reason)을 믿으라는 요구를 받을 때뿐이다. 그렇지 않으면 너의 모든 사고가 불신되기 때문이다"(p. 32).

기 때문이다. **무슨 법칙들인가? 그 법칙들이 참인지 어떻게 알 수 있는가?** 법칙들은 자명하다. 그런 법칙들이 없다면 생각이나 의사소통이 가능하겠는가? **아니다.** 그러니까 옳은 것이 아닌가? **꼭 그렇지는 않다.**

우리가 구성하는 논증도 그러한 법칙들, 즉 동일률, 비모순율, 배중률이라는 고전적 법칙들을 내포한다. 그러나 이 사실과 객관적 외부 세계 역시 그 법칙에 따르는 것이 그 법칙들이 '참임'을 보장하지는 않는다. 더구나 어떤 논증의 타당성을 점검하는 다른 논증이 그 자체로 잘못된 것일 수 있다. 이렇게 생각하기 시작할 때 우리는 무한 퇴행에서 멀지 않은 곳에 있게 된다. 즉, 논증의 꼬리는 한없이 멀어져 가는 정신의 복도를 따라 미궁 속으로 빠져 버린다. 다른 모습으로 묘사하면, 우리는 무한의 바다에서 방향을 상실한다.

그런데 지식의 가능성을 반대하며 주장하는 가운데 우리는 길을 벗어나지 않았는가? 우리는 대체로 만족할 만한 방법으로 자신의 지식을 검사할 수 있는 **것처럼 보인다.** 우리가 안다고 생각하는 어떤 일들―예를 들어, 완전히 무기질인 진흙에서 미생물이 저절로 발생한다는 생각 등―이 틀렸거나 적어도 가능성이 거의 없다고 드러날 수 있다. 또한 우리는 모두 물 끓이는 법, 가려운 곳을 긁는 법, 많은 사람 속에서 친구를 알아보고 다른 사람과 구별하는 법 등을 **안다.**

사실상 완전한 의미의 인식론적 허무주의자는 없다. 그러나 자연주의는 사실상 인간 이성에 대해 확신을 가질 수 있는 어떤 확실한 근거도 허용하지 않는다. 그러므로 우리는 아이러니한 역설로 끝내야 한다. 계몽주의 시대에 태어난 자연주의는 인간의 아는 능력을 굳게 받아들이며 출발했다. 이제 자연주의자는 자신의 앎을 확신할 수 없음을 알게 되었다.

이 논증의 요점을 종합해서 이렇게 요약할 수 있다. 자연주의는 우리를 상자 안에 두었다. 그러나 우리가 상자 안에 있다는 지식이 참임을 확

> 우리가 발견한 것들은 대부분 우리의 폭력성, 우리의 불안정성이 악화된 데 기인한다. 우리에게 관심을 갖고 있는 하나님이라 해도, 우리는 우리 자아의 가장 깊은 곳에서부터 그를 아는 것이 아니다. 우리의 열병이 그 한계점을 넘으려는 곳에서, 우리의 분노가 그의 분노와 맞부딪쳐서 어떤 충격이 발생하는 곳에서, 우리에게 파괴적인 충돌인 것처럼 그에게도 파괴적인 충돌이 있는 그러한 지점에서 그를 알게 된다. 행동의 결과로 따라오는 저주에 크게 휘둘리면서 그 폭력의 사람은 자기의 본성을 강요하고, 자기 위로 올려서려고 하지만 다시 원점으로 돌아가며, 그러한 일의 결과로 공격자가 그를 처벌하기 위해 찾아온다. 모든 일이 그 장본인을 배반한다. 시는 시인을, 체계는 철학자를, 사건은 행동한 사람을 파괴할 것이다. 자기의 소명에 답하면서 그것을 시행하려고 노력하는 어떤 사람이 역사 안에서 온갖 노력을 할지라도 그를 기다리고 있는 것은 바로 파멸이다. 자기의 모든 선물과 재능을 포기하는 사람만이 그러한 것을 피할 수 있다. 그는 자기의 인간성에서 벗어나 '존재'(Being) 안에 머무를 수 있을 것이다. 만일 내가 형이상학적 직업을 열망한다면, 어떠한 희생을 치른다고 하더라도 나의 정체성을 유지할 수 없을 것이다. 내가 붙잡고 있는 나머지도 모두 없어질 것이다. 반대로 내가 역사적 역할을 맡는다면, 내가 나의 기능들과 함께 폭발할 때까지 그 기능들을 악화시키는 것이 나의 책임이다. 항상 사람은 자기가 취하는 자아에 의하여 사라진다. 이름을 지니는 것은 붕괴의 방식을 확실하게 요구하는 것이다.
>
> 에밀 시오랑(E. M. Cioran), 『존재하려는 유혹』(The Temptation to Exist)

신하려면 우리가 상자 밖에 서 있거나 상자 밖의 다른 존재가 우리에게 정보(신학에서는 이를 '계시'라고 말한다)를 제공해야 한다. 그러나 상자 밖에서 우리에게 계시를 제공할 존재는 없으며, 혹은 아무것도 없으며, 우리 자신도 상자를 초월할 수 없다. 그러므로 인식론적 허무주의로 귀결된다.

이것을 인식할 수 없는 자연주의자는 스티븐 크레인의 시에 나오는 사람과 흡사하다.

> 나는 지평선을 쫓는 한 사람을 보았다.
> 그는 계속 빙글빙글 돌면서 달렸다.
> 나는 그것을 보고 불안을 느꼈다.
> 그 사람에게 다가가 말을 건다.
> "부질없는 짓이오." 나는 말한다.
> "당신은 결코…"
> "거짓말 마시오." 그는 소리친다.
> 그리고 계속 달린다.[18]

자연주의 체계를 가진 사람은 자기 앞에서 끊임없이 물러나는 지식을 추구한다. 그는 절대로 **알** 수 없다.

인식론적 허무주의를 심각하게 받아들였을 때 발생하는 최악의 결과 중 하나는 우주의 사실성 자체에 의문을 제시하게 된다는 것이다.[19] 어떤 사람은 실재하는 어떤 것도 없으며 자신조차 실재하지 않는다고 생각한다. 그러한 상태에 이른 사람들은 큰 불행에 빠진 것이다. 더 이상 인간으로서 기능할 수 없기 때문이다. 우리가 종종 말하듯, 그들은 인생의 문제에 대처할 수 없다.

우리는 보통 이러한 상태를 형이상학적 허무주의나 인식론적 허무주

---

18   Stephen Crane, *The Black Riders and Other Lines*에서. 명시 선집에도 자주 실린다.
19   스탠리 야키는 이 문제를 비켜 가려다가 결국 반실재론자가 되어 버린 물리학자들을 언급한다("Chance or Reality," pp. 8-16).

의로 인식하지 않는다. 오히려 정신분열증, 환각, 환상, 백일몽, 꿈속에서 사는 것 등으로 부른다. 우리는 그 사람을 '환자'로, 또 그 문제를 '병'으로 취급한다. 나는 이러한 행동에 특별한 이의를 제기하지 않는다. 내 시공간의 틀 안에서 다른 사람과 공유하는 외부 세계의 실재를 믿기 때문이다. 이것을 인식할 수 없는 사람들은 인생의 문제에 대처할 수 없을 것이다. 우리는 그런 상태를 우선 심리학적 측면에서 생각해 볼 수 있고, 또한 그 사람들을 공공 기관에 위탁해서 누군가 그들을 살리고 또 다른 사람들은 그들이 자기만의 내적 여행에서 깨어 있는 현실로 돌아오게 해 줄 수도 있다. 그러나 그럴 때에도 극단적인 몇몇의 경우는 사람이 더 이상 상식적 방법으로 알지 못할 때 발생하는 일들에 대한 완벽한 예가 됨을 알아야 한다. 그것이 인식론적 허무주의의 '적절' 상태, 논리적 귀결이다. 만일 내가 알 수 없다면, 어떤 인식, 꿈, 이미지, 환상도 똑같이 실재하거나 실재하지 않을 것이다. 일상 세계에서의 삶은 구분하는 우리의 능력에 기반한다. 물이라고 생각했지만 실제로는 메틸 알코올이었던 무색의 액체를 그냥 삼켜 버린 사람에게 물어보라.

우리 중 대부분은 극단적인 '경우'를 보지 못한다. 그들은 금방 격리 수용되기 때문이다. 그러나 그런 사람들은 분명히 있으며, 나는 두려운 이야기를 지닌 몇몇 사람을 만난 적이 있다. 하지만 완전히 인식론적인 허무주의자 대부분은, 그런 무의미한 행동에 전혀 의미를 부여하지 않는 로버트 패러 카폰(Robert Farrar Capon)이 그려 놓은 다음과 같은 부류에 속한다.

회의론자는 결코 진짜가 아니다. 그는 거기 서서 오른손에 칵테일을 들고 왼팔은 무료하게 벽난로의 한쪽 끝에 늘어뜨리고는 아무것도, 심지어 자신의 존재까지도 확신할 수 없다고 당신에게 말한다. 보편적 회의론을 무너뜨리는 나만의 비법을 네 마디로 가르쳐 주겠다. 그것은 그에게 "자네 바지 지퍼가 열렸어"라고 속삭이는 것이다. 만일 그가 지식은 완전히 불가능한 것이라고 생각한다면, 내려다보면서 그 사실을 확인할 리가 없지 않은가?[20]

앞서 보았듯, 지식이 가능하다는 증거는 넘쳐난다. 우리에게 필요한 것은 우리가 왜 지식을 갖고 있는지 설명하는 방법이다. 자연주의자에게는 이것이 결핍되어 있다. 그러므로 철저한 자연주의를 고집하는 사람은 자신이 어디 있는지 모르는 잠재적 허무주의자임에 틀림없다.

세 번째 다리: 존재와 당위

많은 자연주의자는—내가 아는 한 대부분은—매우 도덕적인 사람들이다. 그들은 도둑도 아니고 난봉꾼 기질도 없다. 대부분은 신실한 남편이며 아내다. 일부는 우리 시대의 개인과 사회의 부도덕성에 분개한다. 문제는 도덕적 가치관이 인정되지 않는 게 아니라 그에 대한 근거가 없다는 것이다. 앨런 블룸(Allan Bloom)은 니체와 막스 베버(Max Weber)가 도달한 결론을 요약하며 이렇게 말한다. "이성으로는 가치관을 세울 수 없으며, 그렇게 할 수 있다고 믿는 것은 어리석고 해롭기 그지없는 환상이다."[21]

자연주의자에게 세계란 단지 거기에 존재하는 것임을 기억하라. 세계는 사람들에게 당위를 제공하지 않는다. 단지 **존재**할 뿐이다. 하지만 윤리는 그 존재 여부와 상관없이 당위에 관한 것이다.[22] 그러면 도덕의 근거를

20　Robert Farrar Capon, *Hunting the Divine Fox* (New York: Seabury, 1974), pp. 17-18.
21　Allan Bloom, *The Closing of the American Mind* (New York: Simon & Schuster, 1987), p. 194.
22　**존재**에서 **당위**를 끌어내려는 자연주의자의 시도가 왜 잘못인지에 대한 엄밀한 설명을 원한다면 Antony Flew, "From Is to Ought," in *The Sociobiology Debate*, ed. Arthur L. Caplan (New

어디에서 찾아야 하는가? **당위**는 어디에서 찾을 수 있는가?

앞서 언급했듯, 모든 사람은 도덕적 가치관을 갖고 있다. 금기가 없는 부족은 없다. 그러나 금기란 단지 사회적 본성이라는 사실일 뿐이며 그 구체적 가치는 매우 다양하다. 사실 이러한 가치 중 상당수는 서로 충돌한다. 그러므로 우리는 "어느 가치가 참된 가치인가, 혹은 상위의 가치인가?"라는 질문을 던질 수밖에 없다.

이러한 상황이 널리 퍼져 있음을 감지한 문화인류학자들은 "도덕적 가치는 문화에 따라 상대적이다"라고 명확히 대답한다. 부족, 국가, 사회 단위에서 가치 있다고 말하면 가치가 있는 것이다. 그러나 여기에는 심각한 결함이 있다. 이 대답은 **존재**(특정 가치의 사실)는 **당위**(그렇게 되어야 하는 것)와 동일하다는 말을 다르게 표현한 것에 불과하다. 더구나 이것은 이웃의 도덕적 가치와는 다른 가치를 지닌 문화적 반역자의 상황을 설명하지 않는다. 문화적 반역자의 **존재**는 **당위**로 간주되지 않는다. 왜 그런가? 문화 상대주의의 대답은, 문화적 반역자의 도덕적 가치가 사회의 응집력을 흩어 버리거나 문화적 생존을 위태롭게 한다면 그 가치를 허용할 수 없다는 것이다. 그렇다면 결국 **존재**는 **당위**가 아님이 드러난다. 문화 상대주의자들은 가치—문화를 현재 상태로 유지하는 것—가 그 사회에 있는 한 명 혹은 그 이상의 반역자에 의해 사회가 파괴되거나 변형되는 것보다 더 가치 있다고 단언했다. 다시 한번 우리는 그 **이유**를 물을 수밖에 없다.

결국, 문화 상대주의는 영원히 상대적이지 않다. 그것은 문화 상대주의자들 스스로가 확정한 제일의 가치, 즉 문화는 보존되어야 한다는 가

York: Harper & Row, 1978), pp. 142-162를 보라. 윤리적 규범을 제공하려는 물리학의 문제점을 본 과학자 중 한 사람은 아인슈타인이었다. 그는 "자신의 전기 작가에게, 자신은 물리학에서 단 하나의 윤리적 가치도 끌어내지 않았다고 말했다"[Jaki, "Chance or Reality," P. Michelmore, *Einstein: Profile of the Man* (New York: Dodd, 1962), p. 251에서 재인용].

치에 근거한다. 그러므로 문화 상대주의는 **존재**에만 근거를 두지 않고 그 추종자들이 **당위**라고 생각하는 사실에도 근거를 둔다. 문제는 어떤 인류학자들은 문화 상대주의자가 아니라는 사실이다. 그들은 특정 가치는 매우 중요하기 때문에 어떠한 문화에서도 그것을 인정**해야 한다**고 생각한다.[23] 그러므로 만일 문화 상대주의자들이 동료를 설득하려면 그들의 가치가 왜 참된 가치인지 증명해야 한다.[24] 우리는 또다시 논증을 따라 내려가는 무한한 복도에 이른다.

그러나 다시 살펴보자. 우리는 지금 가치가 참으로 다양하게 존재한다는 사실이 의미하는 바를 살펴보고 있음을 잊지 말아야 한다. 이웃하는 부족 사이에도 가치관이 충돌한다. 어떤 부족은 자신의 가치관을 전파하기 위해 '종교 전쟁'을 일으킬지도 모른다. 그러한 전쟁들이 실제로 **있다**. 꼭 **그래야만** 하는가? 아마도 대립하는 가치관을 평가할 어떤 비대상적 기준이 실제로 존재할 때만 전쟁의 당위가 인정될 것이다. 그러나 자연주의자는 존재하는 여러 가치 중에서 어느 가치가 부족 간의 구체적 차이에 의미를 제공할 기본적 가치인지 결정할 방법이 없다. 자연주의자는 단지 가치의 사실을 지적할 수 있을 뿐이지 결코 절대적 표준을 가리킬 수 없다.

가치관이 근본적으로 다른 사람들을 분리해 놓을 넓은 공간이 있다면 이런 상황은 크게 문제 되지 않는다. 그러나 21세기의 전 지구적 공동체

---

23 *Darwin's Dangerous Idea*의 일부분에서 데닛은 아무런 근거도 없이 자신의 주관적 윤리를 일반화한다. "코끼리들을 구하라! 암, 그래야지. 그러나 **무슨 수를 써서라도** 그리하지는 말라. 예를 들어, 아프리카 사람들을 19세기식으로 살도록 강요하면서까지 그리하지는 말라는 뜻이다.…침례교인을 보호하라! 암, 그래야지. 그러나 **무슨 수를 써서라도** 그리하지는 말라. 그렇게 함으로써 어린아이들에게 자연계에 대한 의도적으로 잘못된 정보를 전달하게 된다면 그리하지 말라[즉, 그렇게 함으로써 아이들에게 창세기가 정말로 사실이라고 가르치게 된다면 그리하지 말라]"(pp. 515-516).
24 가치에 대한 블룸의 논의를 보라(*Closing of the American Mind*, pp. 25-43, 194-215).

에서 우리는 더 이상 그런 사치를 누릴 수 없다. 우리는 상충하는 가치들을 다룰 수밖에 없으며, 자연주의자들은 평화가 다른 가치의 보존보다 더 중요한지 알 수 있는 표준도 방법도 없다. 우리는 강도에게 폭력을 행사하지 않기 위해 우리의 소유를 포기할 수도 있다. 그러나 도시에 임대 부동산을 소유한 백인 인종차별주의자들에게는 뭐라고 말해야 하는가? 흑인이 그들의 부동산을 임대하려 할 때 누구의 가치가 그들의 행동을 지배해야 하는가? 누가 말하겠는가? 어떻게 판결을 내릴 것인가?

    이 논증도 앞서 그랬던 것과 같이 요약할 수 있다. 자연주의는 우리를 윤리적 상대주의의 상자 안에 가두었다. 상자 안에 있는 가치 중에서 무엇이 진실된 것인지 알기 위해서는 상자 밖에서 우리에게 주어진 판단 척도가 필요하다. 우리가 우리 자신과 타인에게서 관찰하는 상충하는 도덕적 가치를 평가할 수 있는 도덕적 다림줄이 필요하다. 그러나 상자 밖에는 아무것도 없다. 도덕적 다림줄도, 근본 원리도, 불별하는 가치 표준도 없다. 그러므로 윤리적 허무주의로 귀결된다.[25]

    그러나 허무주의는 철학이 아니라 하나의 감정이다. 프란츠 카프카는 도덕적 다림줄이 없는 세계에서 인간이 느끼는 삶의 감정을 다음과 같은 간단한 비유로 포착한다.

나는 첫 번째 보초를 지나쳐 달렸다. 그러고는 겁에 질린 채 다시 돌아와 보초에게 말을 건넸다. "저는 당신이 다른 데를 보고 있을 때 여기를 뛰어 지나

---

25 리처드 도킨스는 자연주의자들의 공통 입장을 대변한다. 그는 도덕적 판단을 내리면서(그는 약자는 단순히 죽도록 내버려 두어야 한다는 생각을 거부한다), 자신에게는 이 판단에 대한 이성적 근거가 없음을 인정한다. 자신의 삶을 위해 자연주의의 논리적 결과를 받아들이기 거부하는 자연주의자가 여기 있다. 자기 사상에 더 충실한 허무주의자들은 고통을 감내한다[*Space/Time Gazette*, Autumn 1995에서 닉 폴라드(Nick Pollard)와 도킨스의 인터뷰를 보라. 이 인터뷰는 *Newsletter of the ASA and CSCA*, July/August 1996, p. 4에 실렸다].

갔는데요." 보초는 앞만 바라볼 뿐 아무 말도 하지 않는다. 나는 말했다. "제가 하지 말아야 할 일을 했다고 생각하는데요." 그러나 보초는 여전히 침묵을 지킨다. "당신의 침묵은 제가 지나가는 것을 허용한다는 의미입니까?"[26]

사람들이 하나님―그분의 속성이 곧 도덕법이신―을 의식한다면, 또한 그들의 양심에 옳음에 대한 감각이 심겨 있다면, 그들이 법을 어길 때 보초들은 '정지'라고 외칠 것이다. 이제 보초들은 침묵한다. 그들은 어떤 왕도 섬기지 않고 어떤 왕국도 수호하지 않는다. 성벽이란 의미 없는 사실에 지나지 않는다. 누가 그 성벽을 기어오르거나 넘거나 돌파하더라도 보초는 전혀 불평하지 않는다. 그에게는 범죄의 사실이 아니라 죄책감만 남아 있다.[27]

잉마르 베리만(Ingmar Bergman)의 〈산딸기〉(Wild Strawberries)라는 영화에서 잊히지 않는 꿈 시퀀스가 있다. 어느 늙은 교수가 법정에 앉아 있다. 그가 재판장에게 자신의 죄가 무엇인지를 묻자 재판장이 대답한다.

"당신의 죄목은 죄책감입니다."

"그 죄가 심각합니까?" 노교수가 묻는다.

"매우 심각합니다." 재판장이 말한다.

그러나 죄책감이라는 주제에 관해 말한 것은 이것이 전부다. 하나님이 죽은 우주에서 사람들에게는 도덕법을 위반한 죄가 아니라 단지 죄책감만 있을 뿐이다. 이는 매우 심각한데, 죄책감에 대해 아무것도 할 수 없기

26　Franz Kafka, "The Watchman," in *Parables and Paradoxes* (New York: Schocken Books, 1961), p. 81.
27　*The Gay Science*에 실린 니체의 한 경구는 카프카의 비유를 반향한다. "죄책감, 비록 마녀들에 대한 가장 준엄한 재판자들도, 심지어 마녀들 자신도 마술에서 오는 죄책감을 확신했지만, 그럼에도 죄책감은 존재하지 않았다. 모든 죄책감이 이에 해당한다"[*The Portable Nietzsche*, trans. Walter Kaufmann (New York: Viking, 1954), pp. 96-97].

> 독자들도 잘 아는 것처럼, 내가 철학자들에게 요구하는 것은 선악 너머에 서라는 것이다. 곧 도덕적 판단이라는 환상을 자기의 발아래에 두라는 것이다. 이러한 요구는 내가 정식화한 통찰, 곧 도덕적 사실이란 도무지 존재하지 않는다는 통찰에서 나온 것이다. 도덕적 판단은 종교적 판단과 마찬가지로, 존재하지 않는 실재를 믿고 있다.
>
> 프리드리히 니체, "인류를 '개선하는 자들'"(The 'Improvers' of Mankind)

때문이다. 만일 누가 죄를 지었다면 속죄가 있을 수 있다. 만일 누가 법을 어겼다면 입법자가 그 죄를 용서할 수 있다. 그러나 단지 죄책감만 있다면, 그 지극히 개인적인 문제를 해결할 방법은 없다.[28]

이것이 바로 허무주의자의 실상이다. 도덕적 가치가 존재하고 객관적 기준으로 죄를 다스리는 정의의 법정이 있는 것처럼 행동하는 일을 피할 수 있는 사람은 없기 때문이다. 그러나 허무주의자에게는 법정이 존재하지 않고, 우리에게는 죄가 아니라 죄책감이 남는다. 정말 심각한 문제다.

의미의 상실

인식론적·형이상학적·윤리적 허무주의에서 뽑은 가닥으로 엮은 밧줄은 문화 전체를 교수형에 처하기에 충분한 길이와 강도를 지녔다. 그 밧줄의

---

28 혹자는 프로이트의 정신 분석이나 다른 정신 요법에 의해 바로 그러한 죄책감(즉 죄의식)이 제거될 수 있고 따라서 어떤 조치가 취해질 수 있다고 대답할지도 모르겠다. 그러나 이는 단지 인간의 무도덕성(amorality)을 강조할 뿐이다. 즉, 도덕적으로 행동하는 것을 전혀 허용하지 않음으로써 사람이 죄책감을 느끼는 문제를 해결한다.

이름은 '의미의 상실'이다. 우리가 자신과 세계와 타인을 어떤 의미 있는 존재로 간주하는 것은 완전한 절망으로 끝맺고 말았다. 의미 있는 것은 아무것도 없다.

커트 보니것 주니어는 창세기 1장을 패러디하여 이 현대의 딜레마를 포착했다.

태초에 하나님이 땅을 창조하시고 자신의 우주적 고독 속에서 땅을 내려다보셨다.

그리고 말씀하셨다. "우리가 진흙으로 생물을 만들어서 그 흙이 우리가 행한 일을 보게 하자." 그리고 하나님은 현재 활동하는 모든 생물을 창조하셨다. 사람도 그 가운데 하나였다. 사람 진흙(mud as man)만이 말할 수 있었다. 사람 진흙이 앉아서 주위를 돌아보며 이야기할 때 하나님도 굽어보셨다. 사람은 눈을 깜빡이며 공손히 여쭈었다.

"이 모든 것의 목적이 무엇입니까?"

"모든 것이 반드시 목적을 지녀야 하느냐?" 하나님이 반문하셨다.

"그렇습니다."

"그러면 이 모든 것의 목적에 대해 생각하는 것을 너에게 맡기겠노라" 하고 하나님은 말씀하셨다. 그리고 떠나셨다.[29]

언뜻 보면 이 이야기가 우주와 인간의 기원에 대한 유신론의 사상을 비꼰 것처럼 보이지만 실제는 그와 정반대다. 이것은 우리 인간의 딜레마를 보여 줌으로써 자연주의자의 관점을 비꼬는 것이다. 우리는 비인격적인 우주에 던져졌다. 자기의식과 자기 결정성을 지닌 존재는 태어나자마

---

29 Kurt Vonnegut, Jr., *Cat's Cradle* (New York: Dell, 1970), p. 177.

자 큰 질문을 던진다. "이 모든 것의 의미는 무엇입니까? 우주의 목적이 무엇입니까?" 그러나 그의 창조자—근본적으로 물질인 비인격적 힘—는 대답할 수 없다. 우주가 의미를 지니려면 우리 스스로 의미를 창출해야 한다.

  1장 서두에 인용한 스티븐 크레인의 시에 표현된 대로 인간의 존재는 우주에 아무런 '의무감'을 창출해 내지 않았다. 정확히 말하면, 우리가 존재한다. 그리고 끝이다. 창조자는 가치에 대한 감각도 없고 의무에 대한 감각도 없다. 우리만이 가치를 만든다. 우리의 가치는 가치 있는가? 어떤 표준으로 판단하는가? 오직 우리 자신의 표준으로 판단한다. 누구의 표준인가? 각 사람의 표준이다. 우리 각 사람은 자기 영역에서 군주이자 주교다. 그러나 우리의 영역은 점처럼 작은 왕국(Pointland)이다. 우리가 다른 사람을 만나는 순간 우리는 또 다른 군주와 주교를 만나게 된다. 두 명의 자유로운 가치 창출자를 중재할 길은 전혀 없다. 두 사람이 같이 순종을 바칠 군주는 존재하지 않는다. 여러 가치가 있으나 유일한 가치는 없다. 사회는 팔, 다리, 사마귀, 주름살 등 각 부분의 가치를 중재하는 어떤 뛰어나고 포괄적인 형상에 순종하는 유기체가 아니라 창 없는 단자(monad)의 무리, 점들의 집합체에 불과하다. 사회는 결코 몸이 아니다. 단지 한 무리에 불과하다.

  따라서 자연주의는 허무주의로 이어진다. 우리가 신의 죽음, 초월자의 상실, 우주의 폐쇄성 등의 의미를 심각하게 생각한다면, 바로 거기서 우리는 끝난다.

  그러면 왜 대부분의 자연주의자는 허무주의자가 아닌가? 명쾌한 대답이 가장 좋겠다. 즉, 자연주의자 대부분은 자신들의 자연주의를 진지하게 생각하지 않는다. 그들은 일관성이 없다. 그들은 일군의 가치를 긍정한다. 비슷한 일군의 가치를 긍정하는 친구가 있다. 그들은 아는 것처럼 보이지만 자신이 아는 것을 어떻게 알았는지는 묻지 않는다. 그들은 선택할 수 있는 것처럼 생각하지만 외견상의 자유가 실제로는 변덕인지 결정론인지 스스로 따지지는 않는다. 소크라테스는 검토되지 않은 삶은 살 가치가 없다고 했지만 자연주의자들이 보기에 이는 틀린 말이다. 자연주의자에게는 검토된 삶이 살 가치가 없는 삶이기 때문이다.

허무주의의 내적 긴장

문제는, 만일 검토의 결과가 항상 허무주의라면 아무도 검토된 삶을 살 수 없다는 것이다. 허무주의에 부합하는 삶을 사는 사람은 아무도 없기 때문이다. 허무주의자라도 매 단계, 매 순간마다 생각하며, 자신의 생각에 실체가 있다고 생각한다. 따라서 그는 자기의 철학을 기만한다. 내 생각에는, 적어도 다섯 가지 이유로 인해 허무주의로 살아가긴 어렵다.

첫째, 무의미에서는 어떤 것도 전혀 나올 수 없거나, 반대로 무엇이든 나올 수 있다. 만일 우주가 무의미하고 인간에게는 지적 능력이 없으며 부도덕이란 존재하지 않는다면, 어떤 행동도 가능하다. 무의미에 대한 반응은 어떤 행동이라도 무방한데, 더 적합한 행동도 덜 적합한 행동도 없기 때문이다. 자살도 하나의 행동이다. 그러나 그것이 월트 디즈니 영화를 보러 가는 것보다 더 적합하기에 '추구하는' 것은 아니다.

그러나 우리가 되는 대로 하지 않고 한 발을 다른 발 앞에 내딛는 행동의 과정을 밟고 있다면 우리는 어떤 목표를 긍정하는 것이다. 비록 자기 자신과만 관계가 있더라도 우리는 그 행동 과정의 가치를 긍정한다. 따라서 우리는 허무주의에 의해 사는 것이 아니다. 우리는 선택에 의해 가치를 창출하고 있다. 바로 이런 유형의 논증에서 허무주의를 극복하고 실존주의로 나아가려는 알베르 카뮈의 시도가 나온 것이다. 이에 관해서

는 다음 장에서 살펴보자.[30]

둘째, 허무주의자들이 생각을 하고 그 생각을 신뢰할 때마다 그들은 일관성이 없다. 생각이란 가치 있거나 지식에 이르게 할 수 있는 길이라는 사실을 그들이 부정해 왔기 때문이다. 그러나 허무주의자의 한 가지 긍정의 중심에는 자기모순이 있다. 허무주의자들은 **우주에는 의미가 없다**고 소리친다. 이 말은 그들이 유일하게 긍정하는 것은 무의미라는 말인데, 그 긍정이 무엇인가를 의미한다면 그것은 거짓이 되기 때문이다.[31] 실로 허무주의자들은 상자 안에 갇혀 있다. 그들은 아무 데도 갈 수 없다. 그들은 단지 존재하고 그저 생각하며, 그 존재나 생각이 어떤 것이든 아무 의미도 갖고 있지 않다. 그러한 행동으로 말미암아 정신병원에 입원한 사람들을 제외하고는 아무도 철저히 허무주의를 실천에 옮기지 않는 듯하다. 우리는 그렇게 행하는 사람을 환자로 치부한다.

셋째로, 제한된 형태의 실천적 허무주의는 한동안 가능하겠지만 결국 한계에 봉착하고 만다. 『캐치-22』(*Catch-22*)라는 코미디는 바로 이 전제를 소재로 한 작품이다. 요사리안 대위는 샤이스코프 중위의 부인과 불꽃 튀는 신학 논쟁을 벌이고 있었는데 논쟁의 상당 부분은 신에 대한 것이었다. 요사리안이 말한다.

[신은] 도무지 일하지 않는다. 그는 놀고 있거나 우리를 완전히 잊고 있다. 그

30　허무주의에 대한 이 주장은 Helmut Thielicke, *Nihilism*, trans. John W. Doberstein (London: Routledge and Kegan Paul, 1962), pp. 148-166, 특히 pp. 163-166에 힘입은 바 크다.

31　이 논증을 다른 방식으로 표현하면, 문장을 만드는 것은 매우 근본적인 행위, 의미에 대한 전형적 긍정이기 때문에 의미를 부정하는 문장을 만드는 것은 자기모순이라는 사실을 지적해 낼 수 있다. 키스 얀델(Keith Yandell)은 "Religious Experience and Rational Appraisal," Religious Studies, June 1974, p. 185에서 이 논증을 다음과 같이 표현했다. "만일 개념 체계 F가 (a) **F는 참이다**와 (b) **F는 참으로 추정된다**는 것이 양립하기 어렵다는 사실을 나타낼 수 있다면 이것은 **F가 거짓**이라고 생각할 좋은 근거(비록 결정적인 것은 아니지만)를 제공한다."

것이 바로 당신들이 이야기하는 신이다. 신은 고집쟁이 시골 양반, 즉 눈치 없고 솜씨 없고 멍청하고 자만심이 강한, 이상한 촌뜨기에 지나지 않는다.

제기랄! 그의 창조계 안에 가래나 충치와 같은 현상도 포함하는 것이 필요하다고 생각하는 최고의 존재에게 당신들은 얼마만큼의 존경심을 가질 수 있는가?[32]

요사리안의 독설을 제어하려고 몇 차례 시도해 보다가 결국 실패한 샤이스코프 중위의 부인은 폭력을 행사한다.

"그만! 그만해요." 샤이스코프 중위의 부인은 갑자기 고함을 지르며 두 주먹으로 그의 머리를 힘없이 두드린다. "그만하세요!"

"도대체 무엇 때문에 그리 화를 내십니까?" 당황한 그는 뉘우치는 어조로 묻는다. "저는 당신이 신을 믿지 않는다고 생각했습니다."

"예, 믿지 않아요." 샤이스코프 중위의 부인은 흐느끼더니 갑자기 격한 울음을 터뜨린다. "그러나 나는 믿지 않더라도 그분은 선하시고 공정하시고 자비로우신 분입니다. 당신이 묘사한 것처럼 천박하거나 어리석은 분이 아니라고요."[33]

여기에 또 다른 역설이 있다. 신을 부정하기 위해서는 부정할 신이 존재해야 한다는 것이다. **실천적** 허무주의자들에게는 싸워야 할 대상이 존재해야 한다. 실천적 허무주의자들은 의미에 붙어 사는 기생충이다. 부정할 것이 아무것도 남아 있지 않다면 그들은 움직일 힘을 상실할 것이다. 냉소주의자들이 마지막 사람들로 남게 되었을 때 그들이 할 일은 없다.

---

32 Joseph Heller, *Catch-22* (New York: Dell, 1962), p. 184. 『캐치-22』(민음사).
33 Heller, *Catch-22*, p. 185.

넷째로, 허무주의는 예술의 종말을 의미한다. 여기서도 우리는 역설을 찾아볼 수 있다. 대부분의 현대 예술—문학, 회화, 연극, 영화—은 허무주의를 사상적 핵심으로 삼기 때문이다. 대부분의 허무주의 문학 작품은 예술의 전통적 규범에 비추어 보아도 뛰어나다. 어니스트 헤밍웨이(Ernest Hemingway)의 "깨끗하고 밝은 곳"(A Clean, Well-Lighted Place, 민음사), 사뮈엘 베케트의 〈게임의 종말〉, 잉마르 베리만의 〈겨울 빛〉(Winter Light), 프란츠 카프카의 『소송』(The Trial), 프랜시스 베이컨의 교황의 두상을 주제로 한 일련의 그림들이 얼른 떠오른다. 비틀림은 이렇게 나타난다. 즉, 이러한 작품들이 허무주의 세계관에 대한 인간적 함의를 보여 준다는 점에서는 허무주의적이지 않지만 그 작품들 자체가 무의미하다는 점에서는 예술 작품이 아니라는 것이다.

예술은 형식을 갖추지 않으면, 즉 예술가가 어떤 구조를 부여하지 않으면 예술이 될 수 없다. 그런데 구조는 그 자체로 의미를 내포한다. 그러므로 예술 작품은 구조를 갖추고 있는 한 의미를 지니며 따라서 허무주의적이지 않다. 심지어 베케트의 〈숨소리〉에도 구조가 있다. 쓰레기 하치장에 쌓인 쓰레기나 채석장에서 방금 발파되어 쌓인 돌무더기에는 구조가 없다. 그것들은 예술 작품이 아니다.

몇몇 현대 예술은 무작위를 통해 반예술적이기를 시도한다. 존 케이지(John Cage)의 음악은 대부분 순전한 우연, 무작위성에 기초를 둔다. 그러나 그 음악은 지루하고 귀에 거슬리기 때문에 듣는 사람이 거의 없다. 그것은 예술이 아니다. 또한 카프카의 『단식 광대』(Hunger Artist)라는 작품이 있는데 이것은 공개 단식에서, 즉 무에서 예술을 이룩해 내려는 어떤 광대에 대한 훌륭한, 그러나 눈물겨운 이야기다. 아무도 그 광대를 쳐다보지 않는다. 사람들은 곡마단에서 그의 연기는 그냥 지나치고 우리 안에서 어슬렁거리는 어린 표범을 보러 간다. 표범의 '본성'조차도 허무주의자의 '예

> 젊은 웨이터와 나이 든 웨이터가 '깨끗하고 밝은' 술집을 정리하고 있다. 젊은 웨이터가 떠난 후 나이 든 웨이터가 홀로 남아 생각에 잠긴다.
>
> 　그는 무엇을 두려워하는가? 그것은 공포도 두려움도 아니었다. 그것은 그가 너무 잘 알고 있는 허무였다. 모든 것이 허무였고, 인간 또한 허무였다. 단지 그뿐이었고, 빛과 어느 정도의 깨끗함 및 정돈됨이 필요한 전부였다. 어떤 사람은 허무 가운데 살면서도 그것을 결코 느끼지 못하지만, 그는 그 모든 것이 나다(nada, 스페인어로 허무를 의미한다—옮긴이)이고 나다이며 나다이고 나다임을 잘 알고 있다. 나다에 있는 우리 나다님. 그대의 이름이 나다가 되게 하시며, 그대의 나라가 나다가 되고, 뜻이 나다에서 이루어진 것처럼 이 나다에서도 이루어지게 하소서. 이 나다인 우리에게 우리의 일용할 나다를 주시고, 우리가 우리의 나다를 나다로 만든 것처럼, 우리가 우리의 나다가 되게 하시고, 우리가 나다에 들지 않게 하시고 다만 나다에서 구하소서. 그리고 나다, 허무로 가득한 허무를 찬미하라. 허무가 그대와 함께하노라. 그는 미소를 지으며 빛나는 증기압 커피 머신이 있는 바 앞에 섰다.
>
> **어니스트 헤밍웨이, "깨끗하고 밝은 곳"**

술'보다 더 흥미롭다. 매우 짧은 작품인 〈숨소리〉 역시 구조가 있으며 무엇인가를 의미한다. 비록 그 작품이 인간은 무의미하다는 사실 하나만을 의미하더라도 그것은 우리가 앞서 살펴본 역설과 관계되어 있다. 요컨대, 허무주의자들이 허무주의의 방법으로 그들의 작품을 표현하려는 역설적 시도를 함에도, 예술은 의미를 지니며 궁극적으로 비허무주의적이다.

　마지막 다섯째로, 허무주의는 허무주의자들에게 심각한 심리적 문제를 일으킨다. 사람들은 허무주의를 갖고 살 수 없다. 허무주의는 깨어 있는 존재가 요구하는 모든 것—의미, 가치, 중요성, 존엄성, 진가 등—을 부정하기 때문이다. 블룸은 이렇게 말한다. "니체는 편안하고 자기 만족적인 무신론을 고뇌에 찬 무신론으로 대치했으며, 인간적 차원에서 그에 따른 고통스런 결과를 초래했다. 그에 따르면, 믿으려는 갈망은 그 갈망을 충족하려는 고집스러운 거부와 함께 우리의 전체적인 영적 상태에 대한 심오한 반응이다."[34]

니체는 정신병원에서 생을 마감했다. 어니스트 헤밍웨이도 '생활 양식'은 긍정했으나 결국 자살하고 말았다. 베케트는 블랙 코미디를 썼다. 보니것과 애덤스는 기행에 빠져 있다. 아마도 이들 중에서 가장 위대한 예술가인 카프카는 거의 불가능할 정도로 지루한 삶을 살면서 다음과 같은 지속적 절규를 격렬히 내뱉는 소설과 이야기를 썼다. "신은 죽었다! 신은 죽었다! 그렇지 않은가? 내 말은, 분명 그가 죽었다는 것이다. 그렇지 않은가? 신은 죽었다. 아! 그가 존재하지 않기를 나는 원하고 또 원한다."

그렇게 허무주의는 현대인의 중심 사조를 형성한다. 허무주의자들의 절망을 들여다보지 않고 그들의 말을 들어 보지 않고 그들이 느꼈던 것을 느껴 보지 않은 사람—비록 그들의 예술을 통해 간접적으로나마—은 지난 세기를 이해할 수 없다. 현대인이 서양 문화권에서 삶을 건설해 가려면, 허무주의라는 안개 낀 강가의 습지대를 반드시 통과해야 한다. 우리의 질문에 대한 쉬운 답은 없다. 또한 그 답이 어떤 가치 있는 것도 존재하지 않을 수 있다는 가능성이 야기한 문제를 심각하게 생각하지 않는다면 이는 무가치한 답변에 지나지 않는다.

---

[34] Bloom, *Closing of the American Mind*, p. 196.

성찰과 토론을 위한 질문

1. 주위의 문화에서 허무주의적 견해를 표현하는 예를 몇 가지 들어 보라.
2. 인간의 자유가 궁극적으로는 허상이더라도 지각된 자유만으로 충분하다는 견해에 관해 어떻게 생각하는가?
3. 문화 상대주의가 그토록 영향력 있는 견해가 된 이유는 무엇이며, 그 견해의 약점은 무엇인가?
4. 허무주의를 이해하는 것이 과거와 현재의 서양 문화를 바라보는 데에 어떠한 통찰을 주는가?

6장

허무주의를 넘어서: 실존주의

존재하는 모든 것은 이유 없이 태어나, 연약함 속에서 살다가, 우연히 사라진다. 나는 몸을 뒤로 젖히고 눈을 감았다. 미리 경고된 상(像)이 갑자기 달려들어 그들의 존재로 내 망막을 가득 채운다. 그 존재는 사람이 결코 떨쳐 버릴 수 없는 충만이다.…나는 그것이 세계, 갑자기 그 모습을 드러낸 벌거벗은 세계임을 알았다. 그리고 엄청나게 부조리한 이 존재를 보는 순간 분노로 숨이 막히는 것 같았다.

장폴 사르트르, 『구토』(Nausea)

1950년에 발표한 어떤 글에서 알베르 카뮈는 이렇게 썼다. "절망의 문학이란 말은 용어상 모순이다.…허무주의라는 매우 어둡고 깊은 현대의 구렁텅이 속에서 나는 오로지 허무주의를 초월할 방법을 추구해 왔다."¹ 여기에 실존주의의 가장 중요한 목표가 한 구절로 압축되어 있다. "허무주의를 초월할." 사실 20세기 초 이후 등장한 주요 세계관들은 모두 허무주의 초월을 주요 목표로 삼아 왔다. 문화적으로 널리 퍼져 있는 세계관으로부터 직접 비롯된 허무주의는 우리 시대의 문제이기 때문이다. 이 사실을 무시하는 세계관은 현대에 사고하는 사람들에게 그 관련성이 입증될 가능성이 거의 없다. 실존주의, 특히 세속적 형태의 실존주의는 허무주의를 진지하게 취급할 뿐 아니라 그에 대한 해답이기도 하다.

실존주의는 완숙한 세계관이 아니기 때문에 이전 세계관과의 관계에 따라 두 가지 기본 형태를 띠고 있음을 처음부터 인식하는 것이 중요하다. 무신론적 실존주의는 자연주의에 기생하고 있으며, 유신론적 실존주의는 유신론에 기생하고 있다.²

역사적으로 살펴보면 묘한 상황이다. 한편으로, 무신론적 실존주의는 허무주의로 귀결된 자연주의의 문제를 극복하기 위해 발생했지만, 니체에게서 나타난 주요 주제가 왜곡된 것을 제외하면 20세기 들어서도 한참 동안 온전히 나타나지 않았다.³ 다른 한편으로, 유신론적 실존주의는 쇠

---

1   Albert Camus, *L'Été*, John Cruickshank, *Albert Camus and the Literature of Revolt* (New York: Oxford University Press, 1960), p. 3에서 재인용.
2   이러한 주장은 C. 스티븐 보드에게 힘입은 바가 크다.
3   내가 여기서 언급하는 주제는 위버멘쉬(독일어로 Übermensch, 영어로 'Overman' 혹은 'Superman')라는 개념으로 귀결되는 '힘을 향한 의지'(will to power)로서, 윤리학이나 인식론에

6장 허무주의를 넘어서: 실존주의   189

렌 키르케고르(Søren Kierkegaard)가 덴마크 루터교의 죽은 정통주의에 대응함으로써 19세기 중반에 탄생했다. 그러나 제1차 세계대전 이후에야 이 두 형태의 실존주의는 문화적 중요성을 지니게 되었는데, 허무주의가 마침내 지성계를 장악하고 보통 사람들의 생활과 태도에 영향을 끼치기 시작한 것이 바로 그때부터였기 때문이다.[4]

제1차 세계대전은 민주주의에 대한 신뢰를 흔들어 놓았다. 자유분방한 신여성, 밀주, 불합리한 금주법에 대한 공공연한 위반, 일확천금을 약속하는 주식 시장 등 이 모든 것이 황폐한 1930년대 미국의 막을 열었다. 독일에서 국가 사회주의가 등장하고 인간 존엄성을 짓밟는 믿을 수 없는 비극이 벌어지면서, 전 세계의 학생과 지식인들은 금방이라도 인생은 부조리하고 인간은 무의미하다는 결론을 내릴 것 같았다. 그러한 좌절과 문화적 불만의 토양 속에서 무신론적 실존주의는 문화적 뿌리를 내렸고, 1950년대에 이르러서는 주요 세계관으로 꽃을 피웠다.

모든 세계관은 그 안에서 어느 정도 미묘한 차이가 있다. 실존주의도 예외는 아니다. 같은 실존주의자이자 한때 친구였던 알베르 카뮈와 장폴 사르트르는 주요한 차이들 때문에 불화하게 되었다. 또한 마르틴 하이데거(Martin Heidegger)의 실존주의는 사르트르의 실존주의와 매우 다르다. 그러나 다른 세계관과 마찬가지로 주요 특징과 일반적 경향에 초점을 맞출 것이다. 뒤에서 나열되는 명제 대부분의 언어는 사르트르나 카뮈에게서 유래한 것이다. 이는 매우 의도적인데, 현대의 지식 계층에서 대부분 그러한 표현으로 이해하고 있으며 사르트르와 카뮈가 그들의 철학 논문보다 문학 작품을 통해 오늘날에도 막대한 영향력을 행사하고 있기 때문

대한 초월적 기준을 완전히 상실한 이후 남는 것을 가리킨다. 포스트모더니즘을 다룬 부분(9장)에서 이를 논할 것이다.

4 이렇게 해서 광인의 비유에 등장하는 니체의 '예언'이 성취된다. 9장을 보라.

이다. 많은 현대인에게 실존주의의 명제들은 너무 명백한 것으로 보이기 때문에 사람들은 "그들이 무엇을 전제하고 있는지 알지 못한다. 사물을 달리 표현할 방법을 생각하지 못하고 있기 때문이다."[5]

무신론적 실존주의의 기본 내용

무신론적 실존주의는 세계관 질문 1(최고의 실재), 4(죽음), 5(지식), 6(윤리), 7(역사)에 대한 자연주의의 대답을 받아들이면서 시작한다. 요약하면 다음과 같다. 물질은 영원히 존재하며, 신은 존재하지 않는다. 죽음은 인격성과 개별성의 소멸이다. 과학의 방법을 포함해, 우리의 타고난 자율적 이성을 통해 우리는 우주를 알 수 있다. 이 세상을 포함한 우주는 정상 상태에 있는 것으로 이해된다. 윤리는 인간과만 관계된 것이다. 역사는 사건들이 원인과 결과로 연결된 직선적 흐름이지만, 이를 포괄하는 목적은 없다.

다시 말해, 무신론적 실존주의는 인간의 본성 및 인간과 우주의 관계에 대한 명제를 제외하고는 자연주의의 명제 대부분을 긍정한다. 실로 실존주의의 주요 관심사는 우리의 인간성, 그리고 인간이 의미가 없다면 무의미한 세상에서 우리가 어떻게 의미 있을 수 있는지에 관한 것이다.

---

1. 세계관 질문 2(외부 실재): 우주는 단지 물질로 구성되었다. 그러나 인간에게는 실재가 주관과 객관이라는 두 가지 형태로 나타난다.

세계는 인간이 등장하기 훨씬 전부터 존재했다고 가정된다. 세계는 구조적이거나 무질서하고, 불변의 법칙에 의해 결정되거나 우연에 종속된다.

---

5   A. N. Whitehead, *Science and the Modern World* (1925; reprint, New York: Mentor, 1948), p. 49.

어느 경우든 차이는 없다. 세계는 그저 존재할 뿐이다.

그때 어떤 새로운 의식적 존재가 탄생했다. 즉, **그것**(it)과 구별되는 **자신**(he/she)을 인식하며, 자신의 운명을 결정하고, 질문하고, 숙고하고, 의문을 제기하고, 의미를 추구하고, 외부 세계에 특별한 가치를 부여하고, 신들(gods)을 만들어 내는 등의 일을 하도록 결정된 것처럼 보이는 의식적 존재가 탄생했다. 간단히 말해, 그때 인간이 탄생했다. 아무도 그 이유를 모르지만, 이제 우주에는 두 가지 존재가 있게 되었다. 한 존재가 다른 존재를 자신에게서 쫓아내 별개의 존재로 독립하게 했던 것처럼 보인다.

첫 번째 종류의 존재는 객관적 세계다. 이 세계는 물질의, 불변의 법칙의, 원인과 결과의, 연대기적인 즉 시계로 측정될 수 있는 시간의, 계속해서 변하는, 기계 장치의 세계다. 우주의 기계 장치, 회전 운동을 하는 전자, 소용돌이치는 은하, 낙하하는 물체, 상승하는 가스, 흐르는 물―이것들은 각각 자기의 일을 하되 영원히 무의식적이며 그것이 존재하는 장소와 시간에 영원히 존재할 뿐이다. 실존주의자들은 바로 여기가 과학과 논리학의 세계라고 이야기한다. 우리가 사는 우주의 상태에 관한 면밀한 관찰, 기록, 가설 수립, 실험에 의한 검증 등을 통해 이론을 항상 다듬고 가정을 증명함으로써 우리는 객관적 외부 세계를 알 수 있다.

두 번째 종류의 존재는 주관적 세계다. 이 세계는 정신의, 의식의, 인식의, 자유의, 안정의 세계다. 이 세계에서 정신의 내적 인식은 의식이 있는 현재이며 항시적 현재다. 주체는 결코 과거나 미래가 아니고 항상 현재하기 때문에 시간은 무의미해진다. 과학과 논리는 이 영역에 침투할 수 없다. 그것들은 주관성에 대해 할 말이 없다. 주관성은 자아가 아닌 것에 대한 자아의 파악이다. 주관성은 자아가 아닌 것을 그 자신의 일부분으로 만든다. 주체는 지식을 받아들이되 병이 액체를 받아들이듯 하지 않고 유기체가 음식을 받아들이듯이 한다. 지식은 인식자로 변한다.

> 존재는 멀리서 생각해 줄 수 있는 것이 아니다. 그것은 갑자기 당신을 덮치고, 당신을 지배하며, 마치 움직이지 않는 거대한 짐승처럼 당신의 마음을 짓눌러야 한다. 그렇지 않으면 더 이상 아무것도 존재하지 않는 것이다.
>
> 로캉탱의 말, 장 폴 사르트르, 『구토』

자연주의는 객관적 세계를 실재하는 것으로, 주관적 세계를 그 그림자로 간주함으로써 두 세계의 통일성을 강조했다. 피에르 장 조르주 카바니는 "간이 담즙을 분비하듯이 뇌는 생각을 분비한다"고 말했다. 실재하는 것은 객관적인 것이다. 그러나 사르트르는 "모든 유물론의 결과 인간은 물질로 취급되었다. 즉, 철학하는 사람을 포함하여 모든 인간은 책상, 의자, 돌 등의 물질 현상과 특성의 앙상블과 구별되지 않는 결정된 반응의 앙상블로 간주되었다"고 말했다.[6] 앞서 보았듯, 그 길은 허무주의에 이르는 길이다. 실존주의자들은 다른 길을 택했다.

실존주의는 두 세계의 불일치를 강조했으며 사르트르가 "물질의 영역과 구별된 가치들의 앙상블"[7]이라고 부른 주관적 세계를 선호하려는 경향이 매우 강했다. 인간이 **유일한** 주관적 존재이기 때문이다. 대부분의 실존주의자가 고려조차 하지 않는 외계인이 존재하지 않는 한, 우리는 우주에서 자기의식과 자기 결정성이 있는 유일한 존재다. 우리가 그렇게 된 이유는 찾아낼 수 없다. 그러나 우리는 우리에게 자기의식과 자기 결정성이 있다는 것을 알며, 이러한 터 위에서 작업을 시작한다.

---

[6] Jean-Paul Sartre, "Existentialism," reprinted in *A Casebook on Existentialism*, ed. William V. Spanos (New York: Thomas Y. Crowell, 1966), p. 289.

[7] Sartre, "Existentialism," p. 289.

과학과 논리학이 우리의 주관성을 관통하지 못하지만, 가치와 의미와 중요성은 과학과 논리학에 얽매여 있지 않기 때문에 괜찮다. 우리는 **의미를 지닐 수 있다.** 우리는 **가치 있는 존재가 될 수 있다.** 더 나아가, **우리는 의미를 지니면서 가치 있는 존재가 될 수 있다.** 우리의 중요성은 우리가 통제할 수 없는 객관적 세계의 사실들에 달린 것이 아니라 완전히 통제할 수 있는 주관적 세계의 의식에 달려 있다.

---

2. 세계관 질문 3(인간): 인간은 복잡한 '기계'다. 인격은 우리가 아직 충분히 이해하지 못하고 있는, 화학적·물리적 특성의 상호 관계다. 인간만이 그 실존(existence)이 본질(essence)에 앞서기 때문에 사람은 스스로를 만들어 간다.

무신론적 실존주의는 인간 본성에 관한 기본 관점에서는 자연주의와 동일하다. 인간에게는 순전한 의미에서 초월적 요소가 하나도 없지만, 한 가지 중요한 특징을 나타낸다. 사르트르의 말을 빌리면, "신이 존재하지 않는다면, 그 실존이 본질에 앞서는 한 존재, 어떤 개념으로도 정의될 수 있기 전에 존재하는 한 존재가 적어도 하나는 있을 것이며…그 존재는 바로 인간이다." 이 문장은 실존주의의 핵심에 관한 가장 유명한 정의다. 사르트르는 계속해서 말한다. "먼저 인간이 존재하고, 나타나며, 무대에 등장한다. 그리고 그 후에야 자신을 정의한다."[8]

객관적 세계와 주관적 세계의 구분에 다시 한번 주의를 기울여 보라. 객관적 세계는 본질의 세계다. 모든 것은 고유한 특성을 띠고 나타난다. 소금은 소금이고, 나무는 나무이며, 개미는 개미다. 인간만이 자신을 인간으로 만들기 전에는 인간이 아니다. 인간은 자기의식과 자기 결정성의

---

8   Sartre, "Existentialism," p. 278.

활동을 통해 자신을 인간으로 만든다. 사르트르에게 다시 돌아가 보자. "처음에 그는[어떠한 인간도] 아무것도 아니다. 그 후에 그는 어떤 것이 될 것이며, 그 자신이 원하는 존재로 스스로 빚어 갈 것이다."[9] 주관적 세계는 모든 주관적 존재, 즉 모든 사람의 의도대로 된다.

이것이 실제로는 어떻게 작동하는가? 한 예로 어떤 군인이 자신이 겁쟁이라서 두려워하고 있다고 하자. 그는 겁쟁이인가? 그가 겁쟁이처럼 행동했을 때만, 그리고 그 행동이 미리 규정된 본성에서 발생하지 않고 총탄이 날아다니는 상황에서 그가 내린 선택에 의해 발생한 경우에만 겁쟁이라 할 수 있다. 즉, 그가 겁쟁이처럼 행동하고 그 행동이 그의 선택에 의해 일어났을 경우, 바로 그러한 경우에만 우리는 그를 겁쟁이라 부를 수 있다. 그러므로 만일 어떤 군인이 자신이 겁쟁이임을 두려워한다면 용감한 행동이 필요할 때 용감한 행동을 하게 하라.[10]

---

3. 세계관 질문 3(인간), 계속됨: 각 인간은 자기의 본성과 운명에 대하여 완전히 자유롭다.

명제 2로부터 인간은 완전히 자유롭다는 결론을 얻을 수 있다. 우리는 우리의 주관성을 갖고 상상할 수 있는 어떤 것도 강요받지 않고 행할 수 있다. 우리는 생각, 결심, 상상, 꿈꾸기, 이상(理想) 설정, 고려, 숙고, 발명 등을 할 수 있다. 우리 각자는 자신의 주관적 세계를 지배하는 군주다.

우리는 존 플랫이 스키너의 자연주의적 행동주의를 실존주의 입장에서 옹호한 데서 인간 자유에 대한 이런 이해를 접한다.

---

9   Sartre, "Existentialism," p. 278.
10 이 예화는 Sartre, "Existentialism," pp. 283-284에서 가져왔다.

객관적 세계, 즉 고립되고 조절된 실험의 세계는 물리학의 세계다. 주관적 세계, 즉 지식, 가치, 판단, 행동의 세계―실제로 이러한 실험을 고안한 목적이 되는 세계―는 인공 두뇌학의 세계, 우리 자신의 목적을 추구하는 행동의 세계다. 결정론이나 비결정론은 경계 저편에 있는 반면, 보통 말하는 '자유의지'라는 개념은 경계 이편에 있다. 이 둘은 서로 다른 세계에 속해 있으며, 한 편에 대한 진술은 다른 편에 대해서 어떠한 의미도 지니지 않는다.[11]

그러므로 우리는 내적으로 자유롭다. 따라서 우리는 가치를 긍정함으로써 우리 자신의 가치를 창조할 수 있다. 우리는 똑딱거리는 시계, 떨어지는 물, 회전하는 전자 같은 객관적 세계에 매이지 않는다. 가치는 내면에 있으며, 그 내면은 각 사람에게 있다.

4. 세계관 질문 2(외부 실재), 3(인간), 4(죽음): 매우 정교하고 빈틈없이 조직된 객관적 세계는 인간과 대립하며 부조리해 보인다.

객관적 세계는 자연주의자들의 주장처럼 본질적으로, 또한 자연히 법과 질서의 세계―비록 우연에 의해 새로운 구조로 설립되었지만―로 여겨졌다. 이것은 **거기 있음**(thereness)의 세계다.

하지만 인간에게는 사실성, 즉 단단하고 차갑게 거기 있는 세계가 소외로 여겨진다. 우리는 자신의 주관성을 형성함으로써 자신을 원하는 존재로 빚어 가기에, 객관적 세계가 부조리하다고 여긴다. 그 세계는 우리에게 맞지 않는다. 우리의 꿈, 이상, 욕망 등 우리 내면에 있는 모든 가치의 세계는 우리의 소망과는 무관한 우주와 정면충돌한다. 10층에서 뛰어내

---

11   John Platt, *Center Magazine*, March-April 1972, p. 47.

려도 안전하게 땅에 닿을 수 있다고 하루 종일 생각해 보라. 그러고 나서 시도해 보라.

객관적 세계에는 질서가 있다. 몸은 받치는 것이 없으면 떨어진다. 주관적 세계는 질서를 알지 못한다. 주관적 세계에 존재하는 것―지금 여기에 있는 것―은 **그저 존재한다.**

그러므로 우리는 모두 낯선 땅에 있는 이방인이다. 이 사실을 받아들이는 법을 빨리 배울수록 우리는 더 빨리 소외를 초월해 절망을 통과하게 된다.

가장 극복하기 힘든 사실은 궁극적 부조리, 즉 죽음이다. 우리는 하나의 주체로 남아 있는 한 자유롭다. 죽으면 단지 많은 객체 중 하나가 될 뿐이다. 그래서 카뮈도 인간은 항상 부조리에 직면해서 살 수밖에 없다고 말한다. 인간은 자신의 비실존(nonexistence)으로의 경향을 잊어서는 안 되며, 삶에 대한 사랑과 죽음의 확실성 사이의 긴장을 극복하며 살아야 한다.

---

5. 세계관 질문 6(윤리): 객관적 세계의 부조리를 충분히 인식하고 그에 반대하는 진정한 인간(authentic person)이 반란을 일으키고 가치를 창출한다.

실존주의는 바로 이 점에서 허무주의를 극복한다. 우리가 의식하는 존재로서 위치하는 객관적 세계에는 가치 있는 것이 없지만, 우리는 의식이 있는 한 가치를 창조한다. 진정한 실존의 삶을 사는 자는 우주의 부조리를 끊임없이 의식하면서도 그 부조리에 대항하여 의미를 창조한다.

표도르 도스토옙스키(Fyodor Dostoyevsky)의 "지하생활자"(underground man)는 외견상 합리적 이유 없이 반항하는 자의 전형이다. 이야기 속에서 지하생활자는 다음과 같은 도전을 받는다.

둘 더하기 둘은 넷이다. 자연은 네 의견을 구하지 않는다. 네 선호가 어떻든, 자연의 법칙을 승인하든 말든 자연은 관심을 기울이지 않는다. 너는 자연을 있는 그대로, 그것이 의미하는 모든 결과도 고스란히 받아들여야 한다. 벽은 어디까지나 벽이니까….

여기서 언급된 벽은 '자연의 법칙', '자연과학과 수학의 결론'을 가리킨다. 그러나 지하생활자도 맞서서 이렇게 도전한다.

제기랄, 도대체 둘 더하기 둘은 넷이라는 법칙이 내 마음에 안 드는 이상 자연의 법칙이니 수학이니 하는 게 무슨 상관이냐! 물론 내 이마로 저 벽을 무너뜨릴 수는 없다. 내게 그럴 만한 힘이 없으니까. 그러나 단지 저 돌벽이 저기 있고 내게 뚫고 나갈 힘이 없다는 이유로 저 돌벽을 받아들일 필요는 없는 것이다.[12]

그러므로 객관적 세계로 주관적 세계에 맞서게 하고 최종 무기인 죽음을 내보이는 것으로는 불충분하다. 진정 인간이 되고자 하는 인간은 그런 것에 설복되지 않는다. 우주라는 기계의 한 톱니바퀴가 되는 것은 죽음보다 훨씬 나쁘다. 그래서 지하생활자는 이렇게 말한다. "인간의 삶의 지니는 의미는 자신이 한낱 피아노 건반이 아니라 어엿한 인간이라는 사실을 매 순간 스스로 입증하는 데 있다."[13]

무엇이 선인지 이해하는 체계인 윤리학은 실존주의자들에게는 간단히 풀리는 문제다. 선한 행동은 의식적으로 선택한 행동이다. 사르트르는 이

---

12   Fyodor Dostoevsky, *Notes from Underground*, trans. Andrew R. MacAndrew (New York: New American Library, 1961), p. 99. 『지하생활자의 수기』(문예출판사).
13   Dostoevsky, *Notes from Underground*, p. 115.

> 내가 성부 하나님을 버렸다고 해도, 가치를 창조할 누군가는 있어야 한다. 당신은 사물을 있는 그대로 받아들여야 한다. 게다가 우리가 가치를 만든다는 말은 삶이 선험적으로 의미를 갖는 것은 아니라는 말과 같다. 당신이 살아 있기 전에 삶은 아무것도 아니다. 거기에 의미를 부여하는 것은 당신에게 달려 있다. 가치는 당신이 선택하는 의미 외의 다른 것이 아니다. 그런 식으로, 당신은 인간 공동체를 만들 가능성이 있음을 본다.
>
> 장폴 사르트르, 『실존주의와 인간 감정』

렇게 쓴다. "이것 혹은 저것이 되기로 택하는 일은 동시에 자신이 택한 것의 가치를 긍정하는 일이다. 우리는 결코 악을 선택할 수 없기 때문이다. 우리는 항상 선한 것을 선택한다."[14] 그러므로 인간의 선택은 무엇이든 선한 것이다. 선한 것은 주관성의 일부다. 그것은 개별 인간의 차원을 벗어난 기준으로 측정할 수 없다.

이런 입장을 지닐 때 두 가지 문제가 발생한다. 첫째로, 주관성은 유아론으로 이어진다. 즉, 각 개인만이 가치의 결정자임을 긍정하게 되고, 따라서 어느 시대나 그 시대에 사는 사람의 수만큼이나 많은 가치 중심(center of value)이 있음을 인정하게 된다. 사르트르는 이러한 반대를 인식하고, 모든 사람은 다른 사람을 만날 때 상호 인식할 수 있는 주관의 중심을 만나는 것이라고 주장하면서 반박한다.[15] 따라서 우리는 분명히 다른 사람들도 우리처럼 그들 자신을 위한 의미를 창조해 나가고 있음을 알게 된다. 우리는 이 부조리한 세상에 함께 살며 우리의 행동은 서로 매우

14　Sartre, "Existentialism," p. 279.
15　Sartre, "Existentialism," p. 289.

긴밀한 영향을 끼치기 때문에 "모두에게 선이 되지 않으면서 우리에게 선이 될 수 있는 것은 없다."[16] 게다가, 내가 생각하고 행동하며 나의 주관성을 실현해 나갈 때 나는 사회적 활동에 참여하고 있는 것이다. "나는 내가 선택한 특정한 인간상을 창조하고 있다. 나 자신을 선택할 때, 나는 인간을 선택한다."[17] 그러므로 사르트르에 따르면, 진정한 삶을 사는 사람은 자신뿐만 아니라 다른 사람을 위해서도 가치를 창조한다.

사르트르가 언급하지 않은 두 번째 반대가 있으며, 이것이 더욱 의미 있어 보인다. 사르트르가 말한 것처럼 우리가 단순히 가치를 선택함으로써 가치를 창조하고 따라서 '악을 선택할 수 없다'면 선은 의미를 지니는가? 첫 번째 대답은, 의미가 있다는 것이다. 악은 '선택하지 않는 것'이기 때문이다. 다시 말해, 우주의 부조리를 인식하지 않고, 즉 부조리를 무시해 버리고 다른 사람의 지시를 받으며 살고, 자신이 속한 사회에 이리저리 끌려다니며 사는 수동성이 바로 악이다. 만일 선택하는 것이 선이라면 선택하라. 사르트르는 언젠가 그에게 상담하러 온 젊은이에게 이런 충고를 했다. "자네는 자유롭네. 선택하게나. 즉, 창조하라는 말일세."[18]

이 정의가 인간의 도덕적 감수성을 만족시키는가? 선이란 단지 열정적으로 선택한 어떤 행동에 불과한가? 우리 대부분은, 앞뒤를 훤히 알고 선택했다고 생각했지만 결국은 매우 잘못되었던 경험을 생각해 볼 수 있다. 러시아의 유대인 학살은 어떤 정신 구조에서 명령이 내려지고 실행되었는가? 또한 베트남 촌락들이나 오클라호마의 연방 정부 청사나 유나바머[Unabomber, 미국의 수학자이자 테러리스트 시어도어 카진스키(Theodore Kaczynski)의 별명. 그가 초기에 주로 대학교(University)와 항공사(Airline)에 폭발물

---

16   Sartre, "Existentialism," p. 279.
17   Sartre, "Existentialism," p. 280.
18   Sartre, "Existentialism," p. 285.

우편을 보낸 데 착안해 FBI에서 붙인 명칭이다—편집자)의 표적들에 대한 폭격은 어떤가? 2001년 9월 11일에 세계무역센터를 잿더미로 만든 테러는 또 어떤가? 사르트르는 많은 전통적 도덕가가 인정한다는 것을 근거로, 매우 도덕적으로 보이는 원칙들을 지지했다. 그러나 모든 실존주의자가 사르트르처럼 행동하지는 않았다. 그리고 이 체계는 유나바머가 자신의 살인 행위에 대한 윤리적 면죄를 주장할 가능성 혹은 9·11 사건의 가해자들이 자신들의 명분이 고귀하다며 미화할 여지를 남기는 듯하다.

도덕의 근거를 각 개인의 주관성에 두면, 어떤 것이 우리의 본유적인 선 관념을 만족시킨다고 해도 그것을 근거로 도덕적 행위와 부도덕적 행위를 구분할 수가 없게 된다. 다른 사람에게도 나와 똑같은 권리가 있기 때문이다. 사르트르가 말한 것처럼 내가 다른 사람을 위해 선택했을지라도 나의 선택이 다른 사람에게는 바람직한 선택이 아닐 수 있다. 관련된 '주체' 외부의 어떤 표준이 정당한 행동과 '주체' 사이의 관계를 올바르게 형성하는 데 긴요하다.

---

6. 세계관 질문 8(핵심 헌신): 완전히 만개한 무신론적 실존주의자들의 핵심 헌신은 자기 자신을 향한다.

평범한 자연주의자는 가족이나 이웃, 지역 사회나 국가, 환경이나 세계를 위해 헌신하기를 택할 수 있다. 자연주의자가 이기주의나 자기중심성을 가장 중요한 것으로 나타낼 필요는 없었다. 그러나 완전히 만개한 무신론적 실존주의자들은 이미 자기 자신에게 헌신하고 있다. 그들이 인간 자아는 미래에 되어야 할 존재로 스스로를 만들어 가고 있다는 사르트르의 생각에 헌신하고 있다면, 그들은 자신만의 나라(pointland)에서 스스로 군주이자 주교인 셈이다. 그들이 스스로 자신을 만들기 때문에 자기 자신에

대해서만 책임을 진다. 그들은 자신이 부조리한 세계 속 유한한 존재임을, 자신도 예외 없이 죽는다는 것을 안다. 그들 가치의 진정성은 그들 자신의 의식적 선택에 의해서만 나온다.

실존주의를 유아론이자 윤리적 기반을 제공할 수 없는 상대주의라고 비난하고 제쳐 놓기 전에, 우리는 선한 삶이 어떻게 규정되고 영위될 수 있는지 실증하려 했던 알베르 카뮈의 고귀한 시도를 더 숙고해 보아야 한다. 이것이 바로 카뮈가 『페스트』(The Plague)에서 스스로 설정했던 과제다.

신 없는 성인

『카라마조프가의 형제들』(The Brothers Karamazov, 1880)에서 도스토옙스키는 이반 카라마조프를 통해 만일 신이 죽었다면 모든 것이 허용된다고 말한다. 다시 말해, 선에 대한 초월적 표준이 없다면 옳고 그름, 선과 악 등을 구분할 궁극적 방법이 있을 수 없으며, 성인도 죄인도 선인도 악인도 없다는 것이다. 신이 죽었다면 윤리는 성립할 수 없다.

알베르 카뮈는 이 문제에 대응해, 치명적인 전염병이 발생한 북아프리카의 한 도시 오랑(Oran)의 이야기를 그의 작품 『페스트』(1947)에서 전개한다. 이 도시는 굳게 닫혀 교통이 차단되고, 따라서 닫힌 우주, 신 없는 우주의 상징이 된다. 다른 한편, 그 전염병은 우주의 부조리를 상징한다. 페스트는 임의적 존재다. 누가 걸리고 누가 걸리지 않을지 아무도 예측할 수 없다. "인간의 척도에 맞는"[19] 게 아니다. 페스트의 영향력은 무시무시하다. 육체적으로도 정신적으로도 고통을 준다. 그 근원은 알려져 있지 않지만 일상다반사가 되어 버렸다. 피할 방법은 없다. 그래서 페스트는 죽

---

19 Albert Camus, *The Plague*, trans. Stuart Gilbert (New York: Random House, 1948), p. 35.

음 자체를 상징하게 된다. 죽음과 마찬가지로 피할 수 없으며 그 결과는 죽음이기 때문이다. 페스트로 말미암아 오랑에 사는 모든 사람은 인간이 사는 세계의 부조리를 의식하고 따라서 진정한 실존의 삶을 살게 되었다. 페스트는 인간이 삶에 대한 애착을 갖고 탄생하지만 죽음의 확실성이라는 틀 속에서 살아간다는 사실을 강조한다.

이야기는 쥐들이 그 소굴에서 나와 길거리에서 죽는 것으로 시작해, 1년 후 페스트가 걷히고 도시의 삶이 정상으로 돌아오는 장면으로 끝을 맺는다. 페스트가 계속되는 동안 오랑에서의 생활은 철저한 부조리에 직면하는 삶이 된다. 카뮈의 천재성은, 그 부조리를 각각 어떤 철학적 입장을 대표하는 등장인물들의 반응을 묘사하는 배경으로 삼았다는 것이다.

예를 들어, 아파트 관리인 미셸의 경우를 생각해 보자. 그는 아파트에서 쥐들이 자신의 소굴에서 밖으로 나와 죽었다는 사실에 격분한다. 그는 처음에 쥐들이 아파트 안에 있다는 사실을 부인하지만 결국 인정할 수밖에 없었다. 소설 초반부에서 그는 쥐를 저주하며 죽는다. 미셸은 우주의 부조리를 인정하길 거부하는 자를 대표한다. 그것을 인정하지 않을 수 없게 될 때 그는 죽는다. 그는 부조리에 직면하여 살 수가 없는 것이다. 그는 진정하지 못한 삶만을 영위할 수 있는 자들을 대표한다.

스페인 영감은 매우 다른 반응을 보인다. 그는 50세에 은퇴한 후 곧장 자리에 누워 버렸다. 그 후부터는 날이면 날마다 완두콩을 한 알씩 이 냄비에서 저 냄비로 옮기면서 시간을 재고 있었다. 그는 "냄비를 열다섯 번 채워 넣을 때마다 한 끼를 먹는 거야. 아주 간단하다니까"라고 말한다.[20] 이 스페인 영감은 절대로 침상을 떠나지 않고, 쥐, 고열, 페스트 등에 대해서 가학적 쾌락을 느끼면서 그러한 것들을 '삶'이라고 불렀다.[21] 그는 카

---

20 Camus, *The Plague*, p. 108.
21 Camus, *The Plague*, pp. 9, 29, 277.

뮈의 허무주의자다. 그의 삶에서―내부에도 외부에도, 객관적 세계에도 주관적 세계에도―가치 있는 것은 없다. 그렇게 그는 완전히 의미가 부재한 상태에서 산다.

코타르는 세 번째 입장을 대표한다. 페스트가 도시에 만연하기 전, 그는 초조한 상태에 있었다. 그는 범법자여서 발각되면 즉시 체포당하기 때문이다. 그러나 페스트가 점차 심각해지고 시의 모든 관리가 그 고통을 경감하는 데 온 힘을 쏟자 코타르는 자신이 원하는 대로 자유로이 행동할 수 있게 된다. 그가 하려는 것은 페스트에 의존해서 생활하는 일이었다. 사태가 악화되면 악화될수록 그는 더 부요해지고 행복해지고 우호적이 되었다. 그는 "사태가 매일 더 악화되고 있지 않습니까? 그러나 여하간 우리들은 모두 같은 배에 탔습니다"라고 말한다.[22] 소설의 주요 등장인물 중 하나인 장 타루는 코타르의 행복을 이렇게 설명한다. "그도 다른 모든 사람처럼 죽음의 위협을 받고 있습니다. 하지만 요점은 그가 그 위협을 **다른 사람과 함께** 받고 있다는 점입니다."[23]

페스트가 걷히기 시작하자 코타르는 공동체 의식을 상실한다. 다시 지명 수배자가 되었기 때문이다. 그는 결국 정신이상으로 거리에 총을 난사한 후 강제로 감옥에 수감된다. 페스트 기간에 그가 한 행동은 범죄였다. 다른 사람의 고통을 경감하는 대신 그것을 즐겼기 때문이다. 그는 카뮈의 신 없는 세계 속 죄인이다. 이것은 닫힌 우주에서도 악이 가능하다는 증거가 소설의 형식으로 표현된 것이라 말할 수도 있다.

닫힌 우주에서 악이 가능하다면 아마 선도 가능할 것이다. 카뮈는 이 주제를 장 타루와 의사 리유라는 두 주요 인물을 통해 전개한다. 장 타루는 집무 중인 아버지를 찾아갔는데 검사인 아버지가 피고에게 사형을 구

---

22 Camus, *The Plague*, p. 174.
23 Camus, *The Plague*, p. 175.

형하는 것과 뒤이은 사형 집행 광경을 본 후 허무주의자 무리에 가입했다. 이 사건은 그에게 심대한 영향을 끼쳤다. 그가 말하듯, "제가 수많은 인간의 죽음에 간접적으로 관여하고 있음을 알았습니다.…우리 모두가 페스트 보균자입니다."[24] 따라서 그는 평안을 잃었다.

그때부터 장 타루는 그의 삶을 바쳐 "신 없는 성인"이 되는 방법을 추구했다.[25] 카뮈는 타루가 성공했음을 암시한다. 이해와 동정과 궁극적으로는 행동하는 것이 그가 취한 방법이었다.[26] 그는 자원 봉사대를 조직해 페스트와 싸우고 희생자들을 위로하기를 제안했다. 타루는 이 일을 위해 끊임없이 일한다. 그러나 그의 생활 양식에도 절망적인 구석이 여전히 있었다. 타루에게 "경기에서 이기는 것이란 자기가 소망하는 것을 완전히 빼앗긴 채 자기가 아는 것과 회상하는 것만을 지니고 살아가는 것"이었다. 그래서 소설의 화자인 의사 리유는 타루가 "환상 없는 삶의 암울한 불모성을 깨달았다"고 쓴다.[27]

의사 리유는 부조리한 세상에 사는 선한 사람을 보여 주는 또 다른 사례다. 페스트 발생 초기부터 그는 페스트와 싸우는 데—부조리에 대항하는 데—온 힘을 기울인다. 처음에 그의 태도는 열정이 없이 초연하고 무관심했다. 나중에 그는 다른 사람의 삶과 죽음에 깊은 영향을 받으면서 마음이 누그러지고 동정심을 갖게 된다. 그는 냉철하게 자신이 지금 하는 일을 이해하게 된다. 그는 선한 신이 만물을 주관한다는 생각을 도무지 받아들일 수 없었다. 보들레르의 말처럼 그런 생각은 신을 악마로 만드는 일이다. 오히려 의사 리유는 "자신이 발견한 창조 세계에 맞서 싸

---

24 Camus, *The Plague*, pp. 227-228.
25 Camus, *The Plague*, p. 230.
26 Camus, *The Plague*, pp. 120, 230.
27 Camus, *The Plague*, pp. 262-263.

우는 것"을 자신의 과업으로 삼았다.[28] 그는 이렇게 말한다. "세계의 질서가 죽음에 의해 형성되고 있는 이상, 아마도 신에게는 인간들이 자기를 믿어 주지 않는 편이, 그리고 신이 침묵을 지키며 앉아 있는 하늘을 우러러볼 것 없이 전력을 기울여 죽음과 싸워 주는 것이 더 나을 것이다."[29]

의사 리유가 바로 그렇게 했다. 그는 죽음과 싸웠다. 그리고 그가 이야기하는 내용은 "모든 사람, 즉 성인은 될 수 없으나 페스트에 굴복하기는 거부하면서 치료자가 되려고 최선을 다해 노력하는 모든 사람이, 그들 개개인의 고통에도 불구하고 공포와 그 사정없는 맹공격에 대한 끊임없는 투쟁 속에서 수행해야 했던 것, 또는 분명 또다시 계속 수행해 나가야 하는 것"에 대한 기록이다.[30]

신이 죽었고 가치의 근거가 인간 외부의 도덕 체계에 있지 않은 세상에서도 선한 삶을 살 수 있다는 가능성을 그렇게 호소력 있게 써 내려간 다른 실존주의 철학자의 작품이나 소설을 찾지 못했기 때문에(물론 예술로서나 인생에 대한 교훈으로서 그 풍부함을 남김없이 살피지는 못했지만)[31] 『페스트』를 길게 다루었다. 『페스트』는 내게 대체로 설득력 있다. 하지만 거의 그렇더라도 다는 아니다. 사르트르의 '실존주의' 체계 내에서 야기된 것과 동일한 질문이 『페스트』의 지적 틀 내에서도 제기되기 때문이다.

왜 의사 리유나 장 타루가 보는 삶에 대한 긍정은 선이며 코타르가 페스트에 기식한 삶은 악으로 규정되어야 하는가? 스페인 영감의 허무주의적 반응이 의사 리유의 긍정적 행동보다 옳지 않은 이유는 무엇인가? 우리의 인간적 감수성은 의사 리유나 타루를 옹호하게 되는 것이 사실이다.

---

28 Camus, *The Plague*, p. 116.
29 Camus, *The Plague*, pp. 117-118.
30 Camus, *The Plague*, p. 278.
31 이 소설은 오랑뿐 아니라 온 유럽과 북아프리카에 만연했던 페스트, 즉 나치 체제에 대한 해설서로 읽힐 수 있고, 또 그렇게 읽혀야만 한다.

그러나 우리는 스페인 영감처럼 생각하는 사람이 스페인 영감 혼자가 아니라는 것도 안다. 누가 옳은가? 스페인 영감의 편을 드는 사람이라면 카뮈에게 혹은 리유의 편을 드는 독자들에게 쉽게 설득당하려 하지 않을 것이다. 도덕의 외적 준거점 없이는 토의할 공동 기반이 마련되지 않기 때문이다. 하나의 확신에 대한 또 하나의 확신이 있을 뿐이다. 『페스트』는 전통적 도덕관을 가진 사람들에게 매력적이다. 카뮈가 그런 도덕관에 근거를 제공하기 때문이 아니라, 근거가 없더라도 그가 전통적 도덕관을 계속 긍정하고 있기 때문이다. 그러나 불행히도 그의 긍정은 충분하지 않다. 그것은 반대되는 긍정에 의해 반격당할 수 있다.

생애 마지막 두 해 동안, 카뮈는 허무주의를 넘어서려는 자신의 시도가 실패했음을 깨달은 듯하다. 여름 동안 파리에 있는 미국인 교회에서 사역하는 하워드 멈마(Howard Mumma) 목사는 이 시기에 카뮈와 개인적으로 나눈 대화를 술회하는데, 그에 따르면 카뮈는 기독교의 설명이 옳다는 점을 조금씩 느끼기 시작했던 것 같다. 카뮈는 멈마에게 '거듭남'의 의미에 대해 질문하고, 자신에게 세례를 줄 수 있는지 물었다. 그러나 결국 카뮈는 세례를 받지 못했는데, 첫째로 멈마가 카뮈의 유아 세례가 유효하다고 생각했고, 둘째로 카뮈는 아직 자신의 회심을 공개적으로 드러낼 준비가 되어 있지 않았기 때문이다. 이 문제는 결국 미해결 상태로 끝나고 말았다. 여름이 지나 파리를 떠나면서 멈마는 다음 해에 카뮈를 다시 볼 수 있기를 기대했지만, 다음 해 2월 카뮈는 자동차 사고로 세상을 떠났다.[32]

---

32 Howard Mumma, *Albert Camus and the Minister* (Brewster, MA: Paraclete, 2000).

> 교회에 나오기 시작하면서 나는 초월적인 것, 곧 이 세상과는 다른 어떤 것에 대해 많이 생각하기 시작하고 있습니다.…그리고 성경을 읽으면서부터 뭔가가 있다는 것을 느낍니다. 그것이 인격적인 것인지 위대한 사상이나 강력한 영향력인지는 모르겠지만, 나의 삶에 의미를 가져다주는 어떤 것이 있음을 느낍니다.
>
> 카뮈, 하워드 멈마, 『알베르 카뮈와 목사』(Albert Camus and the Minister)에서

허무주의를 얼마나 극복했는가?

무신론적 실존주의는 허무주의를 극복했는가? 열정과 확신을 가지고 극복하고자 시도했음은 분명하다. 그러나 무신론적 실존주의는 각 개인을 초월하는 도덕의 준거점을 제공하는 데 실패했다. 인간이 중요하다는 근거를 주관성에 둠으로써 그것을 실재와 유리된 영역에 두었다. 객관적 세계는 계속 침입한다. 항시적 가능성이자 궁극적 확실성인 죽음은, 그것이 없으면 가능했을 의미들을 모두 종식시킨다. 죽음은 실존주의자들이 영원히 긍정하고 또 긍정하게 만든다. 그 긍정이 멈추면 진정한 실존도 멈춘다.

인간 가치의 가능성에 대한 이러한 반대를 엄밀히 검토한 블랙햄(H. J. Blackham)은 이 논증의 요건에는 동의했다. 실로 죽음은 모든 것을 종식시킨다. 그러나 그는 모든 인간의 삶이란 단지 개인의 삶 이상의 의미를 지닌다고 주장했다. 한 개인의 삶이란 과거의 인류에게서 유래했고 인류의 미래에 영향을 끼치기 때문이다. 더구나 각 사람의 "상상의 활동 속에는 천국과 지옥이 모두 존재한다."[33] 즉, 블랙햄은 "내가 나 자신의 경험의

---

33 H. J. Blackham, "The Pointlessness of It All," in *Objections to Humanism*, ed. H. J. Blackham (Harmondsworth, UK: Penguin, 1965), p. 123.

주인이다"라고 말한다.³⁴ 여러 가지 반대 논증을 제기하고서 블랙햄은 결국 유아론으로 후퇴한다. 내게는 이것이 바로 무신론적 실존주의 관점에서 윤리를 세우려는 모든 시도의 마지막인 것 같다.

무신론적 실존주의는 허무주의를 넘어 단지 유아론, 즉 (만일 그 전에 페스트를 만나지 않는다면) 87년 동안 존재하다가 사라져 버릴 고독한 자아에 도달했을 뿐이다. 사람들 대부분은 이것이 결코 허무주의를 넘어선 것이 아니라고 말할 것이다. 그것은 가치라 불리는 가면, 죽으면 깨끗하게 벗겨질 가면을 걸친 것에 불과하다.

유신론적 실존주의의 기본 내용

앞서 지적했듯, 유신론적 실존주의는 무신론적 실존주의와 매우 다른 신학적·철학적 뿌리에서 발생했다. 유신론적 실존주의는 죽은 교회의 죽은 정통주의라는 신학적 허무주의의 도전에 대한 쇠렌 키르케고르의 대답이었다. 비록 키르케고르가 다룬 주제들은 그가 세상을 떠나고 두 세대 후에야 빛을 보았지만, 그 주제들은 신학을 완전히 상실하고 도덕과 선행이라는 희석된 복음에 안주하고 있는 교회에 대한 반응이었다. 하나님은 예수로 축소되었는데, 그 예수는 순전하고 단순하게 선한 사람으로 축소되었다. 자유주의 신학에서 말하는 신 죽음은 자유주의자들에게 카프카의 절망이 아니라 1905년에 한 영국 주교가 지니고 있던 낙관론, 즉 무엇이 완전한 사회 통합을 성취하는 데 방해물이 된다고 생각하느냐는 질문을 받았을 때 아무것도 생각할 수 없다고 답한 낙관론을 낳았다.

하지만 1920년대 후반에 독일의 칼 바르트(Karl Barth)는 신학이 인간학

34　Blackham, "The Pointlessness of It All," p. 124.

으로 바뀔 때 어떤 일이 발생할지 감지하고 기독교를 실존주의 노선에 따라 재정비하는 반응을 보였다. 칼 바르트와 그의 뒤를 이어 나타난 에밀 브루너(Emil Brunner), 라인홀드 니버(Reinhold Niebuhr) 등이 확립한 신학은 신정통주의(neo-orthodoxy)라 불리는데, 정통주의와는 상당히 다르지만 하나님의 원모습을 많이 회복했기 때문이다.[35] 신정통주의의 어느 한 형태를 특별히 살펴보는 것이 우리의 목표는 아니다. 그보다는 유신론적 실존주의 입장과 공통된 명제들을 확인하고자 한다.

유신론적 실존주의는 세계관 질문 1(최고의 실재), 2(외부 실재), 3(인간), 4(죽음), 6(윤리), 8(핵심 헌신) 등에 대한 유신론적 답변을 받아들이면서 시작한다. 요약하면 다음과 같다. 하나님은 무한하시고, (삼위의) 인격이시며, 초월하시고 내재하시며, 전지하시고, 주권자이시며, 선하시다. 하나님은 무에서 우주를 창조하셨으며 열린 체계 속에서 원인과 결과의 균일성을 갖고 운행하게 하셨다. 인간은 하나님의 형상을 따라 창조되었으며, 따라서 인격성, 자기 초월성, 지성, 도덕성, 군거성, 창조성 등을 지닌다. 인간은 선하게 창조되었지만 타락으로 말미암아 하나님의 형상이 훼손되었다. 그럼에도 회복이 불가능한 정도는 아니었다. 그리스도의 사역을 통해 하나님은 인류를 구속하셨고, 선으로 회복하는 일을 시작하셨다. 그럼에도 어떤 사람은 그 구속을 거절하는 것을 택할 수도 있다. 모든 사람에게, 죽음은 하나님 및 그분의 백성과 함께하는 삶으로 들어가는 문이거나, 인간의 열망을 궁극적으로 성취하는 유일한 것에서 영원히 분리되는 문이다. 윤리는 초월적이며, 선하신(거룩하고 사랑하시는) 하나님의 속성에 기초한다. 기독교 유신론자들은 먼저 하나님 나라를 구하는 것, 곧 하나님을 영화

---

[35] 에드워드 존 카넬(Edward John Carnell)은 *The Theology of Reinhold Niebuhr*, rev. ed. (Grand Rapids, MI: Eerdmans, 1960), pp. 13-39에서 신정통주의의 내용 및 발생을 훌륭하게 소개한다.

롭게 하고 그분을 영원히 즐기는 것을 핵심 헌신으로 여긴다.

유신론의 명제와 동일한 이 명제 목록은, 유신론적 실존주의가 바로 기독교 유신론임을 암시하는 듯하다. 실제로 그렇다고 말하고 싶은 유혹을 느끼지만, 그렇게 한다면 특별히 실존주의적인 차이와 강조점을 부당하게 취급하는 일이 될 것이다. 유신론적 실존주의는 독립된 세계관이라기보다는 유신론 내 일군의 독특한 강조점에 가깝다. 그러나 20세기 신학에 미친 영향 및 무신론적 실존주의와 혼동을 일으키는 관계 때문에 특별히 취급할 만하다. 더구나 유신론적 실존주의 내부의 어떤 경향들로 인해 그것은 전통적 유신론과 상충하기도 한다. 논의 중에 그러한 경향이 나타나면 강조될 것이다.

무신론적 실존주의와 마찬가지로 유신론적 실존주의에서 가장 특징적인 요소는 우주와 하나님의 본성과 관련한 것이 아니라 인간의 본성 및 우리가 우주와 하나님과 맺는 관계에 관한 것이다.

1. 세계관 질문 3(인간)과 5(지식): 인간은 인격적 존재로, 완전한 의식을 갖게 될 때 소외된 우주에 있는 자신을 발견한다. 하나님의 존재 여부는 이성이 아니라 믿음으로 풀어야 할 난제다.

유신론적 실존주의는 하나님을 출발점으로 삼지 않는다. 이것이 유신론과 유신론적 실존주의의 가장 중요한 차이점이다. 유신론에서는 하나님의 존재와 그 속성이 확고하게 전제되고 그 후에 인간이 하나님과의 관계 안에서 규정된다. 유신론적 실존주의는 유신론과 동일한 결론에 도달하지만 출발점이 다르다.

유신론적 실존주의는 인간이 처음으로 자기의식을 가졌을 때 자신을 발견하는 지점을 강조한다. 잠시 자신을 돌아보라. 당신 자신의 존재, 자신의 의식, 자신의 자기 결정성 등에 대한 확신, 이것들이 출발점이다. 주위를 돌아보고, 처한 현실과 자신의 욕망을 비교하며 자기 존재의 의미를 찾아보아도 확실한 답을 얻는 복을 누리지 못한다. 당신에게 맞지 않는 우주를, 가렵지 않은 곳은 긁어 주고 가려운 곳은 긁어 주지 않는 사회 질서를 알게 된다. 그리고 불운하게도 즉각 하나님을 인식하지도 못한다.

인간의 상황은 양면적이다. 우주 내의 질서에 대한 증거가 모호하기 때문이다. 어떤 일들은 사건을 다스리는 것 같은 법칙들로 설명될 수 있는 듯 보이지만 어떤 일들은 그렇지 않다. 인간에게 사랑과 동정심이 있다는 사실은 자애로운 신에 대한 증거지만, 증오와 폭력이 있다는 사실과 비인격적 우주라는 사실은 다른 방향을 가리킨다.

바로 이러한 점에서 『페스트』의 파늘루 신부는 실존주의적 그리스도인의 태도를 보이고 있다. 의사 리유는 '창조된 질서'를 용인하기를 거부했으며 이는 그것이 '아이들이 고통을 당하게 만드는 구조'이기 때문이었다는 내용이 떠오를 것이다.[36] 반면에 파늘루 신부는 "어쩌면 우리가 이해할 수 없는 것조차 사랑해야 할 것"이라고 말한다.[37] 비록 눈에 보이는 증거가 모두 다른 사실을 가리키지만 파늘루 신부는 선한 하나님의 존재에 대한 믿음과 사랑으로 '도약했다.' 기독교 유신론자들은 세계의 부조리를 타락에 근거해서 설명하겠지만, 파늘루 신부는 그 대신 하나님이 부조리한 세계를 직접 책임지신다고 생각한다. 그러므로 그는 부조리에도 불구하고 하나님을 믿어야 한다는 결론을 내린다.

카뮈는 다른 곳에서 그러한 신앙은 '지적 자살'이라고 비난한다. 나도 이 점에서는 카뮈에게 동의하는 편이다. 그러나 요점은, 이성이 우리를 무신론으로 끌고 갈 수도 있지만 우리는 항상 이성에 의해 내려진 결론을

---

36 Camus, *The Plague*, p. 197.
37 Camus, *The Plague*, p. 196.

거부하고 믿음으로 도약할 수 있다는 것이다.

분명 유대-기독교적 하나님이 존재한다면 그를 인정하는 것이 나을 것이다. 그 경우 인간의 영원한 운명은 그에 의해 좌우되기 때문이다. 그러나 실존주의자들은, 자료가 완전히 구비되지도 않았고 앞으로도 결코 완전히 구비되지 않을 것이기에 만일 누가 유신론자가 되려 한다면 그냥 발을 앞으로 내딛으며 믿기로 선택할 수밖에 없다고 말한다. 하나님은 결코 자신을 명료하게 나타내지 않을 것이다. 그러므로 각 개인들은 각자의 주관성이라는 외로움 속에서 빛보다 훨씬 많은 암흑에 둘러싸인 채 선택해야 한다. 그리고 그 선택은 철저한 신앙 행위여야 한다. 그가 일단 믿기로 선택했을 때 전체의 전경이 그에게 열린다. 전통적 유신론의 명제 대부분이 밀려든다. 그러나 세계관에 대한 주관적인, 선택 중심적인 기초가 유신론 내에서 기독교 실존주의자의 입장을 특징짓는다.

2. 세계관 질문 3(인간)과 6(윤리): 인격적인 것은 가치 있다.

무신론적 실존주의처럼 유신론적 실존주의도 주관적 세계와 객관적 세계의 구분을 강조한다. 그리스도인들에게 큰 영향을 미친 유대교 실존주의자 마르틴 부버(Martin Buber)는 사람이 실재와 관계하는 두 가지 방식을 구분하기 위해 '나-너'(I-Thou), '나-그것'(I-It)이라는 용어를 사용한다. '나-그것'의 관계에서 인간은 대상화하는 자(the objectifier)다.

이제 그는 세밀한 관찰용 확대경으로 낱낱이 사물을 들여다보고 그것들을 대상화하거나, 원거리 관찰용 쌍안경으로 관찰하면서 그것들을 대상화하여 하나의 장면으로 구성한다. 그는 대상들의 독특성에 대한 감각 없이 대상들을 분리해서 관찰하거나 전체성에 대한 감각 없이 대상들을 관찰의 체계 속으로

짜 맞추어 넣는다.³⁸

이것은 과학과 논리, 공간과 시간, 측정 가능성의 영역이다. 부버의 말처럼, "사람은 '그것' 없이는 살지 못한다. 그러나 '그것'만 가지고 사는 사람은 사람이 아니다."³⁹ '너'가 필요하다.

'나-너' 관계에서 한 주체는 다른 주체를 만난다. "'너'라는 말이 사용될 때[부버는 '경험할 때'라는 의미로 사용한다] 화자는 아무것도 자신의 대상으로 삼지 않는다."⁴⁰ 오히려 상호의 삶을 같이 나누는, 자신과 같은 주체를 만나는 것이다. 부버의 표현을 빌린다면, "모든 진짜 삶은 만남이다."⁴¹

'나-너' 관계, 즉 인격 대 인격 관계의 우위성에 대한 부버의 진술은 이제 고전으로 인정받는다. 간단한 요약으로는 그것을 제대로 다룰 수 없으므로 독자들이 그 책을 직접 음미하기를 권한다. 여기서는 부버가 신과 인간 사이에서 가능하다고 생각했던 인격적 관계에 대한 구절을 하나 더 인용하는 것으로 만족해야겠다.

세계 안에 머물러 있으면 신을 발견할 수 없다. 세계 밖으로 나가도 신을 발견하지 못한다. 온 존재를 기울여 자신의 너를 만나기 위해 나아가고 세계에 있는 모든 존재를 자신의 너에게 가져가는 사람만이, 사람들이 찾을 수 없는 신을 발견한다. 물론 신은 '완전히 타자'다. 그러나 그는 또한 완전히 동일하신 분, 완전히 현존하시는 분이다. 물론 그는 나타나서 압도하는 두려운 신비(Mysterium Tremendum)다. 그러나 그는 또한 나의 나(my I)보다도 나에게 가까

---

38 Martin Buber, *I and Thou*, trans. Ronald Gregor Smith (New York: Charles Scribner, 1958), pp. 29-30. 『나와 너』(문예출판사).
39 Buber, *I and Thou*, p. 34.
40 Buber, *I and Thou*, p. 4.
41 Buber, *I and Thou*, p. 11.

이 있는 자명한 신비이기도 하다.[42]

그래서 유신론적 실존주의자들은 인격적인 것을 최고의 가치로 강조한다. 비인격적인 것이 거기 있으며 그것은 중요하다. 그러나 그것은 하나님께로 즉, 모든 '너'의 '너'로 들어 올려져야 한다. 그렇게 하는 것이 나를 만족시켜 주며 인간이 자연과 맺은 '나-그것' 관계, 또한 슬프게도 다른 사람과 맺은 '나-그것' 관계에 관심을 집중할 때 강하게 느끼는 소외감을 근절하는 데 도움을 줄 것이다.

하나님에 대한 신앙을 성찰하기보다는 실재로서 매일 맛보는 그리스도인들에게는 이 논의가 다소 추상적으로 보일 것이다. 기독교의 몇 가지 기본 요소를 보는 두 가지 방법을 비교하는 표 6.1을 보면 문제가 더 명확해질 것이다. 이것은 신학자 해럴드 잉글런드(Harold Englund)가 1960년대 초반에 위스콘신 대학교에서 행한 강연을 토대로 작성한 표다. 왼쪽 항목은 죽은 전통주의를, 오른쪽 항목은 살아 있는 유신론적 실존주의를 묘사한 것으로 생각하라.

	비인격화됨	인격화됨
죄	규칙을 깨뜨림	관계를 배신함
회개	죄를 인정함	인격적 배신에 슬퍼함
용서	죄책의 사면	교제를 새롭게 하는 것
신앙	일군의 전제를 믿음	자아를 인격에게 헌신함
그리스도인의 삶	규칙을 지키는 것	인격이신 주님을 즐거워하는 것

표 6.1 기독교 신앙이 비인격화된 것과 인격화된 것의 비교

---

42   Buber, *I and Thou*, p. 7.

이렇게 보면 실존주의적 설명이 명백하게 더 매력적으로 보인다. 물론 전통적 유신론자들은 다음의 두 가지로 반응할 것이다. 첫째로, 오른쪽 항목은 왼쪽 항목의 존재를 요구하거나 의미하고 있다. 둘째로, 유신론은 언제나 오른쪽 항목을 그 체계 안에 포함한다.

이 두 답변은 충분한 근거가 있다. 그러나 문제는 유신론의 전체 세계관이 항상 정확히 이해되지는 않았다는 점과 교회가 왼쪽 항목에 집착하는 경향을 지녀 왔다는 데 있다. 실존주의가 있었기에 많은 유신론자가 유신론 체계 자체의 풍요함에 대한 완전한 이해를 회복할 수 있었다.

3. 세계관 질문 5(지식): 지식은 주관성이다. 완전한 진리는 종종 역설적이다.

실존주의자들은 인격과 완전함을 강조함으로써 순수하고 인간적인 지식의 주관적 경향도 동일하게 강조한다. 대상에 대한 지식은 '나-그것' 관계에 관한 것이다. 이것도 필요하지만 이것만으로는 충분하지 않다. 충분한 지식이란 밀접한 상호 관계다. 이것은 '나-너' 관계와 관련되며 인식자의 진정한 삶과 굳게 연결되어 있다. 1835년에 키르케고르는 무엇을 일생의 과업으로 삼아야 할지 결정해야 했을 때 이렇게 썼다.

나에게 진정으로 필요한 것은 내가 무엇을 알아야 하느냐가 아니라—아는 일이 모든 행동에 선행한다는 사실을 제외한다면—무엇을 해야 하는가를 마음속에서 명확히 하는 일이다. 중요한 일은 내가 무엇을 할 운명인지 이해하는 것, 신이 나에게 요구하는 것이 무엇인지 인식하는 것이다. 요점은 나를 위한 진리를 찾는 것, 내가 그것을 위해 살고 죽을 준비가 되어 있는 이상을 찾는 것이다. 비록 내가 철학자들의 체계를 애써 파고들려 하고 필요하다면 그 체계를 검토할 수 있게 된다 할지라도, 이른바 객관적 진리를 발견하는 것이 내게 무슨 유익이란 말인가?[43]

키르케고르의 글을 읽은 일부 독자들은 그가 객관적 진리라는 개념을 완전히 포기한 것으로 이해했다. 분명 몇몇 실존주의자는 바로 그렇게 해 왔다. 주관과 객관을 완전히 분리함으로써 한쪽이 다른 쪽과 아무 관계가 없게 되었다.[44] 이는 존 플랫 같은 무신론적 실존주의자에게서 특히 두드러지게 나타났다. 사실이 중요하지 않다는 게 아니라 그것이 누군가를 위한 사실, 나를 위한 사실이어야 한다는 것이다. 이는 그 사실들의 특성을 변화시키고, 지식이 인식자가 되게 한다. 인격적 차원에서 진리는 주관성이다. 그것은 인간 삶의 신경 말단에서 소화되어 실현되는 진리다.

지식이 인식자와 그런 밀접한 관계를 맺을 때 지식은 열정과 공감에 휩싸여 논리적으로도 인식자 자신과 구분하기 힘든 경향이 생긴다. 부버는 신 앞에 선 인간의 상황을 묘사한다. "인간의 종교적 상황, 즉 신의 임재 앞에 서 있는 것은 그의 본질적이고도 해소할 수 없는 이율배반에 의한 특징이다." 자유나 필연이라는 면에서 인간은 신과 어떤 관계를 맺고 있는가? 부버는 칸트가 필연을 현상의 세계에, 자유를 존재의 세계에 돌림으로써 이 문제를 해결했다고 말한다.

그러나 내가 필연과 자유를 사유의 세계에서 생각하지 않고 신 앞에 서 있는

---

43 Søren Kierkegaard, 월터 라우리(Walter Lowrie)가 *A Short Life of Kierkegaard* (Princeton: Princeton University Press, 1942), p. 82에서 인용한 편지. 『키르케고르 평전』(다산글방).

44 이 문제에 관한 키르케고르의 입장은 학술 논쟁의 대상이다. 그가 객관적 진리의 가치를 부정했다는 것을 강조하는 내용은 다음과 같다. Marjorie Grene, *Introduction to Existentialism* (Chicago: University of Chicago Press, 1948), pp. 21-22, 35-39; Francis A. Schaeffer, *The God Who Is There* (Downers Grove, IL: InterVarsity Press, 1968), pp. 51-54. 『거기 계시는 하나님』(생명의말씀사). 반대 입장은 다음과 같다. C. Stephen Evans, *Subjectivity and Religious Beliefs* (Grand Rapids, MI: Christian University Press, 1978). 『실존과 신앙』(성광문화사); John Macquarrie, *Existentialism* (Philadelphia: Westminster Press, 1972), pp. 74-123.

현실에서 생각한다면, 내가 '신의 처분에 맡겨져 있으며' 동시에 '모든 것은 내게 달렸다'는 것을 안다면, 나는 이 두 화해할 수 없는 명제를 두 개의 분리된 타당성 영역으로 돌림으로써 내가 살아가야 할 역설에서 벗어나려 할 수 없다. 또한 어떤 신학적 방책을 활용해 이 둘의 관념적 화해에 도움을 줄 수도 없다. 나는 둘 모두를 가져와 함께 살아야 하며, 함께 살 때 이 둘은 하나가 된다.[45]

완전한 진리는 역설에 있지 문제의 일면만을 확언하는 데 있지 않다. 아마 이 역설은 신의 정신 속에서는 해결되었겠지만 인간의 정신 속에서는 해결되지 않는다. 인간이 이를 살아 내야 한다. "신이시여, 온전히 당신을 의지합니다. 당신의 뜻을 행하소서. 제가 나서서 행동하겠습니다."

신 앞에 선 우리의 입장을 역설적으로 이해한 진술들이 위세를 펼치는 이유는 적어도 부분적으로 우리 대부분이 자신의 입장을 비역설적으로 진술할 능력이 없다는 데 있다. 비역설적 선언 대부분은 하나님의 주권을 부인하거나 인간의 중요성을 부인하면서 끝난다. 즉, 펠라기우스주의나 극단적 칼뱅주의로 흐르는 경향이 있다.

역설을 의지하는 것의 약점은 멈춰야 할 지점을 알기 어렵다는 것이다. 외견상 모순처럼 보이는 진술 중 어떤 것을 진리로 믿고 살아야 하는가? 분명 다음 진술 모두가 진리는 아니다. "네 이웃을 사랑하라"와 "네 이웃을 증오하라", "너를 핍박하는 자에게 선을 행하라"와 "네 친구들을 모두 불러와 네 원수들을 해치워라", "간음하지 말라"와 "네가 할 수 있는 모든 성행위를 즐기라."

그러므로 역설들 위에는 우리가 그 가운데 어느 것을 지니고 살아야

---

45   Buber, *I and Thou*, p. 96.

할지를 결정하는 어떤 비모순적 명제가 있어야 한다. 실존주의의 기독교적 형태에서는 하나님의 특별 계시로 받아들이는 성경이 그 한계를 설정한다. 성경은 많은 역설을 금하지만 동시에 다른 역설을 장려하는 것처럼 보인다. 예를 들어, 삼위일체 교리는 풀 수 없는 역설이겠지만 성경의 내용을 제대로 다루고 있다.[46]

한계를 설정할 외부의 객관적 권위가 없는 사람들에게서는 역설이 제멋대로 날뛰는 경향이 있다. 마조리 그린(Marjorie Grene)은 키르케고르를 평하면서, "키르케고르의 저작 동기는 대부분 특별한 문제에 대한 역설의 철학적 혹은 종교적 적절성에 대한 통찰력이라기보다는 부조리 자체에 대한 순전한 지적 쾌락인 것처럼 보인다"고 말한다.[47] 따라서 유신론적 실존주의의 이러한 면은 전통적인 유신론 세계관을 견지하는 사람들에게 많은 비판을 받아 왔다. 인간의 정신은 하나님의 정신을 본떠 만들어졌기 때문에, 우리의 정신은 유한하고 모든 지식을 포괄할 능력은 없지만 그래도 약간의 진리는 분별할 수 있다. 프랜시스 쉐퍼(Francis Schaeffer)가 말하듯, 우리는 진리를 상당히 가질 수 있지만 철저하게 갖지는 못하며, 비모순의 원리를 사용하여 진리와 어리석음을 구분할 수 있다.[48]

---

4. 세계관 질문 7(역사): 사건의 기록으로서의 역사는 불확실하고 중요하지 않다. 그러나 현재화되고 생활화될 모델, 유형, 신화로서 역사는 매우 중요하다.

유신론적 실존주의는 전통적 유신론에서 두 걸음 물러섰다. 첫째 걸음은

---

46 Donald Bloesch, *God the Almighty* (Downers Grove, IL: InterVarsity Press, 1995), pp. 166-167를 보라.
47 Grene, *Introduction*, p. 36.
48 Francis A. Schaeffer, *He Is There and He Is Not Silent* (Wheaton, IL: Tyndale House, 1972), pp. 37-88, 특히 p. 79.

> 논리가 하는 일은 실제의 대화에서 구체적으로 표현되는 그러한 규칙들, 그렇게 표현되기에 인간으로 하여금 타당한 논증을 구성하도록 하고 비일관성이 주는 처벌을 피하도록 하는 그러한 규칙을 명확하고 뚜렷하게 하는 일이다.… 둔스 스코투스(Duns Scotus)의 어떤 제자는…모순에서 어떠한 진술이라도 이끌어 낼 수 있음을 증명했다. 따라서 모순을 말한다고 밝히는 것은 어떤 것이든 말한다는 것, 가능한 진술이라면 어떤 것이든 말한다는 것이다. 물론 그것의 부정 역시 마찬가지다. 따라서 모순을 말하는 자는 아무것도 말하지 않으면서도 모든 것에 헌신하는 데 성공한다. 따라서 이것이 사실이며 저것은 아니다 하고 어떤 결정적인 것을 말하는 데는 실패한다. 그러므로 우리가 무엇인가를 말하기 위해서는, 논리의 법칙을 활용하고 그에 부합하는 우리의 능력을 의지해야 한다. 형식 논리의 상당 부분은 우리가 지금까지 해 온 것을 명확하게 해 준다.
>
> 알래스데어 매킨타이어(Alasdair MacIntyre),
> 『헤르베르트 마르쿠제: 해설과 논쟁』
> (*Herbert Marcuse: An Exposition and a Polemic*)

기록된 역사의 정확성을 불신하기 시작한 것이다. 둘째 걸음은 사실성에 관해 관심을 잃은 대신 종교적 함의나 의미를 강조한 것이다.

첫째 걸음은 19세기 중반의 고등 비평(higher criticism)과 관련이 있다. 다비드 슈트라우스(D. F. Strauss, 1808-1874), 에르네스트 르낭(Ernest Renan, 1823-1892) 등 고등 비평가들은 기적 및 다른 모든 내용을 받아들이면서 성경의 서술을 액면 그대로 취하기보다는, 기적은 일어날 수 없다는 자연주의적 전제에서 시작했다. 기적에 관한 서술은—그것이 꼭 저자들이 사람들을 속이기 위해 고의로 날조한 것은 아닐지라도—원시적 사고 형태를 지닌 미신적 인간들이 주장한 것이고 따라서 거짓이 틀림없다.

물론 이러한 주장은 성경 서술의 권위를, 심지어 기적을 언급하지 않은 부분까지도 손상시켰다. 율리우스 벨하우젠(Julius Wellhausen, 1844-1918)으로 대표되는 여타 고등 비평가들은 또한 구약의 내적 통일성에 주목해 모세가 오경을 기록하지 않았음을 발견했다(그들은 그렇게 확신했다). 실제로 오경 본문은 수 세기에 걸쳐 여러 명의 저자에 의해 기록되었음을 보여 준다. 이는 성경은 스스로 말한다는 점을 약화시켰으며 성경 전체 메시지의 진실성에 의문을 제기했다.[49]

고등 비평가들은 성경의 사실에 따라서 그들의 자연주의적 전제를 바꾸기보다는 성경이 역사적으로 신뢰할 수 없다는 결론을 내렸다. 이는 기독교 신앙을 송두리째 포기하게 만드는 결과로 이어질 수도 있었다. 그러나 그보다는 둘째 단계, 즉 강조점의 급격한 변화로 이어졌다. 성경에 기록된 사실은 중요하지 않다. 중요한 것은 바로 선한 삶에 대한 성경의 모범과 시대를 초월한 도덕의 진리다.

매슈 아널드(Matthew Arnold)는 1875년에 다음과 같이 썼다. 기독교는 "계속 살아남을 것이다. 기독교는 진실되고 다함 없는 풍요로운 사상, 즉

---

49 고등 비평에서 다룬 이 주제에 대한 최근의 학적 연구 성과는 다음의 책들을 보라. Stephen Neill and Tom Wright, *The Interpretation of the New Testament 1861-1986* (New York: Oxford University Press, 1988); Gerald Bray, *Biblical Interpretation: Past and Present* (Downers Grove, IL: InterVarsity Press, 1996); Donald Carson et al., *An Introduction to the New Testament* (Grand Rapids, MI: Zondervan, 1992). 『신약개론』(은성); Raymond B. Dillard and Tremper Longman III, *An Introduction to the Old Testament* (Grand Rapids, MI: Zondervan, 1994). 『최신구약개론』(CH북스); Craig Blomberg, *The Historical Reliability of the Gospels*, 2nd ed. (Downers Grove, IL: InterVarsity Press, 2007). 『복음서의 역사적 신빙성』(솔로몬); N. T. Wright, Christian Origins and the Question of God, 3 vols. (Minneapolis: Fortress Press); *The New Testament and the People of God* (1992). 『신약성서와 하나님의 백성』(CH북스); *Jesus and the Victory of God* (1996). 『예수와 하나님의 승리』(CH북스); *The Resurrection and the Son of God* (2003). 『하나님의 아들의 부활』(CH북스).

예수에 의해 구상되고 수행된 죽음과 부활이라는 사상에 의거하기 때문이다.…주님의 부활에 대한 제자들의 믿음이 갖는 중요성은 비록 그들이 그 부활을 구체화하긴 했지만 참인 것을 믿었다는 데 있다. 예수는 죽었다가 다시 살아났다. 그러나 제자들의 생각과 달리 영적으로 그러했다."[50] 역사—즉, 시공간의 사건—는 중요하지 않았다. 믿음이 중요했다. 또한 죽음과 부활의 교리는 신인이신 예수 그리스도에 의한 인류의 속죄가 아니라 동료 인간을 위한 인간적 봉사와 희생이라는 '새로운 삶'을 뜻하게 되었다. 하나님이 시간과 공간에 들어오셨다는 위대한 신비는 사실에서 신화로 바뀌었다. 물론 평범한 인간을 도덕적 거인으로 변화시킬 수 있는 강력한 신화였다.

이러한 과정은 니체의 허무주의나 카프카의 절망보다도 훨씬 먼저 일어났다. 이러한 사조는 '학문의 확실한 결과들'에 대한 반응이었다(그 문제를 추구하는 자들은 그것이 이제 그리 확실한 결과가 아님을 알게 될 것이다). 객관적 진리를 발견할 수 없더라도 전혀 문제가 되지 않는다. 진정한 진리란 그 '이야기', 즉 내러티브에 시적으로 담겨 있다.

매슈 아널드에게 곧 무슨 일이 일어났는지 주목해 보면 흥미롭다. 1875년에 그는 성경을 시로 읽어야 하며 그렇게 읽을 때만 성경이 우리에게 선한 삶을 가르쳐 줄 것이라고 말했다. 1880년에는 한 걸음 더 나아가 성경을 대할 때와 똑같은 방식으로 시 전반을 대해야 한다고 주장했다. "우리가 우리를 위해 인생을 해석하고, 우리를 위로하고, 또 우리를 유지하기 위해서는 시에 관심을 기울여야 함을 인류는 점점 더 깨달을 것이다.…현재 우리에게 철학과 종교로 통용되는 것의 대부분은 시로 대체될

---

50 Matthew Arnold, *God and the Bible*, in *English Prose of the Victorian Era*, ed. Charles Frederick Harrold and William D. Templeman (New York: Oxford University Press, 1938), p. 1211.

것이다."⁵¹ 아널드에게는 시 일반이 성경이 되어 버렸다.

어쨌든 유신론적 실존주의자들[라인홀드 니버, 루돌프 불트만(Rudolf Bultmann) 등]이 신학 무대에 등장했을 때 이들에게는 고등 비평가들이 정통주의에 제시했던 문제에 대해 이미 준비된 답을 가지고 있었다. 성경의 역사는 의심스러웠다. 무엇이 문제인가? 성경의 서술은 '종교적으로는'(즉, 시적으로는) 옳다. 따라서 신정통주의 신학자들의 교리는 매슈 아널드의 자유주의보다 칼뱅의 정통주의와 더 비슷해 보이지만, 교리에 대한 역사적 근거가 무시되었고 교리 자체가 역사에서 분리되기 시작했다.

이들은 타락이 과거의 그때 거기라는 공간과 시간 속에서 발생한 것이 아니라고 말한다. 오히려 각 사람은 자신의 삶 속에서 이 이야기를 재연한다. 모든 인간은 아담처럼 죄 없이 세상에 나왔고 각자가 하나님께 반역했다. 타락은 실존적—지금 여기에서의—명제다. 에드워드 존 카넬(Edward John Carnell)은 타락에 대한 실존주의적 관점을 "인류의 보편적 경험에 대한 신화적 묘사"라고 요약한다.⁵²

마찬가지로 예수의 부활도 공간과 시간 안에서 일어났을 수도 있고 아닐 수도 있다. 바르트는 부활이 일어났다고 믿는다. 반면 불트만은 "죽은 자의 부활이 포함된 역사적 사실은 도저히 생각할 수 없다!"고 말한다.⁵³ 다시 말하지만, 아무 문제가 되지 않는다. 부활 배후에 있는 실재는 제자들이 경험한 그리스도 안에서의 새로운 삶이다. 예수의 '영'이 그들 안에 살기에 그들의 삶이 변화되었다. 그들은 정말로 '십자가를 지는 삶'을 살았다.⁵⁴

---

51 Matthew Arnold, "The Study of Poetry," in *English Prose of the Victorian Era*, p. 1248.
52 Carnell, *Theology of Reinhold Niebuhr*, p. 168.
53 Rudolf Bultmann, *Kerygma and Myth* (New York: Harper & Brothers, 1961), p. 39.
54 루크 티모시 존슨(Luke Timothy Johnson)은, (한편으로는) 복음서의 역사적 신뢰성을 비방하려 하고 (다른 한편으로는) 복음서 내러티브의 사실성을 너무 강조하려 하는 현대의 시도

창조, 구속, 몸의 부활, 재림, 적그리스도 등 다른 많은 초자연적 교리가 이와 유사하게 '비신화화되었다.' 이 각각의 교리들은 '종교적' 의미의 상징이라고 간주되었다. 그 교리들은 문자적으로 받아들여지지 않았다. 혹시 문자적으로 받아들인다 하더라도 그 의미는 사실성에 있지 않고 그것이 인간의 본성 및 하나님과 인간의 관계에 대해 말해 주는 데 있었다.[55]

전통적 유신론자들이 실존주의적 유신론자들을 가장 비판하는 것은 바로 이 점, 즉 역사와 교리에 대한 이해다. 비판의 내용은 두 가지다. 첫째로, 유신론자들은 실존주의자들이 두 가지의 잘못된, 즉 몹시 의심스러운 전제에서 출발한다고 말한다. 바로 (1) 기적은 불가능하며(불트만의 경우를 말하며 바르트는 여기에 포함되지 않는다) (2) 성경은 역사적으로 신뢰할 만하지 못하다는 것이다. 전제의 차원에서 불트만은 닫힌 우주라는 자연주의의 관념을 그냥 받아들였다. 그러므로 불트만을 대개 신정통주의 신학자들과 연결 짓지만 그는 엄밀한 의미에서 '유신론적' 실존주의자는 아니었다. 최근의 많은 학문적 성과로, 정확한 사건의 기록으로서 구약에 대한 신뢰는 많이 회복되었으나, 실존주의 신학자들은 이런 성과를 무시하

를 신랄하게 비판한 후 이렇게 말한다. "기독교 신앙의 대상이 되는 진짜 예수는 단순히 과거의 인물이 아니라 무엇보다 현재의 인물, 그분의 현존으로 현재의 신자들을 정의하는 인물이다"[*The Real Jesus* (San Francisco: HarperCollins, 1996), p. 142]. 『누가 예수를 부인하는가?』(기독교문서선교회). 이것은 현대의 옷을 입은 실존주의자들의 기독교로서, 정통 기독교 유신론과 반드시 충돌하지는 않지만 역사적 사실에 관한 관심을 희생시키면서 살아 있는 관계적 현재에 강조점을 둔다.

55 예수님에 대한 학문적 연구의 역사는 내가 이 책에서 추적해 온 지성사와 유사하다. 처음에는 복음서를 믿을 만한 역사로 비판 없이 받아들이는 경향이 있었고, 그 이후에는 이신론자와 자연주의자(예컨대 에르네스트 르낭)가 나타나 예수님의 생애에 일어난 모든 초자연적 사건의 사실성을 부인했다. 다음으로는, 예수님의 이야기─대체로 신화적으로 여겨졌다─에서 종교적·실존적 중요성을 강조하는 신정통주의가 등장했다(예컨대 루돌프 불트만). 그다음에는 자연주의적 회의주의와 사변적 공상의 가공된 혼합물을 사용하여 근원적으로 재구성하려는 사람들이 나타났다(예컨대 존 도미닉 크로산). 유신론을 견지하는 학자들[예컨대 벤 위더링턴(Ben Witherington)과 N. T. 라이트(Wright)]과 온건한 신정통주의 학자들(예컨대 루크 티모시 존슨)이 역사적 예수에 대한 이런 자연주의적 탐구에 보인 반응은 예수님에 대한 역사적 연구를 더욱 견고한 토대 위에 올려놓는 데 중요한 역할을 하고 있다.

거나 연구 결과의 중요성을 과소평가한다. 따라서 두 번째 중요한 비판이 가해진다.

유신론자들은 실존주의자들이 신화와 상징이라는 불안정한 모래 위에 신학을 세운다고 비판한다. 어느 서평자는 로이드 기링(Lloyd Geering)이 쓴 『부활: 소망의 상징』(Resurrection: A Symbol of Hope)이라는 실존주의 작품을 다음과 같이 평했다. "어떻게 일어나지 않은 사건[일어나지 않은 부활]이 소망이나 실로 다른 어떤 것의 상징으로 간주될 수 있는가? 어떤 사건이 일어났다면 우리는 그것이 의미하는 바를 알려고 노력한다. 사건이 일어나지 않았다면 의문도 제기되지 않는다. 우리는 부활절 사건의 필요성을 다시 생각하게 된다."[56]

의미가 있으려면 사건이 있어야 한다. 부활에 대한 전통적 이해대로 예수님이 죽은 자 가운데서 부활하셨다면 우리는 무엇인가를 의미할 수 있는 사건을 갖게 된다. 그가 여전히 무덤 속에 머물러 있거나 그의 몸이 다른 곳으로 옮겨졌다면 우리는 다른 것을 의미하는 다른 사건을 갖는 것이다. 그러므로 유신론자는 신앙에 대한 역사적 근거를 포기하기를 거부하고 실존주의자들에게 역사적 사실성을 단지 종교적으로 중요한 것으로 여겨 포기하는 것이 무엇을 의미하는지 더욱 심각하게 생각하도록 도전한다. 그러한 포기는 회의와 믿음의 상실로 이어지게 된다. 그러나 유신론적 실존주의자에게 그것은 믿음의 도약으로 이어진다. 의미는 주관적 세계에서 창조되지만 객관적 준거점은 없다.

이 점에서 유신론적 실존주의는 무신론적 실존주의와 매우 가깝다. 실존주의자들이 의미의 근거가 되는 사실성을 포기한다면, 그들은 자연히 한 걸음 더 나아가 의미도 전부 포기해야 마땅할 것이다. 이는 그들을

---

[56] *Resurrection: A Symbol of Hope*, by Lloyd Geering 서평, *Times Literary Supplement*, November 26, 1971, p. 148.

다시 허무주의의 길 없는 황무지에 던져 놓을 것이며 따라서 그들은 다른 출구를 찾아야 할 것이다.

실존주의의 지속성

이 두 가지 형태의 실존주의를 연구하는 것은 흥미로운데, 형제 관계를 유지하면서도 각기 다른 아버지를 가진 한 쌍의 세계관이기 때문이다. 유신론적 실존주의의 발생 기원은 죽은 유신론, 죽은 정통주의에 대한 키르케고르의 반응과 기독교를 순전히 도덕으로 축소한 것에 대한 칼 바르트의 반응에서 찾을 수 있다. 유신론적 실존주의는 주관주의적 경향에서서 종교를 역사에서 떼어 내고 그 내적 의미에 관심을 기울였다. 무신론적 실존주의는 장폴 사르트르와 알베르 카뮈가 허무주의와 인간이 우주라는 기계의 무의미한 톱니바퀴로 축소되는 것에 반응하면서 세인의 이목을 끌게 되었다. 이것은 주관주의적 경향을 띠었고, 철학을 객관성에서 분리시켰으며, 인간을 긍정하는 데서 의미를 창조해 냈다.

내용에서는 다르지만 형식상으로는 동기간인 이 두 형태의 실존주의는 오늘날에도 여전히 관심을 끌면서 경쟁적으로 추종자를 불러모으고 있다. 하나님을 믿고자 하면서도 초자연적인 것이나 성경의 정확성에 대한 믿음을 그리 많이 요구하지 않는 신앙을 갈망하는 사람에게는 유신론적 실존주의가 하나의 선택지로 남아 있을 것이다. 또한 하나님을 믿을 수 없는(또는 믿기를 거부하는) 자연주의자가 인생에 대한 의미를 찾는 길을 모색하고 있다면 무신론적 실존주의가 도움이 될 것이다. 이 두 가지 형태는—아마 계속해서 새롭고 변화된 모습으로—우리와 오랫동안 함께 있으리라 예상한다.

성찰과 토론을 위한 질문

1. 실존주의는 어떤 점에서 허무주의를 극복하려는 노력인가?
2. 카뮈가 『페스트』에서 제시하는 윤리를 어떻게 평가하는가?
3. 표 6.1을 보라. 여러분의 경험으로는, 기독교 유신론에서 '비인격화된 관점'과 '인격화된 관점' 중 어느 편을 더 강조한다고 생각하는가? 유신론에서 인격화된 관점이 비인격화된 관점보다 더 필요한가?
4. 무신론적 실존주의나 유신론적 실존주의가 표현되는 여러 형태를 어디서 볼 수 있는가?

7장

동양으로의 여행: 동양 범신론적 일원론

그리고 모든 소리, 모든 목표, 모든 그리움, 모든 괴로움, 모든 쾌락, 모든 선과 악, 그 모든 것이 합하여 세계를 이룬다.…천(千)의 소리의 위대한 노래는 하나의 단어, 즉 옴(Om)—완성—이라는 한마디다.

헤르만 헤세, 『싯다르타』

서양 사상사의 흐름은 결국 막다른 골목에 부딪히고 말았다. 자연주의는 허무주의로 이어지고, 자연주의에 물든 서양인들이 받아들이기 원하는 조건으로는 허무주의를 극복하기가 어렵다. 앞서 보았듯 무신론적 실존주의도 그러한 하나의 시도지만 다소 심각한 문제들을 안고 있다. 유신론도 한 가지 선택지이지만 자연주의자들에게는 매력적이지 않다. 무한한 인격이며 초월자인 하나님의 존재를 어떻게 받아들일 수 있겠는가? 이 질문은 한 세기 이상 심각한 장벽이 되었다. 오늘날 많은 사람은 오히려 자연주의를 고수하는데, 여전히 그들이 거부하는 미신적 종교보다 확실히 진보한 것처럼 보이기 때문이다. 더구나 위선적이고 사랑이 부족한 현대의 기독교 세계는 유신론의 생명력을 형편없게 증언하고 있다. '아니다. 유신론의 길로는 안 되겠다' 하는 생각이 든다.

어쩌면 우리는 자연주의를 재검토해 봐야 할 것이다. 어디서 잘못되었는가? 그런데 우리가 발견할 수 있는 한 가지는 이성을 따랐을 때 자연주의가 허무주의에 이르렀다는 것이다. 그러나 우리의 자연주의를 반드시 포기할 필요는 없다. 단지 이성은 신뢰할 만한 것이 못 된다고 말할 수도 있다. 실존주의는 이 길을 따라 조금 내려갔는데, 어쩌면 이제 우리는 이 길을 끝까지 내려가야 할지도 모른다. 둘째, 서양인들은 '교리', 사상 등에 관해 논쟁하는 경향이 있으므로 논쟁뿐 아니라 모든 지적 구분에 대해 일시적 중단을 선포하자. 아마도 '유용한' 교리라면 모두 진리로 간주하면 될 것이다. 셋째, 우주의 체계를 조작해 변화를 일으키려는 우리의 모든 행동주의가 오염을 낳고 사회적 향상을 위한 노력에 보상이 따르지 않는다면 우리의 행동주의를 포기해 보는 것이 어떤가? 행동을 멈추고 단순히 존재함으로써 삶의 질을 높여 보자. 끝으로, 서양의 다툼이 무력 충돌로 변한다면, 완전히 후퇴해 보면 어떤가? 그냥 돌아가게 놔 두자. 그래도 지금의 우리 상태보다 더 나빠지기야 하겠는가? 혹시 동양에 더 나은 길이 있지는 않은가?

사회학적 측면에서 볼 때 동양에 대한 관심은 1960년대 중산층의 가치관이 젊은 세대에 의해 거부되면서부터 높아졌음을 알 수 있다. 첫째, 서양의 과학 기술(즉 실제로 적용된 이성)은 현대전을 가능케 했다. 베트남 전쟁(젊은 미국인들은 그 이전의 전쟁은 직접 겪어 보지 못했다)은 이성의 결과다. 그러니 이성을 버리자. 둘째, 서양 경제는 심한 불공평과 민중에 대한 경제적 압박을 초래했다. 그러니 그러한 체제를 낳은 전제들을 거부하자. 셋째, 서양의 종교는 대체로 과학 기술과 경제 체제를 통제하는 사람들을 지지해 온 것처럼 보인다. 그러니 이 올가미에 빠지지 말자.

그러므로 동양 사상으로의 전환은 우선 서양 사상에서 후퇴함을 의미한다. 서양은 모순 덩어리 미로, 지적 자살, 그리고 우리의 모든 사상의 어두운 언저리에 출몰하는 허무주의의 망령으로 끝나고 말았다. 다른 길은 없는가?

정말로 있다. 매우 다른 길이 있다. 반(反)합리주의, 혼합주의, 정적주의, 과학 기술의 부재, 소박한 생활 양식, 그리고 가장 중요하게는 이국적이며 근원적으로 다른 종교적 구조라는 특징을 지닌 동양은 지극히 매력적이다. 더구나 동양은 서양보다 더 유구한 전통을 가지고 있다. 말하자면, 서양과는 극과 극을 달리며 세상을 생각하고 조망하는 양식이 수 세기 동안 서양의 이웃에 있었다. 어쩌면 명상에 잠긴 구루(Guru)들과 소박한 삶이 있는 조용한 땅 동양에는 의미와 가치를 갈구하는 서양인들에게 제시할 대답이 있을지도 모른다.

한 세기가 넘도록 동양 사상이 서양에 유입되었다. 힌두교와 불교의 경

> 티베트 불교는 서양에서 많은 추종자를 매료시켰다. 티베트 불교의 스승들은 고통에 관한 통찰을 제공했고, 정신적 평정심과 자비심을 고양하는 방법도 알려 주었다. 이것은 자기 향상을 추구하는 서양 사람들에게 호소력이 있었다. 구도자에게 일단 신앙의 필요성은 제쳐 두고 그 방법대로 행하여 결과를 보라고 말하는 것처럼 보이기 때문이다. 티베트 불교에서는 사람이 자신의 노력으로 붓다, 곧 '깨어난' 자가 될 수 있다고 말한다. 그 목표는 여러 가지로 우연적인 실재의 한계를 넘어서 진리를 깨닫는(enlightenment) 데 있다. 티베트 불교는 서양 철학의 어떤 흐름처럼 객관적 실재에 대해서는 회의적이다. 무상함과 공허함을 주장하며, 그래서 격변하는 우리의 경험과도 일치한다. '자아'의 실재에 의문을 제기한다. 오늘날 서양도 마찬가지다. 그래서 복음서도 종종 개인의 거룩함을 발전시키는 지침서가 아니라 사회 정의라는 비인격적 공학을 위한 지침서로 간주하기도 한다.
>
> 존 부에쳐(John B. Buescher),
> "모든 것은 불타고 있다: 티베트 불교의 모든 것"
> (Everything is on Fire: Tibetan Buddism Inside Out)

전이 번역되어 이제 저렴한 문고본으로 유통되고 있다. 일찍이 1893년 시카고에서 열린 첫 번째 세계종교회의(Parliament of World Religions)에서 스와미 비베카난다(Swami Vivekananda)는 자신의 인도인 구루 스리 라마크리슈나 파라마함사(Sri Ramakrishna Paramahamsa)의 가르침을 소개하기 시작했다. 동양에서 건너온 스즈키 다이세츠(D. T. Suzuki)는 선(禪) 사상을 서양의 출판물에 담아냈다. 또한 동양으로 건너간 앨런 와츠(Alan Watts)는 선(禪)에 심취해 동료 서양인들을 가르치기 위해 돌아왔다. 1960년대에 이르러 동양의 학문들은 학부 과정 수준까지 침투해 내려왔다. 지난 수십 년 동안 인도의 구루들은 미국과 유럽을 넘나들었다. 1960년대 이후로 티베트의 달라이 라마는 조용하고 섬세한 행실과 국제 분쟁에 대한 평화적 해결책을 모색하며 사람들의 주목을 받고 있다. 동양에 대한 지식은 이제 쉽게 구할 수 있으며 실재에 대한 동양의 관점은 서양에서 점점 더 생생한 선택지가 되고 있다.[1]

동양 범신론적 일원론의 기본 내용

물론 동양에도 서양만큼이나 풍부하고 심오한 지적 재산이 있기 때문에 이를 분류하고 범주화하기란 어렵다. 수렌드라나트 다스굽타(Surendranath Dasgupta)의 다섯 권짜리 『인도 철학사』(*History of Indian Philosophy*)[2]의 목차

---

[1] 20세기에 동양 사상으로 선회한 내용을 서술한 이 부분은 몹시 피상적이다. 더 상세한 내용은 다음의 책들을 보라. R. C. Zaehner, *Zen, Drugs and Mysticism* (New York: Vintage, 1974). 좀 더 광범위하면서 학문적으로 검토한 내용은 Irving I. Zaretsky and Mark P. Leone, eds., *Religious Movements in Contemporary America* (Princeton, NJ: Princeton University Press, 1974)에 수록된 논문에서 볼 수 있다. 스티븐 닐(Stephen Neill)은 *Christian Faith and Other Faiths* (Downers Grove, IL: InterVarsity Press, 1984)에서 힌두교와 불교를 포함한 몇몇 종교를 개괄·평가한다. 동양으로 향하는 서양의 경향에 대한 기독교적 비판은 Os Guinness, *The Dust of Death* (Wheaton, IL: Crossway, 1994), pp. 195-234에서 볼 수 있다. 『제3의 종족』(신원문화사). C. S. 루이스는 *Miracles* (London: Fontana, 1960)의 11장(pp. 85-98)에서, 서양에서조차 범신론은 자연스러운 종교라고 주장하는데, 이러한 형태의 범신론에 대한 그의 비판은 유용하다. 또한 어니스트 베커(Ernest Becker)가 *Zen: A Rational Critique* (New York: W. W. Norton, 1961)에서 현대의 정신 분석과 정신 요법 이론의 관점에서 선불교를 매우 비판적으로 분석한 내용을 보라.

[2] Surendranath Dasgupts, *A History of Indian Philosophy*, 5 vols. (Cambridge: Cambridge University Press, 1922-1969). 동양 철학과 종교의 경전은 다음을 보라. Sarvapalli Radhakrishnan and Charles A. Moore eds., *A Source Book in Indian Philosophy* (Princeton, NJ: Princeton University Press, 1957); Wing-tsit Chan ed., *A Source Book In Chinese Philosophy* (Princeton, NJ: Princeton University Press, 1963); Lucien Stryk ed., *World of the Buddha* (New York: Grove, 1968). 철학자 키스 얀뎰은 동양 종교 전반을 다룬 다음의 책들을 추천한다. Stuart Hackett, *Oriental Philosophy* (Madison: University of Wisconsin Press, 1979); David L. Johnson, *A Reasoned Look at Asian Religions* (Minneapolis: Bethany House, 1985); Julius Lipner, *The Face of Truth* (London: Macmillan, 1986); Eric Lott, *God and the Universe in the*

만 훑어봐도 누구나 이 사실을 분명히 알 수 있다. 이후의 서술에서는 서양에 가장 널리 알려진 동양의 세계관인 범신론적 일원론에 한정하여 살펴보겠다. 이 범신론적 일원론은 샹카라(Shankara)의 힌두 아드바이타[불이일원론(不二一原論)] 베단타 체계(the Hindu Advaita Vedanta system), 마하리쉬 마헤쉬 요기(Maharishi Mahesh Yogi)의 초월 명상, 우파니샤드 상당 부분에 뿌리를 둔다. 특히 독일 작가 헤르만 헤세(Hermann Hesse)는 소설 『싯다르타』(Siddhartha)에서 이 세계관을 매우 아름답게 묘사했는데, 이 소설은 1960년대와 1970년대에 대학생들에게 인기를 끌면서 일반적인 범신론적 유신론을 전달하는 역할을 했다. 힌두교에서 발전한 불교는 힌두교와 많은 특징을 공유하지만 한 가지 핵심 사안, 곧 궁극적 실재의 본성에 관한 사안에서 중요한 차이가 있다.

범신론적 일원론은, 유일의 비인격적 요소에 의해 실재가 구성된다는 관념인 일원론이라는 점에서 동양의 다른 세계관과 구분된다. 하레 크리슈나(Hare Krishna)는 동양의 범신론적 일원론이 지닌 많은 특징을 공유하지만 이 세계관과는 일치하지 않는데, 실재가 궁극적으로 인격적이라고 주장하기 때문이다(따라서 아드바이타 베단타에는 전혀 없는, 유신론과의 유사성이 있다).

앞으로 살펴보면서 이 수수께끼 같은 언어들이 좀 더 명확해졌으면 한다. 그런데 본격적으로 살펴보기 전에 세계관 분석에서 마주하는 두 가지 어려움을 먼저 말할 필요가 있다. 첫째, 여덟 가지 세계관 질문은 일군의 범주를 전제하지만, 이 범주는 동양 사상을 특징짓는 범주와 말끔하게 들어맞지 않음을(혹은 범주 자체가 없음을) 인식해야 한다.[3] 동양에서는 하나

Vedantic Theology of Ramanuja (Madras: Ramanuja Research Society, 1976); Lott, *Vedantic Approaches to God* (London: Macmillan, 1980).

3 9장을 보라.

님과 우주(그의 창조물), 인간과 나머지 우주, 선과 악, 환상과 현실 등 서양인들이 쉽게 가정하는 구분들을 쉽게 받아들이지 않는다. 우리가 이 용어를 사용하겠지만 그 의미는 다소 다름을 알고 있어야 한다.

둘째, 동양 범신론은 종교적·문화적으로 매우 다양하게 구현되어 많은 차이가 있음을 의식해야 한다. 세계관 분석은 종교를 서술하는 것도 아니고 분석하는 것도 아니다. 그러한 목적이라면 독자들이 비교 종교학에 관한 책을 찾아보면 될 것이다. 윈 코두언의 『이웃의 신앙』은 좋은 출발점이다.[4] 코두언은 각 종교를 신봉하는 사람들 사이에서 다양하게 나타나는 신념과 실천에 초점을 맞춘다(사이드바를 보라). 우리가 어떤 저술가나 인물의 세계관을 파악하려 할 때는, 그들의 기본적인 지적 헌신을 이해하는 데 세심하게 주의를 기울여야 한다. 사람들이 자기를 불교인이나 힌두교인이라고 말한다고 해서 그들이 이 책에서 동양 범신론적 일원론이라고 말한 이 명제들을 수용하고 있다고 결론을 내려서는 안 된다. 그렇지만 기본적으로 서양의 지적 뿌리를 지닌 독자들에게 이와 대응하는 동양의 사고 체계를 소개하려고 할 때에는 이러한 세계관 개념을 이해하는 것이 도움이 될 것이다.

---

1. 세계관 질문 1(최고의 실재), 2(외부 실재), 3(인간): 아트만은 브라만이다. 즉, 각각의 그리고 모든 인간의 영혼(soul)은 우주의 영혼(궁극적 실재)이다.

"아트만은 브라만이다"라는 말은 힌두교의 우파니샤드에 나오는 구절로, 성경 창세기의 첫 선언인 "하나님이 천지를 창조하시니라"(창 1:1)와 대비되는 범신론적 상응 구절이다. 이 힌두교 본문에서는 신과 피조물 사이에

---

4   Winfried Corduan, *Neighboring Faiths: A Christian Introduction to World Religions*, 2nd ed. (Downers Grove, IL: InterVarsity Press, 2012).

> 불교는 신앙과 실천에서 엄청난 범위의 다양성을 포함한다. 어떤 사람이 불교인이라는 것을 알았다고 해서 그 사람의 믿음을 알았다고 말할 수 없다. 그의 지리적 출신을 아는 것은 도움이 될 수도 있고 그렇지 않을 수도 있다. 예를 들어, 어떤 불교인이 스리랑카나 미얀마나 태국 출신임을 아는 것은 도움이 될 수 있다. 이 나라들은 소승 불교가 융성한 지역이기 때문이다. 반면에, 중국이나 일본 출신의 불교인임을 아는 것으로는 문제가 완전히 해결되지 않는다. 중국이나 일본 출신 불교인에게 그가 어느 종파를 신봉하는지를 물어보는 것은 별로 도움이 되지 않는다. 대부분은 자신들이 수행하는 불교가 그저 명백하고 단순한 불교라고 생각한다. 그들은 어떤 특정 집단을 다른 모든 집단과 분리하여 이쪽은 맞고 다른 모든 쪽은 틀렸다는 식의 서양적 관행에 꼭 동조하지 않는다. 그들에게는 그들이 그저 불교인이고, 이것이 그들이 관심 갖는 전부다. 그들이 실제로 실천하는 것은 '공식적' 불교 종파와 거의 관련이 없을 수 있다.
>
> 윈프리드 코두언, 『이웃의 신앙: 세계 종교에 대한 기독교적 입문서』

굵은 선을 긋는 대신 신과 피조물이 하나이며 동일하다고 선언한다. 아트만(Atman, 각 사람의 본질, 영혼)은 브라만(Brahman, 전 우주의 본질, 영혼)이다. 인간이란 무엇인가? 즉, 우리 각자의 핵심은 무엇인가? 각 사람은 모든 것이다. 인간은 (동양의 용어로 대답하지만 정확하게 말하면) 신이다.

그러나 우리는 신을 범신론의 용어로 정의해야 한다. 범신론의 신은 유일한, 무한하고 비인격적인, 궁극적 실재다. 즉, 신은 우주다. 신은 존재하는 모든 것이다. 존재하면서 신이 아닌 것은 없다.[5] 신이 아닌 어떤 것

---

5   한번은 스리 라마크리슈나(1836-1886)가 그의 제자 나렌(나중에 스와미 비베카난다가 되어 제1회 세계종교회의 참석차 시카고로 건너갔는데, 그 결과 동양 사상을 서양에 소개한 주요

이 존재하는 것처럼 보인다면 그것은 '마야'(maya), 즉 환상이며 참으로 존재하는 것이 아니다. 다시 말해, 구별되고 독특한 객체로서 존재하는 모든 것—저것이 아니라 이 의자, 저 나무가 아니라 이 바위, 네가 아니라 나 등—은 환상이다. 우리에게 실재를 부여하는 것은 우리의 분리됨이 아니라 합일, 즉 우리가 브라만이며 브라만은 유일자라는 사실이다. 그렇다. 브라만이 **바로 그** 유일자(the One)다.

궁극적 실재는 모든 구분을 초월한다. 그것은 그저 **존재한다**. 인식론 논의에서 다시 보겠지만 사실 합일의 본질은 언어로 표현할 수 없다. 우리가 그것이 됨으로써, 우리의 통일성 곧 우리의 '신성'(神性)을 붙잡음으로써, 어떤 구분도 초월하는 거기에 안주함으로써 그것을 '체험할'(realize) 수 있을 뿐이다.

서양에서는 이런 종류의 체계에 익숙하지 않다. 구분하는 것이 생각하는 것이다. 사고의 법칙도 구분을 필요로 한다. 즉, A는 A이고, A는 A가 아닌 것이 아니다. 실재를 아는 것은 하나를 다른 것과 구분하여 분류하고, 범주를 정하고, 우주의 다른 사물과의 미묘한 관계를 인지하는 것이다. 그러나 동양에서 실재를 '아는' 것은 일체의 구분을 초월하여 만물과 합일함으로써 만물의 하나 됨(oneness)을 '체험하는' 것이다. 이러한 개념은—정신으로 이해할 수 있는 한에서는—간접적으로 가장 잘 표현된다. 우파니샤드에는 이 설명할 수 없는 것을 비유를 통해 간접적으로 설명하려는 시도가 아주 많다.

"보리수나무의 열매를 하나 가져오너라."

인물이 되었다)의 몸에 손을 대자, 그는 무아지경에 빠져 "모든 것이 실재로 신이며, 신이 아닌 것은 아무것도 존재하지 않음을, 즉 우주 전체가 신의 몸이며, 모든 것은 신의 형태임을" 찰나의 순간에 보았다[Richard Schiffman, *Sri Ramakrishna: A Prophet for a New Age* (New York: Paragon House, 1989), p. 153).

"여기 있습니다, 아버지."

"쪼개어 보아라."

"쪼개었습니다."

"그 안에 무엇이 있느냐?"

"매우 작은 씨들이 있습니다."

"아들아, 그중 하나만 쪼개어 보아라."

"쪼개었습니다."

"그 안에 무엇이 있느냐?"

"아무것도 없습니다."

그러자 아버지는 아들에게 말한다. "아들아, 네가 볼 수 없는 이 씨의 본질에서부터 실로 이 큰 보리수가 나왔느니라."

"실로 그렇다, 내 아들아. 보이지 않는 미묘한 본질이 바로 온 우주의 영혼이다. 그것이 실재다. 그것이 아트만이다. 네가 바로 그것이다(THOU ART THAT)."[6]

그래서 구루인 아버지는 초심자인 아들에게, 초심자조차도 궁극적 실재라고 가르친다. 그러나 동양인이나 서양인을 막론하고 우리 모두는 구분을 인식한다. 우리 모두가 하나 됨을 '체험하지' 않았기 때문이다. 여기에서 두 번째 명제가 나온다.

---

2. 세계관 질문 1(최고의 실재), 2(외부 실재), 3(인간), 계속됨: 어떤 것은 다른 것보다 더 실재에 가깝다.

여기서 우리는 수수께끼 같은 말만 늘어나고 아무 결론에도 이르지 못한

---

6   Chandogya Upanishad, in *The Upanishads*, trans. Juan Mascaró (Harmondsworth, UK: Penguin, 1965), p. 117에서 가져왔다.

것처럼 보인다. 그러나 낙망해서는 안 된다. 그것이 동양식 '사고'다.

"어떤 것은 다른 것보다 더 실재에 가깝다"는 명제는 실재가 현상의 계층 구조라는 것을 달리 표현한 말이다. 어떤 '것', 혹은 어떤 현상이나 환상은 다른 것보다 유일자와 합일되는 데 더 가까이 있다. 일반적인 동양의 계층 구조는 서양인들도 구성할 수 있는—그러나 다른 이유로—체계처럼 보인다. 순수하고 단순한 물질(즉, 광물)이 실재에서 가장 멀리 떨어져 있고, 그다음에 식물, 동물, 최종적으로 사람이다. 그러나 사람에게도 등급이 있다. 어떤 사람은 다른 사람보다 유일자에 더 가깝다. 완전한 스승(The Perfect Master), 붓다, 구루 등은 순수한 존재에 가장 가까운 인간이다.

부분적으로는 의식(consciousness)이 이 계층 구조의 원리인 것 같다. 하나 됨을 '체험한다'는 것은 의식하고 있음을 의미하는 것처럼 보인다. 그러나 앞으로 보듯, 어떤 사람이 유일자와 합일될 때 의식은 완전히 사라지고 그는 단지 무한한 비인격적 존재로 변하게 된다. 명상의 기술처럼 의식도 그 효용성을 다한 후에는 버려질 것에 불과하다. 그럼에도 순수한 물질이 유일자와의 합일을 체험할 가능성은 인간보다 훨씬 더 적으며, 이 사실이 중요하다.

그렇다면 환상에서 가장 먼 곳에 있는 것은 물질이다. 물질의 본질은 아트만이지만 물질은 아트만이 아니다. 그러나 그것은 아트만이 **되어야** 한다. 우리는 모든 것이 유일자와 합일되어야 한다는 요구를 이해하는 데 어떤 도덕성 개념을 덧붙이지 않도록 주의해야 한다. 여기서 의미하는 것은 단지 존재 그 자체가 유일자와의 통일성을 요구한다는 것이다. 유일자는 궁극적 실재이고 유일자가 아닌 모든 것은 실제로 아무것도 아니다. 진실로 그것은 어떤 가치 있는 것이 아닐뿐더러, 더 중요하게는, 전혀 존재하지도 않는다.

그러므로 우리는 처음의 명제로 다시 돌아왔다. 어떤 것은 다른 것보다 실재에 가깝다. 그다음 질문이 분명해졌다. 어떻게 개개의 분리된 존재가 유일자와 합일될 수 있는가?

3. 세계관 질문 1(최고의 실재), 2(외부 실재), 3(인간), 계속됨: (전부는 아니더라도) 많은 길은 유일자로 향한다.

유일자와 합일되는 것은 유일한 참된 길을 찾는 문제가 아니다. 마야에서 실재에 이르는 길은 많다. 나는 이 길을 택하고, 너는 다른 길을, 다른 친구는 세 번째 길을 택하는 등 길은 무한히 있다. 목표는 서로가 같은 길을 가는 것이 아니라 각자가 자신의 길에서 올바른 방향으로 나아가는 것이다. 즉, 우리는 올바른 방향을 잡아야 한다.

방향 설정은 교리의 문제라기보다는 기술의 문제다. 이 점에서 동양인은 단호하다. 사상은 중요하지 않다. 스리 라마크리슈나가 말했듯, "교리나 종교를 두고 왈가왈부하지 말라. 결국에는 한 가지밖에 없다. 모든 강은 대양으로 흘러가기 마련이다. 당신도, 또 다른 사람들도 그냥 흘러가게 내버려 두라!"[7]

교리 차원에서는, 너와 나는 우리 자신, 외부 세계, 종교 등에 관해서 무엇이 참된가에 대해 대부분 의견을 달리할 수 있다. 상관없다. 결국 모든 종교는 같은 목적지로 이끈다. 유일자와의 합일을 체험하는 것은 믿음의 문제가 아니고 기술의 문제이며, 기술조차도 가지각색이다.

마하리쉬 마헤쉬 요기 같은 구루는 만트라(mantra)—영적 스승이 신참자에게 은밀히 주기도 하는, 외견상 무의미해 보이는 산스크리트어 주문—암송을 강조한다. 다른 스승들은 만달라(mandala)—고도로 구조화

---

7   Schiffman, *Sri Ramakrishna*, p. 214. Rolland Romain, *The Life of Ramakrishna* (Calcutta: Advaita Ashrama, 1931), p. 197에서 재인용.

된, 종종 매혹적으로 장식된 아름다운 원형 모양으로서 실재의 총체성에 대한 상징—명상을 권한다. 또 다른 스승들은 기도나 절을 끝없이 반복하라고 요구한다.

이러한 기술들은 대부분 침묵과 고독을 요구한다. 그것들은 지적으로는 내용이 없는 방법이다. 그들은 실재와 교통하는 수준에 이르려고 노력한다. 즉, 그의 영혼을 우주의 조화에, 궁극적으로는 견고하고 비조화적이며 불이일원론적(不二一原論的)이고 궁극적인 교통인 유일자 브라만에 이르게 하려고 노력한다. 여기에 도달하는 것이 구원을 성취하는 동양의 일원론적 방법이다.

그 모든 '길' 중에서 특히 서양의 수도자들에게 가장 일반적인 길 하나는 '옴'(Om)이란 단어를 읊조리거나 '옴마니밧메훔'(Om Mane Padme Hum)과 같이 옴이 들어 있는 구절을 암송하는 것이다. 옴이라는 단어나 옴이 들어 있는 구절은 구체적인 내용이 없는 말이므로 본질적으로 번역할 수 없다. 어떤 이는 옴이 **긍정, 완전, 궁극적 실재, 만유, 영원의 말씀** 등을 의미한다고 말한다. 마하리쉬 마헤쉬 요기는 옴이란 "생명의 지지자", "만물의 시작과 끝", "고요한 소리(hum), 즉 나타나지 않은 생명의 침묵하는 대양에서 발하는 첫 번째 침묵의 소리, 첫 번째 침묵의 음파"라고 말한다.[8]

이 동양 체계에서 사용된 **의미**라는 단어는 분명 유신론이나 자연주의에서 사용된 것과 같은 뜻으로 사용되지 않는다. 우리는 여기에서 이성적 내용이 아니라 형이상학적 합일에 대해 이야기하고 있다. 우리가 유일자와 합일될 때, 즉 '아트만은 브라만이다'라는 구절이 인식론적 명제에 그치지 않고 존재론적으로 체험될 때, 즉 '실재가 될 때' 비로소 옴을 진실된 의미에서 '읊조릴' 수 있으며 그 의미를 '이해할' 수 있다.

---

8   *Meditations of Maharishi Mahesh Yogi* (New York: Bantam, 1968), p. 18.

만두키아 우파니샤드(Mandukya Upanishad)는 옴에 대해 다음과 같이 말한다.

옴, 이 영원의 말씀은 만유다. 과거의 존재, 현재의 존재, 미래의 존재이며, 영원 속에서 이 삼계(과거, 현재, 미래)를 뛰어넘는 것이다. 만유는 옴이다.

브라만은 만유이며 아트만은 브라만이다. 아트만, 즉 절대아(絶對我)에는 네 가지 상태가 있다. 첫째 상태는 외부 세계의 모든 대상을 의식하는 깨어 있는 상태이며, 그것은 외적 대상을 의식하는 일곱 부분을 즐기는 쾌락을 말한다.

둘째 상태는 내적으로 움직이는 의식의 꿈꾸는 삶이며, 그것은 자신의 빛과 고독 속에서 일곱 부분의 미묘한 내적 요소를 즐기는 것이다.

셋째 상태는 인간이 아무런 욕망도 갖지 않고 꿈도 꾸지 않을 때 갖는 침묵하는 의식의 잠자는 삶이다. 깊은 잠의 상태는 일종의 합일 상태로, 평안 및 평안을 누리는 것으로 이루어진 침묵하는 의식이다.

이 침묵하는 의식은 전능하고 전지한 내적 통치자이며, 만유의 근원이고 만물의 시작과 끝이다.

넷째 상태는 순수한 상태에 있는 아트만, 즉 최상의 의식이 깨어 있는 삶이다. 이것은 외적 의식도 내적 의식도 아니고, 반(半)의식도 잠자는 의식도 아니며, 의식도 무의식도 아니다. 그는 아트만, 영혼 자체다. 볼 수도 만질 수도 없고, 모든 구분을 뛰어넘으며, 사상을 초월하고, 말로 표현할 수 없다. 아트만과의 합일만이 그 실재에 대한 최상의 증거다. 아트만은 진화와 비이원성의 마지막이다. 그것은 평안과 사랑이다.

이 아트만이 영원의 말씀, 옴이다. 옴의 세 가지 소리, 즉 아(A), 우(U), 움(M)은 의식의 처음 세 단계이며 이 세 상태가 세 소리다. 첫 번째 소리 아(A)는 첫 번째 상태, 즉 만인에게 공통되는 깨어 있는 의식이다. 이 소리는 '성취'라는 뜻인 아프티(*Apti*)와 '최초의 존재'라는 뜻인 아디마트밤(*Adimatvam*)이라는 단어에서 찾을 수 있다. 이것을 아는 자는 진리 안에서 그가 원하는 모든 것을 얻을 수 있으며 만물의 제일인 자가 된다.

두 번째 소리 우(U)는 두 번째 상태, 즉 꿈꾸는 의식이다. 이것은 '상승'을 뜻하는 단어인 우르카르샤(*Utkarsha*)와 '양면'을 뜻하는 우바야트밤(*Ubhayatvam*)에서 찾을 수 있다. 이것을 아는 자는 지식의 전통을 세우고 중용을 획득한다. 그의 후손 중에는 브라만을 모르는 자가 한 명도 없을 것이다.

세 번째 소리 움(M)은 세 번째 상태, 즉 잠자는 의식이다. 이것은 미티(*Miti*), 즉 '척도'와 그 어근 미(*Mi*), 즉 '끝나다'라는 말에서 찾아볼 수 있다. 미(*Mi*)라는 어근은 '궁극적인 끝'이라는 뜻인 아프티(*Apti*)라는 단어를 만든다. 이것을 아는 자는 마음으로 만물을 측량하고 궁극적인 끝에 도달한다.

한 소리로서 옴은 네 번째 상태, 즉 최상의 의식이다. 그것은 감각을 초월하며 진화의 맨 끝이다. 그것은 비이원성이며 사랑이다. 이것을 아는 자는 자기 자신과 함께 이것을 아는 최상의 절대아로 나아가는 것이다.[9]

우파니샤드의 이 부분을 길게 인용한 것은 비교적 짧은 구절에 몇몇 중심 사상이 포함되어 있기 때문이다. 지금 우리는 옴이란 단어를 살피면서 이것이 어떻게 궁극적 실재를 표현하는지 논하고 있다. 옴을 말하는 것은 지적 내용을 전달하는 게 아니다. 옴은 어떤 것 혹은 모든 것을 의미하며, 모든 구분을 초월하기에 동시에 무를 의미한다고도 말할 수 있다. 옴을 말하는 것은 옴이 상징하는 것이 되거나 되려고 시도하는 것이다.

---

[9] Mascaró, *Upanishads*, pp. 83-84.

4. 세계관 질문 1(최고의 실재), **2**(외부 실재), **3**(인간), **계속됨: 우주와의 합일을 체험하는 것은 인격을 초월하는 것이다.**

잠깐 첫 번째 명제로 되돌아가서 우리가 이 세계의 인간을 주목할 때 그 명제가 우리를 어디로 인도하는지 살펴보자. 아트만은 브라만이다. 브라만은 유일자이고 비인격이다. 그러므로 아트만도 비인격이다. 이 결론을 다시 주목하라. 인간은 본질적으로―가장 진실된, 가장 충만한 존재로서―비인격이다.

범신론적 일원론에서 이 개념은 유신론과는 정반대다. 유신론에서는 인격이 하나님에게도 인간에게도 중요하다. 그것은 개개인의 존재의 핵심에는 복합성이 있다는 의미다. 인격은 자기의식과 자기 결정성을 필요로 하며 이것은 생각하는 자와 생각의 대상이라는 이원성과 관계되어 있다. 유신론에서는 하나님과 인간 모두 복합적이다.

범신론에서 신에 대해 가장 중요한 것은 그의 하나 됨, 즉 순전히 추상적이고 구분되지 않는 비이원적 통일성이다. 따라서 신은 인격을 초월한다. 그리고 아트만은 브라만이기 때문에 인간 역시 인격을 초월한다. 인간이 존재를 '체험하는' 것은 그 구분되지 않는 유일자(the undifferentiated One)와 합일되는 것이다.

앞에서 인용한 만두키아 우파니샤드의 한 부분을 잠시 재검토해 보자. 거기서는 아트만이 '네 가지 상태'를 가지고 있다고 선언한다. 깨어 있는 삶, 꿈꾸는 삶, 깊은 잠, '순수한 의식의 깨어 있는 삶'이다. 진보가 중요하다. 완전한 망각에 근접할수록 더 높은 상태다. 사람은 외부 세계의 일상사에서 꿈의 활동으로, 또한 깊은 잠의 무활동·무의식으로 나아가며, 결국 그 명칭이 처음 세 단계를 뒤엎은 것처럼 들리는 상태, 즉 '순수한 의식'으로 귀결하기 때문이다.

이제 우리는 이 '순수한 의식'이 우리에게 익숙한 어떠한 종류의 의식과도 관계가 없다는 데 주목하게 된다. '순수한 의식'은 오히려 유일자와의 순수한 연합이며 전혀 '의식'이 아니다. 의식은 이원성-의식 주체와 의식 객체-을 요구하기 때문이다. 자기의식은 심지어 자신 안에서도 이원성을 요구한다. 그러나 이 '순수한 의식'은 의식이 아니다. 순수한 존재다.

이 설명은 왜 동양 사상이 종종 정적주의(quietism)나 무위(無爲, inaction)에 빠지게 되는지 이해하는 데 유용하다. 존재는 활동이 아니다. 명상은 존재로 이르는 주된 통로이며, 명상은-그 양식이 어떠하든지-정적의 연구 사례다. 히말라야 꼭대기의 암벽에서 가부좌하고 앉아 명상에 잠겨 있는 힌두의 구루는 이러한 상징이다.

---

5. 세계관 질문 5(지식): 우주와 합일을 체험하는 것은 지식을 초월한다. 궁극적 진리가 관계된 곳에서는 비모순율이 적용되지 않는다.

'아트만은 브라만이다'라는 말에서 알 수 있듯, 인간은 그 본질적으로 지식을 초월한 존재다. 인격과 마찬가지로 지식도 아는 자와 알려지는 자라는 이원성을 요구한다. 그러나 유일자는 이원성을 초월한다. 그것은 순수한 합일이다. 만두키아 우파니샤드에서 말하듯, "그는 아트만, 영혼 자체이며…모든 구분 위에 있는, 모든 사상을 초월하는, 말로 표현할 수 없는 것이다." 다시 말해, **존재한다는 것**은 아는 것이 아니다.

서양인이 쓴 작품 중에서 가장 동양적인 소설인 『싯다르타』에서 헤르만 헤세는 득도한 싯다르타를 통해 이렇게 말한다.

지식은 전달될 수 있다. 그러나 지혜는 그렇지 않다.…모든 진리는 그 반대의 경우 역시 진리다. 예를 들어, 어떤 진리는 언제나 그것이 일면적일 때만 언어로 표현하고 말로 나타낼 수 있다. 생각되고 언어로 표현할 수 있는 모든 것은 일면적 진리, 반(半)진리에 불과하다. 그것은 전체성, 완전성, 통일성을 결여하고 있다.[10]

논증은 간단하다. 실재는 하나이고, 언어는 이원성을, 실상 여러 이원성(화자와 청자, 주어와 술어)을 요구하며, 따라서 언어는 실재에 관한 진리를 표현할 수 없다는 것이다. 후안 마스카로(Juan Mascaró)는 이것이 신(God) 교리에 어떤 의미가 있는지 설명한다.

우파니샤드의 현인에게 신을 정의해 달라고 간청했더니 그는 침묵을 지켰다. "신이란 침묵이다"라는 뜻이었다. 또다시 신을 말로 표현해 달라고 간청했을 때 그는 "네티, 네티"(Neti, neti: 이것이 아니다, 이것이 아니다)라고 말했다. 그러나 긍정적인 말로 설명해 달라고 요청했을 때 그는 숭고한 말을 한다. "타트 트밤 아시"(Tat Tvam Asi: 그대가 신이다).[11]

물론 그렇다! 이미 명제 3에서 이를 살펴보았다. 이제 우리는 동양의 범신론적 일원론이 왜 비교리적(non-doctrinal)인지를 더 명확히 이해하게 되었다. 어떠한 교리도 참일 수 없다. 어떤 교리가 다른 교리보다 주체가 우주와의 합일을 이루는 데 더 유용할 수 있겠지만 이것은 다른 문제다. 사실, 거짓말이나 신화가 훨씬 더 유용할 수도 있다.

10　Hermann Hesse, *Siddhartha*, trans. Hilda Rosner (New York: New Directions, 1951), p. 115.
11　Mascaró, *Upanishads*, p. 12.

그러나 우리는 또다시 길을 벗어났다. 또 서양식 사고를 하고 있다. 만일 참인 진술이 있을 수 없다면 거짓말도 있을 수 없다. 다시 말해, 범주화된 진리는 사라졌으며, 유일하게 적절한 구분은 유용성이다.[12] 요컨대, 우리는 다시 대부분의 동양적 관심의 실체인 기술의 문제로 돌아왔다.

---

6. 세계관 질문 1(최고의 실재), 2(외부 실재), 3(인간), 6(윤리): 우주와 합일을 체험하는 것은 선과 악을 초월하는 일이다. 우주는 언제나 완전하다.

우리는 여기서 다소 다루기 힘든 주제와 씨름하게 된다. 이 주제는 동양 범신론에서 가장 취약한 부분 가운데 하나다. 사람들이 도덕성을 부정하는 것을 용납하지 않기 때문이다. 그들은 어떤 행동은 옳고 어떤 행동은 나쁘다는 식으로 계속 행동한다. 더구나 업보(Karma)라는 개념이 동양 사상에서는 거의 보편적이다.

업보란 고통이든 기쁨이든, 군주든 노예든 하루살이든, 현재의 상태는 과거의 행동, 특히 전생에서 행동한 결과라는 개념이다. 그래서 그것은, 모든 실재(모든 영혼)는 영원한 존재라는 일반 법칙에 따른 환생 개념과 연결되어 있다. 유일자로 회귀하는 길을 찾는 데는 수억 세기가 걸릴지도 모르지만 거기에 도달하지 못할 영혼은 하나도 없다. 모든 영혼은 영원하다. 모든 영혼은 근본적으로 우주의 영혼이며 따라서 영원한 유일자이기 때문이다.

하지만 유일자로 회귀하는 과정 중에 그는 과거의 행동이 요구하는 일

---

12 지식과 무지, 순결과 불결, 선과 악 같은 범주의 힌두교의 신 칼리(Kali)를 따르는 스리 라마크리슈나는 진리와 비진리라는 이원성을 초월한 삶이 어려움을 시인한다. 그러나 그는 칼리를 향한 사랑(증오라는 이원성을 포함하는)으로 그렇게 고백하며, 자기 제자들에게 이렇게 말한다. "나는 진리를 포기할 수 없다"(이는 거짓이라는 이원성을 포함한다)(Schiffman, *Sri Ramakrishna*, p. 135에서 재인용).

련의 환상의 형태를 거친다. 업보는 '뿌린 대로 거둔다'의 동양 버전이다. 그러나 업보는 엄격한 필연성을 내포한다. '죄를 지었다면' 그 빚을 탕감하거나 용서해 줄 신은 없다. 죄 고백은 아무 소용이 없다. 죄는 보응되어야 하며 반드시 보응될 것이다. 물론 인간은 미래의 행동을 선택할 수 있으며 업보가 결정론이나 운명론을 의미하지는 않는다.[13]

이것은 도덕적 우주를 묘사한 것과 매우 유사하게 들린다. 인간은 선을 행해야 한다. 선을 행하지 않는다면 그 결과를 거둘 것이다. 비록 지금 생에서 거두지 않는다 해도 다음 생에서, 아마 계층 주고 내에서 더 낮은 단계의 존재로 환생함으로써 거둘 것이다. 흔히 생각하듯, 도덕적 우주는 실제로 동양에 존재하는 것이다.

그러나 이 체계에 대해서 두 가지 유념해야 할 점이 있다. 첫째, 선을 행하는 근거는 선을 행하는 것이 당위이기 때문이거나 다른 사람에게 유익을 주기 위해서가 아니다. 업보는 모든 영혼이 과거의 '죄'로 인해 고통받기를 요구하기 때문에 고통을 덜어 주는 데 아무런 가치가 없다. 영혼은 나중에 고통을 겪어야 한다. 따라서 아가페 사랑, 곧 주는 사랑은 존재하지 않으며, 그런 사랑이 받는 자에게 유익을 주지도 않을 것이다. 선한 행동을 하는 것은 유일자와의 합일에 도달하기 위해서다. 선을 행하는 것은 자신의 생을 돕는 최고이자 최상의 방식이다.

둘째, 모든 행동은 전체 환상계의 일부분일 뿐이다. 유일의 참된 '실재'는 궁극적 실재이며 그것은 모든 구분을, 선과 악을 초월한다. 브라만은 선과 악을 초월한다.

참과 거짓의 구분처럼, 궁극적으로 선과 악의 구분도 사라진다. 모든

---

13   예를 들어, *Siddhartha*에서 싯다르타는 유일자와의 합일의 길을 가는 동안 많은 사람에게 상처를 입혔다. 그러나 그는 결코 사과하거나 죄를 고백하지 않는다. 둘 다 그의 체계에서는 무의미하기 때문이다.

> 고빈다여, 이 세상은 불완전하지도 않고, 완성을 위해 먼 길을 따라 서서히 진화하는 것도 아니다. 그렇다. 세계는 매 순간 완전하다. 온갖 죄업은 이미 그 안에 자비를 담고 있다. 모든 어린아이는 잠재적 노인이다. 모든 젖먹이는 이미 그 안에 죽음을, 모든 죽어 가는 사람은 이미 영원한 생명을 지니고 있다.…그러므로 나에게는 존재하는 모든 것이 선으로 느껴진다. 생명뿐 아니라 죽음도, 거룩함뿐 아니라 죄악도, 어리석음뿐 아니라 지혜도 그러하다.
>
> 싯다르타, 헤르만 헤세, 『싯다르타』에서

것은 선이다(물론 이는 '선한 것은 없다' 혹은 '모든 것은 악이다'라고 말하는 것과 같다). 도둑이 성인이고, 성인이 도둑이고, 도둑이 성인이고….

그렇다면 동양인들이 그들의 행동을 옳은 것 혹은 틀린 것으로 여기는 것처럼 행동하는 여러 증거에 대해서는 어떻게 말하겠는가? 첫째, 동양에는 서양처럼 고지식하고 비일관적인 추종자들이 많다. 둘째로, 유신론자들의 말을 빌리면, 인간은 인간이다. 그러므로 도덕적 존재인 그들은 도덕적 존재인 것처럼 행동해야 한다. 셋째, 도덕적으로 보이는 그들의 행동은 순전히 이기적 동기에서 행해졌을 것이다. 누가 하루살이나 돌로 환생하려 하겠는가? 물론 비도덕(nonmoral)의 체계에서는 이기심도 부도덕으로 간주되지 않는다.

하지만 헤세는 『싯다르타』에서 미리 의도를 누설하여 그의 주인공으로 하여금 외관상 평범한 의미에서 "사랑은 세상에서 가장 중요한 것"[14]이라는 말을 하게 했다. 헤세는 평범한 인간이 되는 것보다 득도한, 깨달은 사

---

14 Hesse, *Siddhartha*, p. 119.

람이 되는 것이 좋다고 말하면서 가치의 구별을 도입한다.[15] 그러므로 대부분의 득도한 사람조차 자신의 체계가 의미하는 대로 살아가기보다는 오히려 도덕적으로 행동하는 경향이 있다. 아마도 이것은 어떤 사람들이 자신들의 의식적 세계관이 허용하는 것보다 더 '낫다'고 말하는 방식일 것이다.

7. 세계관 질문 4(죽음): 죽음은 개인적·인격적 존재의 종말이지만, 인간의 본성에서 본질적인 것은 불변한다.

업보, 환생과 관련하여 이미 죽음에 관해서도 논했다. 그러나 모든 세계관에서 그랬듯 죽음도 따로 살펴볼 가치가 있다. 인간의 죽음은 아트만이 각 개인에게 구현된 일의 종말을 뜻하며, 사람의 종말을 뜻한다. 그러나 영혼인 아트만은 불멸한다.

그러나 주의하라. 개인이나 인격이라는 의미에서는 어떤 사람도 죽음에서 살아남지 못한다. 아트만이 살아남지만, 아트만은 비인격이다. 아트만이 환생될 때는 다른 인격이 된다. 그러면 힌두교는 영혼의 불멸성을 주장하는가? 그렇다. 그러나 인격적·개인적 불멸성이 아니다.

물론 동양인의 눈으로 보면 인격과 개인은 어쨌든 환상에 불과하다. 아트만만이 가치 있다. 그러므로 죽음은 큰일이 아니다. 가치 있는 것은 소멸하지 않는다. 가치 있는 모든 것은 영원하다. 서양인들은 종종 동양에서는 삶을 경시한다고 말하는데, 이런 관점에서 보면 이해될 것이다. 삶의 개인적 표현―이 사람, 저 사람, 나, 너 등―은 가치가 없다. 그러나 본질적으로 그들은 모두 무한히 가치 있는 자들이다. 본질에서 무한하기 때문

---

15   Hesse, *Siddhartha*, p. 106.

이다.

동양에서 의미와 가치를 찾는 서양인들에게 이것이 주는 의미를 결코 무시해서는 안 된다. 개성과 인격에 가치―개별 인간의 삶이 지닌 독특한 가치―를 부여하는 서양인들은 동양의 범신론적 일원론에 큰 실망을 느낄 것이다.

8. 세계관 질문 7(역사): 유일자와의 합일을 체험하는 것은 시간을 초월하는 일이다. 시간은 비실재다. 역사는 순환적이다.

『싯다르타』의 중심 이미지 중 하나는 강이다. 싯다르타는 붓다의 모든 교훈이나 그의 영적 아버지 바수데바(Vasudeva)와의 만남을 통해 배우는 것보다 강에서 더 많은 것을 배운다. 소설의 절정에서 싯다르타는 허리를 굽혀 강의 소리에 몰두한다.

싯다르타는 좀 더 들으려고 노력했다. 아버지의 모습, 자신의 모습, 아들의 모습이 함께 어우러져 흘러간다. 카말라의 모습도 나타났다가 흘러갔고, 고빈다의 모습, 그 밖의 여러 사람의 모습이 나타났다가 지나쳐 간다. 그 모든 모습은 강의 일부가 된다. 강은 동경하고 욕망하며 고민하는 그들 모두의 목표였다. 그리고 그 강의 소리는 갈망과 쓰라린 소리와 지칠 줄 모르는 욕망으로 가득 차 있었다. 강은 한결같이 목표를 향해서 흘러갔다. 싯다르타는 자신과 육친들과 지금까지 만난 모든 사람으로 형성된 그 강이 급하게 흘러가는 것을 보았다. 모든 파도와 모든 물결이 고뇌 속에서 목표, 많은 목표를 향하여, 폭포수로, 호수로, 해류로, 바다로 급하게 흘러갔다. 즉, 폭포수를 향하여, 호수를 향하여, 여울을 향하여, 바다를 향하여 흘러가고 있었다. 흘러서 각자의 목표에 도달해도 계속해서 또 다른 새로운 목표가 나타났다. 물은 수증기가 되어 하늘로 올라가고 비가 되어 다시 하늘에서 떨어졌다. 그리하여 샘이 되고, 시내가 되고, 강이 되어 새롭게 변하고 새롭게 흘러가는 것이었다. 그러나 그 동경에 찬 목소리는 변해 있었다. 여전히 비통하게 스며드는 듯한 울림이 있었지만 거기에는 다른 여러 소리가 포함되어 있었다. 기쁨과 슬픔의 목소리, 선하고 악한 목소리, 웃고 통곡하는 소리, 수백 가지 소리, 수천 가지 소리.[16]

마침내 모든 소리, 상, 얼굴 등이 함께 어우러졌다. "모든 소리, 모든 목표, 모든 그리움, 모든 괴로움, 모든 쾌락, 모든 선과 악, 그 모든 것이 한데 어우러져 바로 세계를 이룬다.…천의 목소리로 이루어진 위대한 노래는 하나의 단어, 즉 옴―완성―으로 이루어졌다."[17] 이 지점에서 싯다르타는 유일자와의 내적 통일성을 이루고 그의 얼굴은 '지식의 평온함'으로 빛난다.

이 긴 인용구에서, 그리고 소설 전반을 통해서, 강은 우주의 상이 된다. 강둑의 한 지점에서 바라보면 강은 흐르고 있다(시간은 존재한다). 그러나 전체의 관점에서―우물, 내, 강, 바다, 수증기, 비, 우물의 순환계에서― 본다면 강은 흐르지 않는다(시간은 존재하지 않는다). 시간이란 강을 하늘에서 내려다보기보다는 강둑에 앉아 바라봄으로써 만들어 낸 환상이다. 강처럼 시간도 순환적이다. 역사란 해안의 한 지점을 통과하는 물의 흐름에 의해서 만들어지는 것이다. 그것은 환상이다. 그래서 실재가 관계된 곳에서는 역사가 의미를 지니지 못한다. 사실 자신의 신성(神性)을 체험하고자 하는 인간으로서 우리의 임무는 역사를 초월하는 것이다.

이는 역사를 매우 강조하는 서양인이 기독교의 역사적 근거를 설명할 때 동양인이 이를 거의 완전히 무시하는 이유를 설명하는 데 도움이 된다. 서양인의 사고에서는 예수의 존재, 기적, 병 고침, 죽음과 부활 등이

---

16 Hesse, *Siddhartha*, p. 110.
17 Hesse, *Siddhartha*, pp. 110-111.

실제로 일어났는지 여부가 중요한 문제다. 만약 그런 일들이 실제로 일어났다면 그러한 기이하고 비자연적인 사건들에는 분명 중대한 의미가 있을 것이다. 아마도 신은 존재할 것이다.

동양인의 사고에서 이 모든 논증은 불필요하다. 과거의 사건은 그 자체로 아무 의미가 없다. 그것이 지금 여기에서 의미를 갖고 있지 않다면 나와 무관하다. 그리고 그 사건이 지금 여기에서 의미를 갖고 있다면 역사로서의 사실성은 중요하지 않다. 동양의 경전은 경구, 비유, 우화, 설화, 노래, 시, 찬미, 서사시 등으로 구성되어 있다. 그러나 사건의 기록이라는 의미에서의 역사는 거의 없다. 그 사건들은 반복될 수 없는 시공간의 상황에서 발생한 것이기 때문이다.

그러한 사건에 관계하는 것은 전체 위계질서를 뒤엎는 일이 될 것이다. 독특한 것은 실재가 아니다. 절대적이고 전포괄적인 것만이 실재다. 만일 역사가 가치 있다면 신화로서, 단지 신화로서만 의미를 지닌다. 신화는 우리를 특수성에서 끄집어내 본질로 고양시키기 때문이다.

인간 생활 및 유일자와의 합일을 추구하는 모습 중 하나는 주기(cycle), 바퀴, 혹은 거대한 만달라의 상과 밀접한 관계를 갖고 있다. 싯다르타는 말했다. "나의 길은 앞으로 어디로 향할 것인가? 그 길은 어리석은 길, 빙빙 돌아가는 길, 어쩌면 한 자리에서만 맴도는 길일지도 모른다. 그러나 그 길이 어느 곳으로 향하든 나는 그 길을 갈 것이다."[18] 마스카로도 이와 비슷한 말을 했다. "진리의 길은 평행선의 길이 아니라 하나의 원을 따라가는 길일 것이다. 오른편으로 가서 원을 오르거나 왼편으로 가서 원을 오르거나 우리는 똑같이 정상에서 만나게 된다. 분명히 정반대 방향에서 출발했을지라도 말이다."[19]

---

18 Hesse, *Siddhartha*, p. 78.
19 Mascaró, *Upanishads*, p. 23.

소설 『싯다르타』에서는 이것이 상징적으로 잘 표현되었다. 붓다의 길, 바수데바의 길, 싯다르타의 길, 고빈다의 길 등이 여러 번 서로 만나고 교차하지만 결국에는 동일한 목표에 도달한다. 헤세는 이것을 다른 상, 즉 붓다, 바수데바, 싯다르타 등의 광채 나는 얼굴에 스민 동일한 미소로 표현한다.[20] 깨달은 자 모두는 만물 안에서 하나다.

불교의 특성

외양만 보면 불교는 힌두교와 꽤 비슷해 보인다. 예를 들어, 두 사상의 배후에 자리한 세계관은 최고의 실재의 단일성을 강조한다. 그럼에도 두 사상에는 중요한 차이점이 있다. 그 차이점이 무엇인지 알아보기 위해 내가 조금 전에 언급한 아드바이타 베단타(비이원론적 힌두교)와 불교가 어떻게 다른지 살펴보자.

힌두교 일원론은 궁극적 실재를 브라만, 즉 유일자로 본다. 유일자가 궁극적 존재(Being)—더 이상 분리되지 않는 최후의 '무언가'—를 소유한다. 혹은 더 낫게 표현하면, 유일자가 궁극적 존재 **그 자체다**. 이것에 브라만이라는 이름을 붙이거나 유일자에 대해 말하는 것은 이치에 닿는다. 전구가 빛의 반짝이는 광자들을 어둠 속으로 점점 더 멀리 퍼뜨리듯, 브라만(유일자)으로부터 우주(다수)가 발산된다.

불교의 일원론은 궁극적 실재가 공(空, the Void)이라고 주장한다.[21] 궁극적 실재는 이름을 붙이거나 그 실체를 파악할 수 있는 것이 아니다. 그것이 아무것도 아니라고 말하는 것은 틀리지만, 그것이 어떤 것이라고 말하는 것도 마찬가지로 틀리다. 그렇게 한다면, 궁극적 실재를 사물 중 하나

---

20   Hesse, *Siddhartha*, p. 122.
21   Robert Linssen, *Zen: The Art of Life* (New York: Pyramid, 1962), pp. 142-143.

로 축소함으로써 그 본질을 깎아내리는 셈이 될 것이다. 힌두교의 유일자는 모든 사물 중 최고이지만 여전히 사물 중 하나의 사물이다. 공은 사물이 전혀 아니다. 오히려 모든 것의 기원이다.

이러한 구분은 인간에 대한 서로 다른 이해로 이어진다. 힌두교에서 개별 인간은 영혼(아트만)이며 따라서 (물질적이 아닌 영적) 실체를 소유하는데, 이는 개별 인간이 브라만(실재 그 자체)의 소산이기 때문이다. 죽을 때 개별 영혼은 그 육신의 거주지를 잃어버리지만, 다른 사람의 육체를 다시 부여받는다. 즉, 영혼의 이주와 비슷한 일이 발생한다.

불교에서 개인은 영혼이 아니다(not-soul). 개별 인간의 중심에는 이름을 붙일 만한 유의 본성이 없다. 사실, 각 개인은 이전 개인들의 집합에 불과하다. 인간이 사망하여 소멸한 후에 다섯 가지 집합체 또는 "존재 요인", 즉 "몸, 감정, 인식, 정신적 형성, 의식"[22]으로부터 또 다른 개인이 재형성되는 것과 같은 영혼의 이주는 없다.

종교적 수행이나 명상 기술도 다르다. 힌두교에서는 대개 '옴' 같은 만트라를 반복하여 무아경 혹은 무아경과 비슷한 상태를 유도함으로써 신성에 도달하고자 한다. 불교에서도 이와 비슷하게 만트라를 반복하기도 하지만, 그 목적은 자신들의 근본이 비존재―예를 들면, 그들의 "출생 전 얼굴"이라는 비실체―에 있음을 깨닫는 상태에 도달하기 위해서다.[23] 선사(zen master)는, "한 손은 어떤 소리가 나는가?"[24] 또는 "붓다의 법신(法身)

---

22 Sigmund Kvaloy, "Norwegian Ecophilosophy and Ecopolitics and Their Influence from Buddhism," in *Buddhist Perspectives on the Ecocrisis*, The Wheel Publication 346/348 (Kandy, Sri Lanka: Buddhist Publication Society, 1987), p. 69.
23 Zen master Myocho(1281-1337), "The Original Face," in *A First Zen Reader* (Rutland, Vt.: Charles E. Tuttle, 1960), p. 21.
24 이 공안은 종종 "한 손으로 박수를 치면 어떤 소리가 나는가?"라고 번역되는데, 일본어 원문에는 "박수를 치면"이라는 부분이 빠져 있다.

코끼리 사육사의 아들인 상수(象首)는 깨달은 자(붓다)에게 사람의 세 가지 형태, 곧 과거의 몸과 현재의 몸과 미래의 몸 중에서 어떤 것이 진정한 몸인지를 물었다. 깨달은 자는 이렇게 답했다.

> 상수여, 소에서 우유가 나오고 우유에서 응유(凝乳)가 나오며, 응유에서 버터가 나오고 버터에서 요리용 기름이 나온다. 그렇지만 우유였을 때에는 응유라고 부르지 않고, 버터나 요리용 기름이라고 부르지도 않는다. 응유였을 때에도 다른 이름으로 부르지 않는다. 다른 경우도 마찬가지다. 상수여, 몸의 세 가지 형태에서도 다른 이름으로 불리지 않는 것이다. 상수여, 이러한 것은 단지 이름, 표현, 말투, 세상에서 일반적으로 사용되는 명칭일 뿐이다. 따라서 여래(如來. 진리를 얻은 자)는 이러한 것을 바르게 이용하는 자, 이러한 것에 오도되지 않는 자다.*
>
> 포타파루경(布瞪婆樓經, *Potthapada Sutta*)

*이 본문에는 다음과 같은 각주가 첨부되어 있다. "물론 요점은, 소에서 나온 것에 실체(substratum)가 없는 것처럼, 사람에게도 자아, 항존적 통일성, (야만인들이 사용하는 정령적 의미에서) 영혼이 없다는 말이다. 통합될 때 인격을 구성하는 여러 특성이 있으며, 이 특성은 계속 변한다. 그 변화가 어떤 지점에 도달하면 그 인격을 지칭하기 위하여 이름을 사용하는 것이 편리하다. 소에서 나온 것들을 다양한 이름으로 부르는 것과 같다. 그렇지만 추상적 용어는 단지 편리한 '표현 형식'에 지나지 않는다. 어느 경우든 인격이 구별된 존재로 있는 것은 아니다"[*Potthapada Sutta*, (201), pp. 51-53; www.sacred-texts.com/bud/dob.dob-09tx.htm].

은 무엇인가?[즉, 실재란 무엇인가?]"²⁵ 따위의 공안[koan: '화두', '선문답'의 다른

---

25 Issu Miura and Ruth Fuller Sasaki, *The Zen Koan* (New York: Harcourt Brace and World, 1956), p. 44; D. T. Suzuki, *An Introduction to Zen Buddhism* (New York: Grove, 1964), pp. 59, 99-117.

말로, 불가의 수행자가 깨달음을 얻기 위해 참구(參究)하는 문제—편집자], 즉 혼란스러운 질문들로 초심자들에게 도전할지도 모른다. 혹은 초심자가 '좌선'을 하도록 지시할 수도 있다. 어느 경우든 이런 시도의 목적은 마음을 비우는 것인데, 궁극적 실재는 비존재일 뿐 아니라 '무념'(無念, no-mind), 즉 생각하는 것을 분석하지 않고 있는 그대로 파악하는 마음이기 때문이다. 따라서 "한 손은 어떤 소리가 나는가?"라는 질문에 대한 답은 "한 손의 소리"일 뿐이다.

그러나 이런 차이가 있음에도, 비이원적 힌두교와 불교의 효과는 한 개인을 모든 구분—여기와 저기, 지금과 나중, 환상과 실재, 진리와 거짓, 선과 악—이 사라진 상태에 놓이게 하는 것이다. 불교는 허무주의가 아니라고 주장하는 D. T. 스즈키 같은 불교 스승들의 고귀한 시도에도 불구하고, 서양 독자들에게는 대개 그렇게 보일 것이다.[26]

9. 세계관 질문 8(핵심 헌신): 동양의 범신론적 일원론자들 사이에서 핵심 헌신은 개인적으로 매우 다양하게 나타날 것이다. 그렇지만 일관된 헌신이 있다면 그것은 욕망을 없앰으로써 구원, 즉 일자와의 합일을 실현하는 것(힌두교) 혹은 공, 완전한 의식에 도달하는 것이다.

힌두교와 불교는 모두 인간의 문제를 참된 실재, 일자 혹은 공과 분리된 데서 찾는다.[27] 인간은 환상의 목표를 추구하면서 환상의 물질세계에서

---

26 예를 들어, 스즈키는 *Introduction*, p. 39에서 이렇게 쓴다. "선(Zen)은 논리를 초월하고자 한다. 선은 반정립이 없는 곳에서 더 큰 확신을 찾고자 한다. 그러므로 선은 신을 부정하지도 주장하지도 않는다. 다만 선에는 유대교 정신이나 기독교 정신에서 생각하는 것과 같은 신이 없다." 또한 pp. 48-57를 보라.
27 찰스 테일러는 불교와 기독교에서 "인간의 번영"을 이해하는 데서 나타나는 근원적 차이에 주목한다. 불교에서는 "자신들의 번영에서 벗어나 자아가 소멸되는 것"을 요구하지만, 기독교에서는 "하나님을 섬기기 위해 인간의 성취를 포기하는 것"을 목표로 한다. *A Secular Age*

환상의 물질적 존재로 살아간다. 그 결과는 고통이다. 고통에서 벗어나려면 이 욕망을 제거해야 한다. 물론 앞서 보았듯, 욕망을 제거하기 위한 여러 기술이 있다. 힌두교에서는 다양한 명상 수행에 초점을 맞춘다. 불교에서는 정견(正見), 정사유(正思惟), 정어(正語), 정업(正業), 정명(正命), 정념(正念), 정정진(正精進), 정정(正定)이라는 여덟 가지 길을 제시한다.

물론 기독교 유신론자라고 하더라도 종종 하나님께 영광을 돌리지 않거나 하나님 나라의 현존을 증언하지 않는 믿음이나 실천에 사로잡혀 있는 경우가 있는 것처럼, 동양 범신론자들도 종종 부와 명예와 끝없는 쾌락을 추구하는 환상의 목표를 추구하는 데 몰두한다. 동양 범신론자들에게, 구원은 추구한다고 해서 반드시 얻는 게 아니다. 하나님의 은혜의 선물로 구원을 얻는 그리스도인과 달리, 범신론자들은 자기 힘으로 구원을 얻어야 한다.

동양과 서양: 소통 문제

순환적 역사, 서로 어긋나는 길, 서로 다른 교리, 선인 악, 무식인 지식, 영원인 시간, 비실재인 실재, 이 모든 것은 유일자를 가리는, 변화하고 역설적이며 심지어 모순적인 가면이다. 서양인이 어떤 말을 할 수 있겠는가? 동양의 비합리성을 지적한다면 동양인은 범주로서의 이성을 거부할 것이다. 도덕의 소멸을 지적한다면 동양인은 그러한 구분에 필요한 이원성을 경멸할 것이다. 동양인의 도덕적 행동과 그의 무도덕적 이론 사이의 불일치를 지적한다면 동양인은 "글쎄요, 일관성이란 내가 이미 거부한 이성에게나 의미가 있지 그 외에는 별로 가치가 없습니다. 더구나 나는 아직 완

(Cambridge, MA: Belknap, 2007), p. 17.

전에 이르지 못했습니다. 이 업보의 짐을 벗으면 아마 도덕적인 것처럼 행동하지는 않을 겁니다. 사실 모든 행동을 그치고 명상에만 잠겨 있을 겁니다" 하고 대답한다. 서양인이 "하지만 먹지 않으면 당신은 죽습니다"라고 말한다면 동양인은 "그게 어떻단 말입니까? 아트만은 브라만입니다. 브라만은 영원합니다. 죽음은 바라던 바입니다" 하고 대답할 것이다.

그러므로 서양의 선교사들이 헌신적인 힌두교인들과 불교인들에게서 매우 미미한 성과만을 거둔 것은 기이한 일이 아니다. 그들은 공통점이 거의 없기 때문에 그들의 언어도 그 의미가 서로 다르다. 비록 동양의 세계관이 서양과 다른 사고 형식을 요구한다는 사실을 알고 있더라도 그것을 파악하기란 매우 힘들고 어렵다. 동양인들이 그리스도인이 되기를(따라서 유신론자가 되기를) 원하는 많은 서양인에게는, 예수 그리스도의 시공간적 부활이 하나님의 좋은 소식의 중심이라는 점에서 기독교가 다소 독특하다고 생각하는 동양인들이 훨씬 더 난해한 시간관을 가지고 있다고 생각될 것이다.

두 경우 모두에서, 서양과 동양이 매우 다른 일련의 전제에서 작동함을 이해하는 것이 출발점이라고 생각한다. 대화를 시작하기 위해서는 적어도 한 편에서라도 그들의 근본 전제가 얼마나 다른지를 알아야 하지만, 진정한 인간적 소통을 하려면 대화가 아주 많이 진행되기 전에 양편 모두 이것을 알아야 한다. 아마 서양인들에게 매우 명백하게 보이는 동양 사상의 난제들이 결국에는 동양인들에게도 인식되기 시작할 것이다. 만일 어떤 동양인이 지식, 도덕성, 실재 등이 무엇인지, 예컨대 서양 유신론의 관점에서 알게 된다면 분명 서양의 방식에 매료될 수 있다.

그러나 일반적으로 동양의 눈에 비친 서양은 잔인한 파괴의 신인 시바(Shiva)보다도 추하다. 그리스도 안에 있는 진리의 아름다움을 전하려는 자는 매우 힘든 일을 택한 것이다. 서양의 추악한 제국주의, 전쟁, 폭력,

탐욕, 게걸스러움 등의 안개가 실로 짙게 깔려 있기 때문이다.

그러면 이 모든 사실은 의미와 가치를 찾아 동양으로 향했던 서양인들을 어디로 인도했는가?[28] 물론 많은 사람이 중도 포기했다. 즉, 약물을 통해 열반(Nirvana)으로 향하는 지름길을 택하려고 노력하거나, 포기하고 이전 신앙으로 돌아오거나, 집으로 돌아와 가업을 잇게 되어 단지 보여 주기 위한 수염만 남긴 채 동양을 떠나게 되었다. (그는 첫 번째 이사회 전에 수염을 다듬고 두 번째 이사회 전에는 깨끗이 깎아 없앨 것이다.) 평생 그 길에 머물러 있는 이도 있다. 열반을 찾아 계속 명상에 잠겨 있는 이도 있다. 그러나 많은 사람은 굶주림, 이질, 속임수, 그 밖의 다른 원인으로 인해 그냥 죽는다. 난파당하여 서양 사회의 해안에 밀려온 어떤 자들은 동료들의 도움으로 서서히 다시 항해할 능력을 갖추기도 한다.

지금까지 수십 년 동안 많은 젊은이와 노인이 여러 구루에게 몰려들었다. 서점에는 동양을 가리키는 책으로 가득 차 있다. 물론 서양에는 등을 돌린 채 말이다. 초월 명상 및 기타 동양의 정신 수련법들은 흔하다. 직장인들은 통근길에 명상을 하고 기업에서는 수업을 제공하고 있기 때문이다.

이제는 동양으로 가는 것이 그 매력을 잃어 가고 있다. 동양 세계도 외양과 분위기에서 점점 더 서양화하기 때문이다. 전에는 독특한 매력을 지니고 있던 도시들이 이제는 점점 더 샌프란시스코 중심가처럼 되어 간다. 서양식 옷차림과 생활 양식이 전통적 동양의 양식을 대체하고 있다. 동양으로 여행하는 서양인이 최근 몇 년 동안 줄어드는 듯 보이지만, 어떤 사람에게 여전히 동양은 가능성을 지니고 있다. 평화, 개인적 의미, 중요성

---

28 존 부에처(가톨릭 배경에서 성장했다가 불교인으로 대부분의 삶을 보낸 후에 다시 기독교 뿌리로 돌아왔다)는 "Everything Is on Fire: Tibetan Buddhism Inside Out"에서 열 권의 책을 논평한다. 그는 티베트 불교와 기독교 세계관의 유사한 점뿐 아니라 궁극적인 큰 차이점을 매우 생생하게 묘사하며 성찰한다[*Books and Culture* (January/February 2008), pp. 40-43].

을 제공하는 것처럼 보이는 한, 사람들은 반응할 가능성이 높다. 그들은 무엇을 얻을 것인가? 단지 서양의 상처에 대한 동양의 반창고를 얻는 데 그치지 않고 완전히 새로운 세계관과 생활 양식을 얻게 될 것이다.

성찰과 토론을 위한 질문

1. 동양 범신론을 세계관의 범주로 분석할 때 어떤 도전과 유익이 있는가?
2. 동양 범신론적 일원론과 기독교 유신론에서 인격성은 어떻게 다른가?
3. 이번 장에서 논의한 내용에 따르면, 동양 범신론적 일원론에서 비이원성은 무엇을 의미하는가? 이 개념은 왜 사람들에게 매력적으로 보이는가? 어떤 비판이 있는가?
4. 당신의 문화에서 동양 사상의 영향이라고 볼 수 있는 예는 무엇인가?

8장

또 하나의 우주: 뉴에이지─종교 없는 영성

우리는 공허와 모든 알려진 세계의 경계면에서 에너지와 물질과 생명을 창조한다. 우리는 알려진 우주를 대면하고 그것을 창조하며 그것을 채운다.…나는 "공허로부터 알려진 우주로 창조를 뿜어 올리는, 즉 알지 못하는 세계로부터 알려진 세계로 창조를 뿜어 올리는 기관실의 기관공 중 하나다."
존 릴리, 『태풍의 중심』

동양 신비주의는 자연주의적 허무주의에 사로잡힌 서양인들이 도피할 수 있는 하나의 방편이 되었다. 그러나 동양 신비주의는 낯설다. 초월 명상과 같이 약화된 형태조차도, 여전히 실재를 파악하는 서양의 일반적 태도를 즉각적이고 급격하게 전환하기를 요구한다. 이런 전환을 통해서 새로운 의식 상태에 도달할 수 있고 새로운 의미를 느낄 수 있겠지만, 우리가 본 바와 같이 지적 희생은 크다. 동양에서 태어나기 위해서는 서양에 대해서 죽어야 한다.

 덜 고통스럽고 적은 희생을 치르면서 의미와 중요성을 파악하는 방법은 없는가? 더 서양적인 계열에서 새로운 의식을 찾아보면 어떠한가?

 수많은 학자, 의사, 심리학자, 종교 탐험가, 그리고 혼란스러운 세상에서 의미를 추구하는 평범한 사람들이 이러한 시도를 해 왔다. 인문학으로부터 자연과학에 이르는 다수의 학문 분야에 전위적 현상이 일어나고 있으며 문화 전반에 미치는 파급 효과도 상당하다. 우리는 이제 청년기의 막바지에 접어든 한 세계관을 경험하고 있다.[1] 아직 완성되지 않은 뉴에이지 세계관에는 거친 부분과 내적 긴장, 심지어 명백한 불일치도 있다. 본질적으로 절충적인 성격이 있기에 뉴에이지 세계관은 이제야 비로소 성숙해질 것이다. 그럼에도 이 세계관은 형태를 갖추었으며, 우리는 다른 세계관을 다루며 했던 것처럼 여기서도 일련의 명제를 가지고 시각화할 수 있다.

 이 책이 처음 출간되었을 때만 해도 뉴에이지의 모든 개념을 한데 묶

---

[1] 1976년에, 심지어 1988년에도 나는 "유아기"라고 말했다. 1997년판에서 처음으로 "청소년기"라는 표현을 썼다.

어 보려는 시도가 거의 없었다. 뒤에 나올 체계가 당시에는 거의 유일했다.[2] 그 후 많은 시도가 있었는데 가장 눈에 띄는 것으로 매릴린 퍼거슨(Marilyn Ferguson)의 『물병자리의 음모』(The Aquarian Conspiracy), 프리초프 카프라(Fritjof Capra)의 『전환점』(The Turning Point), 켄 윌버(Ken Wilber)의 『모든 것의 역사』(A Brief History of Everything)가 있다. 퍼거슨의 책은 좀 더 열정적이고 대중적이며, 다른 두 사람의 책은 신중하고 학문적이다.[3] 세 저자 모두 뉴에이지가 그때까지 갖추지 못했던 일관성과 집중성을 제공함으로써 뉴에이지 운동 자체에 영향을 주었다. 그리고 더글러스 그로타이스는 『뉴에이지 운동 정체』(Unmasking the New Age)와 『뉴에이지 맞서기』(Confronting the New Age)를 통해서 뉴에이지를 보다 명확하고 포괄적으로 정의하는 데 기여했다.[4] 제임스 헤릭(James A. Herrick)은 뉴에이지 운동의 뿌리를 더 깊

---

2 샘 킨(Sam Keen)의 짧은 글 "The Cosmic versus the Rational," *Psychology Today*, July 1974, pp. 56-59가 이와 비슷한 종류의 글이었다.

3 Marilyn Ferguson, *The Aquarian Conspiracy: Personal and Social Transformation in the 1980s* (Los Angeles: Jeremy P. Tracher, 1980). 『의식혁명』(민지사); Fritjof Capra, *The Turning Point: Science, Society and the Rising Culture* (New York: Bantam, 1982). 『새로운 과학과 문명의 전환』(범양사). 카프라의 *The Tao of Physics* (New York: Bantam, 1977)도 보라. 『현대 물리학과 동양사상』(범양사). 켄 윌버는 여러 책을 썼는데, *Spectrum of Consciousness* (Wheaton, IL: Quest, 1977; 2nd ed., 1993, 『의식의 스펙트럼』, 범양사)로 시작해, 더 최근에는 *A Brief History of Everything* (Boston: Shambhala, 1996, 『모든 것의 역사』, 대원)과 *A Theory of Everything* (Boston: Shambhala, 2000, 『모든 것의 이론』, 학지사), 소설 *Boomeritis* (Boston: Shambhala, 2002, 『모든 것의 목격자』, 김영사)를 출간했다. 윌버는 이후에 *Integral Life Practice: A 21st-Century Blueprint for Physical Health, Emotional Balance, Mental Clarity, and Spiritual Awakening* (Boston: Integral Books, 2008)를 포함해 '통합하는' 책들을 냈다. 『켄 윌버의 ILP』(학지사). 윌버의 체계를 분석하고 요약한 내용은 Douglas Groothuis, "Ken Wilber," in *The Evangelical Dictionary of World Religions*, ed. H. Wayne House (Grand Rapids, MI: Baker, 2018), 그리고 타일러 존스톤(Tyler Johnston)이 *Denver Journal* 5 (2002)에 쓴 *A Brief History of Everything* 리뷰를 보라. www.denverseminary.edu/dj/articles02/0400/0404.php.

4 특히 더글러스 그로타이스가 쓴 세 권의 책을 보라. *Unmasking the New Age* (Downers Grove, IL: InterVarsity Press, 1986). 『뉴에이지 운동 정체』(기독교문서선교회); *Confronting the New Age* (Downers Grove, IL: InterVarsity Press, 1988); *Jesus in an Age of Controversy* (Eugene, OR: Harvest House, 1996). 마지막 책은 예수님의 뉴에이지 개념을 다룬다. 다양한 전문 기관에서 진행 상황을 지켜보고 있으며, 그중에는 '영적 위조 프로젝트'(Spiritual Counterfeits Project)와 '기독교 연구소'(Christian Research Institute) 등이 있다. 또한 Ted Peters, *The Cosmic Self* (San Francisco: HarperSanFrancisco, 1991), 그리고 책 제목이 조금

이 파고들어, 고대 영지주의에서 기원한 그 뿌리들은 서양 문명의 다음 단계—그가 새로운 종교적 합의(New Religious Synthesis)라 부르는 것—에서도 볼 수 있다고 설득력 있게 주장한다. 그가 쓴 『새로운 영성의 형성』(The Making of New Spiritualism)은 적어도 현재까지 가장 권위 있는 뉴에이지 영성사라 할 수 있다.[5]

1970년대 중반까지 「타임」(Time)지 및 기타 주요 대중 잡지에서는 신비한 것과 경이로운 것에 관한 관심이 점증하고 있다는 사실을 자주 보도했다.[6] 1980년대 중반에는 심령 현상에 관한 관심이 전혀 놀랍지 않을 정도가 되었다. 「바디 앤 소울」(Body and Soul), 「요가 저널」(Yoga Journal)과 같이 뉴에이지 사상을 선전하는 많은 잡지를 신문 가판대에서 쉽게 구할 수 있다.[7] 마야 달력에 따르면, 1987년 여름에는 우주에 조화로운 수렴

은 시기상조인 듯한 Vishal Mangalwadi, *When the New Age Gets Old* (Downers Grove, IL: InterVarsity Press, 1992)도 보라. 청년들의 영성을 다룬 더 최근의 논의는 Christian Smith and Melinda Lundquist Denton, *Soul Searching: The Religious and Spiritual Lives of American Teenagers* (New York: Oxford University Press, 2005)와 Christian Smith with Patricia Snell, *Souls in Transition: The Religious and Spiritual Lives of Emerging Adults* (New York: Oxford University Press, 2009)에서 찾아볼 수 있다.

5 James A. Herrick, *The Making of the New Spirituality* (Downers Grove, IL: InterVarsity Press, 2003). 또한 Carl A. Raschke, *The Interruption of Eternity: Modern Gnosticism and the Origins of the New Religious Consciousness* (Chicago: Nelson-Hall, 1980)도 보라.

6 1974년 3월 4일자 *Time*지 커버스토리 "Boom Times on the Psychic Frontier"를 보라. 심령 현상—ESP, 염력(psychokinesis, 물리적 물체에 영향을 미치는 정신적 능력), (생물체의 '아우라'를 보여 준다는) 키를리안 사진, 심령 치료술, 침술, 투시력, 유체이탈 체험, 예지(발생할 사건을 미리 아는 것)—에 대한 당시의 관심을 수록하고 있다. 1년 뒤에 1975년 2월 22일자 *Saturday Review*에서는, 새로운 의식의 인기는 사신(死神) 신학과 같은 단순한 문화적 유행보다 더 심각한 일이라고 주장한다. 조화로운 수렴(Harmonic Convergence, 1987년 8월) 때에 뉴에이지의 기념 행사에 대한 소식은 여러 미국 신문과 시사 잡지에 실렸는데 어떤 기사들은 놀림조로 쓰였다. 뉴에이지는 대중의 관심을 불러일으키지만 항상 대중의 존경을 받는 것은 아니다.

7 *New Age Journal*은 1974년 자칭 이상주의적 뉴에이지주의자들에 의해 시작된 이후 흥미로운 변화를 겪어 왔다. 오랫동안 이 잡지의 편집인으로 일했던 사람에 따르면(September 1983, p. 5), 1983년 폐간 위기를 겪을 때 자금을 투입받아 새로운 외장—전문 디자인, 매끈한 종이, 4도 인쇄—을 갖추었을 뿐 아니라, 뉴에이지 사상을 극단적으로 표현하기보다는 뉴에이지와 미국 주류 문화의 경계에 초점을 맞춘 새로운 편집 방향을 채택했다. 1984년 6월 발행인란에 핵심 편집인으로 새로운 이름들이 등장한 것이 변화의 신호탄이었다. 그리고

(Harmonic Convergence)이 이루어진다는 예언이 있었다. 약속된 날짜가 다가오면서 세간의 이목이 집중되었지만, 위대한 평화의 시대인 물병자리의 시대가 도래했다는 증거는 전혀 나타나지 않았다.

1987년 말에 「타임」지에서는 다시 한번 셜리 매클레인의 사진을 표지에 내세우고 "심령 치료사, 강신술사, 우주 여행자, 수정 구슬 점쟁이들"을 조사한 기사를 실어 뉴에이지를 특집으로 다루었다.[8] 1980년대에 뉴에이지 사상과 실천에서 가장 선두에 선 지도자로 아마 매클레인을 꼽을 수 있을 것이다. 매클레인은 새로운 의식에 관한 자서전과 지침을 많이 집필한 이후에, 결국 뉴에이지의 주요 지도자 자리에서 물러났다.[9] 1990년대

나서 이 잡지는 최신 경향보다는 뉴에이지의 입지를 더 많이 반영했다. 이러한 변화는 뉴에이지 운동의 시대가 오고 있음을 알리는 신호, 혹은 좀 더 구미에 맞는 뉴에이지 사상을 가지고 신문 가판대의 일반 잡지 구매자들에게 다가가려는 시도, 혹은 중산층 경영진이 뉴에이지를 상업화하려는 시도로 해석할 수 있다. 그럼에도 1996년 8월 이 잡지의 조타수가 된 신임 편집인 조앤 던컨 올리버(Joan Duncan Oliver)는 초기 발행본들을 살펴보고는 "초점은 꾸준히 유지되어 왔다"고 평했다. 이전 편집인의 말을 빌리면, "우리는 정말로 영혼을 치유하는 것에 대해 말하고 있다"(1996년 8월호, p. 6). 2002년에 이 잡지는 뉴에이지가 더 이상 새로운 사상이 아님을 인정하고, 세련된 대중 잡지 형식과 지금의 건강 지향적 내용을 그대로 유지하면서 이름을 *Body & Soul*로 바꾸었다. 편집인은 이렇게 논평한다. "28년 동안 *New Age*는 새롭게 등장한 전인 운동—이제는 미국인뿐만 아니라 전 세계인의 생활 방식으로 자리 잡은 운동—의 새로운 요소들을 전달해 왔습니다. 이제 *Body & Soul*은 이러한 전통을 이어 가면서 최고의 전인 사상, 경향, 뉴스를 제공할 것을 약속합니다"[*Body & Soul* (2002년 3/4월호), p. 6]. 2008년에도 이 잡지는 이러한 대중적-심리적-영적 맥락을 유지해 왔다. 이 잡지의 역사는 상업화에 관한 연구, 곧 영혼이 돈과 육신이 된 것에 관한 연구라고 할 만하다.

8 *Time*, December 7, 1987, pp. 62-72.
9 여러 차례 주말 세미나를 진행한 후, 매클레인은 뉴멕시코에 자신의 뉴에이지 센터를 세우려던 계획을 포기해야 했다. "유명 인사의 건축 계획을 받아들이기에는 그 부지가 환경적으로 취약하다는 지역 주민들의 반대 때문이었다"(*Time*, January 10, 1994). 한참 뒤에 매클레인은 자신과 함께 "하나님과 우주, 인생의 의미"에 관한 대화를 나누고 그로 하여금 "그를 축복해 주기" 원했던 벨기에 도보 여행자를 회상한다. 매클레인은 그의 제안을 사양한다. "뉴에이지 구루처럼 비쳐지는 게 싫었다. 그런 이유로 순회 세미나도 그만두었다. 너무 많은 사람이 자신의 능력을 내게 떠넘겼다"[*The Camino* (New York: Pocket, 2000), p. 140]. 그럼에도 매클레인은 계속해서 자서전을 집필했다. *My Lucky Stars: A Hollywood Memoir* (New York: Bantam, 1995)는 그의 경력에 초점을 맞추고, *The Camino* (2000)는 공상가들, 그리고 스페인 순례자들의 놀라운 사건들, 또한 그의 영적 인도자 중 한 사람인 스코틀랜드인 존의 영적 가르침에 대해 이야기한다. 매클레인은 자기 개와 함께 *Out on a Leash: Exploring the Nature of Reality and Love* (New York: Atria Books, 2003)를 썼다. 마지막으로 *Sage-ing While*

중반에 이르면 뉴에이지는 미디어에서 자취를 감추었는데, 뉴에이지 자체가 종적을 감추었다기보다는 그것이 더 이상 뉴스거리가 되지 않기 때문이었다.[10] 그렇지만 뉴에이지 사상가들의 인기는 여전하다. 예를 들어, 우리 지역 서점에는 여전히 스무 종 남짓의 뉴에이지 대중 잡지가 진열되어 있다.

인간 본성의 근원적 변형

다수의 전위적 사상가들은 대부분의 희망을 진화론 모델―서양 자연주의의 잔재―에 두고 새로운 인간과 새로운 시대가 오리라는 예언을 해 왔다. 1973년 뉴욕 파모나에 있는 정신 연구 재단의 진 휴스턴(Jean Houston)은 이 세상이 필요로 하는 것은 "최초의 인간을 지구상에 탄생시킬 심리 비행사(psychenaut) 프로그램"이라고 주장했다. 그러나 심리 연구의 나사(NASA)에 해당하는 기관이 없어도 심리 비행사는 나타날 것이다. "이는 마치 종[인류]이 전혀 새로운 존재로 비약적인 도약을 하는 것과 같다."[11] 그는 우리가 "의식의 광대한 스펙트럼 위에서 활동하는 법을 배우면…세

Age-ing (New York: Atria Books, 2007)에서는 자기의 일생을 재조명하고, 고대의 아틀란티스에서 사는 것에 대해 말하며, 이어서 공시성(synchronicity), 미확인비행물체, 외계인 등에 관한 자기의 생각을 피력하고, 2012년 12월 21일에 인간 의식에 중대한 변화가 있으리라고 예언했다(p. 231).

10 영부인 힐러리 로댐 클린턴(Hillary Rodham Clinton)이 유명한 뉴에이지 상담가인 진 휴스턴(Jean Houston)에게 조언을 구했다는 밥 우드워드(Bob Woodward)의 폭로는 1996년 여름 몇 주 동안 상당한 뉴스거리를 만들어 냈지만, 12월이 되자 대부분 종적을 감추었다. Bob Woodward, *The Choice* (New York: Simon & Schuster, 1996), pp. 55-57, 129-135, 271-272, 412-413를 보라. 광고주들은 그 관계를 최대한 활용했다. 1996년 11월에 있을 세미나 공고가 진 휴스턴의 사진 및 "힐러리 클린턴의 친구이자 조언자"라는 문구와 함께 *The Chicago Tribune*, July 28, 1996, sec. 14, p. 11에 실렸다. 휴스턴은 컬럼비아 대학교, 헌터 칼리지, 사회 연구 뉴스쿨, 메리마운트 칼리지에서 철학, 심리학, 종교학을 가르쳤고, 현재는 인본주의 심리학 협회 명예 협회장으로 있다. 그의 저서 일부가 뒤의 각주 13에 실려 있다.

11 제리 아본(Jerry Avorn)이 로버트 매스터스(Robert Masters), 진 휴스턴과 한 인터뷰, "The Varieties of Postpsychedelic Experience," *Intellectual Digest*, March 1973, p. 16.

> 진정으로 힘을 얻은 사람은, 다른 사람에게 힘을 사용한다는 의식 자체를 하지 않을 정도로 강한, 힘을 얻은 사람이다.
>
> 우리가 진정한 힘을 향해 나아가고 있으며 진정으로 힘을 얻는 것이 진화 과정의 목표이자 우리 존재의 목적이라는 점을 핵심으로 삼지 않은 진화 이해는 적절하지 않다. 우리는 외적 힘을 추구하는 종(種)에서 참된 힘을 추구하는 종으로 진화하고 있다. 우리는 물리적 세계를 탐구하는 것이 인간 진화의 유일한 수단이라는 데서 떠나고 있다. 이 진화의 수단과 오감에 제한된 의식은 우리가 되어야 할 바에 더 이상 적합하지 않다.
>
> 게리 주커브(Gary Zukav), 『영혼의 좌소』(The Seat of the Soul)

상이 이제까지 알지 못했던 깊고 풍부한 인간성에 접근할 수 있을 것이며 그래서 우리의 4대손이 우리를 네안데르탈인 정도로 생각할 만큼 우리와 매우 다른 존재가 될 것이다"라고 결론을 맺는다.[12]

휴스턴은 30년 동안 동일한 메시지, 즉 인류는 더 높은 의식을 향해 진화하며 사회와 문화는 더 큰 포괄성을 향해 진화한다는 메시지를 전했다. 1990년대에 그는 우리가 이미 "제1단계 고차원 문명"의 초기 단계에 진입했는지도 모른다고 말했는데, 이 단계에서는 "우리 6대손"이 다른 행성이나 우주 식민지에서 "낙원을 건설하고, 생존에 적합한 생태 및 우리가 상호 양육하고 스스로도 인간 능력의 최대치까지 개발하는 세계를 창조하게" 될 것이다. 그 후에는 "제2단계 문명이 도래하는데, 그때가 되면 우리는 태양계의 자원들을 조율하는 감각적 수준에서 책임을 지고⋯

12　Avron, "The Varieties," p. 18.

우리는 또한 아마도 어떤 식으로든 원형(archetype)을 구체화하는 데 근접하게 될 것이다. 우리는 그동안 우리가 불러내 왔던 신들처럼 될 것이다." 이후 제3단계 문명에 이르면, "우리는 은하계의 환경(galactic milieu)에 편입되어, 생명을 발생시킬 수 있는 세계의 창조자가 될 것이다." 세 번째 밀레니엄이 시작되자, 그는 어떻게 "도약 시대"(jump time) — 존재의 더 높은 차원으로 이동하는 과도기 — 를 살면서 그것을 촉진할 수 있는지 조언해 주었다.[13]

2003년 켄 윌버와 앤드루 코헨(Andrew Cohen)은, 10만 년 이전(본능적/생존 단계)부터 30년 전(몇몇 사람이 최초로 전인적 단계에 들어감)에 이르는 더 정교해진 진화 단계(총 8단계)를 내놓았다. 그러나 세계 인구의 절반이 넘는 사람들은 여전히 이 진화 사다리의 절반도 채 오르지 못했다. 하지만 사람이 문제 해결은 자신에게 달렸음을 깨닫기만 하면 진화가 진행된다. 윌버가 그런 변화와 관련하여 한 말에 따르면, "그렇다. 그것은 공동 창조인데, 바로 영혼이 자신을 드러내면서 나타나는 그 공허하고 거품투성이며 무질서한 형국에 바로 '렐라'(lela), 즉 창조적 유희가 있기 때문이다."[14] 인류(몸과 영혼)의 진화는 인류 한 사람 한 사람에게 달려 있다. 그러나 그

13　Jean Houston, "Toward Higher-Level Civilizations," *The Quest*, Spring 1990, p. 42. 이와 같은 일반적 경향은 다음과 같은 그의 저서에서 핵심 주제였다. *Life Force: The Psychohistorical Recovery of the Self* (New York: Dell, 1980); *Godseed: The Journey of Christ* (Wheaton, IL: Quest, 1992); *The Search for the Beloved* (Los Angeles: Jeremy P. Tarcher, 1987); *A Mythic Life* (San Francisco: HarperSanFrancisco, 1996); *Jump Time* (New York: Jeremy P. Tarcher, 2000). *Look*이 사업을 접기 전에 이 잡지의 편집자였던 대중 사회학자 조지 레너드(George Leonard)는 그와 동일하게 근원적 변형을 예언하고, "새로운 인간 본성의 등장"을 고대했다. 그의 신념은 확고하다. "이 새로운 종은 진화**할 것이다**"(George Leonard, "Notes on the Transformation," *Intellectual Digest*, September 1972, pp. 25, 32). 셜리 매클레인도 이러한 사실을 다시 확인한다. 평범한 기술과 "내적 기술"이 모두 진보하여 "인간 정신의 진화"와 "인류 진보의 비약적 발전"을 증언하고 있다[Shirley MacLaine, *It's All in the Playing* (New York: Bantam, 1987), pp. 334-335; *Sage-ing While Age-ing*, pp. 191-192, 254).
14　"The Guru and the Paudit: Andrew Cohen and Ken Wilber in Dialogue," *What Is Enlightenment?*, Spring/Summer 2003, p. 86.

과정은 이미 시작되었다. 윌버는 "지금부터 천 년 후에 사람들은 이 모두를 '아주 유치한 것'—그때는 이미 사라져 버린—으로 회상할 것"이라고 말한다.[15]

개인 및 문화의 진화라는 주제는 1970년대부터 금세기까지 계속 존재했지만, 뉴에이지 교사들이 어느 때나 강조하는 내용은 내게 지금 그 어느 때보다 더 중요해 보인다. 그도 그럴 것이, 지난 50년 동안 인류의 운명을 향상시킬 만한 어떤 일도 일어나지 않았기 때문이다. 근원적인 변화는 고사하고, 인류는 피비린내 나는 비극을 전전하고 있다. 그래서 뉴에이지를 희망하는 사람들은, 한 차원 더 높은 곳으로 돌파구를 열었다고 주장하는 사람들의 최신 이야기를 읽는다. 그들은 요즘 세상에서도 여전히 신뢰를 얻고 있는 고대 종교 스승들—예수, 붓다, 조로아스터—의 사상을 읽으면서(오독한다고 말하는 게 더 낫겠지만) 그들에게서 인류 앞에 놓인 진보의 암시를 찾아낸다. 그리고 뉴에이지(새로운 시대)가 오고 있다며 결론을 맺는다.[16]

하지만 새로운 시대에 대한 낙관론의 한 주요 계열은 조용해졌다. 1970년대 초 약물 연구가이며 학자였던 의학 박사 앤드루 웨일(Andrew Weil)은 환각 약품 사용이나 여타 더 새로운 의식 상태에 이르게 하는 대안적 방법들에 대한 새로운, 더 관대한 접근법을 주장했다. 그는 약물 혁

---

15 "The Guru and the Paudit," p. 93.
16 고대 문헌이 지적 배경이나 세계관적 배경에서 벗어났다는 점에 주목하지 않고 현대의 관심사에 비추어 읽는 것은 현대의 전문가들 사이에서는 이류 작업이다. 예를 들어, 휴스턴은 *Godseed*에서, 1세기 신약성경 문서보다 2세기 영지주의 문헌에 비추어 예수를 해석한다. 사도 바울은 자신의 정체성과 그리스도의 정체성을 절대 혼동하지 않았을 테지만, 윌버는 그 둘을 혼동한다. 그는 "내 안에 그리스도께서 사신다"(갈 2:20)는 말씀을 "궁극적인 [개개인의] 내가 바로 그리스도다"라는 말로 바꾸어 버린다(*Brief History of Everything*, p. 132). 나는 *Scripture Twisting* (Downers Grove, IL: InterVarsity Press, 1980,『비뚤어진 성경 해석』, 생명의말씀사)에서 많은 예시를 들며 이와 같은 오독에 대해 논했다. 이번 장의 뒷부분에 나오는 디팩 초프라(Deepak Chopra)에 관한 논의도 보라.

명이—약물과 신비한 기술을 지혜롭게 사용하여—마침내 인류가 온전한 건강을 획득할 새로운 시대의 선구자라고 생각했다. 웨일은 이렇게 썼다. "언젠가 변화가 일어났을 때 우리는 1970년대의 약물 문제를 틀림없이 웃음거리로, 고개를 절레절레 흔드는 일로 되돌아보게 될 것이다. '어째서 우리는 그 실상을 보지 못했을까?' 하면서 말이다."[17] 오늘날 이러한 낙관론은 더글러스 그로타이스가 "테크노샤머니즘"(technoshamanism)이라고 부르는 것과 관련 있다. 고 티머시 리어리(Timothy Leary)의 추종자들이 발전시킨 이 사상에서는, 사이버 공간의 가상 현실에서 평범한 자아를 상실하고 신과 같은 힘을 발휘하는 것이 가장 큰 희망이다.[18]

웨일은 향정신성 약물의 안전한 사용을 강조하다가 '통합 의학'(integrative medicine)의 지지자로 변모했다. 브래드 렘리(Brad Lemley)에 따르면, 통합 의학이란 "이종 요법(미국 의학 박사들의 약과 수술 처방)으로부터 동종 요법, 침술, 약초 이용, 영양 과학, 최면 요법 등에 이르는 치료 체계에서 최고의

---

[17] Andrew Weil, *The Natural Mind: A New Way of Looking at Drugs and the Higher Consciousness* (Boston: Houghton Mifflin, 1972), p. 205; *Psychology Today*, October 1972에 요약되어 있다. 1983년 (1993년 개정)에 웨일은 10대 및 그들의 부모들을 대상으로 향정신성 약물에 관한 책을 냈다. *From Chocolate to Morphine: Everything You Need to Know About Mind-Altering Drugs*, coauthored with Winifred Rosen, rev. ed. (Boston: Houghton Mifflin, 1993)을 보라. 이 책에서 저자들은, (자신들이 지지하는) 약물 사용과 (자신들이 반대하는) 약물 남용을 구분하는데, 개별 약물을 다루는 대부분의 장 말미에는 약물 사용에 대한 "권장 및 주의 사항"이 붙어 있다. 예를 들어, 향정신성 약물을 다룬 장에서는 약물로 인해 한층 강화된 흥분감을 얻기 위해 권장하는 내용과 금하는 내용을 자세히 다룬다. 웨일과 로즌은 2판 서문에서 초판이 일부 도서관에서 금지되었다고 언급하지만, 나는 이 책을 지역 교외 도서관에서 찾을 수 있었다.

[18] 더글러스 그로타이스는 1960년대와 1970년대에 가장 명성을 떨친 약물 구루였던 티머시 리어리가 '개인 컴퓨터'를 '1990년대의 LSD'로 언급하면서, 자신이 발표한 1960년대의 유명한 신조 "Tune in, turn on, and drop out"을 "Turn on, boot up, and jack in"으로 바꿨다고 말한다. 그럼에도 리어리는 죽기 전까지 적어도 가끔씩은 LSD를 복용했다. Douglas Groothuis, "Technoshamanism: Digital Deities," in *The Soul in Cyberspace* (Grand Rapids, MI: Baker, 1997), pp. 105-120를 보라. 그 이후에 유진 테일러(Eugene Taylor)도 향정신성 약물 사용이 다시 인기를 얻고 있다고 보도했다("Psychedelics: The Second Coming," *Psychology Today*, July/August 1996, pp. 56-59, 84). 이처럼 약물 사용이 부활하는 현상이 뉴에이지 사고방식과 관련이 있는지 그저 즐기려는 심리와 관련이 있는지는 명확하지 않다.

것을 끌어모은 의학 모델"이다.[19]

뉴에이지 사상 개관

이제까지의 논의를 통해 뉴에이지 세계관이 좁은 범위의 인류에 제한되지 않는다는 점이 명확해졌을 것이다. 우리가 여기서 논하는 대상은 뉴욕 지식인들이나 서부 해안의 구루들의 최신 유행에 국한되지 않는다. 이후에 살펴볼 이론들과 그 대표자들의 목록은 이 사실을 강조한다. 여기 나열된 사람들은, 그리스도인들이 유신론을 당연한 것으로 받아들이는 것처럼 뉴에이지 사상을 당연한 것으로 받아들인다.

심리학에서 변화된 의식 상태의 타당성을 인지한 첫 이론가는 윌리엄 제임스(William James)다. 후에 카를 융(Carl Jung)과 에이브러햄 매슬로우(Abraham Maslow)가 뒤를 이었다. 그 이후로는 소설가이자 약물 실험가 올더스 헉슬리(Aldous Huxley), 정신 연구 재단의 로버트 매스터스(Robert Masters)와 진 휴스턴, 죽어 가는 환자들에게 LSD를 주어 그들이 우주적

---

[19] Brad Lemley, "My Dinner with Andy," *New Age Journal*, December 1995, p. 66. 건강을 강조하는 웨일의 저서로는 *Health and Healing: Understanding Conventional and Alternative Medicine* (Boston: Houghton Mifflin, 1983); *Natural Health, Natural Medicine* (Boston: Houghton Mifflin, 1990); *Spontaneous Healing: How to Discover and Embrace Your Body's Natural Ability to Maintain and Heal Itself* (New York: Alfred A. Knopf, 1995) 등이 있다. *Spontaneous Healing*은 4개월 동안 *New York Times* 베스트셀러 순위에 오르면서, 불과 몇 개월 사이에 40만 부의 판매고를 올린 것으로 예상되었다(Lemley, "My Dinner with Andy," p. 66). 그는 계속해서 가벼운 형식의 명상을 가르치지만(예컨대 *Spontaneous Healing*, pp. 194-209), 치유에 관한 저서들을 보면 웨일은 이전 책들에서 했던 것보다는 의식의 교체 상태(alternate states of consciousness)를 훨씬 덜 주장하는 듯하다. 그 밖에 웨일이 쓴 책들은 다음과 같다. *Marriage of the Son and Moon: A Quest for Unity in Consciousness* (Boston: Houghton Mifflin, 1998); *Eight Weeks to Optimum Health* (New York: Alfred A. Knopf, 1997); *Healthy Kitchen* (New York: Alfred A. Knopf, 2002); *Healthy Aging* (New York: Alfred A. Knopf, 2005). 웨일의 작품에 대한 분석은 Paul C. Reisser, MD, Dale Mabe, DO, and Robert Velarde, *Examining Alternative Medicine: An Inside Look at the Benefits & Risks* (Downers Grove, IL: InterVarsity Press, 2001), pp. 140-161를 보라.

합일의 느낌을 가질 수 있게 도움으로써 죽음을 준비하도록 한 메릴랜드 정신과 연구 센터의 스태니슬라프 그로프(Stanislav Grof), 처음에 돌고래를 연구하다가 급기야 자신을 주 대상으로 약물 실험을 하기에 이른 존 릴리 (John Lilly) 등이 있다.[20] 켄 윌버는 "심리학 및 철학의 여러 학파를 초개인 심리학으로 종합함으로써 자신의 작업을 지적으로 호소력 있게 만들어 뉴에이지 지식인의 선봉에 서게 되었다." 마지막으로, 심리학자 존 클리모 (Jon Klimo)는 채널링(channeling, 영매술을 가리키는 뉴에이지 용어)에 관한 방대한 연구를 내놓았다.[21]

사회학과 **문화사** 분야에서는 『황무지의 끝은 어디에』(Where the Wasteland Ends), 『미완의 동물』(Unfinished Animal)의 저자 시어도어 로자크(Theodore Roszak), 천주교로부터 자연주의를 거쳐 뉴에이지의 종교적 형태에 이르는 자신의 지적 여정을 설명한 『역사의 끝에서』(At the Edge of History)와 『지상으로의 여행』(Passages about Earth)을 쓴 윌리엄 어윈 톰슨(William Irwin Thompson) 등을 들 수 있다. 톰슨의 작품이 주목받는 것은, 그가 매사추세츠 공과대학교와 요크 대학교의 역사학 교수였을 뿐만 아니라 우드로 윌슨, 올드 도미니언 장학금(fellowship) 수여자로서 기성 지식인들에게 인

---

20 심리학자와 두뇌 과학자들의 연구를 세부 사항에 얽매이지 않고 살펴보려면 Marilyn Ferguson, *The Brain Revolution: The Frontiers of Mind Research* (New York: Taplinger, 1973), 특히 chaps. 1, 3, 6-12, 17, 20-23를 보라. 퍼거슨이 제시하는 참고 문헌은 초기 뉴에이지 사상가들에 대한 심도 있는 연구의 좋은 출발점이 된다. 각주에 수록된 연구들은 다음에서 점검될 수 있다. William James, *Varieties of Religious Experience* (1902; reprint, New York: Mentor, 1958), lectures 16-17.『종교적 경험의 다양성』(한길사); C. G. Jung, *Modern Man in Search of a Soul* (New York: Harcourt Brace, 1933), 특히 chap. 10; Abraham Maslow, *Religious Values and Peak Experiences* (Columbus: Ohio State Univ. Press, 1962); Aldous Huxley, *The Doors of Perception and Heaven and Hell* (New York: Harper and Row, 1963).『올더스 헉슬리 지각의 문·천국과 지옥』(김영사); Stanislav Grof, "Beyond the Bounds of Psychoanalysis," *Intellectual Digest*, September 1972, pp. 86-88; 앤드루 웨일의 연구는 앞의 각주 17, 19를 보라; 존 릴리의 가장 흥미로운 책은 *The Center of the Cyclone: An Autobiography of Inner Space* (New York: Julian Press, 1972)다.
21 Groothuis, *Unmasking*, p. 80; 그의 책에서 뉴에이지 심리학을 다룬 장을 보라(pp. 71-91).

정받았기 때문이다. 『지상으로의 여행』은 그가 기성 학계에서 얼마나 완전히 벗어났는지 보여 준다.22

인류학 분야에서는 카를로스 카스타네다(Carlos Castaneda, 1931-1998)가 있는데, 그의 책들은 대학교 캠퍼스와 일반 서점에서 베스트셀러였다. 『돈 후앙의 가르침』(*The Teaching of Don Juan*, 1968)이 널리 읽혔고, 곧 『분리된 실재』(*A Separate Reality*, 1971), 『익스틀란으로의 여행』(*Journey to Ixtlan*, 1972) 등이 뒤를 이었다. 그 이후에 나온 다른 책들은 이전만큼 대중의 관심을 끌지 못했다. 인디언 문화에서 환각제의 영향을 연구하기 시작한 카스타네다는 야키족 인디언 주술사 돈 후앙에게 직접 배웠다. 수년 동안의 입회 의식을 마친 카스타테다는, 다양한 종류의 새로운 현실과 우주에 관한 매혹적이면서도 때로는 무서운 경험을 책으로 내는 주술사가 되었다. 카스타테다의 작업은 새로운 의식으로 들어가는 주요한 통로 중 하나였다고 할 수 있다.23

---

22 Theodore Roszak, *Where the Wasteland Ends: Politics and Transcendence in Postindustrial Society* (Garden City, NY: Anchor Books, 1973), 그리고 *Unfinished Animal: An Adventure in the Evolution of Consciousness* (New York: Harper & Row, 1975); Willian Irwin Thompson, *At the Edge of History: Speculations on the Transformation of Culture* (New York: Harper & Row, 1971), 그리고 *Passages about Earth* (New York: Harper & Row, 1974); 톰슨의 *Darkness and Scattered Light* (Garden City, NY: Anchor Books, 1978)와 *The Time Falling Bodies Take to Light* (New York: St. Martin's Press, 1981)도 보라.

23 Carlos Castaneda, *The Teachings of Don Juan: A Yaqui Way of Knowledge* (Berkeley: University of California Press, 1968). 『돈 후앙의 가르침』(정신세계사); *A Separate Reality: Further Conversations with Don Juan* (New York: Simon & Schuster, 1971). 『초인수업』(정신세계사), *Journey to Ixtlan: The Lessons of Don Juan* (New York: Simon & Schuster, 1972). 『익스틀란으로 가는 길』(정신세계사); *Tales of Power* (New York: Simon & Schuster, 1974); *The Eagle's Gift* (New York: Pocket, 1982); *The Fire from Within* (New York: Simon & Schuster, 1984); *The Power of Silence* (New York: Simon & Schuster, 1987); *The Art of Dreaming* (New York: Harper Perennial, 1993); *Silent Knowledge* (Los Angeles: Cleargreen, 1996), *The Active Side of Infinity* (New York: HarperCollins, 1998); *Magical Passes: The Practical Wisdom of the Shamans of Ancient Mexico* (New York: HarperCollins, 1998); *The Wheel of Time: The Shamans of Mexico: Their Thoughts About Life, Death and the Universe* (Los Angeles: LA Eidolona, 1998). 이 중 최신작들은 베스트셀러 목록에 가끔 오르긴 했지만, 처음 세 권만큼 대중적 반향을 일으키지는 못했다.

심지어 **자연과학**에서도 뉴에이지적 사고를 찾을 수 있다. 전문적으로 물리학에 종사하는 사람들이 앞장서는 경우가 있는데, 아마도 물리학이 가장 이론적이기 때문, 즉 추론적이면서도 사실에 근거해 거짓으로 드러날 가능성이 별로 없기 때문일 것이다. 물리학의 뉴에이지적 해석과 관련해서는 물리학자 프리초프 카프라와 대중 과학 작가 게리 주커브(Gary Zukav)가 가장 많이 알려져 있다.²⁴ 좀 더 조용히 뉴에이지 사상을 옹호하는 사람은 루이스 토머스(Lewis Thomas)와 제임스 러브록(J. E. Lovelock)이다. 토머스는 생물학자이자 의사로, 그가 쓴 『세포의 삶』(Lives of Cell)은 대

초기에 독자들은 카스타네다가 그의 풍부한 상상력으로 야키족 인디언 주술사 돈 후앙을 만들어 낸 것은 아닌지 의구심을 품었다. *Seeing Castaneda*, ed. Daniel C. Noel (New York: Putnam's Sons, 1976)에 실린, 조이스 캐럴 오츠(Joyce Carol Oates)를 비롯한 비평가들의 다양한 견해를 보라. 리처드 드 밀레(Richard De Mille)는 카스타네다의 여러 책에 등장하는 허구의 등장인물의 실체를 설득력 있게 파헤친 사람으로 유명하다. 그가 쓴 *Castaneda's Journey* (Santa Barbara, CA: Capra, 1976)를 보라. 그럼에도 카스타네다는 *The Power of Silence* 서문에서 "내 책들은 멕시코 인디언 주술사 후앙 마투스가 나로 하여금 주술사의 세계를 이해하도록 돕기 위해 사용한 교수법에 대한 참된 설명이다"라고 주장한다(p. 8). 항상 교묘히 피해 다니는 카스타네다는 *New Age Journal*, April 1994, pp. 66-71, 152-156에 실린 키스 톰슨(Keith Thompson)과의 인터뷰를 위해 침묵을 깼다. 거기서 그는 다시 한번, 인류학자-참여자로서 자신의 작업을 옹호하지만, 그 과정에서 대답보다는 질문을 제기하는 발언을 더 많이 한다. 그럼에도 인류학자 클리퍼드 기어츠(Clifford Geertz)는 "카스타네다의 책은 인류학에서 설 자리가 없다"고 말하면서 수많은 동료들의 의견을 대변한다(Anupama Bhattacharya, "The Reluctant Sorcerer"에서 인용함. https://www.lifepositive.com/the-reluctant-sorcerer/). 카스타네다에 관한 논란은 그의 부고 이후에 나온 기사에서도 계속되었다. 예를 들어, Bhattacharya, "The Reluctant Sorcerer"; Keith Thompson, "To Carlos Castaneda, Wherever You Are," *New York Times*, June 27, 1998, www.nytimes.com/1998/06/27/opinion/to-carlos-castaneda-wherever-you-are.html; Peter Applebome, "Carlos Castaneda, Mystical Writer, Dies 72," *New York Times*, June 19, 1998을 보라.

24 Capra, *Tao of Physics*; 그리고 chap. 3 in *Turning Point*; Gary Zukav, *The Dancing Wu Li Masters* (New York: Bantam, 1980). 『춤추는 물리』(범양사). 양자 역학 같은 물리학 이론에서 형이상학적 암시를 이끌어 내려는 시도에 대한 비판으로는 Steven Weinberg, "Sokal's Hoax," *New York Review of Books*, August 8, 1996, pp. 11-15와 Victor J. Stenger, "New Age Physics: Has Science Found the Path to the Ultimate?," *Free Inquiry*, Summer 1996, pp. 7-11을 보라. 또한 Richard H. Bube, *Putting It All Together: Seven Patterns for Relating Science and the Christian Faith* (Lanham, MD: University Press of America, 1995), pp. 150-162; Nancy R. Pearcey and Charles B. Thaxton, *The Soul of Science: Christian Faith and Natural Philosophy* (Wheaton, IL: Crossway, 1994), pp. 189-219를 보라.

중 과학 서적 분야에서 확고한 위치를 차지하고 있다.[25] 그리고 러브록은 기체 색층 분석(gas chromatography) 분야의 전문가로서, 그가 쓴 『가이아: 지구에서의 삶에 관한 새로운 시선』(Gaia: A New Look at Life on Earth)은 지구를 하나의 단일한 공생 체계로 보는 독창적인 책이다(가이아는 고대 그리스의 땅의 여신이다).[26]

건강 분야에서는 '전인적' 혹은 '대체' 의학이라고 불리게 된 영역에서 수많은 특이한 치료술이 제안되었다. 뉴에이지 의료 시술자들이 사용하는 치료술로는 침술, 마사지 근육 요법, 심령 치료술, 운동 기능학, 촉수 요법 등을 들 수 있다.[27] 의사와 간호사 모두 영향을 받았다. 실제로 간호학은 뉴에이지의 사상과 기술에서 가장 크게 영향을 받은 분야일 수도 있다. '영적 돌봄'이라는 미명하에, 다양한 뉴에이지 치료술이 간호학과 학생들에게 전수되고 있다.[28] '자연 치유'(spontaneous healing)를 옹호하는 웨

---

25 예를 들어, Lewis Thomas, *The Lives of a Cell* (New York: Bantam, 1975), pp. 60-61에서는 죽을 때 인간 의식에 무슨 일이 일어날지에 대한 토머스의 추측을 보라. 『세포라는 대우주』(범양사). 그는 가이아 가설─지구가 단일한 유기체라는 생각─을 자주 거론하는데, 뉴에이지 사상가들 사이에서는 흔한 일이다.
26 J. E. Lovelock, *Gaia: A New Look at Life an Earth* (New York: Oxford University Press, 1979). 『가이아』(갈라파고스).
27 전인적 의학에 대한 훌륭한 논의와 비판은 Paul C. Reisser, Teri K. Reisser, and John Weldon, *New Age Medicine* (Downers Grove, IL: InterVarsity Press, 1988)에서 볼 수 있다. 이 주제를 깊이 다루려는 사람들을 위한 방대한 참고 문헌을 포함하고 있다.
28 예를 들어, Jean Watson, *Postmodern Nursing and Beyond* (New York: Churchill Livingstone, 1999); Vidette Todaro-Franceschi, *The Enigma of Energy: Where Science and Religion Converge* (New York: Crossroad, 1999); Barbara Blattner, *Holistic Nursing* (Englewood Cliffs, NJ: Prentice Hall, 1981); Margaret A. Newman, *Health as Expanded Consciousness* (St. Louis: C. V. Mosby, 1986). 『의식 확장으로서의 건강』(현문사); Lynn Keegan, *The Nurse as Healer* (Albany, NY: Delmar, 1994); Dolores Krieger, *The Therapeutic Touch* (Englewood Cliffs, NJ: Prentice Hall, 1979); Kathleen Heinrich, "The Greek Goddesses Speak to Nurses," *Nurse Educator* 15, no. 5 (1990): pp. 20-24를 보라. 전인적 간호를 장려하는 두 저널로는 *The Journal of Holistic Nursing*과 *Nursing Science Quarterly*가 있다. 뉴에이지 간호 치료법에 대한 비판으로는 Sharon Fish, "Therapeutic Touch: Healing Science of Metaphysical Fraud"와 Sharon Fish, "A New Age for Nursing," *Journal of Christian Nursing*, Summer 1996, pp. 3-11를 보라. 다른 비판 기사는 Winter 1998, Fall 2001, Summer 2002 발행호를 보라.

일은 134군데 의과 대학 중 30여 개 대학에서 대체 의학을 가르치고 있다고 말한다. 현재 그는 애리조나 의과 대학(University of Arizona College of Medicine)과 연계된 통합 의학 프로그램을 지도한다.[29] 의학 박사 디팩 초프라(Deepak Chopra) 역시 뉴에이지 대체 치료의 지도자로 각광받고 있다.[30]

과학 소설은 인류의 미래에 대한 희망을 기술에 두는 자연주의자들이 지배해 온 장르다.[31] 그러나 몇몇 작가는 예언적 면모를 보이기도 했다. 예를 들어, 아서 클라크(Arthur C. Clarke)는 뉴에이지 계열을 따라 근원적인 인간성 변화에 대한 두 개의 시나리오를 썼다. 『유년기의 끝』(*Childhood's End*, 1953, 시공사)은 그의 상상력의 산물 중 가장 성공적인 것이었다. 영화 버전으로 제작된 대본 『2001』(1968)은 스탠리 큐브릭(Stanley Kubrick)의 작품과 마찬가지로, '스타-차일드'(the Star-Child)라는 새로운 '인간'과 더불어 새로운 차원에서 새로운 시대(the New Age)가 밝아 오는 것으로 끝을 맺는다.[32] 그리고 로버트 하인라인(Robert A. Heinlein)의 『낯선 땅 이방인』

---

29 Lemley, "My Dinner with Andy," p. 68. 각주 19에 실린 웨일의 저작들도 보라.
30 여러 해 동안 관여했다고는 하나, 초프라는 각광받는 뉴에이지 건강 분야에서는 비교적 신참이다. Gregory Dennis, "What's Deepak's Secret?," *New Age Journal*, February 1994, pp. 50-54, 78-79, 128에서는 초프라가 마하리쉬 마헤쉬의 초월 명상 운동을 떠난 이야기와 전통 의학을 거칠게 받아들인 이야기를 들려준다. 그는 50여 권의 책을 출간했는데, 건강에 관한 그의 견해를 소개하는 내용은 *Quantum Healing* (New York: Bantam, 1989, 『정신신체의학의 기적』, 군자출판사)과 *Ageless Body, Timeless Mind* (New York: Harmony Books, 1993, 『사람은 왜 늙는가』, 휴)를 보라. 삶의 종교적 차원을 다룬 내용은 *How to Know God* (New York: Three Rivers Press, 2000)을 보라. 『신을 알아보는 법』(빛). 의학에 관한 초프라의 견해를 분석한 내용은 "Deepak Chopra: The Think System and the Revival of Ayurveda" in Reisser, Mabe, and Velarde, *Examining Alternative Medicine*, pp. 162-193, 그리고 *Christian Research Journal*, Fall 1995에 실린, 디팩 초프라의 *The Seven Spiritual Laws of Success: A Practical Guide to the Fulfillment of Your Dreams* (San Rafael, CA: Amber-Allen/New World Library, 1995, 『성공을 부르는 일곱 가지 영적 법칙』, 슈리크리슈나다스아쉬람)에 대한 더글러스 그로타이스의 리뷰를 보라. 미국 국회 도서관에서는 2000년 이후에 나온 초프라의 저서를 20권 이상 소장하고 있다.
31 James A. Herrick, *Scientific Mythologies: How Science and Science Fiction Forge New Religious Beliefs* (Downers Grove, IL: InterVarsity Press, 2008)에서는 과학 소설과 서양 세계 종교 의식의 공생 관계를 분석한다.
32 셜리 매클레인은 *Dancing in the Light* (New York: Bantam, 1985), p. 262에서 큐브릭을 "최

(*Stranger in a Strange Land*, 1961)은 처음에는 지하의 고전이었지만 1970년대에는 뉴에이지의 운동 문서가 되었다. 실재를 직감적으로 완전히 이해했다는 밸런타인 마이클 스미스는 새로운 인간의 전형이 되었다.[33] 필립 딕(Philip K. Dick)의 마지막 세 소설[『발리스』(*Valis*), 『성스러운 침입』(*The Divine Invasion*), 『티모시 아처의 환생』(*The Transfiguration of Timothy Archer*, 이상 폴라북스)]은 "한 줄기 분홍색 빛"[34]을 접한 자신의 경험을 이해하려는 소설적 시도다.

현대의 가장 효과적인 의사 전달 매체 가운데 하나인 **영화** 부문에서는 스티븐 스필버그(Steven Spielberg)의 작품, 특히 〈미지와의 조우〉(Close Encounters of the Third Kind)와 조지 루카스(George Lucas)의 스타워즈(Star Wars) 시리즈를 주의 깊게 살펴보아야 한다. 이 영화들이 묘사하는, 세상을 지배하는 신성한 힘은 선과 악을 공유하는 힌두 브라만과 아주 유사하고, 그 가운데 한 편인 〈제국의 역습〉(The Empire Strikes Back)에 등장하는 사랑스러운 구루 요다는 순전한 뉴에이지 형이상학을 막힘 없이 이야기한다. 뉴에이지 사상을 담은 영화 중에는 앙드레 그레고리(André Gregory)가 자신의 사고 체계를 자전적으로 재미있게 엮은 〈앙드레와의 저녁식사〉(*My Dinner with André*)도 있다.[35] 미래 시나리오를 탐색한 1990년대와 2000년대 초반의 영화들은 뉴에이지보다는 포스트모던 성향이 강한데, 영화 매트릭스(Matrix) 시리즈를 보면 알 수 있다.

이제까지 열거한 사람들의 책과 생각이 서양 사회의 변방에 속한 것일 뿐이라고 쉽게 생각할 수도 있다. 그들의 사상이 주류를 대표하지는 않

고의 형이상학자"라고 부른다.
33 Robert A. Heinlein, *Stranger in a Strange Land* (1961; reprint, New York: Berkeley, 1968). 『낯선 땅 이방인』(시공사).
34 Jay Kinney, "The Mysterious Revelations of Philip K. Dick," *Gnosis Magazine*, Fall/Winter 1985, pp. 6-11.
35 이 영화의 시나리오는 많이 읽혀서 책으로 발간되었다. Wallace Shawn and André Gregory, *My Dinner with André* (New York: Grove, 1981)를 보라.

는다. 물론 그것은 대부분 사실이다. 가장 대중적인 뉴에이지 작가 중 일부는 와우 스쿨(Wow! School) 언론학부 출신인데, 그들의 사상은 진지하게 받아들이기가 힘들다. 게다가 기존의 학자들과 비평가들—대체로 아직 완전한 허무주의까지는 가지 않은 자연주의자들—은 모든 종류의 뉴에이지 저작에 극히 비판적인 자세를 견지해 왔다.[36] 그러나 이는 사실 이러한 생각들이 갖기 시작한 힘에 대한 찬사다. 앞서 인용한 사람들은 주요 대학교, 병원, 연구소에서 차지하는 위치, 혹은 개인의 카리스마, 혹은 유명 인사라는 지위—때로는 셋 모두—덕분에 큰 영향력을 가지고 있다. 요컨대, 엄청난 문화적 영향력과 침투력을 가진 세계관이 형성되고 장려되고 있다. 실제로 뉴에이지 영성을 가장 영향력 있게 선전한 사람은 오프라 윈프리(Oprah Winfrey)라고 할 수 있다. 오프라 윈프리가 직접 목소리를 높이는 방식이라기보다는 그의 텔레비전 쇼에 초청한 손님들, 곧 디팩 초프라, 메리앤 윌리엄슨[Marianne Williamson. 『기적의 과정』(*A Course in Miracles*)의 저자, 2020년 미국 대선 후보였다], 게리 주커브, 이얀라 밴젠트(Iyanla Vanzant) 같은 사람을 통해 큰 영향을 끼쳤다.[37] 윈프리는 에크하르

---

36 운동 초기부터 비판적 논평이 있었다. 예를 들어, *The New York Times Book Review* October 15, 1972, pp. 27-29에 실린, 웨일의 *The Natural Mind*에 대한 논평이 있다. 카스타네다의 연구에 대한 비판적 검토는 매우 많다. 1973년 3월 5일자 *Time*지 커버스토리(pp. 36-45)를 보라. 새로운 의식을 향한 운동에 대한 포괄적 분석들은 매우 통찰력 있어서 따로 언급할 필요가 있다. Os Guinness, *The Dust of Death* (Wheaton, IL: Crossway, 1994), chapts. 6-8. 『제3의 종족』(신원문화사); R. C. Zaehner, *Zen, Drugs and Mysticism* (New York: Vintage, 1974); Samuel McCracken, "The Drugs of Habit and the Drugs of Belief," *Commentary*, June 1971, pp. 43-52; Marcia Covell, "Visions of a New Religion," *Saturday Review*, December 19, 1970; Richard King, "The Eros Ethos: Cult in the Counterculture," *Psychology Today*, August 1972, pp. 35-37, 66-70.

37 Kate Maver, "Oprah Winfrey and Her Self-Help Saviors: Making the New Age Normal," *Christian Research Journal* 23, no. 4 (2001), www.equip.org/article/oprah-winfrey-and-her-self-help-saviors; LaTonya Taylor, "The Church of O," Christianity Today (June 14, 2008), www.christianitytoday.com/ct/2002/april1/1.38. html; 그리고 Katelyn Beaty, "Another Brick in the Oprah Empire," www.christianitytoday.com/news/2008/may/another-brick-in-oprah-empire.html을 보라.

트 톨레(Eckhart Tolle)의 『새로운 지구』(*New Earth*)도 널리 선전해서 수백만 독자들이 뉴에이지의 표준 세계관이라 할 수 있는 톨레의 견해를 수용하게 했다.[38]

다른 세계관과의 관계

뉴에이지 세계관은 매우 혼합적이고 절충적이다. 모든 주요 세계관을 차용한다. 비록 동양 범신론과 고대 애니미즘에서 온 기묘한 분파와 낯선 차원이 있지만, 뉴에이지는 자연주의와 연결되었다는 점에서 순수한 동양 신비주의에 비해 많은 개종자를 얻을 수 있는 기회가 있다.

자연주의와 마찬가지로 새로운 의식은 초월적 하나님의 존재를 부정한다. 우리 각자 외에 우주의 주(Lord)는 없다. 닫힌 우주만이 있을 뿐이다. 그 우주는 놀라운 '인격적' 지성과 능력을 가진 존재에 의해 '인간화'되었으며, "인간 의식은 머리(skull) 안에 포함되어 있지 않다."[39] 그러나 이러한 존재와 또 우주의 의식조차도 결코 유신론에서 말하는 의미에서 초월적인 것은 아니다. 게다가 인간에 대한 몇몇 용어는 자연주의 사상의 힘이 고스란히 남아 있다.[40] 프리초프 카프라, 게리 주커브, 윌리엄 어윈 톰슨은 심령 현상과 20세기 물리학 사이의 계열성을 지적한다.[41]

인류의 진화적 변화에 대한 희망도 자연주의에서 빌려온 것이다. 우리

---

38 Eckhart Tolle, *A New Earth: Awakening to Your Life's Purpose* (New York: Dutton/Penguin Group, 2005). 『삶으로 다시 떠오르기』(연금술사).
39 Thompson, *Passages about Earth*, p. 124.
40 존 릴리는 뇌를 "바이오 컴퓨터"로, 사람을 "아름다운 기계"로 불러서, 새로운 의식에 열광하는 동료 레잉(R. D. Laing)의 심기를 불편하게 만든다(Lilly, *Center of the Cyclone*, pp. 4, 17, 29).
41 Capra, *Tao of Physics*, and chap. 3 of *The Turning Point*; Zukav, *Dancing Wu Li Masters*; MacLaine, *Dancing in the Light*, pp. 323-324, 329, 351-353.

는 새로운 존재가 되기 직전까지 와 있다. 진화가 변형을 가져올 것이다.

뉴에이지는 유신론 및 자연주의와 마찬가지로, 또한 동양 범신론적 일원론과는 달리, 개별 인간에게 대단한 가치를 부여한다. 유신론은 각 사람이 하나님의 형상으로 만들어졌다는 데 기반을 두고 개인의 가치를 말한다. 자연주의도 그 유신론적 근원을 반영해 모든 인간이 공통으로 지닌 인간성에서 동일하다는 주장에 기반을 두고 개인의 가치를 인정한다. 한 사람이 귀중하다면 모두가 귀중하다.

새로운 의식은 동양 범신론적 일원론과 같이 시간, 공간, 도덕을 초월하는 신비한 경험에 중점을 둔다. 새로운 의식을 동양 신비주의의 서양적 형태라고도 정의할 수 있다. 동양 신비주의는 형이상학적인 것을 강조하지만 ("아트만은 브라만이다"라는 주장), 뉴에이지에서는 그 강조점이 인식론(실재와의 합일이 곧 인생의 모든 것이라는 사실을 보고 경험하고 인식하는 것)으로 대체되었을 뿐이다. 게다가 새로운 의식은 동양과 마찬가지로 실재에 이르는 안내자로서의 이성—웨일이 '직관적 사고'(straight thinking)라고 부르는 것—을 부정한다. 세계는 실제로 비합리적 혹은 초합리적이며 새로운 인식 형태—예를 들어 '석화된 사고'(stoned thinking)와 같은—를 필요로 한다.[42]

그러나 새로운 의식은 애니미즘—이 책에서는 아직 다루지 않은 세계관—과도 관련이 있다. 애니미즘은 원시 종교 혹은 이른바 이방 종교의 근저에 있는 삶에 대한 견해다. 원시적이라고 해서 간단하다고 말할 수는 없다. 이방 종교들도 매우 복잡한 사상, 의식, 예식, 상징체계, 숭배 대상 등을 지닌다. 그러나 이방 종교는 어떤 공통 관념을 견지하는 경향이

---

42 Weil, *Natural Mind*, chaps. 6-7과 *Spontaneous Healing*, pp. 113, 203-207. 뉴에이지의 주창자 중 전부는 아니더라도 많은 사람이 자신이 사용하는 개념이 동양의 것과 유사하다는 점을 인정하고, 몇몇은 이것이 자신들이 올바른 길—동서양에서 가장 좋은 것을 취하는—을 가고 있음을 가리킨다고 믿는다. 동양의 혼합주의적 경향은 7장에서 이미 언급했다.

있다. 이방 종교들이 견지하는 관념 중 다음과 같은 것들은 뉴에이지에도 반영되어 있다. (1) 자연적 우주에는 대략적으로 위계질서 안에 넣을 수 있는, 셀 수 없을 만큼 많은 영적 존재가 거주하는데 그 정점에 하늘의 신(The Sky God, 유신론의 하나님과 비슷하지만 인간에게 관심은 없다)이 있다. (2) 우주는 인격적 차원을 가지고 있으나, 무한하고 인격적인 창조주 하나님은 없다. (3) 이러한 영적 존재들은 그 기질이 사악한 것에서 지저분한 것, 우스꽝스러운 것, 착한 것에 이르기까지 다양하다. (4) 사람들이 살아가려면 선물과 제물, 제사와 주문 등으로 악한 영을 진정시키고 선한 영에게 졸라야 한다. (5) 주술사, 마술사, 무당 등은 길고 힘든 훈련을 통해서 영적 세계를 어느 정도 통제하는 방법을 배웠으며, 보통 사람들은 질병의 영, 가뭄의 영 등을 쫓아낼 수 있는 이들에게 의존해야 한다. (6) 궁극적으로 모든 생명에는 통일성이 있다. 즉, 우주는 영과 물질의 연속체다. "동물이 인간의 조상일지도 모르고, 인간은 동물로 변할지도 모르며, 나무나 돌이 영혼을 가지고 있을지도 모른다."[43]

가끔 자연주의적 왜곡을 가하거나 심리학으로 신화적인 것을 제거하지만, 새로운 의식은 애니미즘의 각 측면을 모두 반영한다. 로자크가 '오래된 영지주의'(Old Gnosis)와 윌리엄 블레이크(William Blake)의 비전으로 돌아가라고 부르짖었던 사실, 그리고 카스타네다가 오랜 견습 과정 끝에 결국 주술사가 되었다는 사실은 뉴에이지에 속한 사람들이 뉴에이지의 애니미즘적 뿌리를 잘 알고 있음을 보여 준다.[44]

이렇듯 세 가지 서로 다른 세계관에 뿌리를 둔 뉴에이지가 통합된 체

---

43 Eugene Nida and William A. Smalley, *Introducing Animism* (New York: Friendship Press, 1959), p. 50. 이 소책자는 현대의 이교 애니미즘에 관한 놀라울 만큼 많은 정보를 담고 있다.
44 Roszak, *Where the Wasteland Ends*, p. xv.

계일 수 있을까? 그렇지 않다. 혹은 아직 그렇지 않다. 사실, 앞으로도 그럴 가능성은 희박하다. 하지만, 이제부터 제시할 명제들이 모두 정연하게 서로 들어맞지는 않지만, 거의 모든 문화 영역에서 이렇게 실재를 바라보는 관점을 가진 사람이 많다.

뉴에이지 기본 신조

이런 명제들로 뉴에이지 세계관을 정확히 설명하기에는 빈약하다는 점을 깨닫고, 다른 세계관들을 다룰 때와 마찬가지로 최고의 실재에 대한 개념에서 시작할 수 있다. 다른 세계관 질문들이 이어지지만 이전 장들에서 볼 수 있는 엄격한 순서는 아니다. 오히려 이 질문들은 보다 질서 있는 세계관에서 파생된 여러 요소가 혼합되어 있는 이 특별한 절충적 세계관을 숙고하는 과정에서 자연스럽게 다루어진다.

---

1. 세계관 질문 1(최고의 실재), 2(외부 실재), 3(인간): 존재의 본질이 무엇이든(관념이든 물질이든, 에너지든 입자든) 자아가 중추, 곧 최고의 실재다. 이 사실을 인식하고 이해함에 따라 인류는 인간 본성의 근원적 변화에 가까이 가게 된다. 지금도 우리는 **변화된 인간성의 전조(前兆)**와 뉴에이지의 원형을 볼 수 있다.

유신론에서 최고의 실재가 초월적 하나님이고 자연주의에서는 물리적 우주가 최고의 실재라면, 뉴에이지에서는 자아(영혼, 각 사람의 통합된 중심 본질)가 최고의 실재다.

그러면 동양 범신론적 일원론의 중심 명제와 비교(그리고 대조)해 보자. 동양 범신론에서는 "아트만은 **브라만**이다"라며 브라만을 강조한다. 즉, 동양 범신론에서는 물방울(영혼의 상징)이 물통(실재의 전체를 상징)에 떨어지면서 개별성을 잃듯이 사람은 전체 속에서 자아를 잃는다. 뉴에이지에서는 같은 문장을 정반대로 해석한다. "아트만은 브라만이다." 개별 자아가 중요해진다. 여기서 우리는, 하나님의 형상으로 만들어졌다는 이유로 개인을 중요하게 여기는 유신론의 영향 및 인간만이 결국 유일하게 중요한 존재이기 때문에 개인을 중요하게 여기는 자연주의, 특히 자연주의적 실존주의의 영향을 발견할 수 있다.[45]

이 자아가 정확히 무엇인지가 문제다. 관념인가? 영혼인가? '심리자기장'(psycho-magnetic field)인가? 다양한 우주 에너지를 묶는 통일체인가? 뉴에이지의 주창자들은 그것이 무엇인지 합의하지는 못했지만 인간의 인식 중심인 자아야말로 진정 우주의 중심이라고 주장한다. 자아 외에 어떤 것이 존재하든—실제로 어떤 다른 것이 존재한다 해도—그것은 자아를 위해 존재한다. 우주는 초월적 하나님에 의해 외부에서 조종되는 게 아니라 자아에 의해 내부에서 조종되기 위해 존재한다.

존 릴리는 실제로 자아가 모든 실재를 통제한다는 사실을 깨닫는 것이 어떤 것인지 길게 설명한다. 다음은 그가 의식의 최고 경지라고 믿는 상태를 경험한 후에 적은 것이다.

우리[그 및 다른 인격적 자아들]는 공허와 모든 알려진 세계의 경계면에서 에너지와 물질과 생명을 창조한다. 우리는 알려진 우주를 대면하고 그것을 창조하며 그것을 채운다.…나는 은하계의 힘이 나를 통해 쏟아지는 것을 느낀다.…나는 창조 과정 그 자체이며 믿을 수 없을 만큼 강하고 믿을 수 없을 만큼 강력하다.…나는 "공허로부터 알려진 우주로 창조를 뿜어 올리는, 즉 알지 못하는

---

45 미국의 개인주의에 대한 로버트 벨라(Robert Bellah)의 연구는 뉴에이지가 실재의 요체로서 자아를 강조하는 것 이면에 있는 한 가지 주요한 힘을 보여 준다. Robert N. Bellah et al., *Habits of the Heart* (New York: Harper & Row, 1985)를 보라. 『미국인의 사고와 관습』(나남 출판).

세계로부터 알려진 세계로 창조를 뿜어 올리는 기관실의 기관공 중 하나다."⁴⁶

릴리가 마침내 자신이 "+3"이라고 부르는 내부 공간—가장 완전하고 가장 깊은 실재 인식—에 도달할 때 그는 스스로 '하나님'이 된다. 말하자면, 우주와 그 우주의 창조자가 된다. 그래서 그는 이렇게 말한다. "어째서 아직 이 지구라는 우주선에서 육체를 입은 승객으로 있는 동안 희열과 환희를 즐기지 않는가? 승객으로서 자신의 운행 조건을 정하라. 운송 회사에는 몇 가지 규칙이 있지만, 우리가 회사와 그 규칙들을 상상해 냈을 것이다.…산도 없고, 두더지 언덕도 없다.…내가 핵심이라는 사실과 초월적 희열만 있을 뿐이다."⁴⁷ 릴리에게 상상은 현실과 같다. "상상할 수 있는 모든 것이 모두 존재한다."⁴⁸ 그러므로 릴리에게 자아는 의기양양하게 지휘를 맡는다. 사람들 대부분은 그것을 모르지만—그것을 깨닫기 위해서는 일종의 기술이 필요하다—자아는 진정 왕이다.

셜리 매클레인은 실제로 자기가 자신의 실재를 창조했는지(그의 책에서 여러 차례 언급한 것이다) 탐색한다. 그는 이렇게 쓴다.

만일 내가 나 자신의 실재를 창조했다면—어떤 수준과 영역에서였는지는 알지 못하지만—나는 내가 보고 듣고 만지고 냄새 맡고 맛보았던 모든 것, 사랑하고 미워하고 존경하고 혐오한 모든 것, 내가 반응했거나 내게 반응했던 모든 것을 창조한 것이다. 그러니까, 나는 내가 아는 모든 것을 창조했다. 그러므로

---

46 Lilly, *Center of the Cyclone*, p. 210.
47 Lilly, *Center of the Cyclone*, p. 110.
48 Lilly, *Center of the Cyclone*, p. 51. 강조는 릴리. 로런스 르샨(Lawrence LeShan)은 더 온건하다. 그는 아인슈타인 이후의 과학이 실재를 보는 관점과 관련하여 이렇게 쓴다. "이 관점에서 인간은 실재를 발견할 뿐 아니라 한계 안에서 실재를 발명한다"[*The Medium, the Mystic and the Physicist* (New York: Viking, 1974), p. 155].

나는 내 실재 속에 있는 모든 것에 책임이 있다. 그것이 사실이라면 고대 문헌이 가르쳤던 것처럼, 나는 모든 것이었다. 나는 나 자신의 우주였다. 그것이 또한 내가 하나님을 창조했다는 것과 내 삶과 죽음을 창조했다는 것을 의미하는가? 그래서 내가 세상의 전부였는가?…

자신의 힘에 책임을 지는 것이 우리가 하나님의 힘(God-force)이라고 부르는 것의 궁극적 표현일 것이다.

이것이 "나는 스스로 있는 자니라"(출 3:14)라 말이 의미하는 바인가?[49]

매클레인은 모든 실천적 목적을 위해서 그것이 사실이라고 결론을 내렸다. 대부분의 독자는 이 말이 과대망상증 환자의 언급 이상의 의미를 지니고 있음을 알았으리라 생각한다.

뉴에이지를 더 활발하고 현저하게 전파하는 사람 중 하나인 디팩 초프라는 『제3의 예수』(The Third Jesus)라는 책에서 우리 각 사람의 본질은 "하나님의 작은 점, 그 근원으로부터 결코 떨어진 적 없는 모든 사람의 영혼의 실체"[50]라고 말했다. 하나님-의식 상태에서 사람은 자신의 실체를 스

---

[49] MacLaine, *It's All in the Playing*, p. 192. 매클레인은 *Camino* 전체에서, 그중에서도 특히 p. 304에서 꿈과 현실 사이의 모호한 경계에 계속해서 의구심을 품는다. *Beloved*, pp. 25-26도 보라. 매클레인, 휴스턴을 비롯한 다른 사람들이 출애굽기 3:14에 나오는 하나님의 자기 계시("나는 스스로 있는 자니라") 언어를 되는 대로 사용한 것은 전통 유대인들이나 그리스도인들에게 깊은 모욕감을 주는데, 그들에게는 이 용어가 인간적인 것과 신적인 것의 합일보다는 둘의 근원적 차이를 나타내기 때문이다. 핀드혼(Findhorn)의 영적 지도자 데이비드 스팽글러(David Spangler)는 매클레인보다 더 멀리 나간다. "나는 지금 새 하늘과 새 땅의 유일한 생명이다. 다른 사람들은 나에게서 나와서 나와 연합하여 그 형상을 만든다.…항상 나만이 존재할 것이지만, 나는 새 생명과 새 빛과 새 진리 가운데 나를 계시했다.…이 센터[과인혼]를 통해, 집단 진화의 매개를 통해 내가 누구인지를 보여 주는 것이 나의 역할이다." David Spangler, *Revelation: The Birth of a New Age* (Findhorn, 1971), pp. 110, 121를 보라. Thompson, *Passages About Earth*, p. 173에서 재인용. 이 글들은 바가바드기타(6.29-31)에 나오는 신 크리슈나의 말을 떠올리게 한다. 톰슨은 스스로 이 이상한 엘리트 언어를 어떻게 생각해야 할지 알지 못하지만, 스팽글러를 뉴에이지의 변형된 최초의 인간들 중 하나로 본다(Thompson, *Passages about Earth*, p. 174).
[50] Deepak Chopra, *The Third Jesus* (New York: Harmony Books, 2008), p. 120. 『예수는 신인가 인간인가』(송정문화사). 또한 초프라의 *Jesus: A Story of Enlightenment* (New York: Harper-

스로 창조한다.[51]

우리는 이미 조지 레너드(George Leonerd), 진 휴스턴, 셜리 매클레인이 뉴에이지의 도래를 예언하는 것을 들었다. 그들뿐이 아니다. 그 희망—예언이 아니더라도—은 매릴린 퍼거슨, 앤드루 웨일, 오스카 이차조(Oscar Ichazo), 윌리엄 어윈 톰슨에 의해 반복해서 울렸다. 퍼거슨은 자신의 책 『두뇌 혁명』(The Brain Revolution, 1973)을 이렇게 낙관주의의 승리로 마무리한다. "우리는 우리가 정말로 지각의 문(doors of perception)을 열고 동굴에서 기어 나올 수 있음을 이제 막 깨닫기 시작했다."[52] 그의 이후 저서인 『물병자리의 음모』에서는 그 진보와 그에 기여하는 것들을 서술한다. 새로운 시대의 서막은 그 얼마나 영광스러운가! 건강하고 잘 적응하며 완전히 행복하고 절대적으로 환희에 찬 사람들로 채워진 세상, 질병도 전쟁도 기근도 오염도 없고 오직 초월적 즐거움만이 있다. 무엇이 더 필요한가?

이 유토피아의 쾌감을 비판하는 사람들은 한 가지를 필요로 한다. 바로 그러한 비전이 아편 파이프로 인한 환각 이상이라는 어떤 합리적이고 객관적인 확신이다. 그러나 자아가 주관적 확실성에 몰입해 있는 순간에는 어떤 합리성도 필요하지 않고 어떤 객관성도 요구받지 않는다. 스스로

One, 2008)를 보라.

51 Chopra, *The Third Jesus*, p. 25. 여기서 포스트모던 자아와의 연결을 간과해서는 안 된다. 포스트모더니즘의 장에서 "가장 일차적인 것: 인식에서 의미로"를 보라.

52 Marilyn Ferguson, *Brain Revolution*, p. 344; "Life at the Leading Edge: A New Age Interview with Marilyn Ferguson," *New Age*, August 1982; Weil, *Natural Mind*, pp. 204-205. 샘 킨(Sam Keen, "A Conversation…," *Psychology Today*, July 1973, p. 72)은 "인간이 메시아다"라는 이차조의 말을 인용한다. 한편 웨일은 "나는 거의, 정신병자들을 우리 종(species)의 진화한 선진들로 부르려는 유혹을 느꼈다. 그들은 마음을 바꿈으로써 실재를 바꾸는 비밀을 소유했다. 그들이 그 재능을 긍정적 목적을 위해 사용할 수 있다면 그들의 성취에는 한계가 없다"라고 말했다(*Natural Mind*, p. 182). 르샨도 동의하는 것 같다(*The Medium, the Mystic and the Physicist*, pp. 211-212). 톰슨은 *Passages about Earth*에서 낙관적 견해를 보여 주는데, 특히 p. 149를 보라. 12년 후 "A Gaian Politics," *Whole Earth Review*, Winter 1986, p. 4에서 그는 시대정신이 '스타트렉'과 '쿵후'를 '다이너스티'와 '댈러스'로, 조니 미첼을 마돈나로, '미지와의 조우'를 '람보'로 대체했다고 지적하며 약간 유보적인 입장을 표했다.

가 만물과 동등하다는 자기 확신(self-certitude)을 윌버는 이렇게 묘사한다.

> 사다리에서 발을 떼는 순간, 당신은 공허(Emptiness)로 자유 낙하한다. 안과 밖, 주체와 객체는 모든 궁극적 의미를 잃는다. 당신은 더 이상 '여기 안에서' '저 밖에 있는' 세계를 바라보는 것이 아니다. 당신이 우주(Kosmos)를 바라보는 것이 아니라 당신이 곧 우주다. 일미(一味, One Taste)의 우주는, 밝고 분명하며, 빛을 발하고 명확하게 나타나며, 안팎으로 아무것도 없고, 끊임없는 완벽한 제스처로 스스로 완성되어 간다. 신은 모든 장면과 소리 가운데 빛나고, 당신이 바로 그 자체다. 태양은 당신 마음속에 있다. 빛을 발하는 공허의 표면에서 시간과 공간은 어른거리는 이미지로 춤을 추고, 전체 우주는 무게를 잃어버린다. 당신은 은하수를 한입에 삼키고, 가이아를 손바닥에 올려놓고 축복할 수 있다. 이 모든 것이 세상에서 지극히 평범한 일이라서, 당신은 그것을 아무렇지 않게 생각할 것이다.[53]

그 절대적 주관성 때문에 '나는 하나님이다' 혹은 '나는 우주다'라는 입장은 주체 외부에서 오는 어떠한 비판에도 불구하고 지속된다.[54] 매클레인이 무한하고 스스로 있는 자가 아니고 윌버가 우주를 삼키지 않았다는 것이 외부인에게는 명백한 증거를 토대로 너무나 쉽게 확인될 수 있다. 그러나 어떻게 신-의식 자체를 뚫고 들어갈 수 있는가?

---

53 Wilber, *Brief History of Everything*, p. 156. 이와 비슷한 내용으로 마거릿 뉴먼(Margaret Newman)의 발언이 있다. "의식은 우주와 동일한 시공간에 자리하며, 모든 물질에 내재한다." "인격이 의식을 소유하는 것이 아니라, 인격이 곧 의식이다"(*Health as Expanded Consciousness*, pp. 33, 36).
54 윌버(*Brief History of Everything*, pp. 217-219)에 따르면, 선(禪) 같은 종류를 훈련받은 자만이 누군가가 초월적 현실을 경험하고 있는지 그렇지 않은지 판단할 수 있다. 지식은 상태-특정적이다(state-specific). 깨어 있는 일상 의식에서는 신이나 유일자나 우주와의 합일 경험 같은 실재를 판단할 수 없다. 진리를 주장하는 것은 일반 이성으로 평가될 수 없다. 깨달음을 얻은 자만이 주장이 참인지 아닌지 알 수 있다.

> 내가 자유의 여신상, 초코칩 쿠키, 비틀스, 테러, 베트남 전쟁 등을 만들었다고 나는 정당하게 말할 수 있다.…사람들이 세계의 사건에 반응한다면, 나는 그들이 반응하도록 만들어서 누군가와 소통할 수 있게 함으로써 내가 누구인지를 더 잘 알 수 있게 했다.
>
> 셜리 매클레인, 『연극 안에 모든 것이 있다』(It's All in the Playing)

올더스 헉슬리는 그러한 침투가 가능함을 시사한다. 죽기 얼마 전 그는 새로운 의식의 타당성을 재고했다. 그의 아내 로라는 헉슬리의 마지막 생각 중 많은 부분을 녹음했다. 다음은 그가 죽기 이틀 전 나누었던 대화의 일부다.

그것[그가 방금 했던 내적 발견]은…자아 야망의 거의 무한한 본성을 보여 준다. 나는 꿈을 꿨다. 이틀 전이 틀림없다.…어찌 된 것인지 절대적인…**우주의 선물**을 세상에 주는 위치에 있었다.…어떤 **대단한** 자선 행위가 이루어지려는 참이었다. 나는 그 가운데서 일종의 주인공 역할을 맡았다.…**누군가 자신이 자아를 넘어섰다고 생각할 때 실제로는 그렇지 못하다는 것을** 보여 주고 있었으므로 어떤 면에서 그것은 아주 무시무시했다.[55]

그럼에도 헉슬리는 자신의 추구를 포기하지 않았다. 그는 '여행'(약물로 인한 환각 상태를 나타내는 속어—옮긴이) 중에 죽었다. 헉슬리의 요구에 따라 그의 아내는 그에게 LSD를 투여했고, 『티베트 사자의 서』(Tibetan book of

---

55 Aldous Huxley. Laura Archera Huxley, *This Timeless Moment: A Personal View of Aldous Huxley* (1968; reprint, New York: Ballantine Books, 1971), pp. 249-251에서 재인용.

the Dead)의 관례에 따라 주문을 외워 그의 영혼을 '저 너머'의 쉼으로 들어가도록 인도했다.

자기기만의 위험―유신론자와 자연주의자 모두 자기기만의 **확실성**도 이야기할 것이다―은 새로운 의식의 커다란 약점이다. 어떤 유신론자나 자연주의자도, 혹은 어느 누구도 결코 자신을 신, 영혼, 악마, 바퀴벌레로 인식하는 '경험'을 부정할 수는 없다. 너무나 많은 사람이 그런 경험을 이야기한다. 그러나 자아만이 왕인 한, 상상이 현실이라고 전제되는 한, 보는 것이 존재인 한, 상상하고 보는 자아는 그 사적 우주―존재하는 유일한 것―에 단단히 갇혀 있는 셈이다. 자아가 상상의 내용을 만족스럽게 여기고 진정으로 자신이 상상하는 것을 통제하는 한, '외부'에 있는 다른 사람은 아무것도 제공할 수 없다.

곤란한 것은 때로 그 자아가 왕이 아니라 죄수라는 점이다. 이 문제는 뒤의 명제 3에서 다룰 것이다.

---

2. 세계관 질문 2(외부 실재): 우주는 자아 속에서 통일되어 있으며 또 다른 두 개의 영역―평범한 의식을 통해서 접근할 수 있는 보이는 우주, 새로운 의식의 상태를 통해서 접근할 수 있는 보이지 않는 우주[혹은 큰 정신(Mind at Large)]―에서 발현된다.

따라서 우주를 간단히 그림으로 나타낼 때 (중앙에 위치한) 자아는 먼저 오감을 통해 직접 접근할 수 있고 자연과학에 의해 밝혀진 '자연의 법칙'을 따르는, 보이는 우주에 둘러싸여 있다. 그리고 그다음 약물, 명상, 신접(trance), 생되먹임(biofeedback), 침술, 제식무(祭式舞), 특정한 음악 같은 '지각의 문'을 통해 접근 가능한, 보이지 않는 우주에 둘러싸여 있다.

이러한 형이상학적 도해에 따라 헉슬리는 모든 인간 집단을 "섬 우주의 모임"(a society of island universes)으로 설명했다.⁵⁶ 각각의 자아는 우주들의 바다에 떠다니는 하나의 우주다. 각 섬 우주는 서로 어느 정도 유사하기 때문에 의사소통이 가능하다. 게다가 각 우주가 그 본질(즉, 그 자아)로서는 모든 우주의 중심이기 때문에 진정한 이해는 단순한 가능성 이상이다. 헉슬리는 앙리 베르그송(Henri Bergson)에게 의존했던 브로드(C. D. Broad)를 인용해, "두뇌와 신경계와 감각 기관의 기능은 주로 생산이 아니라 제거다. 각 사람은 매 순간 지금까지 그에게 일어난 모든 일을 기억할 수 있고 우주 곳곳에서 일어나는 모든 일을 지각할 수 있다"고 말했다.⁵⁷ 그러나 그러한 지각은 우리를 압도하고 혼란스럽게 만들기에 두뇌는 '감축 밸브'로 기능하여 그 순간에 필요하지 않은 것을 걸러내 버린다. 헉슬리가 말한 대로 "그 이론에 따르면 우리 각자는 잠재적으로 '큰 정신'이다." 다시 말해, 각 자아는 잠재적으로 우주이고 각 아트만은 잠재적으로 브라만이다. 또 헉슬리는 감축 밸브를 통해 들어오는 것은 "우리가 이 특정한 행성의 표면에 살아 있을 수 있도록 도와주는 하찮은 종류의 소량의 의식"이라고 말한다.⁵⁸

뉴에이지 세계관은 상당히 서양적이며, 보이는 우주 곧 평범한 외부 세계가 실제로 거기 있다고 주장하는 것 이상이 아니다. 그것은 환상이 아니다. 더욱이 그것은 질서 있는 우주다. 이 우주는 실재의 법칙을 따르며, 우리는 그 법칙들을 알고 전달하며 사용할 수 있다. 새로운 의식을 주

---

56   Huxley, *Doors of Perception*, p. 13.
57   Huxley, *Doors of Perception*, p. 22.
58   Huxley, *Doors of Perception*, p. 23. 헉슬리의 말에 있는 내적 모순에 주목하라. 한편으로는 새로운 의식 없이 인간은 지구상에서 살아남을 수 없을 것이라고 말하면서, 다른 한편으로는 자아가 그것을 깨닫기만 하면 우주의 중심이라고 말한다. 우주가 영원하므로(헉슬리의 체계 속 암묵적 개념) 자아도 영원하다. 그런데 왜 지구상의 삶을 걱정하는가? 왜 걱정하느냐는 이 태도가 수 세기 동안 동양의 입장이었다. 그런데 서양은 동양에 지혜를 구하러 갔어도 서양의 짐들을 다 벗어 버릴 수는 없었던 모양이다. 현존하는 이 세계(지상의 사람들)가 중요하다는 유대-기독교적 관념에 깊이 뿌리를 둔 생각이 그 한 예다.

장하는 사람들은 대부분 과학에 대한 건전한 존중심을 가지고 있다. 켄 윌버, 올더스 헉슬리, 로런스 르샨, 윌리엄 어윈 톰슨이 대표적 예다.[59] 요컨대, 보이는 우주는 원인과 결과의 균일성이라는 성격에 종속된다. 그러나 그 체계는 그것을 궁극적으로 통제하는 자아(특히 그 자아가 유일한 존재와 하나 됨을 인식할 때)와, 자아가 변화의 대리자로 삼기도 하는 큰 정신으로부터 나온 존재들에 의해 재조정될 수 있다.

큰 정신이란 일종의 옆집 우주(universe next door)와 같은데, '확장된 의식' 혹은 '대안 의식'(매클레인), '분리된 실재'(카스타네다), '투시된 실재'(르샨), '다른 공간들'(릴리), '초정신'(로젠펠드), '공허/진면목'(윌버), '보편 정신'(클리모), 혹은 '하나님-의식'(초프라) 등 여러 말로 불린다.[60] 큰 정신은 보이는 우주의 법칙을 따르지 않는다. 의식은 눈 깜짝할 사이에 지구 표면을 수백 킬로미터나 여행할 수 있다. 시간과 공간은 탄력적이다. 우주가 뒤집힐 수도 있고 시간이 거꾸로 흐를 수도 있다.[61] 특수한 힘과 에너지가 한 사람을 통해 밀어닥쳐서 다른 사람들에게 전달될 수 있다. 신체의 치료에 영향을 줄 수도 있고, 초자연적 능력을 지닌 주술사를 포함시킨다면 원수를 저주하여 죽이거나 미치게 만들거나 신체적·감정적·정신적 고통을 줄 수도 있다.

매클레인은 큰 정신을 이렇게 설명한다. "나는 측정이 불가능한 보이지 않는 영역을 인식하는 것을 배우고 있었다. 사실 그것은 높이도 없고,

---

59 켄 윌버는 과학은 물리적 실재라는 과학 고유의 영역 내에서 유효하다고 주장한다. *A Sociable God* (Boston: Shambhala, 2005).
60 MacLaine, *Out on a Limb* (New York: Bantum Books, 1984), p. 74. 『비밀접촉』(문학예술사). 그리고 *It's All in the Playing*, p. 265; Castaneda, *A Separate Reality*; LeShan, *The Medium, the Mystic and the Physicist*, p. 34; Lilly, *Center of the Cyclone*, p. 25; Albert Rosenfeld, "Mind and Supermind," *Saturday Review*, February 22, 1975, p. 10; Wilber, *Brief History of Everything*, pp. 156, 240; Klimo, *Channeling* (Los Angeles: J. P. Tarcher, 1987), pp. 174-176; Chopra, *Third Jesus*, p. 23.
61 MacLaine, *It's All in the Playing*, p. 188.

넓이도 없으며, 폭도 없고, 부피도 없으며, 나아가 시간도 없는 영역이다. 이것은 영(spirit)의 영역이다."[62] 하지만 큰 정신이 전적으로 혼란스럽지만은 않다. 그것은 보이지 않는 우주의 법칙이, 보이는 세계의 법칙과 똑같다고 생각하는 자아에게만 혼란스럽게 보일 뿐이다. 그러나 큰 정신은 고유의 규칙, 고유의 질서를 가지고 있다. 다만 한 사람이 그 질서가 무엇인지 배우는 데 오랜 시간이 걸릴 수 있다.[63]

릴리의 말에 따르면, 자아 스스로가 실재의 게임을 지배하는 규칙을 만들어 냈다는 것을 발견하는 데는 시간이 걸린다.[64] 그러나 이것을 발견하게 되면 그들이 원하는 어떤 실재의 질서, 어떤 우주라도 만들어 낼 수 있다. 하늘은 그 한계가 아니다. "정신의 영역에서 진실이라고 믿어지는 것은 경험에 의해 혹은 실험에 의해 발견된 한계 내에서 진실이거나 진실이 된다. 이 한계들은 초월해야 할 신념이다. 정신의 영역에서 한계는 없다."[65] 릴리의 『사이클론의 중심』(Center of the Cyclone)은 내면의 공간에 대한 그의 자서전이다. 이 책을 읽다 보면, 다양한 '지각의 문'을 열고 공간에서 공간으로, 우주에서 우주로 이동하는 릴리를 따라 그의 정신 지형을 여행하게 된다.

이런 공간들을 한 번도 방문하지 않은 사람은 가 보았던 사람의 이야기에 의존해야 한다. 릴리는 많은 이야기를 기록했고, 그의 책은 흥미롭게 읽을 수 있다. 다른 많은 사람도 그런 공간들을 방문했고, 특정 세부 사항은 다르다 해도 이야기의 유형은 대개 비슷하다. 뒤에서 명제 3을 논할 때 큰 정신을 인식하는 것과 관련된 '느낌'에 대해서 생각해 보기로 하자.

---

62 MacLaine, *Dancing in the Light*, p. 309.
63 MacLaine, *It's All in the Playing*, p. 331.
64 Lilly, *Center of the Cyclone*, p. 110.
65 Lilly, *Center of the Cyclone*, p. 5.

여기서는 형이상학적 측면이 주요 초점이다. 어떤 '사물들'이 큰 정신 안에 나타나는가? 그리고 이 '사물들'의 특징은 무엇인가? 헉슬리의 보고가 고전인 것은, 그의 증언이 다른 많은 사람이 따르는 전형이 되었기 때문이다. 큰 정신의 첫 번째 특징은 색채와 광채다.

> 정신의 다른 쪽을 방문한 사람들에게 모든 것은 찬란하게 빛나고 내부로부터 빛을 발하는 것같이 보인다. 모든 색채는 정상 상태에서 보이는 어떤 것보다 농도가 훨씬 강하고 동시에 색조와 빛깔의 미세한 차이를 인식할 수 있는 정신 능력은 현저히 강화된다.[66]

큰 정신 안에 있는 이미지들이 의자와 책상 혹은 남자와 여자와 같은 평범한 사물이든, 유령, 신, 영과 같은 특별한 존재든, 발광성은 보편적 특징이다. 릴리는 "나는 공중에서 샴페인 거품과 같이 불꽃을 내는 것들을 보았다. 바닥에 있는 먼지들은 금가루 같았다"라고 말한다.[67] 퍼거슨이 들려준 열여섯 개의 서로 다른 이야기 중 열한 개에서 색채에 대한 특별한 언급이 나온다. "금색 빛", "불꽃을 내는 빛", "강한 백색 광채", "지극히 비현실적인 색채."[68] 카스타네다는 머리가 완전히 빛으로 된 한 남자를 보는가 하면, 『익스틀란으로의 여행』의 절정에서는 빛나는 코요테와 대화하고 "세상의 선들(lines)"을 본다.[69]

광채와 색채에 대한 이러한 경험은 그가 지각하는 것이 보이는 우주에서 지각되는 어떤 것보다도 더 실물 같다는 느낌을 강하게 경험하게 한

---

66 Huxley, *Doors of Perception*, p. 89.
67 Lilly, *Center of the Cyclone*, p. 180; 또한 pp. 10, 54를 보라.
68 Ferguson, *Brain Revolution*, pp. 61-63.
69 Castaneda, *Journey to Ixtlan*, pp. 297-298.

다. 헉슬리는 그것을 다음과 같이 말한다.

> 나는 아담이 창조되던 아침에 보았을 그것, 숨김없는 존재의 기적을 조금씩 조금씩 보고 있었다.…'이스티그카이트'(Istigkeit)—마이스터 에크하르트(Meister Eckhart)가 즐겨 사용하던 단어가 아니었던가? '존재함'(Is-ness)…무상함이지만 영원한 생명, 영속적인 소멸인 동시에 순수한 존재, 어떤, 말할 수 없지만 자명한 역설에 의하여 모든 존재의 신성한 근원을 드러내 보이게 될 미소한 입자의 묶음.[70]

헉슬리에게 큰 정신은 전혀 다른 실재라기보다는 있는 그대로 보이는 평범한 실재였다. 그러나 이 새로운 인식은 너무 달라서 전적으로 새로운 것으로 보였다. 그것은 분리된 것으로 보였다.[71]

큰 정신의 두 번째 독특한 특징은 이 영역에 특이한 존재들이 산다는 것이다. 매클레인은 전생에서 자신과 다른 사람들 외에 자신의 상위 자아(the Higher Self)—"매우 크고, 압도적으로 자신감이 넘치며, 거의 자웅동체인" 인간—를 보았다.[72] 그가 매클레인의 경험에 대한 안내자와 해설자가 되었다. 카스타네다는 '동맹자', '조력자', '수호자', '밤의 실체'를 만난다.[73] 릴리는 생을 어떻게 최대로 활용할 수 있는지 가르쳐 주는 두 '수호

---

70 Huxley, *Doors of Perception*, pp. 17-18.
71 하지만 다른 사람들은 자아와, 보이는 세계와 보이지 않는 세계와의 (통일성은 아니더라도) 연속성을 강조한다. Ferguson, *Brain Revolution*, p. 21; Thompson, *Passages about Earth*, pp. 97-103, 106; Lilly, *Center of the Cyclone*, p. 211; Wilber, *Brief History of Everything*, pp. 156, 240를 보라.
72 자신의 전생에 관한 암시는 매클레인의 저작을 통하여 나타나지만 그에 대한 일종의 긴 설명은 *Dancing in the Light*, pp. 366-384에서 보인다.
73 Castaneda, *Teachings of Don Juan*, pp. 32, 136-138; *Separate Reality*, pp. 51, 140, 144, 158-159; *Journey to Ixtlan*, pp. 213-215; *Tales of Power*, p. 46, 87-89, 239, 257.

자'를 자주 만난다.[74] 이와 비슷하게, 이야기마다 인격적인 존재—혹은 인격적 차원을 가진 힘—가 계속 나타나는데 악마, 마귀, 영, 천사 등 원하는 대로 불러도 좋다. 계속해서 몇몇 새로운 의식의 열렬한 지지자들은 새나 동물로 변하는 경험, 날거나 빠르게 여행할 수 있게 되었던 경험, 심지어 행성 간 여행을 할 수 있게 된 경험을 이야기한다.

실제로 큰 정신은 매우 특이한 장소다. 거주자들이 정말 존재하는가? 자아의 상상이 만들어 낸 것이거나, 무의식적인 공포나 희망을 투사한 것은 아닐까? 정말 사람이 새가 되거나 날 수 있을까? 뉴에이지 세계관에서 이런 질문은 중요하지 않다. 하지만 유신론자와 자연주의자 모두에게 이런 질문은 당연하다. 하지만 이 문제는 명제 5에서 다룰 것이다.

3. 세계관 질문 5(지식), 6(윤리): 뉴에이지의 핵심 경험은 우주의 의식(cosmic consciousness)인데 그 안에서 공간, 시간, 도덕성 같은 보통의 범주들은 사라지는 경향이 있다.

이 명제는 명제 2에서 논한 형이상학적 동전의 인식론적 뒷면이라고 할 수 있다. 어떤 의미에서 명제 3은 뉴에이지에 대한 우리의 이해를 크게 발전시키지 못한다. 그러나 필요한 만큼 이해에 깊이를 더해 준다.

명제 2와 3이 공유하는 통일성의 근저에는 명제 1에서 논한 다음과 같은 전제가 있다. 보는 것(혹은 지각하는 것)이 존재하는 것이다. 자아가 보고 지각하고 느끼고 상상하고 믿는 모든 것은 존재한다. 자아가 존재하는 모든 것을 관할하기 때문에 그것들은 존재한다. "나는 믿는다. 그러므로 그것은 존재한다" 혹은 "나는 경험한다. 그러므로 그것은 존재한다." 철학적

74　Lilly, *Center of the Cyclone*, pp. 27, 39, 55-57, 90-91, 199.

측면에서 새로운 의식은 외연과 실재를 구분하는 문제에 근원적이면서 단순한 대답을 제공한다. 새로운 의식은 단호하게 차이가 없다고 주장한다. 외연이 실재다. 환상은 없다.[75]

물론 지각은 두 가지 형태를 지닌다. 하나는 보이는 우주에 대한 것, 다른 하나는 보이지 않는 우주에 대한 것이다. 첫 번째 것은 통상 의식, 깨어 있는 의식, '직관적 사고'라 불린다. 이것은 보통 사람들이 일상적으로 현실을 보는 방법이다. 공간은 삼차원으로 펼쳐져 있다. 두 물체가 동시에 같은 공간을 점유할 수는 없다. 시간은 선형적이다. 어제는 갔고 지금은 현재이며 내일은 아직 오지 않았다. 상반되는 두 사건이 동시에 같은 사람에게 벌어질 수는 없다. 앉는 동시에 생각할 수는 있지만, 앉는 동시에 일어설 수는 없다. 통상 의식은 좋게 여겨지는 행동, 조금 덜 좋아 보이는 행동, 나빠 보이는 행동, 극악하게 여겨지는 행동 등으로 나뉜다. 그리고 물론 우리는 우리가 생각하는 것처럼 그것들이 실제로 그렇다고 생각한다. 이 모든 것에 우리는 친숙하다.

새로운 의식의 상태는 그리 친숙하지 않다. 사실 서양인 대부분은 거의 생각도 해 보지 않은 것이다. 더 복잡하게 말하자면, 이 새로운 의식의 상태는 실제로 여러 가지 상태로 구성되어 있다. 어떤 사람은 셋, 어떤 사람은 여섯, 또 어떤 사람은 여덟 가지라고 주장한다.[76] 그러나 이 구성 요소들을 살펴보기 전에 먼저 일반적 특징을 파악해야 한다. 우주 의식에 붙인 다양한 별명으로부터 몇 가지 특징을 끄집어낼 수 있다. 아주 많은 별명이 있다. '무한한 희열'[R. C. 재너(Zaehner)], '고등 의식'(웨일), '절정의

75　매클레인 *It's All in the Playing*, pp. 191-193에서 이를 예시한다.
76　릴리의 차트(*Center of the Cyclone*, pp. 148-149)에서 릴리, 게오르기 구르지예프(George I. Gurdjieff), 타임니(I. K. Taimni)가 말하는 의식의 다양한 차원과 그 이름을 자세히 설명한 내용을 보라.

경험'(매슬로우), '열반'(불교), '사토리'[일본의 선(禪)], '우주 의식'(윌버), '의식의 또 다른 상태' 혹은 ASC(매스터스와 휴스턴), '우주의 비전'(킨) 등.

이 중 두 가지가 다른 것들보다 더 적당해 보이는데, 하나는 이론적 이유, 또 하나는 역사적 이유 때문이다. 이론적으로는 **의식의 또 다른 상태**라는 용어가 현상에 대한 가장 보편적인 이해를 대변한다. 우리가 다루고 있는 의식 상태는 실제로 평범하지 않다. 또 다른 적절한 이름은 **우주 의식**인데 이 문제에 대한 근래의 문헌에 나타나는 명칭 중 가장 오래된 것이기 때문에 자주 사용된다. 이 이름은 1901년 캐나다의 정신과 의사 버크(R. M. Bucke)가 처음 쓰기 시작해서 윌리엄 제임스의 고전적인 신비주의 연구에 사용됨으로써 널리 알려졌다.

> 우주 의식의 가장 중요한 특징은 우주에 대한 의식, 즉 우주의 생명과 질서에 대한 의식이다. 우주에 대한 의식과 더불어 그 사람을 존재의 새로운 차원에 올려놓는—그를 새로운 종(種)의 일원으로 만드는—지적 각성이 일어난다.… 이와 함께 불멸성에 대한 감각, 영생 의식이라고 부를 만한 것이 따라오는데, 자신이 이것을 갖게 되리라는 확신이 아니라 자신이 이미 그것을 소유했다는 의식이다.[77]

우주 의식이라는 명칭은, 새로운 의식의 세계관을 주창하는 사람들 사이에서 광범위하게 받아들여지는 경험에 대한 형이상학적 설명을 담고 있다. 핵심은 이것이다. 자신이 우주와 하나가 되었다고 지각할 때 자아는

---

77 Richard Maurice Bucke, *Cosmic Consciousness: A Study in the Evolution of the Human Mind* (1901; reprint, New York: Penguin, 1991), p. 3. James, *Varieties of Religious Experience*, p. 306에서 재인용. 버크는 또 '도덕적 감각의 가속'을 언급한다. 그러나 뒤에서 보겠지만 이것이 일반적이지는 않다.

우주와 하나다. 그러므로 자아를 깨닫는 것은 자아와 우주가 하나의 조각일 뿐 아니라 같은 조각임을 깨닫는 것이다. 다시 말해, 우주 의식은 아트만을 브라만으로 경험하는 것이다.

우주 의식에 중심이 되는 것은 단일성의 경험이다. 먼저, 우주의 전체성을 지각하는 경험, 둘째, 전 우주와 하나가 되는 경험, 마지막으로, 우주와 하나가 됨을 넘어서 자아가 모든 실재의 창조자임을 인식하고 그런 의미에서 자아가 우주이며 우주의 창조자임을 경험하는 것이다.[78] 매클레인은 이렇게 말한다. "**네가 하나님임을 알라. 네가 우주임을 알라.**"[79]

그럼에도 우주 의식 상태에서는 다른 '사물'도 나타난다. 이러한 경험에 대한 수많은 이야기를 읽었지만 그 특징들을 망라한 퍼거슨의 목록만한 것은 없다.

자아의 경계가 사라지고 순식간에 모든 생명과 동화된다(우주로 녹아든다). 빛, 새로운 색채 지각, 전율, 전기의 느낌, 풍선처럼 팽창되거나 위로 튀어오르는 느낌, 공포 특히 죽음에 대한 공포의 소멸, 부르짖는 고리, 바람, 육체적 자아로부터 분리되는 느낌, 희열, 유형에 대한 날카로운 인식, 자유로워진 느낌, 감각들의 합성(공감각), 곧 색채가 귀에 들리고 눈에 보이는 것이 소리로 느껴진다. 대양에 있는 듯한 느낌, 자신이 각성되었으며 그 경험만이 현실이고 통상 의식은 그것의 하찮것없는 그림자라는 믿음, 시간과 공간을 초월하는 느낌.[80]

---

78 다시 한번 릴리의 다양한 수준을 보라(*Center of the Cyclone*, pp. 148-149).
79 MacLaine, *Dancing in the Light*, p. 350. 강조는 매클레인. 휴스턴은 여섯 살에 그와 같은 경험을 했다. "내가 모든 것을 아는 양, 내가 모든 것인 양 **느껴졌다**"(*Godseed*, p. xvii).
80 Ferguson, *Brain Revolution*, p. 60. 또한 *Center of the Cyclone*, chaps. 11-18의 설명; James, *Varieties of Religious Experience*, pp. 292-328; LeShan, *The Medium, the Mystic and the Physicist*, pp. 86-87, 250; Zaehner, *Zen, Drugs and Mysticism*, pp. 89-94; Wilber, *Brief History of Everything*, pp. 156, 240를 보라. 사실 새로운 의식의 상태에 대한 모든 논의가 전부는 아니더라도 많은 특징을 언급하고 있다. 새로운 의식 상태의 특징에 대한 더 과학적인 접근은 Arnold M. Ludwig, "Altered States of Consciousness," in *Altered States of Consciousness: A*

퍼거슨은 계속해서 우주 의식에 대한 여러 흥미로운 설명을 인용한다. 각각의 설명은 이러한 특징 전부는 아니더라도 그중 많은 것을 보여 준다.

하지만 명제 3의 한 가지 측면에 대해서는 의견이 분분하다. 새로운 의식을 주장하는 모든 사람이 도덕성의 범주가 사라진다는 데 동의하지는 않는다. 우주 의식이란 모든 실재의 합일이며 우리가 동양 범신론적 일원론을 분석할 때 보았듯 그 합일은 형이상학적 구분뿐 아니라 도덕을 넘어서는 합일을 의미하기 때문에, 이론적으로는 도덕성의 범주가 사라져야 한다. 예를 들어, 매클레인은 베시(Vassy, 러시아 정교회에 대한 정서적 애착을 지닌, 매클레인을 추종하는 사람 중 하나)와 열띤 논쟁을 벌이면서, 선과 악의 구분이 사라지게 된다고 강력하게 주장한다.[81] 버크, 톰슨, 윌버는 이에 이의를 제기하겠지만, 매클레인, 릴리, 헉슬리는 동의한다.[82] 초프라는 "'하나님-의식'(God-consciousness)이 밝아오면…이제는 더 이상 선과 악 사이의 전쟁은 없을 것이다" 하고 덧붙인다.[83] 그런데도 헤세의 싯다르타나 인식할 수 있는 사람으로 남아 있는 다른 모든 사람과 마찬가지로, 매클레인, 헉슬리, 초프라, 릴리는 여전히 각성되는 것, 즉 우주적 의식이나 '하나님-의식'이 각성되는 것이 각성되지 않는 것보다 낫고, 사랑하는 것이 미워하는 것보다 나으며, 낡은 시대가 붕괴하는 것을 그저 바라보는 것보다 새로운 시대(New Age)를 선도하는 것이 나은 것처럼 이야기한다.('낫다' 혹은 '좋

Book of Readings, ed. Charles Tart (New York: John Wiley & Sons, 1969), pp. 9-22를 보라.

81 MacLaine, Dancing in the Light, pp. 202-203, 242-243, 248-249, 269, 341-342, 345, 351, 363-364, 383; It's All in the Playing, pp. 173-175.

82 James, Varieties of Religious Experience, p. 306; Thompson, Passages about Earth, pp. 29, 82; Wilber, Brief History of Everything, pp. 189, 233, 235; Lilly, Center of the Cyclone, pp. 20, 171, 180; Huxley, Doors of Perception, p. 39. 예를 들어, 윌버는 더 진화할수록 더 좋다고 말한다. "기본적 도덕 직관(Base Moral Intuition)은 최대 수명을 위한 최대 깊이를 보호하고 촉진한다"(Brief History of Everything, p. 335). "우리가 어떤 것의 일부가 되지[어떤 것을 책임지지] 않으면서도 전체가 되기[권리를 갖기] 원하는 한" 악은 가능하다(p. 333).

83 Chopra, Third Jesus, p. 209.

다'는 표현을 하는 것은 그 대상을 도덕적으로 평가하는 것이므로 우주 의식 속에서 모든 도덕성의 범주가 사라진다고 하는 이들의 주장과 모순된다—옮긴이).

마지막으로, 모든 변화된 의식 상태가 달콤하지만은 않다는 데 유의해야 한다. 뉴에이지 세계관을 순진하게 지지하는 이들은 종종 이 암울한 사실을 발견하지 못하지만, 좋지 않았던 경험에 관한 이야기는 얼마든지 있다. 헉슬리도 그 '불쾌한 경험'을 겪었다.

최후 심판좌—혹은 좀 더 정확하게 말하자면 긴 시간과 상당한 어려움 후에 의자라는 것을 알게 된 일종의 최후 심판좌—같아 보이는 의자 앞에 서서 나는 순식간에 내 자신이 공포에 직면해 있다는 것을 알았다. 나는 갑자기 그 공포가 너무 심해지고 있다고 느꼈다. 더 강렬한 아름다움과 더 깊은 의미 속으로 가고 있음에도 공포는 너무 심해지고 있었다. 다시 생각하며 분석해 보건대, 그 공포는 압도당하는 데 대한 공포, 상징들의 아늑한 세계 속에서 대부분의 시간을 살아오는 데 익숙해진 정신이 감당하기에는 너무 큰 실재의 압력에 의해 부서지는 데 대한 공포였다.[84]

하지만 헉슬리는 "근래에 황달이나 주기적으로 우울증이나 만성 불안에 시달리는 사람들"이 아니라면 메스칼린(mescalin, 환각제의 일종—옮긴이) 경험을 두려워할 필요가 없다고 확신했다.[85] 오늘날 이에 동의하는 사람은 거의 없다.

릴리가 경험한 '악마적인' 것과의 다양한 대결과 더불어 카스타네다의 경험은 '지옥'의 바닥을 서술한다.[86] 언제나 낙관적인 매클레인조차 적어

---

84 Huxley, *Doors of Perception*, p. 55; 또한 pp. 51, 54-58, 133-140를 보라.
85 Huxley, *Doors of Perception*, p. 54.
86 Lilly, *Center of the Cyclone*, pp. 24-25, 33, 88-90, 169; 그리고 카스타네다의 처음 네 책 전체.

도 처음에는 자신이 좋아하지 않는 광경들과 씨름해야 했다.[87] 내적 지옥을 피하기 위해서 헉슬리, 릴리, 카스타네다(또한 다른 많은 사람)는 우주 의식을 경험하려고 처음 시도하는 경우에는 안내자와 함께하기를 강력히 권한다.[88] 이 안내자가 바로 전적으로 동양적인 형태의 신비주의에서 구루나 완전한 대가(Perfect Master)가 수행하는 주요 기능에 대한 뉴에이지의 대응이다.

물론 여기에는 노골적인 모순이 있다. 보는 것이 존재하는 것이며 상상이 실재라면 경험된 지옥은 그대로 실재다. 다른 말로 표현해서, 자아가 왕이라면 창조를 통제하는 위치에 있고 또 원하는 대로 창조할 수 있는 것이다. 만약 누군가 지옥을 경험한다면 지옥을 부수고 천국을 창조하면 된다. 신에게는 안내자가 필요하겠는가?

그러나 동양의 신봉자들처럼 뉴에이지의 주창자들도 자아가 '신'인 것은 사실이지만 자아가 항상 그것을 깨닫지는 못한다고 응답할 것이다. 자아는 깨워 줘야 하는 잠자는 신 혹은 일어서야 하는 '넘어진' 신이다.[89] 그러므로 인간으로서 우리의 임무는 이 '넘어짐'(타락)에서 거슬러 올라가는 것이다. 이러한 견해는 뉴에이지의 진화론적 주제에는 잘 들어맞지만 근본적 모순을 해결하지는 못한다. 자아가 진정 신이라면 어떻게 신으로 발현되지 않을 수 있는가? 그럼에도 동양 유형의 범신론적 일원론에서와 같이 이 부분에 대한 모순은 없으며 많은 사람이 그것을 추종한다.

---

4. 세계관 질문 4(죽음): 육체의 죽음은 자아의 종말이 아니다. 우주 의식을 경험

---

87   MacLaine, *It's All in the Playing*, pp. 162-171.
88   Lilly, *Center of the Cyclone*, p. 35; Huxley, *This Timeless Moment*, pp. 275-288; Weil, *The Natural Mind*, pp. 83, 95.
89   킨은 "Conversation," p. 67에서 인간의 '타락'에 대한 이차조의 개념을 설명한다.

하면 죽음에 대한 공포는 사라진다.

다시 말하지만, 이 특징을 별도로 언급하는 것은 죽음이라는 관념이 우리 모두에게 아주 중요한 관심사이기 때문이다. 뉴에이지에서는 우리가 그저 육체 덩어리에 불과하지 않다고 말한다. 인간은 몸을 능가하는 하나의 통일체다. 우주 의식의 상태는 이 점을 반복해서 확인시켜 주며, 그래서 스태니슬라프 그로프는 죽기 직전의 환자에게 LSD를 투여해 그들이 마지막 호흡을 하면서 우주적 합일을 경험할 수 있도록 하는 실험을 했다.[90]

하지만 죽음에 관한 연구로 가장 잘 알려진 사람은 『죽음과 죽어감』(On Death and Dying, 1969)이라는 책을 써서 찬사를 받은 정신과 의사 엘리자베스 퀴블러-로스(Elisabeth Kübler-Ross)일 것이다. 1970년대에 퀴블러-로스는 임사 유체이탈 체험을 연구했고, 죽음은 그저 생명이 다른 단계로 전이되는 것일 뿐이라고 확신시켜 주는 영혼의 안내자를 얻었다.[91] 임사 체험에 대한 관심은, 의사인 레이먼드 무디(Raymond A. Moody, Jr.)의 『삶 이후의 삶』(Life after Life)이 큰 인기를 끌면서 한층 가열되었다.[92]

전생에 대한 회상, 예컨대 매클레인이 자신의 책들, 특히 『빛 속에서 춤을』(Dancing in the Light)에서 상당히 길게 이야기하고 있는 것 같은 기억도 죽음을 또 다른 상태로의 전이라고 생각하게 하는 증거로 사용된다. 전생에 대한 회상을 일으키는 침술이나 케빈 라이어슨(Kevin Ryerson)―(자

---

90   Grof, "Beyond the Bounds of Psychoanalysis," pp. 86-88; Lilly, *Center of the Cyclone*, pp. 17, 35; LeShan, *The Medium, the Mystic and the Physicist*, pp. 232-264; James, *Varieties of Religious Experience*, p. 306; Zaehner, *Zen, Drugs and Mysticism*, p. 44.
91   Elisabeth Kübler-Ross, *On Death and Dying* (New York: Macmillan, 1969). 『죽음과 죽어감』(청미). 그의 관점에 대한 설명과 기독교적 관점에서 제기하는 비판은 Phillip J. Swihart, *The Edge of Death* (Downers Grove, IL: Inter Varsity Press, 1978), pp. 25-31을 보라. 이 책에는 임사 체험 및 유체이탈 체험에 대한 유용한 참고 문헌 목록이 들어 있다.
92   Raymond A. Moody, Jr., *Life after Life* (New York: Bantam, 1976). 『삶 이후의 삶』(시공사). 일부 뉴에이지 서점에는 유체이탈 체험만 전문적으로 다루는 특별 진열대가 있다.

신이 엘리자베스 여왕 시대의 소매치기라고 말하는) 톰 맥퍼슨과 (자신을 요한계시록과 요한복음의 기록자라고 말하는) 세베대의 아들 요한의 목소리가 그를 통해서 나온다—과 같은 영매(靈媒)의 도움을 통해 매클레인은 자기도 전생의 자신에 대해서 알았다고 혹은 전생의 자신을 '보았다'고 말한다. 예를 들어, 매클레인은 자신이 수천 번의 생을 살았는데, 아랍의 무희이기도 했고, "다이아몬드 귀걸이를 한 스페인의 유아, 교회에서…동굴에서 명상하는 수도사…러시아의 발레리나…페루의 잉카 젊은이" 등이었다고 주장한다. 그는 또한 "부두교에 관여했으며", 인도에서 "코끼리의 공주"로서 한 마을이 파괴되는 것을 막고 자기 백성들에게 높은 수준의 도덕성을 가르치기도 했다고 주장한다.[93] 『연극 안에 모든 것이 있다』(It's All in the Playing)에서 그는 화장용(火葬用) 항아리의 이미지를 보았는데, 그의 상위 자아는 그 속에 "아이와 할아버지가 함께" 들어 있다고 말해 주었다. 그가 그 두 사람 모두였다는 것이다.[94]

하지만 죽음이 또 다른 형태의 삶으로 전이하는 것에 불과하다는 믿음의 궁극적 근거는 '의식'이 인간의 육체적 현시 그 이상이라는 관념이다. 만일 인간이 전체이거나 전체의 창조자라면, 그리고 이것을 직관적으로 '알고' 있다면, 인간은 확실히 죽음을 두려워할 필요가 없다. 그래서 뉴에이지에서는 전생에 대한 회상이나 대부분의 임사 체험 이야기가 이러한 두려움의 부재를 정당화해 준다고 주장한다. 하지만 뉴에이지 주창자들이 검토하지 않은 것으로, 유체이탈 체험에서 나온 부정적 증거가 있으며 환생 개념 역시 저울에 달아 보니 부족함이 보였다(저울 부분은 단 5:27에서 가져왔다—옮긴이).[95]

---

93 MacLaine, *Dancing in the Light*, pp. 353-359, 366.
94 MacLaine, *It's All in the Playing*, p. 166.
95 스위하트의 기독교적 비판 *Edge of Death*, pp. 41-82, 특히 pp. 67-69; 그리고 Mark Albrecht,

5. *세계관 질문* 1(최고의 실재)*과* 2(외부 실재): 뉴에이지의 일반적 틀 안에서는, 실재의 본성에 대한 형이상학적 문제를 대하는 다음 세 가지의 서로 구별되는 태도가 있다. (1) 비술(occult) 유형. 바뀐 의식 상태에서 인식되는 존재와 사물들은 의식하는 자아와 떨어져서 존재한다고 본다. (2) 환각(phychedelic) 유형. 그 존재와 사물들을 의식하는 자아가 투사된 것으로 본다. (3) 개념적 상대주의 유형. 우주 의식이 실재에 대한 수많은 특수한 모형—그중 어느 것도 다른 것보다 '더 참되지' 않다—중 하나를 사용하는 정신의 의식적 행동이다.

새로운 의식의 세계관에 대한 이 명제는 처음부터 답변되었어야 한다고 외쳐 온 질문 질문을 다룬다. 이 모든 이상한 경험은 무엇을 의미하는가? 그것들은 진짜인가? 누군가는 '나는 한 번도 그런 경험을 한 적이 없다'고 말한다. 나는 뭔가를 놓치고 있는가?

한 가지는 분명하다. 사람들이 실제로 그런 경험을 했다는 것은 부정할 필요는 없다. 경험은 개인적이다. 우리 중 누구도 다른 사람의 경험을 가질 수 없다. 누군가 특이한 경험을 이야기할 때, 그가 거짓말을 하는 것일 수도 있고, 잘못 기억하고 있거나 윤색하여 이야기하는 것일 수도 있다. 그러나 결코 그 이야기를 비판할 수는 없다. 그것이 본질적으로 자기모순처럼 보일지라도 우리는 그 존재를 단지 선험적 토대—이러저러한 사건의 상태는 본래부터 불가능하다고 생각하는—에서만 부정할 수 있다. 어떤 사람이 반대 신문을 받으면서도 자기 이야기를 고집한다면 적어도

Reincarnation (Downers Grove, Ill.: InterVarsity Press, 1982)을 보라. 세속적 인문주의 관점은 Melvin Harris, "Are 'Past-Life' Regressions Evidence of Reincarnation?," *Free Inquiry*, Fall 1986, pp. 18-23; 그리고 폴 에드워즈(Paul Edwards)의 3부작 논문 "The Case against Reincarnation," *Free Inquiry*, Fall 1986, pp. 24-34; Winter 1986-1987, pp. 38-43, 46-48; Spring 1987, pp. 38-43, 46-49를 보라.

그 사람에게 그 경험은 그대로 남아 있거나 그렇게 기억되는 것이다. 전자 기록 장치로 사람의 두뇌를 관찰하는 것은 소용이 없다. 전기적 활동이 일어나고 있는지 아닌지를 말해 줄 수는 있어도 자아가 인식하는 사물의 존재의 본성에 관해서는 아무것도 말해 줄 수 없다.

나는 우리가 또한 여러 바뀐 의식 상태는 많은 일반적 세부 사항―빛, 무시간성, '불가사의한' 존재 등―을 공통적으로 가지고 있다는 데 동의할 수 있다고 생각한다. 그러므로 의식이 바뀐 상태로 들어가면 각 자아가 하나의 사적 우주 혹은 일군의 우주를 갖게 되지만 각 사적 우주는 적어도 다른 우주와 유사성을 갖는다. 헉슬리의 표현―"모든 인간 집단은 섬 우주의 집합이다"[96]―은 적절하다.

결론은 옆집의 우주처럼 보이는 별도의 실재에 대한 수많은 증인이 있다는 것이다. 이 실재에 관한 지도가 잘 그려져 있지는 않지만, 우리 자신이 그리로 들어간다면―적어도 우리가 돌아왔을 때, 그리고 우리가 기억한다고 가정한다면―우리가 어디에 있었는지를 알 것 같다. 그러므로 질문은 이것이다. 이 별도의 실재는 어디 있는가?

세 가지 대답이 주어진다. 첫 번째 대답은 가장 오래되었지만 결국에는 많은 현대 뉴에이지 추종자들이 받아들이지 않는다. 궁극적으로 애니미즘에서 나온 이 관점은, 우주 의식이 정상적인 4차원(3차원의 공간+1차원의 시간)에 병행하는 5차원 세계에 살고 있는 영적 존재들을 보고 반응할 수 있게, 또 그들로부터 힘을 얻거나 어쩌면 그들을 통제할 수 있게 해 준다는 것이다. 이 차원은 다른 네 차원과 마찬가지로 참되고 '실제로' 존재한다. 바뀐 의식 상태는 그 차원을 지각할 수 있게 해 준다.

이 첫 번째 대답은 **비술** 유형이라고 부를 수 있다. 전부는 아닐지라도

---

[96] Huxley, *Doors of Perception*, p. 13.

대부분의 영매, 마녀, 점쟁이, 마술사, 주술사가 받아들이는 지적 틀이기 때문이다. 언제나 있어 왔고 점점 인기를 더해 가는 비술자들은 특정 수단—몽환(trances), 수정 구슬, 타로 카드, 부적 판 등 비술적 힘을 지닌 물건—을 통해서 사람이 '저 너머'를 찾아보고 도움을 얻을 수 있다고 가정한다. 그러나 비술자들은 초심자들이 조심해야 한다고 말한다. 비술의 제도와 의식에 참여하지 않고서 주문이나 부적 판을 사용하면 영적 세계의 진노가 떨어질 수도 있다. 그런 일이 벌어지면 모든 지옥이 열릴 수도 있다.

현대적 정신을 지닌 사람 중에서도 이 비술 유형의 추종자들이 있다. 헉슬리의 생각은 분명히 비술적이다. 그는 큰 정신을 향해 열린 지각의 문에 관하여 이야기하고, 이 다색적이고 다차원적인 본성의 큰 정신을 어떻게 보았는지 묘사한다. 더구나 그는 『천국과 지옥』(Heaven and Hell)을 이런 말로 끝맺는다.

> 내 생각으로는 현대의 영성주의와 고대의 전통 모두 옳다. 올리버 로지(Oliver Lodge) 경의 책 『레이먼드』(Raymond)에 묘사된 것처럼 죽은 뒤의 상태가 존재하지만 또한 희열에 찬 시각적 경험을 할 수 있는 천국도 존재한다. 또한 조현병 환자들 및 메스칼린을 복용하는 사람들이 겪는 것과 같은 종류의 공포스러운 시각적 경험을 하는 지옥도 있다. 시간을 넘어선 신성한 땅과의 연합에 대한 경험도 존재한다.[97]

앞서 언급했듯, 헉슬리와 그의 아내 로라는 『티베트 사자의 서』에서 얻은 지식을 그의 죽음에 적용했다. 로라는 남편이 죽는 순간에 '주문을 외워' 다른 세계의 평화 속으로 그를 보냈다. 매클레인도 새로운 의식에 대

---

97 Huxley, *Doors of Perception*, p. 140. 또한 이 새로운 의식 개념을 충분히 상상력 있게 다룬 헉슬리의 소설 *Island*를 보라. 『아일랜드』(청년정신).

한 자신의 이론에서 이 비술적 입장을 받아들이는 것 같다.

릴리는 뒤에서 설명하는 다른 해석들에 더욱 매료되었지만 비술 유형도 중요한 선택지로 생각했다.

> LSD를 투여한 채 홀로 환상적인 경험을 하고 죽음과 밀접하게 대면하는 가운데 나는 우연히 두 안내자를 만났다.…그들은 우리가 모두 인정하는 실재와는 다른 공간이나 다른 우주에 있는 실체들일지도 모른다.…그들은 외부에 알려지지 않은 비교(秘敎) 집단의 대표자들일 수도 있다.…그들은 우리보다 십만 년 정도 앞선 문명의 일원일 수도 있다. 그들은 은하계 전체로 정보를 발산하고 있는, 우리를 훨씬 능가하는 문명의 두 의사소통망에 맞춘 주파수일 수도 있다.[98]

그러므로 새로운 의식의 비술 유형은 중요한 대안이다. 하지만 그것이 옳다면 자아가 곧 우주인 동시에 우주의 창조자라는 관념과 모순된다. 그 말은 자아 이외의 존재, 즉 자아에 대해 소유권을 주장하는 다른 의식의 중심이 있음을 뜻한다. 하지만 다소 약한 도전으로 보이지만, 비술 유형에서는 자아가—어떤 수단을 동원해서라도—별도의 우주에 살고 있는 강력한 존재들을 통제할 수 있는 한 자아는 왕이라고 여전히 주장할 수 있다. 그럼에도 비술의 속박은 빈번한 문제다. 통제하는 자들 자신이 통제될 수 있는데, 그 마음이 악하기 때문에 열 배나 강한 악마의 덫이라는 턱에 갇혀 버릴 수 있다.

두 번째 대답은 비교적 최근의 것으로, 실재의 기원이 그것을 경험하는 사람의 영에 있다고 주장하기 때문에 **환각** 유형이라고 부른다. 환각

---

[98] Lilly, *Center of the Cyclone*, p. 39. 생략된 문장은 개념적 상대주의를 포함해 몇몇 비술적이지 않은 대안을 의미한다.

유형은 비술 유형보다 더 명제 1과 일치하는데, 환각 유형은 바뀐 의식 상태에서 지각되는 실재가 단지 자아에 의해 만들어졌다고 말하기 때문이다. 다시 말해, 이 실재는 스스로 만든 것이다. 지각의 문을 연다기보다는 지각할 실재를 창조하는 것이다.

우리는 앞에서 이 관점이 다양하게 묘사된 것을 보았다. 그러나 자신의 좋지 않았던 여행을 묘사한 릴리의 이야기는 시사하는 바가 있다. 약물을 사용한 초기 연구에서 릴리는 자신이 스스로의 내적 경험을 좌우할 수 있다는 확신을 갖게 되자 신뢰할 만한 외부 안내자의 조심스런 통제 없이 LSD를 복용했다. 그 결과 반응이 지연되었을 뿐 아니라 엘리베이터에서 쓰러져 거의 죽을 뻔했다. 그는 이 혼절을 자신의 공격적 본성을 통제하지 못한 탓으로 돌렸다. LSD를 복용한 상태에서 그는 스스로를 적대시했고, 프로이트가 죽음을 기원한 방법을 따라 존재를 벗어나기를 기원할 뻔했다. 의사들은 릴리의 죽음을 자살로 판정하지 않겠지만 릴리가 죽었더라면 그 까닭은 스스로의 내적 프로그래밍이었다. 릴리에게 천국과 지옥 양자는 내부의 산물이다. 자신을 우주의 환각 상태 가장자리(지옥)로 보든 '공허로부터 창조를 뿜어 올리는 기관공 가운데 하나'(천국)로 보든, 그 상(vision)의 창조자는 그의 자아다.

실재의 본성에 대한 세 번째 대답은 **개념적 상대주의**와 관련된다. 이 견해의 핵심은 객관적 실재(있는 그대로의 실재)와 인식된 실재(상징 체계를 이용하여 우리가 그 실재를 이해하는 방식) 사이에 근원적 차이가 존재한다는 것이다. 즉, 실재는 있는 그대로이며, 우리가 그것을 묘사하기 위해 사용하는 상징들은 자의적이다. 다음 장에서 우리는 이것을 포스트모던적 견해의 주요 부분으로 살펴볼 것이다. 하지만 여기서도 다루어야 한다.

개념적 상대주의에 대한 적절한 예가 하나 있다. 서양 사회에서는 일반적으로 시간을 "그 속에서 우주의 모든 것이 동일한 속도로 미래로부터

다가와 현재를 통과해 과거로 진행하는 매끄럽게 흘러가는 연속"으로 인식한다.⁹⁹ 호피 인디언들에게는 그런 관념이 없다. 그들의 언어에는 "'시간'에 해당하는 용어가 명시적으로도 암시적으로도 없기" 때문이다.¹⁰⁰ 서양 사회와 호피 인디언이 경험하는 실재가 다르지 않지만, 문화적 개념이 씌워진 서양 언어 체계는 다르게 생각할 수 있는 길을 주지 않는다. 이 때문에 벤저민 워프(Benjamin Whorf)는 언어학에서 그의 이름을 딴 가설을 생각해 냈다. "사람이 습관적으로 사용하는 언어 구조는 그가 주변을 이해하는 방식에 영향을 미친다. 언어에 따라 우주의 그림도 변화한다."¹⁰¹

실제 상황에서 개념적 상대주의는 어떻게 작용하는가? 로버트 매스터스는 하나의 예를 제시한다. "빽빽한 숲으로 둘러싸인 좁은 곳에 살고 있어서 수 킬로미터 밖을 보는 일은 불가능하다고 믿는 사람들이 있다. 그들을 탁 트인 곳으로 데리고 나온다 해도 그들은 여전히 그 정도밖에 볼 수 없다. 그러나 더 볼 것이 있다고 그들을 설득하면, 비늘이 떨어져 나가고 광대한 시야가 열리게 된다." 그래서 매스터스는 "모든 인식은 일종의 상징체계다.…실재에 대한 직접적 지식 같은 것은 전혀 없다"라고 결론 내린다.¹⁰²

현대 철학에서 에른스트 카시러(Ernst Cassirer)는 언어와 그 의미에 대한 이 회의적 관점을 "언어에 어떤 진리가 들어 있을 수 있다고 하는 생각을 완전히 해체하는 것, 그리고 언어의 내용이란 그저 신속히 변화하는 일종의 영혼의 환영일 뿐임을 깨닫는 것"이라고 설명한다.¹⁰³ 그러한 체계

---

99 Benjamin Whorf, *Language, Thought and Reality*, ed. John B. Carroll (Cambridge, MA: MIT Press, 1951), p. 57.
100 Whorf, *Language, Thought and Reality*, p. 58.
101 Stuart Chase, foreword to Whorf, *Language, Thought and Reality*, p. vi.
102 Robert Masters, *Intellectual Digest*, March 1973, p. 18. 그의 결론이 그가 예시한 내용과 일관되지 않다는 사실은 여기서 중요하지 않다.
103 Ernst Cassier, *Language and Myth*, trans. Susanne K. Langer (New York: Dover 1946), p. 7.

에서 개념은 사고의 창조물이며 "우리에게 진정한 대상의 형태들을 전달하는 대신 사고 그 자체의 형식을 보여 준다." 그 결과 "신화와 언어와 예술뿐 아니라 지식도 일종의 허구―유용성 때문에 매력 있어 보이지만 엄격한 진리의 기준으로 측정한다면 아무것도 아닌 것으로 녹아 없어지게 될 허구―로 격하된다."[104] 반면에, 객관적 진리는 얻을 수 없다 해도 이런 생각에는 더 긍정적인 대안적 측면이 있다. 각 상징체계는 "그 자체의 세계를 만들고 상정한다."[105] 새로운 세계를 가지려면 새로운 상징체계만 있으면 된다.

이 점에서 철학과 언어 분석을 살펴본 결과가 시사하는 바는 분명해졌다. 새로운 의식의 세계관에서 제시하는 개념적 상대주의 유형은 단순히 바뀐 의식 상태가 사람으로 하여금 하나의 상징체계를 다른 상징체계로, 즉 실재에 대한 하나의 상을 다른 상으로 대체하도록 만들어 준다는 것이다.

서양 세계의 상징체계는 수 세기 동안 우리의 상을 지배해 왔다. 그것은 단지 **하나의** 상징체계가 아니라 **유일한** 상징체계로 자리 잡아 왔다. 그것은 객관적 진리, 상응의 진리로 인도하는 상징체계다. 명제가 주장하는 내용은 참이거나 참이 아니며, 실재에 상응하거나 상응하지 않는다. 유신론과 자연주의에서는 달리 생각할 수 있는 방법이 없다고 주장해 왔다. 그래서 우주 의식―다른 상징체계 안에서 세상을 보는 것―은 등장하기 매우 어려웠다. 그러나 유신론과 자연주의가 지배력을 잃어 가면서 이제는 다른 개념의 질서가 가능해졌다.

새로운 의식에 대한 개념적 상대주의 유형을 주창하는 많은 사람은

『언어와 신화』(지식을만드는지식).
[104] Cassier, *Language and Myth*, pp. 7-8.
[105] Cassier, *Language and Myth*, p. 8.

그 철학적 뿌리 및 현대 물리학 이론에서 그에 상응하는 부분을 잘 알고 있다. 로런스 르샨의 "과학적으로 알 수 없는 것에 대한 일반 이론"은 개념적 상대주의의 한 구체적 유형이다. 르샨이 말하길, 영매들이 자신의 역할을 수행할 때 그들은 다음과 같은 기본적인 신비적 세계관을 가정한다. "1. 감각 이외에 정보를 얻는 더 좋은 방법이 있다. 2. 모든 사물에는 근본적인 통일성이 있다. 3. 시간은 환상이다. 4. 모든 악은 그저 외양에 불과하다."[106] 보이는 우주의 일반 거주민으로서 영매의 역할을 수행하지 않을 때, 그들은 실재에 대한 보다 상식적인 관념을 받아들인다. 르샨은 현대 과학자들, 특히 전자가 '관찰'을 위해 사용하는 기구에 따라 때로는 입자로, 때로는 파동으로 나타나는 이유를 설명하기 위해 상보성 개념을 사용하는 물리학자들을 자유롭게 인용한다.[107] 이 개념에서 전자는 항상 원래의 모습 그대로 동일하게 존재한다. 그러나 그 모습이 어떠한지는 아무도 모른다. 우리는 그저 어떤 방정식에서는 이것으로, 다른 공식에서는 저것으로 나타난다는 것만 알 뿐이다. 실재 전체를 사분면에 각각의 고유한 언어로 묘사하려는 윌버의 정교한 도식은 최근에 변형된 것이다.[108]

그러나 에르빈 슈뢰딩거(Erwin Schrödinger)는 상징체계가 그렇게 쉽게 사용되거나 폐기될 수 있다고 가정하는 데 따르는 중요한 결과를 제기한다. 그는 그 가정이 실재의 어떠한 참된 모형도 존재하지 않음을 뜻한다고 지적한다. "우리는 그것을 생각할 수 있다. 그러나 우리가 무엇을 생각

---

106 LeShan, *The Medium, the Mystic and Physicist*, p. 43. 그는 버트런드 러셀에 의존해 목록을 작성하지만, 자신의 경험 및 인터뷰한 투시자들의 경험을 바탕으로 기록한다.
107 나는 과학자들이 사용하는 상보성 개념과 르샨 및 다른 새로운 의식 이론가들이 옹호하는 개념적 상대주의 유형 사이에는 비유적 관계 외에 다른 것은 없다는 의구심을 강하게 품고 있다. 확인을 위해서, 앞서 주 24에 인용한 Weinberg, "Sokal's Hoax"와 Stenger, "New Age Physics"를 보라. 하지만 과학의 위상에 호소하는 것은－실제로 과학의 주도권을 파괴하는 세계관을 옹호할 때조차도－좋은 수사학적 전략이다.
108 윌버는 *Brief History of Everything* 전체를 할애해 이 도식을 상세히 설명했다.

하든 그것은 오류다."¹⁰⁹ 두 상징체계의 가치를 구분할 수 있도록 남겨진 유일한 범주는 순수하게 실용적인 문제, 즉 '그것이 원하는 것을 주는가?' 이다.

상보성 개념에 대한 몇몇 유형에 따르면, 과학에는 실재의 진정한 모형이 없으므로 일반적으로도 인간에게 실재의 진정한 모형은 없다.¹¹⁰ 그리고 과학적 모형의 가치가 그 실용성에 의해 측정되듯이, 실용적 가치가 특정한 바뀐 의식 상태 또는 특정 이론의 가치에 대한 측정 기준이 된다. 이 점에는 새로운 의식의 이론가와 실천가 모두가 동의한다.¹¹¹ 르샨은 그 관점을 분명하게 말한다. "이론의 적용이 예견된 방향으로 결과를 낸다면 그 유효성이 증명된 것이다."¹¹² 우주 의식에 대한 이론에서도 마찬가지다. 웨일은 경험 자체에 실용적 시험을 적용한다. "어떤 영적 경험의 진실성에 대한 유일하게 의미 있는 판단 기준은…그것이 한 사람의 생활에 주는 효과임이 분명한 것 같다."¹¹³ 다음 장에서 살펴볼 것처럼 포스트모더니즘, 특히 리처드 로티(Richard Rorty)가 대표하는 포스트모더니즘의 이 요소를 발견하는 독자는 그 목표에서 크게 벗어나지 않는다.

---

109 Ferguson, *The Brain Revolution*, p. 19에서 재인용한 에르빈 슈뢰딩거의 말. 물론 실재에 대한 모형의 진실성을 평가할 수 있는 방법이 없다면 그 허위성을 평가할 방법도 없다. 그러므로 실재에 대한 모든 모형이 그르다는 생각은 모든 의미를 부정하는 것이며 암호화된 허무주의의 한 형태다(Thielicke, *Nihilism*, pp. 63-65를 보라). 과학에 실재에 대한 '진정한 모형'이 없다고 말하는 것은, 과학적 묘사란 실재가 무엇인지가 아니라 무엇과 같은지에 대한 유효한 통찰력을 제공하는 것으로 보는 사람들에게는 충격적인 비판이 아니다(Bube, *Putting It All Together*, pp. 15-20을 보라).
110 상보성 개념에 대한 다른 관점은 Donald MacKay, *The Clockwork Image* (Downers Grove, IL: InterVarsity Press, 1974), pp. 91-92, 『현대과학의 기독교적 이해』(전파과학사); 그리고 Bube, *Putting It All Together*, pp. 167-187을 보라.
111 Ferguson, *Brain Revolution*, p. 83; Weil, *Natural Mind*, p. 67; LeShan, *The Medium, the Mystic and the Physicist*, pp. 99, 124, 139, 150; James, *Varieties of Religious Experience*, p. 308; Ichazo, Keen, "Conversation," p. 70에서 재인용; Lilly, *Center of the Cyclone* 전체.
112 LeShan, *The Medium, the Mystic and the Physicist*, p. 125.
113 Weil, *The Natural Mind*, p. 67. 이 실용적 기준은 또한 찰스 타트(Charles Tart)와 존 클리모의 판단에도 해당한다(Klimo, *Channeling*, pp. xiv, 23).

새로운 의식에 대한 개념적 상대주의의 실제적 결과는, 한 사람에게 원하는 결과를 가져올 어떤 것도 믿을 수 있도록 자유롭게 한다는 것이다. 그러니 어디로 가고 싶은가? 무엇을 하고 싶은가? 릴리가 자연주의자의 우주 관념을 받아들였을 때, 그는 지옥으로 여행을 떠났다. 그가 우리의 문명 너머에 문명이 있다는 관념을 받아들였을 때 "그러한 공간으로 떨어졌다."[114] 믿음이 곧 존재였다. 실재에 대한 어떠한 비전도 다른 것보다 실제적이지 않다. 조현병은 사물을 보는 한 방법이며 정상 상태 역시 한 방법이라고 R. D. 레잉은 말한다. "그러나 어떤 것이 미친 것이라고 누가 말할 수 있는가? 특히 서양에서 정상성의 결과가 그토록 비참했음을 고려한다면 말이다."[115]

더욱이 우리의 몇몇 **정상적인** 구분과 인식의 방법은 사회적·환경적 문제뿐 아니라 개인적 문제도 야기한다. "어떤 사람이 어떤 느낌을 갖고서, 그 느낌을 구별 짓는다고 하자. 그가 그것을 다른 느낌들과 구분하기 위해 불안이라고 부른다고 하자. 그러면 그다음에는 그가 수치심이라고 구분하는 것이 이어진다."[116] 소용돌이치는 악순환 속에서 그는 더 불안하고 우울해진다. 레잉은 이렇게 결론 내린다. "이제 어떤 의미에서 그를 불행하게 만드는 것은 그의 구분이다. 때때로 나는 사람들이 고통에 이름이 없으면 그렇게 많은 고통을 겪지 않았으리라고 생각한다."[117] 해결책은 명백하다. 구분 또는 구분이 있는 상징체계를 없애라. 예를 들어, 고통과 즐거움의 차이를 구분할 수 없는 세계관을 상상해 보라. 이런 일을 한 결과가 심각할 수 있겠지만, 통상의 의식 상태에서 아플 때 그러한 세계관을 받

---

114 Weil, *The Natural Mind*, pp. 48, 87.
115 R. D. Laing, Peter Mezan, "After Freud and Jung, Now Comes R. D. Laing: Popshrink, Rebel, Yogi, Philosopher-King?," *Esquire*, January 1972, p. 171에서 재인용.
116 Laing in Mezan, "After Freud and Jung," p. 171.
117 Laing in Mezan, "After Freud and Jung," p. 171.

아들이는 방법을 찾아보면 어떨까? 상이한 세계관은 상이한 시대에 상이한 가치를 지닌다. 필요에 따라 그것들을 활용해 보면 어떨까? 상황에 따라 다르게 종을 쳐라(가톨릭에서는 지금도 장례식이나 특별한 때를 구분하여 타종을 달리한다 — 옮긴이).

6. 세계관 질문 5(지식): 인간은 실재를 이해할 수 있다. '하나님-의식'의 상태에서는 직접 지각하기 때문이다. 그렇지만 뉴에이지 선생들이 이 관점을 다른 사람에게 제시할 때에는 종종 고대 문헌의 권위나 다른 종교 선생들의 말을 인용하기도 한다.

앞서 보았듯, '하나님-의식'의 상태에서 사람은 실재를 직접 안다. 그 지식은 합리적 논증이나 다른 외적 권위를 통해서 얻어지는 게 아니다. "나는 (무엇이든) 경험한다. 그러므로 그것이 존재한다." 그러한 의식적 논증이 경험 자체의 배후에 있는 것은 아니고, 의식적인 현재의 경험이 지식의 원천이자 권위가 된다. 이 권위는 가장 친한 친구가 시야에 들어왔을 때 그를 알아보는 것과 같다.

하지만 사람은 대부분 자기 자신의 신성에 관한 직접적 지식을 갖고 있지 않다. 그들은 확신에 이르러야 한다. 앞서 보았듯, 뉴에이지 주창자들은 이 직접적 지식을 얻기 위한 수단으로 다양한 명상법을 제시한다. 그러나 그들은 대부분 다른 뉴에이지 주창자들의 권위를 외적으로 인용하기도 하고, 특히 기독교에서 혹은 다른 종교 신자들이 경전이라고 부르는 본문을 인용한다. 가장 많이 인용되는 종교 권위자는 붓다와 예수다. 그 결과 뉴에이지의 가르침에 대한 신뢰도가 더 높아진다. 특히 그리스도인에게는, 예수님이 말씀하신 것이나 성경에 기록된 사실이라면 참이어야 한다. 연상에 의한 덕목(virtue)이라고 말할 수 있다.

디팩 초프라는 명확한 예를 제시한다. 『제3의 예수』에서 초프라는 방

> 내가 이해하려고 노력하면서 읽었던 것들, 곧 성경, 마하바라타, 쿠란, 그리고 다른 모든 경전의 가르침이 다시 내게 넘쳐나기 시작했습니다. 하늘나라가 여러분 안에 있습니다. 여러분 자신을 아십시오. 그러면 여러분은 자유롭게 될 것입니다. 여러분 자신에게 진실하십시오. 자기 자신을 아는 것이 모든 것을 아는 길입니다. 여러분이 하나님이라는 것을 아십시오, 여러분이 우주라는 것을 아십시오.
>
> 셜리 매클레인, 『빛 속에서 춤을』

향을 돌려, 대체 의학을 주장하는 대신 자신의 종교적 견해를 직접 가르친다.[118] 그는 세 명의 예수가 있다고 말한다. 첫째 예수는 오래전에 팔레스타인에 살았던 사람이다. 오늘날 우리는 그에 대해 아는 바가 거의 없다. 그는 "역사에 휩쓸려 사라진 자"다. 둘째 예수는 교회가 "교회의 안건을 성취하려고" 발명해 낸 예수다. 이는 신학적 예수, 신조의 예수, 설교에서 제시된 예수다. 역사적 예수와는 거리가 멀기 때문에 대부분 날조된 것으로 치부할 수 있다. 셋째 예수는 "자기 제자들에게 '하나님-의식'에 이르라고 가르친 자"다. 그는 이 상태에 도달했고 다른 사람에게도 그렇게 하는 방법을 가르치는 데 평생을 바친 자다. 그는 "추종자들에게 그들 자신을 다른 사람과 욕망이 충돌하는 개인들, 곧 잘못할 수 있는 개인으로 보기보다는 영혼으로 보기를 청했다."[119]

---

[118] The Third Jesus에 관한 길고 상세하고 비판적이며 논리적으로나 신학적으로나 엄격한 서평은 칼 올슨(Carl Olson)이 쓴 "Chopra's Christ: The Mythical Creation of a New Age Panthevangelist"를 보라. www.ignatiusinsight.com/features2008/colson_chopra_may08.asp.
[119] Chopra, Third Jesus, pp. 8-10.

초프라는 자기의 예수가 진짜 예수라는 것을 어떻게 아는가? 초프라의 지식은 자기 자신의 '하나님-의식'이라는 권위에 근거하고 있음이 매우 분명하다. 역사적 예수는 증거가 별로 없는 인물이라는 것을 어떻게 아는가? 어떤 성경 본문이 예수를 정확히 묘사하고 어떤 본문은 그렇지 않은지 그가 어떻게 아는가? 그는 성서학을 거의 인용하지 않는데, 아마 성서학의 논의가 존재하는지도 모르는 것 같다.[120] 역사적 예수는 손짓 하나로 가볍게 배제되었다. 교회의 예수도 날조된 것이라고 거부되었다. 그러나 오늘날 누가 예수에 관하여 더 잘 안다고 할 수 있는가? 역사적 자료, 곧 그가 사명을 마친 후 수년 안에 기록된 문서를 세심하게 살피는 사람인가? 아니면 자기 자신의 직관과 상상만을 권위로 삼고서, 매우 상세히 묘사된 인물을 존재감이 거의 없는 유령 정도로 축소하는 사람인가? 초프라가 자기 자신의 '하나님-의식'이 있는 하나님이라야 그는 제3의 예수를 선포할 권위를 가질 수 있다.

초프라가 고대 자료에 눈을 돌릴 때는 영지주의 문헌을 성경 본문보다 더 권위가 있는 것처럼 인용하는데, 예를 들어 도마복음이 같은 시기에 기록되었다고 주장하면서 그러는 것이다. 하지만 그렇지 않다. 가장 늦게 기록된 신약성경은 아마 요한복음일 것이다(약 주후 90년). 도마복음이나 다른 영지주의 문헌은 2세기 중반에 쓰였다.

---

120 칼 올슨이 말하듯, "논증이 없고, 학자를 인용하지도 않는다. [성경의] 어떤 구절은 참되지만 다른 구절은 이념적 목적을 위해 왜곡되거나 손상되었다고 주장하는 이유가 무엇인지 보여 주려고 노력하지도 않는다"(Olson, "Chopra's Christ"). 역사적 예수에 관한 신뢰할 만한 책은 수없이 많다. 초프라가 N. T. 라이트의 작업, 그가 쓴 시리즈인 Christian Origins and the Question of God, 3 vols. *The New Testament and the People of God* (1992), *Jesus and the Victory of God* (1996), and *The Resurrection of the Son of God* (2003)를 참고했을 수는 있다(세 권 모두 미니애폴리스에 있는 포트리스 출판사에서 출간되었다). 『신약성서와 하나님의 백성』, 『예수와 하나님의 승리』, 『하나님의 아들의 부활』(이상 CH북스). Paul Barnett, *Is the New Testament Reliable?* (Downers Grove, IL: InterVarsity Press, 1985)은 더 대중적임에도 학문성을 유지하는 책이다. 『신약성경은 믿을 만한가?』(IVP).

초프라는 신약 본문을 인용할 때도 원래의 유신론적 맥락에서 떼어내 고대 영지주의의 맥락이나 현대 뉴에이지의 세계관에 삽입하여 읽는다. 초프라는 예수가 "하나님의 나라는 너희 안에 있느니라"(눅 17:21) 하고 말할 때는 하나님 나라가 오직 개별적이고 비물질적이라는 의미로 말한 것이라고 주장했다. 그는 이 구절이 요한계시록과 충돌한다고 말한다. 초프라는 후에 요한복음 5:39-40을 인용한다. "너희가 성경에서 영생을 얻는 줄 생각하고 성경을 연구하거니와 이 성경이 곧 내게 대하여 증언하는 것이니라. 그러나 너희가 영생을 얻기 위하여 내게 오기를 원하지 아니하는도다." 여기서 초프라는 "예수는 하나님 나라가 너희 안에 있다는 메시지를 다시 강조하고 있다" 하고 주장한다.[121] 하지만 그렇지 않다. 이 구절에서 예수는 비판자들이 성경을 그들의 권위로 사용하고 있으므로 그들이 예수를 성부께서 보내신 분으로 인정해야 한다고 말하고 있다.

요한복음 3:16-17도 알아보기 어려울 정도로 왜곡된다. "하나님이 세상을 이처럼 사랑하사 독생자를 주셨으니 이는 그를 믿는 자마다 멸망하지 않고 영생을 얻게 하려 하심이라. 하나님이 그 아들을 세상에 보내신 것은 세상을 심판하려 하심이 아니요, 그로 말미암아 세상이 구원을 받게 하려 하심이라." 초프라는 이 구절을 이렇게 논평한다. "예수는 자기의 신성을 가장 강력하고 유려한 말로 주장한다. 더 높은 의식은 사람은 죽음의 환영에서 구원하며, 이 선물은 사랑의 하나님에게서 온다."[122] 하지만 그렇지 않다. 더 높은 의식이 우리를 구원하는 게 아니다. 예수 자신이 우리를 구원한다.

아니면 다시, 요한복음 14:6-7을 살펴보자. "예수께서 이르시되 내가 곧 길이요 진리요 생명이니 나로 말미암지 않고는 아버지께로 올 자가 없

---

121 Chopra, *Third Jesus*, pp. 39, 73.
122 Chopra, *Third Jesus*, p. 125.

느니라. 너희가 나를 알았더라면 내 아버지도 알았으리로다. 이제부터는 너희가 그를 알았고 또 보았느니라." 기독교 신앙의 배타성에 대한 이 선언은 초프라의 주된 주장, 곧 우리는 각각 '하나님-의식'을 가질 수 있고 자기 자신의 실재를 만들어 낼 수 있다는 주장과 정반대다. 그렇지만 그는 여전히 이렇게 주장한다. "우리가 교회에서 부과한 교리의 요소를 걸러 낸다면, 예수가 '너희가 구해 왔다면, 이제는 그만 구하라. 이것이 영이 실현되었을 때에 모습이다' 하고 말하는 것을 알게 될 것이다. 다시 말해, 예수는 살아 있는 모범이 됨으로써 '하나님-의식'을 이 세상에 가져온다."[123] 하지만 그렇지 않다. 요한복음의 맥락에서 예수는 '하나님-의식'의 살아 있는 모범이 아니다. 그는 하나이고 유일한, 하나님의 영원한 아들이다. 우리 자신은 하나님이 아니다. 우리가 하나님이거나 하나님 혹은 어떤 신이 될 수 있다고 생각하는 것은 교만이라는 원초적 죄를 짓는 일이다.

7. 세계관 질문 7(역사): 실제로 과거에 발생했던 사건의 기록으로서의 역사에는 관심을 별로 기울이지 않는다. 그러나 인간, 특히 개별적인 인간 자아가 신이 되는 것으로 끝나는 우주적 역사는 위대한 비전과 소망으로 간주한다.

뉴에이지 주창자들은 과거 인간 역사에 걸친 경험에 대한 설명을 고려하는 것을 주저하지 않는다. 그러나 그들은 사건 자체의 의미보다는 그러한 사건들에 의해 유발된 '경험'에 더 큰 관심을 갖는다. 그러한 사건이 어떻게 지각되었는가? 이것이 중요한 문제다. 경험이 모든 것이다.

하지만 인간 역사의 전반적 양식—사건이 인간의 경험에 끼치는 영향—은 큰 관심사다. 무엇보다도 먼저, 우주 형성—빅뱅, 은하계와 태양계

---

[123] Chopra, *Third Jesus*, pp. 125-126.

의 형성, 지구의 형성—의 일반적 진화 역사가 있다. 그리고 유기적 생명의 발생, 인류가 현재 상태로 진화하는 과정, 우주적 의식으로 이행하려는 언저리에서 요동하는 일이 있다. 우주 역사의 미래는 최종적으로 새로운 남자와 새로운 여자, 우주적으로 새로운 목가적 시대가 도래하는 것으로 예견된다.

---

8. 세계관 질문 8(핵심 헌신): 뉴에이지를 신봉하는 자들은 자기 자신이 개별적으로 우주와 합일을 이루는 것을 핵심 헌신으로 삼는다. 자기 자신의 이미지 안에서 그것을 창조하고 재창조하면서 그렇게 결단한다.

다른 세계관에서 그런 것처럼, 뉴에이지를 신봉하는 사람들(혹은 다른 사람이 그렇게 불러주는 것을 허용한 사람들)이 모두 그들 자신이 우주의 중심임을 실현했다고 주장하지는 않을 것이다. 그들이 모두 셜리 매클레인이 "나는 하나님이다. 나는 하나님이다" 하고 외치면서 캘리포니아 해변을 달리는 모습을 따라 하지는 않을 것이다. 그러나 뉴에이지를 온전히 실천하는 사람들의 특정 신념과 행위 배후에는 분명한 소망이 있다. 비록 그들이—그들 각자가—아직 우주적 의식에 충만히 도달하지는 않았더라도, 그들이 실재의 중심에 놓여 있다는 소망이 있다. 명시적이지는 않더라도, 이 목표를 실현하는 것이 그들의 암시적 헌신이다.

이것은 성취하기 힘든 주문이다. 뉴에이지 낙관론이 현재와 미래의 우주적 현실이나 인간의 현실을 넘어서는 데에는 많은 이유가 있다.

새로운 의식이 지닌 결함

뉴에이지 세계관은 허무주의에서 한 걸음 더 나아간 것인가? 그것은 약속한 바—새로운 삶, 새로운 인간, 새로운 시대—를 가져다주는가? 한 가지는 분명하다. 아직은 아니며, 내일(mañana)을 주장하는 것은 믿을 만하지 않다는 것이다. 전에도 환상가가 있었지만, 그들과 그 추종자들이 세상이나 자신을 구원하는 일에 기여한 일은 거의 없었다. 내일은 언제나 오는 중이다. 알렉산더 포프가 말했듯 "희망은 인간의 가슴에서 영원히 솟아난다."[124]

우리는 이제 우주 의식과 함께 새로운 사회가 오리라는 확신을 거의 갖지 않는다. 오히려 비관론이 올 가능성이 훨씬 더 크다. 새로운 의식의 세계관은 내적으로 모순투성이이며 자연주의적 허무주의나 동양 신비주의가 제기하는 딜레마를 해결하지도 못하기 때문이다. 뉴에이지 세계관은 그저 이 딜레마를 무시할 뿐이다.

뉴에이지 세계관의 가장 큰 문제점은 자연주의나 범신론적 일원론이 가진 문제와 같다. 닫힌 우주라는 개념—초월적 하나님이 존재하지 않는다는 개념—이 그 문제를 일으킨다. 윌리엄 어윈 톰슨은 "하나님과 우주의 관계는 문법과 언어의 관계와 같다"고 말한다.[125] 하나님은 우주의 구조일 뿐이다. 우리는 그런 상황이 어떻게 윤리를 불가능하게 하는지 이미 살펴보았다. 외부 우주에 어떠한 가치도 없게 되거나(순수 자연주의) 하나님이 자신의 모든 행위와 구분될 수 없기 때문에, 우주 수준에서 선과 악의 구분은 사라진다.

뉴에이지 주창자들은 이 문제를 전혀 해결하지 못했다. 확실히 많은 사람은 인류의 생존이 가장 중요하다고 가정하며, 인간이 진화하지 않으면, 곧 사람들이 근본적으로 변형되지 않으면 인간은 사라지리라고 주장한다. 그러나 윤리적 문제를 논의하는 이들은 거의 없고, 일부는 시간과

---

[124] Pope, *Essay on Man* I.95.
[125] Thompson, *Passages about Earth*, p. 99.

공간, 환상과 실재의 범주가 사라지는 것과 마찬가지로 뉴에이지에서 선과 악의 범주가 사라진다는 것을 받아들인다. 도덕적 구분을 선택하는 사람들마저도 까다롭게 굴지 않으려고 주의한다. 만일 인간의 생존이 새로운 엘리트에게 복종하는 것을 의미한다면, 세밀한 윤리적 구분은 너무 많은 대가를 치를지도 모른다. 살아남기 위해서 사람들은 전통적인 자유와 존엄의 개념을 버려야 할지도 모른다.[126]

윤리적 문제가 그렇게 관심을 끌지 못하는 이유는 명제 1에서 분명하게 나타난다. 자아가 왕이라면 왜 윤리를 걱정하는가? 군주는 잘못을 저지를 수 없다. 자아가 만족한다면 그것으로 충분하다. 그러한 개념은 엄청난 잔인성을 허용한다. 뉴에이지 세계관은 유아론과 이기주의의 먹이가 될 수밖에 없다. 하지만 실제로 뉴에이지의 주창자 중 누구도 이 문제에 관심을 기울이지 않는다. 왜 그런가? 짐작건대 그들은 그 결과를 받아들이지만 개의치 않기 때문이다. 되는 대로, 있는 대로 두어라. 지금이 중요하다. 거기에 윤리적 구별이 들어갈 자리는 없다.

하지만 윌버는 윤리적 직관―즉, 더 높은 의식으로 진화된 사람들이 더 낫다―을 옹호한다. 그는 어떤 사람들은 동물만도 못한 가치를 지녔다고 판단한다. 윌버는 유인원 열두 마리를 죽이는 것보다 알 카포네(Al Capone)를 죽이는 것이 낫다고 말한다. "한 인간 전체[단일체]에 대해 신성불가침한 것은 없다."[127]

새로운 의식의 세계관이 지닌 두 번째 큰 문제는 애니미즘에서 차용한 것―분리된 실재 혹은 정신의 내부 공간에 거주하는 수많은 반신반인(半

---

126 이 점에서 B. F. 스키너와 윌리엄 어윈 톰슨 사이에는 거의 차이가 없다. *Beyond Freedom and Dignity* (New York: Alfred A. Knopf, 1971), pp. 180-182; 그리고 *Passages about Earth*, pp. 117-118를 보라.
127 Wilber, *Brief History of Everything*, p. 336. 윌버가 말한 "인간 전체"(human holon)란 인간을 구성하는 전체/부분의 복합체를 의미한다.

神牛人), 악마, 수호자―과 관련되어 있다. 그것들을 심령의 반영이라고 부르든, 혹은 실재의 또 다른 질서의 영혼들이라고 부르든, 그것들은 뉴에이지에 늘 따라다니고 의식에 의해 진정되거나 주문에 의해 조정되지 않으면 안 된다. 뉴에이지는, 기독교가 숲에서 악마들을 쫓아내고 자연 세계의 신성을 제거하며 타락한 천사들인 사탄의 왕국의 문제에 대해 과도한 관심을 갖는 것을 부정적으로 보기 시작한 이후로 닫힌 문을 다시 열었다. 이제 그들이 돌아와 대학교 기숙사 방문을 두드리고, 심리학 실험실에 잠입하며, 부적 판을 사용하는 사람들의 등골을 오싹하게 하고 있다. 현대인들은 할아버지의 시계처럼 작동하는 우주에서 도망쳐서 그 할아버지의 할아버지의 할아버지의 고딕풍 공포의 방으로 들어갔다.

유신론은 애니미즘처럼 영들의 존재를 긍정한다. 구약성경과 신약성경 모두 영적 세계의 실재를 확인해 준다. 하나님의 수하에 있는 천사들도 있고 타락한 천사의 우두머리인 사탄의 휘하에 있는 악마(혹은 타락한 천사)들도 있다. 그러나 이들 영적 세계에 대한 성경의 가르침은 개략적이다. 그리고 이방 종교 행위에 대한 완곡한 암시와 영들의 세계를 가지고 장난하지 말라는 경고가 있을 뿐이다.

기독교 유신론에 잘 발전된 천사론이 없다는 점이 이상하게 여겨질지도 모르겠다. 만일 그 성질이 유익하고 동적인 강력한 존재가 존재한다면 왜 우리는 그들과 접촉하지 못하고 그들을 우리의 수호자로 삼든지 인간의 목적을 위해 그들의 힘을 이용하지 못하는가? 가장 중요한 이유는 간단하다. 하나님 한 분만이 우리의 능력과 지혜와 지식의 근원이라는 것이다. 우리가 하나님을 잊고 천사를 숭배하기란 얼마나 쉬운가!

그리고 이런 일이 바로 초기 교회에서 벌어졌다. 영지주의자들은, 아마도 갈대아의 점성술에서 빌려온 듯한데, 하나님은 너무나 높고 멀리 계셔서 하찮은 인간들에게 직접 관심을 두지 않으신다고 가르쳤다. 그러나 인간보다는 높고 하나님보다는 낮은 존재―'권세'와 '능력'―가 있다. 그들은 계속해서 주장하기를, 우리는 이 존재 중에서 덜 우호적인 존재는 진정시키고 우호적인 존재에게는 도움을 청하는 법을 배워야 한다고 했다. 이러한 생각은, 비록 성인에 관한 로마 가톨릭의 공식적 교훈은 아니더라도 로마 가톨릭의 경건함이 대중적으로 표현되는 데서 그 흔적을 볼 수 있다. 마리아께 간구하라. 그는 인간이기에 우리의 필요를 아신다. 그러므로 우리를 도와달라고 하나님께 구할 것이다. 성스러운 마리아여, 우리를 위해 간구하소서(Sancta Maria, ora pro nobis). 이는 이미 죽은 성인들을 너무 높이고 하나님을 모독하는 것이라는 비판을 받을 수 있다.

성경에서 성인들과 천사들은 매우 상이한 역할을 담당한다. **성인**(saint)이라는 단어는 그저 교회의 일원 혹은 그리스도인을 일컫는 말이고, 천사는 단지 하나님의 휘하에만 있다. 사람들이 조정할 수 있도록 허락되지 않았다. 하나님의 무한한 사랑은 많은 유한한 방법으로 나타나지만, 오직 그분만이 우리를 도우신다. 때로 천사들을 동원해 명령을 수행하게도 하시지만, 그분께는 중개자가 필요 없다. 그분이 친히 사람이 되셨으므로 우리를 속속들이 아신다.

그래서 성경에는 우리의 계획에 천사들을 참여시키는 모형―주기도문에 해당하는 내용―이 없다. 오히려 영들이나 '다른 신들'에게 도움을 청하는 일에 대한 경고가 담겨 있다. 가장 오래되고 분명한 경고를 신명기에서 찾아볼 수 있다.

네 하나님 여호와께서 네게 주시는 땅에 들어가거든 너는 그 민족들의 가증한 행위를 본받지 말 것이니 그의 아들이나 딸을 불 가운데로 지나게 하는 자나 점쟁이나 길흉을 말하는 자나 요술하는 자나 무당이나 진언자나 신접자나 박수나 초혼자를 너희 가운데에 용납하지 말라. 이런 일을 행하는 모든 자를 여호와께서 가증히 여기시나니 이런 가증한 일로 말미암아 네 하나님 여호와께서 그들을 네 앞에서 쫓아내시느니라. 너는 네 하나님 여호와 앞에서 완전하라.

네가 쫓아낼 이 민족들은 길흉을 말하는 자나 점쟁이의 말을 듣거니와 네게는 네 하나님 여호와께서 이런 일을 용납하지 아니하시느니라. (신 18:9-14)

이 교훈은 이스라엘이 약속의 땅에 들어가기 직전에 주어졌다. 가나안은 거짓 종교와 무속 행위로 가득했다. 그러므로 주의하라. 그런 일에 관계하지 말라. 야웨가 하나님, 곧 유일하신 하나님이시다. 이스라엘에게 다른 신은 필요 없다. 다른 신은 없다. 있다고 생각하는 것은 — 복술자나 길흉을 말하는 자, 무당이나 신접자, 무당 등의 힘을 빌려 운명을 좌우하고자 하는 것은 — 신성 모독이다. 하나님은 하나님이시고, 이스라엘은 그분의 백성이다.

신약성경에서도 복술을 금하며 귀신 들린 사례들을 이야기한다.[128] 가장 교훈적인 사례 중 하나는 예수님이 거라사의 귀신 들린 자에게서 귀신을 쫓아내시는 이야기다(막 5:1-20). 이 이야기를 통해서, 많은 귀신이 그 사람에게 들어갔다는 것, 그것들이 그 사람을 떠나 돼지 떼로 들어간 것을 보면 귀신은 그 사람의 정신병 현상이 아니었다는 것, 귀신은 인격적 존재여서 언어를 사용하여 사람들과 의사소통을 할 수 있다는 것, 그들이 인간을 향해 악한 마음을 품고 있다는 것 등을 알 수 있다. 또한 — 이것이 가장 중요한데 — 예수님은 그것들을 완전히 제어하실 수 있었다. 이

---

[128] 예를 들어, 마 7:21-23; 눅 10:20; 행 8:9-24; 13:8-11; 19:11-20; 갈 5:19-21; 약 3:13-18; 계 21:8을 보라. 또한 J. S. Wright and K. A. Kitchen, "Magic and Sorcery," in *New Bible Dictionary*, ed. I. Howard Marshall et al., 3rd ed. (Downers Grove, IL: InterVarsity Press, 1961), pp. 713-717를 보라.

점에서 그리스도인에게는 희망이 있다.

비술에 빠졌다가 그리스도 안에서 자유를 찾은 사람들이 많다. 사도 바울은 우리에게 확언한다.

> 만일 하나님이 우리를 위하시면 누가 우리를 대적하리요?…누가 우리를 그리스도의 사랑에서 끊으리요?…내가 확신하노니 사망이나 생명이나 천사들이나 권세자들이나 현재 일이나 장래 일이나 능력이나 높음이나 깊음이나 다른 어떤 피조물이라도 우리를 우리 주 그리스도 예수 안에 있는 하나님의 사랑에서 끊을 수 없으리라. (롬 8:31, 35, 38-39; 또한 골 2:15을 보라.)

어떠한 자연의 힘이나 영적 존재도 하나님을 이길 수 없다. 하나님은 우리의 피난처가 되시는데, 우리가 유명 마술사들처럼 우리를 돕도록 그분을 부릴 수 있기 때문이 아니라 그분이 원하시기 때문에 그리하신다. 사도 요한이 말했다. "하나님은 사랑이심이라.…그에게는 어둠이 조금도 없으시다"(요일 4:8; 1:5). 그러므로 귀신들은 정복될 수 있고 정복될 것이다.

기독교가 거의 전파되지 못한 지역에서는 영들의 활동이 꾸준히 있어 왔지만, 예수님의 때 이후로 서양에서는 그러한 일이 거의 보고되지 않았다. 그리스도께서 들과 강에서 영들을 몰아내셨다. 기독교가 어떤 사회에 침투하면 영의 세계는 사라지거나 숨어 버리게 되는 듯하다. 기독교의 주장 및 아브라함과 이삭과 야곱의 하나님을 거부한 사람들에 의해 숲과 강, 공중과 어둠의 영들이 다시 불려 나온 것은 겨우 지난 수십 년 동안의 일이다. 아마도 이것은 되로 주고 말로 받는 결과를 낳을 것이다.

뉴에이지 세계관의 셋째 문제점은 실재의 본성 및 진리의 본성에 대한 이해 문제다. 켄 윌버처럼 매우 정교한 뉴에이지 주창자 중 일부는 일반적 의미에서 비술자가 아니다. 그들은 주역이나 타로 카드로 점을 보지 않는다. 그보다 그들은 실재의 모든 체계의 언어―주술과 과학의 언어, 마술과 철학의 언어, 약물을 통한 경험과 깨어 경험하는 실재의 언어, 정신병과 정상 상태의 언어―를 받아들이고 그 모든 것이 실재에 대한 설명으로서 동일하게 타당하다고(valid) 생각한다.[129] 이러한 유형의 뉴에이지 사상에는 큰 정신이나 고차원의 의식에 상응하는 진리가 없으며, 내적 일관성의 형태만 있다. 그러므로 어떤 이의 사상이나 경험에 대한 비판도 없다. 모든 체계가 동일하게 타당하다. 경험이라는 시험만 통과하면 되며, 경험은 사적인 것이다.

이런 관념의 논리적 결론은 일종의 인식론적 허무주의다.[130] 우리는 결코 실재가 무엇인지 알 수 없기 때문이다. 우리는 우리가 경험하는 것만을 알 수 있다. 자아가 요체―혹은 신―이고 실재는 어떤 신이 받아들이는 것 혹은 만드는 것이다.

우리는 교착 상태에 빠져 있다. 문제는 기본적이다. 자아가 신이고 뉴에이지는 그것이 의미하는 바를 읽어 낸 것이거나, 자아는 신이 아니고 따라서 자신과는 다른 사물들의 존재에 좌우되는 것이다.

스스로 신이라고 주장하는 자아와는 논쟁이 가능하지 않다. 그 주장이 과대망상증이라는 자연주의자들의 비난이나 신성 모독이라는 유신론자들의 비난은 초점을 벗어난 것이다. 이론적으로 그러한 자아는 자신이 받아들이기로 결정한 것만 사실로 받아들인다. 자신들이 신이라고 생각하는 이들의 환상을 흔들어 깨우려는 것은 (현실은 그렇지 않을지 모르지만) 이론적으로 헛된 일이다. 그들의 머리에 뜨거운 차 한 주전자를 쏟아붓더

---

129 LeShan, *The Medium, the Mystic and the Physicist*, pp. 99, 108, 150, 154, 210에서 'valid'라는 단어는 흥미 있는 변화를 보인다.
130 틸리케는 아마도 이를 암호화된 허무주의라고 부를 것이다. Helmut Thielicke, *Nihilism*, trans. John W. Doberstein (London: Routledge and Kegan Paul, 1962), pp. 36, 63-65를 보라.

라도 별 반응이 없을 것이다. 그래도 시도해 볼 만한 가치는 있을 것이다!

어쩌면(하지만 우리가 어떻게 아는가?) 이것은 다른 사람들과 나누는 대화에서는 완전히 물러나 있는 정신병자의 문제일 수도 있다. 그들은 자기 자신의 우주를 만들고 있는가? 그들의 주관적 상태는 무엇인가? 그들이 깨어나야 알아낼 수 있겠지만 그 기억은 대개 희미하다. 그들의 보고는 무용지물일 것이다. 깨어난다면 그들은 우리 담론의 우주로 깨어난다. 그러나 어쩌면 이 우주는 우리가 만들어 낸 우주이고, 우리 자신이 홀로 병동 한 구석에서 이 책을 읽고 있다고 자신도 모르는 사이에 꿈을 꾸는 것—실제로는 우리의 무의식이 실재-투사 기계로 만들어 낸 것—일 수도 있다.

사람은 대부분 그런 길을 가지 않는다. 그런 길을 가는 것은 무한 퇴행의 길을 따라 내려가는 것이다. 그렇게 가다 보면 멀미가 나게 마련이며, 그렇게 속이 메슥거리는 것을 좋아할 사람은 거의 없다. 그래서 우리는 우리의 자아만이 아니라 다른 사람들의 자아도 존재하기를 원하며, 우리 세계에 통일성뿐 아니라 지식도 가져다주는 체계를 요구한다. 우리는 우리 세계에 다른 누가 그리고 다른 무엇이 살고 있는지 알고 싶어 한다.

그러나 우리가 통일성의 부여자(신)가 아니라면, 누가 혹은 무엇이 통일성을 부여하는가? 우주가 통일성의 부여자라고 대답한다면 우리는 자연주의적 허무주의에 이른다. 하나이면서 모든 것인 신이라고 대답한다면 범신론적 허무주의에 이르게 된다. 그래서 우리는 약물 세계의 정신 구조에 대한 통찰력 있는 에세이에서 새뮤얼 매크라켄(Samuel McCracken)이 말한 것처럼 "단순하고 실용적인 가정들의 묶음, 즉 실재가 저기 있다는 것, 우리가 그것을 지각할 수 있다는 것, 지각이 얼마나 어렵든 실재는 결국 외부적 사실이라는 것"[131]을 필요로 한다. 또 우리는 이러한 필요들이 채

---

131 Samuel McCracken, "The Drugs of Habit," *Commentary*, June 1971, p. 49.

워질 수 있다고 생각할 수 있는 근거를 필요로 한다. 어디에서 그것을 찾을 수 있는가? 다음 장에서 살펴보겠지만, 포스트모더니즘이 그 답은 아니다.

성찰과 토론을 위한 질문

1. 뉴에이지 운동의 주요 목표를 어떻게 요약할 수 있는가?
2. 뉴에이지는 동양 사상과 서양 사상의 요소들을 어떻게 혼합했는가?
3. 실재에 관한 개념적 상대주의 관점의 강점과 약점은 무엇인가?
4. 뉴에이지의 요소들이 그토록 많은 서양 사람에게 호소력 있었던 이유가 무엇이라고 생각하는가?

9장

사라진 지평선: 포스트모더니즘

"신이 어디 있냐구요" 하고 그[광인]가 외쳤다. "내가 대답해 주겠소. 우리가 그를 죽였소. 당신과 내가 말이오. 우리 모두가 그를 살해한 자들이오. 그런데 우리가 어떻게 그런 짓을 했나요? 어떻게 바닷물을 모두 마셔 버릴 수 있었나요? 누가 우리에게 해면을 주어 지평선을 모두 지워 버리게 했나요?…우리는 무한한 무를 헤매고 있지 않나요? 빈 공간의 숨결이 느껴지지 않나요?…신이 부패하는 냄새가 나지 않나요? 신들도 부패하기 마련이오. 신은 죽었소. 신은 죽은 채로 있소. 우리가 그를 죽였소. 모든 살해자 중의 살해자인 우리가 어떻게 스스로를 위로할 수 있겠소?…난 너무 일찍 왔소." 그는 이어서 말했다. "내 때가 아직 오지 않았는데도 말이오. 이 엄청난 사건은 아직 진행중이고, 여전히 갈피를 잡지 못하고 있소. 아직 사람의 귀에 도달하지 못했소."

프리드리히 니체, "광인"

100년 전에 쓴 이 탁월한 우화는 프리드리히 니체가 모든 것을 꿰뚫어 보는 눈이 있었음을 보여 준다.¹ 한 문화가 그 철학적 중심을 잃을 때에는 그 문화의 토대가 되는 철학뿐 아니라 문화의 상부 구조 전체와 각 개인의 정체성 관념에까지 심각한 결과를 초래하는 법이다. 모든 것이 변한다. 신이 죽으면 다른 모든 것의 실체와 가치도 함께 죽는다.

신의 죽음을 인정하는 것이 포스트모던적 지혜의 시작이다. 이것은 또한 포스트모던적 지혜의 종말을 뜻한다. 결국 포스트모더니즘(postmodernism)이란 어떤 것의 이후(post)가 아니기 때문이다. 이것은 근대가 자기들의 헌신을 심각하게 살펴본 결과 그들이 분석의 시험을 통과하지 못하였음을 알고서 그 결과로 나타난 근대의 마지막 운동이다.²

앞서 언급했듯, 소크라테스는 검토되지 않은 삶은 살 가치가 없다고 했지만, 이는 자연주의자가 보기에 틀린 말이다.³ 자연주의자의 입장에서 보면 오히려 검토되는 삶이야말로 살 가치가 없다. 니체 이후 100년이 더 지난 오늘에 이르러 신이 죽었다는 소식이 마침내 "인간의 귀"에 도달했다. 우리 세계의 한계를 규정하던 지평선이 씻겨 내려갔다. 우리의 위치를 지탱하던 중심이 사라졌다. 점점 더 포스트모던이라 불리는 우리 시대는 관점의 다원화와 철학적 대안의 홍수 속에서 표류하고 있으며, 어디로 가야 할지 혹은 저기에 어떻게 도달할지를 알려 주는 지배적 관념이 없다.

1　Friedrich Nietzsche, "The Madman," *Gay Science* 125. in *The Portable Nietzsche*, trans. Walter Kaufmann (New York: Viking, 1954), pp. 95-96.
2　앤서니 기든스(Anthony Giddens)는 포스트모더니티를 "근원적이게 만든 근대성"이라고 부른다. *The Consequences of Modernity* (Stanford, CA: Stanford University Press, 1990), p. 52.
3　5장을 보라.

가까운 장래에 문화적 무정부 상태에 빠질 것이 불가피해 보인다.

침울한 이야기는 이 정도로 충분하다. 이 책은 세계관 일람을 제시하려는 의도로 집필한 것이다. 일람은 냉철해야 한다. 정신 차리자!

정의(定義) 문제

하지만 정신을 차리기가 쉽지 않다. 불확정적인 것을 어떻게 정의하는가? 우리가 사는 시대를 묘사하기에 적절한 용어는 **포스트모더니즘**임에 틀림없다.[4] 그런데 그 의미는 무엇인가? 너무 많은 사람이 이 용어를 문화적·지적 삶의 매우 다양한 측면을 묘사하는 데 사용하고 있기 때문에, 그 의미의 주변부뿐 아니라 핵심 내용에서도 모호한 경우가 많다(마치 중심이 없는 어떤 세계관을 규정하는 용어도 하나의 중심을 갖고 있는 것처럼 말이다).

문학 교수인 이합 핫산(Ihab Hassan)은 포스트모더니즘에 관해 글을 쓴 초기 학자 가운데 한 사람이긴 하지만 스스로 이렇게 고백한다. "포스트모더니즘에 대해 처음 글을 쓰기 시작한 30년 전[1971년]보다 지금 더 모르겠다.…[오늘날에도 여전히] 포스트모더니즘이 무엇을 의미하는지 의견이 일치되지 않고 있다." 이 사조에 관해 글을 쓰는 저명한 학자들이 한곳에 모여 일주일간 토론을 해도 의견이 모이지 않을 것이며, "문턱 아래로 피가 조금씩 흘러내릴지도 모르겠다." 그럼에도 그는 몇 가지 공

---

[4] 이번 장을 쓰면서 다음과 같은 문헌과 비평의 도움을 받았다. 이 목록은 이번 장 각주에 인용된 다른 자료들로 확장되는 것으로 간주해야 한다. Steven Best and Douglas Kellner, *Postmodern Theory* (New York: Guilford, 1991); Steven Connor, *Postmodernist Culture* (Oxford: Blackwell, 1989); 『탈현대의 사회이론』(현대미학사); Fredric B. Burnham, *Postmodern Theology: Christian Faith in a Pluralist World* (San Francisco: HarperSanFrancisco, 1989); 『포스트모던 신학』(조명문화사); Albert Borgmann, *Crossing the Postmodern Divide* (Chicago: University of Chicago Press, 1992); Stephen Toulmin, *Cosmopolis: The Hidden Agenda of Modernity* (New York: Free Press, 1990); 『코스모폴리스』(경남대학교출판부).

통 요소를 언급한다. "파편들, 혼종성, 상대주의, 놀이, 패러디, 혼성모방성(pastiche), 아이러니한 반(反)이념적 입장, 키치(kitsch)와 진영의 경계에 있는 에토스."[5] 마크 릴라(Mark Lilla)도 "학문적 포스트모더니즘"에 대해 이와 비슷한 주장을 하면서, 그것을 "문화 연구, 게이 및 레즈비언 연구, 과학 연구, 포스트식민주의 이론 등과 같이 수명이 짧은 학문 분야로 느슨하게 구성된 성운"이라고 묘사했다. 그는 "자크 데리다(Jacques Derrida), 미셸 푸코(Michel Foucault), 장프랑수아 리오타르(Jean-François Lyotard) 같은 학자들의 수많은 저서(번역본)에서 자유로이 빌려 온다"고 말한다. 이어서 "이처럼 서로 이질적인 사상에 논리적 질서를 부여하는 것이 불가능한 만큼, 포스트모더니즘의 태도는 길고 논증은 짧다"라고 덧붙인다.[6]

포스트모더니즘이라는 용어는 본래 건축학에서, 즉 건축가들이 콘크리트, 유리, 강철로 된 꾸밈 없고 인간미 없는 상자를 벗어나, 과거에서 다양한 주제를 가져와 원래의 목적이나 기능과 관계없이 새롭게 다양한 형태와 모양으로 짓기 시작한 데서 유래한 것으로 여겨진다.[7] 하지만 프랑스의 사회학자 장프랑수아 리오타르가 문화적 정당화 방식의 변화를 가리키기 위해 **포스트모던**이라는 용어를 사용하면서 이 용어는 문화 분석에

---

5 Ihab Hassan, "Postmodernism to Postmodernity: The Local/Global Context," *Philosophy and Literature* 25, no. 1 (2001): pp. 1-13. 그가 포스트모더니즘에 관해 쓴 첫 저서는 *The Dismemberment of Orpheus: Toward a Postmodern Literature* (New York: Oxford University Press, 1971)다.
6 Mark Lilla, "The Politics of Jacques Derrida," *New York Review of Books*, June 25, 1998, p. 36. 릴라는 시카고 대학교의 사회사상 교수였으며, 근래에는 콜롬비아 대학교의 인문학 교수로 재직하고 있다.
7 현대 건축은 기계적 이성을 공간의 형태를 만드는 데 응용한 것이다. 그 결과 기능에 따라 모양이 결정된다. 즉, 모서리가 90도로 꺾이고 곡선이 전혀 없는, 콘크리트와 유리와 강철로 된 거대한 상자 모양이 나타난다. 미국의 많은 도시-애틀랜타, 댈러스, 미니애폴리스 등-중심부에는 이처럼 대단히 형식적이고 인간미 없는 건물이 즐비하다. 포스트모던 건축가들은 이렇게 인간미 없는 것에 반대하여 모든 문화의 초기 시대의 건축물에서 주제-장미꽃 창문, 고전적 기둥, 현대판 가고일(gargoyle)-를 끌어와서 뚜렷한 구성 원칙이 없는 구조 양식을 만들었다.

서 핵심 단어가 되었다.

요컨대, 리오타르는 **포스트모던**을 "메타내러티브(metanarratives)에 대한 불신"이라고 정의했다.[8] 서양 문화를 하나로 묶어 주는 단 하나의 이야기, 하나의 메타내러티브(혹은 하나의 세계관)는 더 이상 존재하지 않는다. 이제까지 오랜 세월에 걸쳐 여러 이야기가 존재해 왔을 뿐 아니라, 각 이야기는 그것을 그들의 이야기로 삼는 사회 집단에 결속력을 제공해 왔다. 자연주의자에게는 자연주의자 나름의 이야기가 있고, 범신론자에게는 범신론자의 이야기가, 그리스도인에게는 그리스도인의 이야기가 있다. 포스트모더니즘에서는 어떤 이야기도 다른 이야기보다 더 신뢰성을 지닐 수 없다. 모든 이야기가 똑같이 타당하며, 그 타당성은 그 이야기에 따라 사는 공동체에 의해 확증된다.

나는 앞서 다룬 세계관들처럼 포스트모더니즘의 내용을 조목조목 열거할 수 없다. 실존주의 그 이상으로, 포스트모더니즘은 하나의 세계관 이상이기도 하고 그 이하이기도 하다. 그 주된 이유는 그 용어가 철학이 아니라 사회학에서 유래했다는 점이다. 사회학자의 관심사는 사람들이 사회의 일부로서 어떻게 행동하는가에 있다. 그들은 존재(형이상학)나 앎(인식론)이나 윤리의 범주를 사용하지 않는다. 즉, 그들은 무엇이 참된 실재인지 묻지 않고, 존재와 앎과 윤리의 관념이 사회에서 어떻게 발생하고 작동하는지를 묻는다. 그러므로 포스트모더니즘을 이해하려면 1장에서 제기한 여덟 가지 세계관 질문뿐만 아니라 그 질문에 대한 질문도 던지고 그에 답해야 한다.

그러나 먼저 명확하게 짚고 넘어가야 할 것이 있다. 포스트모더니즘은

---

8 Jean-François Lyotard, *The Postmodern Condition: A Report on Knowledge*, trans. Geoff Bennington and Brian Massumi (Minneapolis: University of Minnesota Press, 1984), p. 24. 『포스트모던의 조건』(민음사).

기독교 유신론의 특징을 포함해 종교적 이해에 큰 영향을 끼쳤지만 자연주의 핵심에 있는 토대, 즉 **물질은 영원히 존재하고 하나님은 존재하지 않는다**는 점을 받아들인다는 것이다.

가장 일차적인 것: 존재에서 앎으로

앞서 불투명해 보이는 간단한 진술을 하고서 설명하는 방식에 대해 양해를 구한 적이 있다. 이어지는 설명이 명제와 같은 문장을 더 잘 설명하기를 바라기를 바라면서 이번 장에서도 다시 한번 양해를 구한다.

---

1. 세계관 질문에 관한 세계관 질문: 포스트모더니즘이 다루는 첫째 질문은 무엇이 존재하는가 혹은 그 존재하는 것을 우리가 어떻게 알 수 있는가가 아니라, 언어가 어떻게 의미를 구성하는가다. 다시 말해, '일차적 문제'가 존재에서 앎으로, 또 의미 구성으로 전환된 것이다.

관점과 관련하여 지난 몇 세기 동안 두 가지 주요한 전환이 일어났다. 하나는 '전근대'(17세기 이전 서양 세계의 특징)에서 (데카르트와 함께 시작된) '근대'로의 이동이고, 다른 하나는 '근대'로부터 '포스트모던'(최초의 주역은 19세기의 마지막 사반세기에 활약한 프리드리히 니체였다)으로의 이동이었다. 이런 전환의 예를 하나 들어 보겠는데, 다른 예들은 나중에 살펴볼 것이다. (1) 정의로운 하나님의 계시에 근거해 정의로운 사회를 이룩하려는 '전근대적' 관심이 (2) 보편적 이성을 정의의 지침으로 삼으려는 '근대적' 시도로 바뀌고 (3) 정의에 대한 보편적 기준이 아예 없다는 '포스트모던적' 절망으로 이어졌다. 그래서 사회는, 중세의 위계질서에서 계몽주의로, 보편적 민주주의에서 개인과 공동체의 자기 규정적 가치에 대한 포스트모던

적 특권으로 이어졌다. 이것은 일종의 무정부 상태다. 이런 현상을 진보로 보기는 어렵지만, 진보라는 개념 자체가 '근대적' 개념이다. '전근대'에 속한 그리스도인은 인간의 타락에 대해 너무나 뚜렷한 견해를 갖고 있었고, '포스트모던' 정신은 보편적 진리에 대해 너무나 희미한 관점을 갖고 있다.

이런 전환을 이해하는 한 가지 방법은 우리의 성찰을 성찰해 보는 것이다.[9] 우리에게 이는 이 책의 분석에 근거한 선입견이 무엇인지 파악하는 것을 의미한다.

이 책의 이전 판들을 읽은 독자 가운데 일부는 1장에서 세계관 질문들을 제안한 방식에 이의를 제기했다. 그들이 제기한 문제는, 그 일군의 일곱(이제는 여덟) 질문이 이 특정 세계관 분석을 하나의 세계관으로 국한하지 않느냐는 것이었다.[10] 이는 예리한 관찰이다.

문제의 핵심은 질문의 순서다. 내가 질문 1(**최고의 실재, 곧 참으로 실재적인 것은 무엇인가?**)을 가장 먼저 제기한 데는 그럴 만한 이유가 있다. 나는 형이상학(혹은 존재론)을 모든 세계관의 토대로 간주한다. 존재가 앎보다 앞선다. 아무것도 존재하지 않는다면 아무것도 알 수 없다. 그래서 유신론을 정의할 때 하나님으로부터, 즉 하나님을 무한하고 (삼위의) 인격이며, 초월적이고 내재적이며, 전지하고, 주권적이며, 선하다고 규정하면서 시작했다.[11] 유신론의 나머지 내용은 모두 근본적으로 존재하는 것의 구체적

---

9 기든스는 이렇게 쓴다. "근대성의 특징은 새로운 것을 그 자체로 받아들이는 데 있는 게 아니라, 모든 것을 성찰한다는 추정에 있다. 여기에는 성찰의 본성에 대한 성찰도 포함된다" (*Consequences of Modernity*, p. 39). 예를 들어, 나는 이 책 전체에 걸쳐 우리의 이해를 좌우하는 세계관에 대해 성찰해 왔다. 이제는 내 안목을 바라보고 내 성찰을 성찰하는 중이다. 달리 표현하자면, 내 분석에서 한 걸음 물러나 분석에 대한 분석(meta-analysis)을 하겠다는 것이다.
10 이 문제는 *Naming the Elephant: Worldview as a Concept*, 2nd ed. (Downers Grove, IL: IVP Academic, 2015)에서 다루었다.
11 2장의 명제 1을 보라.

관념에 대한 헌신에서 나온다. 질문 2는 외부 우주의 본성에 관한 것, 질문 3과 질문 4는 인간의 본성과 운명에 관한 것이다. 질문 5에 이르러서야 "우리는 어떻게 아는가?"라는 문제를 다룬다. 이어서 윤리―우리가 어떻게 행동해야 하는가―의 문제가 제기되고, 마지막으로 질문 7에서 인간 역사의 의미에 대한 포괄적 질문을 제기했다. 이제 질문 8에서는 우리가 삶을 살아가는 궁극적 목적에 초점을 맞춘다.

사실 이 질문들의 순서는 일반적으로는 **전근대적** 성격을, 구체적으로는 **유신론적** 성격을 띤다. 유신론에서는 존재를 앎보다 앞세운다. 반면에 계몽주의적 자연주의에서는 앎을 존재보다 앞세운다.[12] 이런 전환은 17세기에 데카르트와 함께 시작되었다. 데카르트는 최초의 근대 철학자로 알려져 있는데, 이는 그가 '무엇을 아는가'라는 문제보다 '어떻게 아는가'라는 문제에 더 많은 관심을 가졌기 때문이다. 그의 철학적 접근에서는―그리고 데카르트 이후 거의 모든 철학자의 접근도 마찬가지인데―앎이 존재보다 우선한다.[13] 데카르트는 유신론적 하나님 관념을 거부하지 않았다. 오히려 정반대로, 그는 토마스 아퀴나스의 하나님 관념과 본질적으로 똑같은 관념을 갖고 있었다.[14] 그러나 이 관념의 확실성에 대한 그의 관심은 중요한 결과를 가져왔다.

앎에 대한 데카르트의 접근은 전설적이다. 그는 자기가 알고 있다고 생

---

12 하지만 [폴 처칠랜드(Paul M. Churchland)와 패트리샤 스미스 처칠랜드(Patricia Smith Churchland) 같은] 일부 자연주의자는 물질적 질서에 내재하는 메커니즘을 새롭게 강조하는 방향으로 다시 나아갔다. "Naturalistic Epistemology," in *The Cambridge Dictionary of Philosophy*, ed. Robert Audi (Cambridge: Cambridge University Press, 1995), pp. 518-519를 보라.
13 나는 *Naming the Elephant* 3장을 이 문제를 다루는 데 할애했다.
14 나는 30년 전 대학생 시절에 17세기 철학 과목 수업에서, 데카르트와 아퀴나스가 하나님에 대해 동일한 견해를 갖고 있었음을 나 자신과 담당 교수 모두가 만족할 정도로 입증한 리포트를 쓴 적이 있다. 당시에는, 그런 하나님이 존재한다는 것을 자기가 어떻게 알았는지에 대한 데카르트의 관심이 어떤 결과를 낳았는지는 알지 못했다.

각하는 것이 실제로 참인지 완전히 확신하고 싶었다. 그래서 의심의 방법을 (완전히는 아니지만) 거의 극한까지 밀고 갔다. 그는 서재에 앉아 "내가 무엇을 의심할 수 있을까?"하고 자문했다. 그는 자기가 의심하고 있다(의심한다는 것은 곧 생각한다는 것이다)는 사실을 제외한 모든 것을 의심할 수 있다는 결론에 도달했다. 그래서 "나는 생각한다. 고로 나는 존재한다"라고 결론을 내렸다. 그는 더 나아가 자신의 존재 이외에 확신할 만한 다른 것이 있는지 숙고했다. 일련의 논증을 펴고 나서 그는 마침내 이렇게 썼다.

> 이제 나는 필연적으로 참이 아닌 것을 인정하지 않는다. 정확히 말해서, 나는 생각하는 존재, 즉 하나의 정신이나 영혼, 혹은 오성(understanding)이나 이성(reason)을 넘어서는 존재가 아닌데, 이런 용어의 의미를 이전에는 알지 못했다. 어쨌든 나는 실재하는 사물이며 실제로 존재한다. 어떤 사물인가? 이미 대답한 것처럼, 나는 생각하는 사물이다.[15]

여기에 근대의 본질이 있다. 바로 인간 이성의 자율성이다. 데카르트라는 한 개인이 스스로의 판단에 기초해, 자기가 생각하는 사물임을 알고 있다고 철학적 확실성을 갖고 선언한다. 이것을 토대 삼아, 데카르트는 하나님이 필연적으로 존재할 수밖에 없으며, 실재는 물질과 정신으로 된 이원적 존재라고 주장한다.

인간 이성의 자율성이란 개념은 인간의 정신을 고대의 권위에서 해방시켰다. 과학적·기술적 진보는 성경에 계시된 관념이 아니라 인간 이성이 스스로 진리에 도달할 수 있다는 가정에서 비롯되었다. 그러한 지식이 바로 힘, 도구적 힘, 자연을 지배하는 힘, 우리가 원하는 것을 얻게 해 주는

---

15 René Descartes, "Meditation II," in *Philosophical Works*, trans. Elizabeth S. Haldane and G. R. T. Ross, 2 vols. (New York: Dover, 1955), 1: p. 152. 『성찰』(나남출판).

힘이었다. 이는 과학 영역에서 눈부신 결과를 낳았다. 하지만 철학 영역에서는 존재에서 앎으로의 전환, 창조자와 계시자가 되시는 하나님의 우선성에서 스스로 알 수 있는 자아의 우선성으로의 전환이 치명적 결과를 초래했다. 이는 로크에서 칸트에 이르는 근대 철학의 의제를 설정해 주었을 뿐 아니라, 인문주의적 낙관론이 절망에 빠짐에 따라 니체에서 데리다에 이르는 포스트모던 철학이라는 반동을 불러왔다.

가장 일차적인 것: 앎에서 의미로

일단 앎에 초점이 맞추어지자 어떻게 알 수 있는지 아는 문제가 주요 쟁점이 되었다. 데이비드 흄(1711-1776)은 원인과 결과가 객관적 실재로 존재하는지 의심했다. 임마누엘 칸트(1724-1804)는 흄에게 답하려 했지만, 결국 인식 주체인 자아를 실재의 '창조자'로 격상시키는 동시에 그 자아로부터 물자체(物自體)를 인식하는 능력을 제거했다.[16] 게오르크 헤겔(1770-1831)과 독일 관념론자들은 낙관론이 지배하던 짧은 기간에 인간의 자아를 거의 신적 차원에까지 올려놓았다. 마지막으로 프리드리히 니체(1844-1900)는 근대적 자기 확신, 곧 우리가 무엇이든 알고 있다고 생각하면 확실히 알고 있는 것이라는 확신에 찬물을 끼얹었다. 오늘날에는 뉴에이지의 열광적 추종자를 제외하면 인간의 상황에 대한 낙관론이 지속될 수 있다는 희망은 거의 없다.

근대 철학에 관한 큰 이야기는 여러 곳에서 읽을 수 있다.[17] 여기서 우

16　물론 여기서 '실재를 창조한다'는 칸트의 관념을 뉴에이지 사상의 방식으로 이해해서는 안 된다. 우리가 실재를 이해하는 데 준거가 되는 범주—공간, 시간 등—는 인간으로서 부여받은 것으로, 그것들이 우리 지식의 구조를 형성한다.

17　데카르트, 흄, 칸트에 관한 내 논평이 용납하기 어려울 정도로 피상적임을 뼈저리게 인지하고 있다. 그러나 대충 윤곽만 그리는 데 불과하더라도 그 모양새는 제대로 잡았다고 생각한

리의 관심사는 하나의 핵심 주제, 즉 **앎**에서 **의미**로의 전환이다. 이것이 가장 명백하게 드러나는 최초의 인물은 니체다. 니체는 데카르트가 시작한 작업을 완성했는데, 자아의 존재에 대한 데카르트의 확실성 논증을 부정하면서 그 이상으로 의심했다.

"나는 생각한다. 고로 나는 존재한다"라는 데카르트의 명제를 다시 한 번 살펴보자. **내가** 생각을 창조하거나 일으키는 것이 아니라, 생각이 **나**를 창조하거나 일으킨다면? 사유 행위가 행위자를 요구하는 것이 아니라 단지 행위자의 환상만 만들어 낼 뿐이라면?[18] 오직 사유 행위만이 존재한다면? 즉, 기원도 알 수 없고 뚜렷한 의미나 방향도 없는 언어의 유동적 흐름만이 존재한다면?

니체의 구체적인 비판이 데카르트의 확실성 탐구에 대한 정당한 분석이든 아니든 상관없이, 니체의 철저한 의심이 인간의 확신에 철저한 손상을 입힌 것만은 사실이다. 니체 이후에는 누구도 인간 이성의 객관성을 쉽게 확신할 수 없게 되었다. 하지만 니체가 광인의 우화에서 지적한 것처럼, 그런 관념이 문화에 깊숙이 침투하는 데는 오랜 시간이 걸린다. 그 광인은 자기가 너무 일찍 왔다고 말했다. 광인이 온 것은 사실이지

다. 근대 철학의 이야기에 관해서는 코플스턴의 *History of Philosophy*가 특별한 가치가 있다고 생각한다. Frederick Copleston, *A History of Philosophy*, vols. 4-9 (London: Burns and Oates, 1958-1974). 하지만 특히 여기서 다루는 쟁점에 대해서는 Robert C. Solomon, *Continental Philosophy Since 1750: The Rise and Fall of the Self* (New York: Oxford University Press, 1988)를 보라(근대 철학자들을 개관한 책으로는 한국 IVP에서 나온 강영안의 『강교수의 철학 이야기』를 추천한다 – 옮긴이).

[18] "이전에는 문법과 문법상의 주어를 믿는 것처럼 '영혼'을 믿었기 때문이다. 그래서 '나'는 조건부이고 '생각한다'는 조건 지어진 술부에 해당했다. 생각하기란 하나의 행위로서 생각이 그 주체를 원인자로 반드시 공급해야 한다. 그러다가 어떤 사람은 이 그물에서 빠져나오려고 놀라운 인내심과 재치를 발휘했다. 그리고는 혹시 사실은 그 반대가 아닐까 하고 물었다. '생각한다'가 조건부고, '나'는 조건 지어진 대상이 아니냐고. 이런 경우에 '나'는 생각하기에 의해 만들어진 하나의 종합일 뿐이다." Friedrich Nietzsche, *Beyond Good and Evil*, sec. 54, in *The Basic Writings of Nietzsche*, ed. Walter Kaufmann (New York: Modern Library, 1969), p. 257; 또한 이보다 훨씬 더 긴 비판은 secs. 16-17, pp. 213-214를 보라. 『선악의 저편』(아카넷).

만, 1880년대만 해도 그 소식이 막 전해지기 시작한 시기였다. 1950년대와 1960년대에 이르러서는 장폴 사르트르와 알베르 카뮈의 목소리를 통해 알려지기 시작했다. 1990년대에는 서양의 모든 사람과 동양의 많은 사람이 인간 이성에 대한 신뢰가 거의 죽고 말았다는 것을 알기에 이르렀다. 물론 철학자 대다수는 그런 사조에 순순히 굴복하지 않았는데, 그 이는 그들이 가진 대부분 정도가 아니라 사실상 모든 것을 잃을까 염려했기 때문이다.[19] 많은 과학자와 기술자들은 과학이 확실한 지식을 준다는 확신을 계속해서 갖고 있지만, 그들이야말로 지성계에서 그런 확신을 가진 최후의 보루처럼 보인다.

진리의 죽음

이제는 앎 자체가 공격을 받기에 이르렀는데, 특히 대응(correspondence)의 진리가 존재한다는 관념이 그렇다. 이전 장에서 논의한 개념적 상대주의는 이제 종교적 경험뿐 아니라 실재의 모든 측면에 적용되기에 이르렀다.[20]

---

2. 세계관 질문 5(지식): 실재 자체에 관한 진리는 영원히 우리에게 감추어져 있다. 우리가 할 수 있는 것은 이야기를 들려주는 일뿐이다.

우리가 인식의 주체처럼 보이는 자아에서 시작하여 거기에 함축된 논리를 따라가 보면, 남는 것이라고는 우선 고독한 자아(유아론)밖에 없고, 그다음에는 그것조차 남지 않을 것이다. 문학 이론가 에드워드 사이드

---

19 예를 들어, 리처드 로티는 프린스턴 대학교의 철학 교수직에서 버지니아 대학교 인문학 교수직으로 자리를 옮겼다.
20 8장의 명제 5를 보라.

> 그러면 진리란 무엇인가? 은유들과 환유들과 신인동형설들로 이루어진 기동부대다. 요컨대, 인간관계의 총체로서, 시적으로 또한 수사학적으로 선전되고 서로 교차되고 멋지게 꾸며져서 한참 후에는 사람들에게 확고하게, 규범적으로, 의무적으로 보이게 되는 것이다. 진리들은 우리가 그 본연의 모습을 잊어버린 환상들에 불과하다. 이제는 낡아서 힘을 발휘하지 못하는 은유들, 그림이 지워져서 이제는 쇳조각에 불과해진 동전들이다.
>
> 프리드리히 니체, "도덕적 의미를 초월한, 참과 거짓에 관하여"

(Edward Said)는 이렇게 말한다.

인간은 더 이상 하나의 통합된 코기토[생각하는 사물]가 아닌 고로, 이제는 틈새에 사는 존재, 곧 주체는커녕 객체도 아닌 상태에서 '별과 별 사이의 공간'에 거하는 존재다. 오히려 인간은 순수 과학 혹은 자연과학과 대비되어 우리가 인문 과학이라 부르는 단어들과 생각들 사이에 존재하는 관계들의 총체, 그 **구조**라고 할 수 있다.[21]

물론, 우리는 여전히 우리가 어디에 있었고 장차 어디로 갈 것인지, 즉 우리 인생에 관한 개인적 이야기를 하면서 산다. 그리고 그보다 더 큰 이야기도 한다. 우리 가운데 일부―예컨대 그리스도인, 낙관적 자연주의자, 세속적 인문주의자, 화학자 등―는 자신의 메타내러티브에 집착할지 모

---

21 Edward Said, *Beginnings: Intention and Method* (New York: Basic Books, 1975), p. 286. Stanley Grenz, *A Primer on Postmodernism* (Grand Rapids, MI: Eerdmans, 1996), p. 120에서 재인용. 『포스트모더니즘의 이해』(WPA).

르지만, 그것은 어디까지나 희망적 사고에 불과하다. 우리가 우리의 이야기를 들려줄 때 사용하는 언어는 니체의 말처럼 "은유들의 기동 부대"다.

우리 속에는 "진리를 향한 충동"이 계속 일어나지만, "진실하게 된다는 것은 이제 관습적 은유를 사용하는 것을 일컫는다. 도덕적으로 말하자면, 기존의 관행에 따라 거짓말해야 하는 의무, 모두가 그래야 하듯이 무리 지어 거짓말해야 하는 의무를 의미한다."[22]

자신의 메타내러티브가 다른 모든 이야기를 포괄하거나 설명해 주는 으뜸 이야기인 것처럼 거기에 매달리는 자는 환상에 빠진 사람이다. 모든 이야기가 어느 정도는 의미를 갖고 있으므로 우리가 의미를 가질 수는 있어도, 진리를 가질 수는 없다.

포스트모더니즘에 따르면, 우리가 알고 있다고 생각하는 그 어떤 것도 과연 실재와 부합하는지 확인할 길이 없다. 이제 우리는 포스트모더니스트들이 우리의 언어 밖에는 실재가 없다고 믿는다고 생각해서는 안 된다. 버스가 도로로 내려오고 있으니 길을 비켜야겠다는 일상적 지각을 내버리면 곤란하다. 저기에 '도로'를 따라 '버스'가 '내려오고 있다'는 언어는 유용하다. 생존할 가치가 충분히 있다! 그러나 우리는 우리의 언어 체계를 떠나서는 아무것도 알 수 없다. 모든 언어는 인간이 만들어 낸 것이다. 우리는 언어의 '진실성'을 단정할 수 없고, 그 유용성만 단정할 수 있을 뿐이다.

이 기본 관념은 포스트모던 이론가에 따라 다양하게 표현된다. 리처드 로티를 예로 들어 보겠다.

세계는 말을 하지 않는다. 우리만 말할 뿐이다. 일단 우리가 언어를 내장하게

---

[22] Nietzsche, "On Truth and Lie in an Extra-Moral Sense," in *The Portable Nietzsche*, p. 47.

되면, 세계가 우리에게 어떤 믿음을 품도록 만들 수 있다. 그러나 세계가 우리에게 어떤 언어를 말하라고 제의할 수는 없다. 다른 인간만이 그렇게 할 수 있다.···**언어**는 발견되는 것이 아니라 만들어지는 것이며···진리란 언어적 실체들의, 곧 문장들의 속성이다.[23]

우리가 동료들(공동체)의 동의만 얻어낼 수 있다면 어떤 것도 진리가 될 수 있다. 우리가 그들로 하여금 우리의 언어를 사용하도록 만들 수 있다면—모세, 예수, 플라톤, 프로이트 같은 '힘 있는 시인들'이 그러하듯이—우리의 이야기도 다른 어떤 이야기 못지않게 참된 것이 될 수 있다.

물론 우리의 이야기가 제대로 '작동하지' 않는다면, 즉 '버스가 올 때 길을 안전하게 건너게' 해 주는 언어를 갖고 있지 못하다면, 우리 가운데 현대 도시에서 오래 살아남을 사람은 별로 없을 것이다. 어떤 언어들은 그 언어의 창안자가 오래 살지 못해서 물려줄 자녀가 없어 일찍 소멸할 수도 있다. 그러나 수많은 언어가—힌디어에서 만다린어와 스와힐리어에 이르기까지—우리를 도시에서 살아남도록 해 주기 때문에, 우리가 버스에 치이지 않게 할 만한 진리치(値)를 갖고 있는 셈이다.

철학자 윌러드 콰인(Willard Quine)은 근대 과학의 언어를 호메로스가 신들에 관해 쓴 이야기와 비교한다.

나는 비전문적 물리학자로서 물리적 대상들은 믿지만 호메로스의 신들은 믿지 않는다. 달리 믿는다면 그것은 과학적 오류라고 생각한다. 그러나 인식론적

---

23 Richard Rorty, *Contingency, Irony and Solidarity* (Cambridge: Cambridge University Press, 1989), pp. 6-7. 『우연성, 아이러니, 연대』(사월의책). 로티의 진술과 미셸 푸코의 이 진술을 비교해 보라. "'진리'란 진술의 생산, 규제, 분배, 유통, 작동을 위해 만들어진 정돈된 절차들의 체계로 이해되어야 한다." "Truth and Power"(from *Power/Knowledge*), in *The Foucault Reader*, ed. Paul Rabinow (New York: Pantheon, 1984), p. 74.

입장에서 볼 때는 물리적 대상들과 신들이 서로 정도의 차이가 있을 뿐이지 다른 종류에 속하는 것이 아니다. 우리는 이 두 종류의 실체를 모두 문화적 저장물로 인식한다. 물리적 대상의 신화는 다른 대부분의 것보다 인식론적으로 더 우월한데, 이는 경험의 유동을 관리 가능한 구조로 작동시키는 장치로서 다른 신화들보다 더 효과적임이 증명되었기 때문이다.[24]

요컨대, 실용적 진리만이 유일한 종류의 진리다. 대응의 진리란 없다.

이런 관념이 종교적 주장에 적용되면 철저한 상대주의로 빠진다는 것을 쉽게 알 수 있다.[25] 누구의 이야기라도 다른 사람의 이야기보다 더 참될 수는 없다. 그 이야기가 실효성을 갖고 있는가? 즉, 이야기하는 사람을 만족시키는가? 당신이 원하는 것—이를테면 소속감, 평안한 마음, 미래에 대한 희망, 삶의 질서를 잡는 방법—을 얻게 하는가? 우리는 이런 질문밖에 던질 수 없다.

이야기 자체에도 문제가 있다. 이야기를 표현하는 언어를 어떻게 해석하느냐는 문제다. 해체주의적 포스트모더니즘에서는 우리가 자신과 타인에게 들려주는 이야기가 결정적 의미를 갖지 않는다. 지적 능력의 부족, 배경 문제, 작가나 화자의 배경이나 맥락과 독자나 청자의 배경이나 맥락이 서로 다르기 때문에 보통 잘못 읽히기 쉽다. 언어 자체는 불확정성을 내재하고 있다. 이야기는 모두 자기모순의 씨앗을 품고 있다.[26] 텍스트와

24　Willard Van Orman Quine, "Two Dogmas of Empiricism," in *From a Logical Point of View*, 2nd ed. (Cambridge, MA: Harvard University Press, 1980), p. 44. 콰인은 이렇게 덧붙인다. "인식론적으로, 이런 신화들은 물리적 대상 및 신들과 동일한 입장에 있다고 할 수 있는데, 다만 우리가 감각적 체험을 다룰 때 도움이 되는 정도만 다를 뿐이지 양자 중 어느 것이 더 낫거나 못하다고 할 수 없다"(p. 45). 이 관찰은 C. 스티븐 에반스에게 빚진 것이다.
25　종교적 상대주의에 대해서는 *Chris Chrisman Goes to College* (Downers Grove, IL: InterVarsity Press, 1993), pp. 45-68(5-6장)에서 더 자세히 논했다. 『홍길동, 대학에 가다』(IVP).
26　Lilla, "Politics of Jacques Derrida," p. 38.

진술의 의미는 독자에게 달려 있을 뿐이다.[27]

따라서 포스트모더니즘 안에는 (1) 계시된 확정적 메타내러티브라는 '전근대적' 관념에서 (2) 대응의 진리에 이를 수 있는 인간 이성의 자율성이라는 '근대적' 관념을 거쳐 (3) 우리의 목적에 걸맞는 언어를 구성함으로써 우리가 진리를 창조한다—비록 이런 언어가 분석 순간에 해체되긴 하지만—는 '포스트모던' 관념으로의 이행이 존재한다.

3. 세계관 질문 3(인간): 이야기는 공동체에 결속력을 제공한다.

그렇게 진리 주장이 사물의 진면목과 다르다면, 모두 인간이 만든 이야기이며 그것을 우리가 믿고 들려주는 것이라면 총체적 무정부 상태에 빠질 것 같은데 사실은 그렇지 않다. 거기에는 두 가지 이유가 있다. 첫째, 사람들은 이런 이야기들을 참된 것으로 믿고 있으므로 그것들이 사회 내에서 참된 이야기로 기능한다. 둘째, 여러 집단이 동일한 이야기를 믿고 있어서 다소 안정된 공동체가 유지된다. 공동체 내에서 서로 다른 사람들이 상당히 다른 이야기를 믿게 되면 그 공동체는 와해되기 시작한다.

예를 들어, 그리스도인은 하나님이 삼위일체라고 믿는다. 포스트모더니스트는 이 이야기가 실재와 부합하는지 도무지 알 수 없다고 말할지 모르지만, 그리스도인은 어쨌든 그렇게 생각한다. 자연주의자는 '우주가 존재하는 전부'라고 실제로 믿는다. 포스트모더니스트가 그런 신념은 원

---

[27] 이 관념에 대한 간략한 입문으로는 다음 글을 참고하라. Harold K. Bush Jr., "Poststructuralism as Theory and Practice in the English Class Room," *ERIC Digest* (1995). https://files.eric.ed.gov/fulltext/ED387794.pdf에서 볼 수 있다. 포스트모던 스토리텔링을 치명적이고 강력하게 구현한 것으로는 천만 권 이상 팔리고 영화로도 상영되어 2012년에 오스카상을 받은 얀 마텔(Yann Nartel)의 *Life of Pi* (New York: Harcourt, 2001)를 보라. 『파이 이야기』(작가정신).

리적으로나 실제적으로 입증될 수 없다고 설명하더라도 그렇다. 포스트모더니스트는 이 설명이 참되다고 정말 믿겠지만, 만일 그게 사실이라면 참될 수 없다(이에 대해 포스트모더니즘에서 제기하는 반론은 뒤에서 다룰 것이다). 어쨌든, 이야기는 사회를 결속시키는 큰 힘을 갖고 있다. 그런 이야기가 없다면 서로 이질적인 덩어리들에 불과한 사회를, 이야기가 하나의 공동체로 묶어 주는 것이다.[28] 그 결과 포스트모더니즘에는 "메타내러티브에 대한 불신"(리오타르)이 있음에도, 각 문화에는 실제로 메타내러티브 역할을 하는 충분히 합의된 이야기가 엄연히 존재한다. 이런 이야기들이 메타내러티브로 너무 확고히 자리 잡고 있기에, 심지어 그 이야기의 세부 내용과 선전을 통제하는 자들이 벌이는 권력 놀이를 위장하기까지 한다.

권력으로서의 언어

존재에서 앎으로, 앎에서 의미로의 전환 과정이 이제 마무리되었다. 하지만 그런 전환이 함축하는 바는 갈수록 더 많아지고 있다.

4. 세계관 질문 5(지식)와 6(윤리): 모든 내러티브는 권력 놀이를 위장한다. 어떤 내러티브든 일단 메타내러티브가 되면 억압적 성격을 지니게 된다.

프랜시스 베이컨은 "아는 것이 힘이다"라는 예언적 진술을 했다. 그의 말

---

28 리오타르가 지적하길, 자기 성찰적인 포스트모던 사회에서는 "대다수가 잃어버린 이야기에 대한 향수를 상실해 버렸다. 그렇다고 그들이 야만인으로 전락한 것은 아니다. 그들을 구원하는 것은 정당화가 그들의 언어적 관행과 상호 의사소통에서만 나온다는 것을 아는 그들의 지식이다"(*Postmodern Condition*, p. 41). 리오타르가 모르고 있는 것은, 자기의 '포스트모던' 이야기도 하나의 메타내러티브(그에 따르면 포스트모던 사회에서 신뢰성을 잃어버린 것) 역할을 하고 있으며, 따라서 다른 어떤 이야기나 설명보다 더 신뢰할 만하다고 볼 수 없다는 점이다.

이 옳았다. '근대적' 과학 지식은 과거 300년에 걸쳐 그 힘을 입증했다. 하지만 포스트모더니즘이 등장하면서 상황이 역전되었다. 순전한 객관적 지식, 대응의 진리라는 것은 존재하지 않는다. 그 대신 이야기들만 존재할 뿐인데, 사람들이 그 이야기를 믿게 될 때 그것을 들려주는 이야기꾼은 다른 사람을 지배하는 권력을 얻게 된다.

미셸 푸코를 비롯해 여러 포스트모던 이론가가 이 관계를 강조한다. 자신의 이야기를 제외한 모든 이야기는 억압적이다. 예를 들어, 근대 사회에서는 나름대로 '광기'를 정의한 다음, 그 범주에 속한 자들을 사회 대다수의 사람으로부터 격리하곤 한다. 그러나 광기가 무엇인지 알 방도가 없기 때문에 우리가 가진 것이라고는 우리의 정의(定義)뿐이다.[29] 억압을 거부하는 것은 곧 사회가 우리에게 해 주는 모든 이야기를 거부하는 것이다. 이것은 물론 무정부 상태인데, 우리가 보게 되겠지만 푸코가 수용하는 것이 바로 그런 상태다.

여기서 다음과 같은 움직임을 추적할 수 있다. 바로 (1) 하나님이 기록하신, 성경에 계시된 메타내러티브를 수용하는 '전근대성'에서 (2) 실재에 대한 진리를 제공하는 보편적 이성을 논하는 '근대적' 메타내러티브를 거쳐 (3) 모든 메타내러티브를 권력 놀이로 환원하는 '포스트모더니즘'으로 전환된 것이다.

실체적 자아의 죽음

인간의 정체성에 관한 질문은 수천 년 전부터 있었다. 시편 저자는 "사람이 무엇이기에"라고 물었다. 그리고 "하나님보다 조금 못하게 하시고 영화

---

[29] "지식은 폭력이다. 푸코는 아는 행위가 폭력 행위라고 말한다"(Grenz, *Primer on Postmodernism*, p. 133).

와 존귀로 관을 씌우셨나이다"(시 8:4-5)라는 대답이 이어졌다.[30] 그러나 포스트모더니즘에서는 그렇지 않다.

5. 세계관 질문 3(인간): 실체적 자아란 존재하지 않는다. 인간은 자신에 관해 묘사하는 그 언어에 의해 스스로의 정체성을 형성하는 존재다.

이 말이 실존주의처럼 들린다면, 그것은 실존주의가 포스트모더니즘에 이르는 한 단계이기 때문일 것이다. 사르트르는 "실존이 본질에 앞선다"고 말했다.[31] 우리는 무엇을 할지 선택함으로써 스스로를 만들어 간다. '나'는 하나의 행위다. 이에 비해 포스트모더니스트는 이렇게 말한다. "우리는 우리가 스스로를 묘사하는 그런 존재일 뿐이다." '나'는 하나의 실체가 아니고, 하나의 행위도 아니며, 자신이 사용하는 언어에 좌우되는 부유하는 구성체일 뿐이다. 우리가 "힘 있는 시인"이라면, 새로운 말하기 방식을 창조하거나 우리 사회에서 사용하는 언어를 바꿀 수 있다. 예를 들어, 프로이트는 힘 있는 시인이었다. 그는 온 사회가 인간 실재에 관해 이야기할 때 "오이디푸스 콤플렉스" 혹은 "이드, 자아, 초자아" 같은 말을 사용하도록 만들었다.[32] 융은 "집단 무의식"이라는 용어를 창안했다. 이런 '것들'이 과연 실제로 존재하는지는 알 방법은 없다. 하지만 우리는 우리 자신을 묘사하는 데 그런 언어를 사용하며, 바로 그것이 진리가 된다.

---

30   어떤 번역에서는 "천사보다 조금 못하게 하시고."
31   Jean-Paul Sartre, "Existentialism," in *A Casebook on Existentialism*, ed. William V. Spanos (New York: Thomas Y. Crowell, 1966), p. 289. 하지만 사르트르에게, 진정한 자아가 그 문화적 맥락이나 어떤 메타내러티브에 포위되는 경우는 결코 없다. 그 자아는 철저하게 자유로운 존재다.
32   *Contingency*, pp. 20, 28, 30-34에서 프로이트를 "힘 있는 시인"으로 묘사하는 로티의 논의를, 그리고 시의 힘에 관한 로티의 논평(pp. 151-152) 및 진리를 "왜곡되지 않은 의사소통의 결과"로 보는 논평(p. 67; 또한 pp. 52, 68)을 보라.

푸코는 '인간'이라는 것이 근대 인문 과학에서 구성한 허구에 지나지 않음을 우리가 이제야 깨닫고 있다고 주장한다.…자아는 더 이상 언어의 궁극적 원천과 근거로 간주되지 않는다. 반대로, 자아가 언어 속에서 그리고 언어를 통하여 구성되는 것임을 알게 된다.[33]

포스트모더니즘에서 자아는 아주 미끄러운 개념이다. 니체의 경우 살 만한 가치가 있는 자아는 위버멘쉬, 즉 "초인"(Overman, 때로 'Superman'으로 잘못 번역된다)의 자아뿐인데, 그는 관습적인 무리를 넘어서서 스스로를 독특하게 창조해 낸다. 『차라투스트라는 이렇게 말했다』(*Thus Spake Zarathustra*)는 그와 같은 "인간 위의 인간"의 목소리를 담고 있다. 하지만 그럴 수 있는 사람은 거의 없다. 우리 대다수는 우리의 시대와 사회가 사용하는 관습적 언어로 자아를 형성하는 존재다.

따라서 여기서도 비슷한 전환을 볼 수 있다. 바로 (1) 인간은 하나님의 형상대로 창조되었기에 존귀한 존재라는 '전근대'의 유신론적 관념에서 (2) 인간은 우연한 돌연변이와 적자생존에 근거한 무계획적 진화의 결과인 DNA 주형의 산물이라는 '근대적' 관념을 거쳐 (3) 인간은 스스로를 묘사하기 위해 사용하는 언어에 의해 구성된 비실체적 자아라는 '포스트모던' 관념으로의 전환이다.

---

33 Grenz, *Primer on Postmodernism*, p. 130. 그렌츠는 다음과 같은 푸코의 글도 인용한다. "아직도 사람에 대해, 즉 그의 지배력이나 해방에 관해 생각하고 싶어 하는 모든 이에게, 아직도 사람의 본질이 무엇인지에 대해 스스로 자문하는 모든 이에게, 사람을 진리에 도달하는 과정의 출발점으로 삼고 싶어 하는 모든 이에게…성찰의 형식을 왜곡시킨 모든 이에게, 우리는 철학적 웃음으로만 응답할 수 있을 뿐이다. 그것은 곧 소리 없이 웃는 웃음을 뜻한다." *The Order of Things* (New York: Random House-Pantheon, 1971, 『말과 사물』, 민음사), pp. 342-343, Grenz, *Primer on Postmodernism*, p. 131에서 재인용.

하나님 없는 선(善)의 존재

포스트모더니즘은 자연주의와 실존주의의 전철을 밟고 있으나, 거기에 언어적 색채가 가미되었다.

---

6. 세계관 질문 6(도덕성): 도덕성은 지식과 마찬가지로 언어적 구성물이다. 사회가 선이라고 규정하면 무엇이든 사회적 선이 될 수 있다.

이 관념에 대해 자세히 설명할 필요는 없을 것이다. 한편으로, 이것은 오래전부터 존재했던 문화 상대주의의 포스트모던 유형이다.[34] 다른 한편으로, 진리란 우리가 결정하기 나름이라는 관념이 윤리적으로 확장된 것이다. 로티의 논평은, 우리가 보통 호의적이라고 부르는 이들은 이런 입장을 달갑게 여기지 않음을 보여 줄 것이다.

> 우리의 내면 깊숙한 곳에 있는 것은 모두 우리가 집어넣은 것이다. 어떤 관행을 만들어 가는 과정에서 창조한 평가 기준, 그런 평가 기준에 호소하는 합리적 표준, 우리의 관습에 순응하는 엄밀한 논증 등 우리가 창조하지 않은 것은 하나도 없다.[35]

로티도 인정하듯, 장차 어떤 사회가 파시즘을 원하기로 결정한다면 이

---

[34] 이에 대한 간략한 논의는 5장의 "세 번째 다리: 존재와 당위" 부분에서 다뤘다.
[35] Richard Rorty, *The Consequences of Pragmatism* (Minneapolis: University of Minnesota Press, 1982), p. xlii. 『실용주의의 결과』(민음사). 데리다도 똑같은 문제에 봉착한다. 마크 릴라는 이렇게 말한다. "데리다는 독자들의 이데올로기적 선의나 편견에 엄청난 신뢰를 두는데, 그들에게 자기가 왜 불의보다 정의를, 폭정보다 민주주의를 선택하는지 말할 수 없고, 그냥 그렇게 선택할 뿐이기 때문이다." Lilla, "Politics of Jacques Derrida," p. 40.

는 자유 민주주의자나 어느 누구도 호소력이 없음을 의미한다. 따라서 인간 가족 외부의 더 높은 선을 향한 호소는 없다. 철저한 윤리적 상대주의가 남을 뿐이다. 선은 그게 무엇이든 사회에서 권력을 장악한 자들이 선택하는 것이다. 어떤 사람이 사회가 윤리적 선에 긋는 방식에 만족한다면, 개인의 자유가 남아 있는 것이다. 그러나 개인이 자기가 속한 공동체의 윤리적 언어로 말하기를 거부한다면 어떻게 되는가?

포스트모던 이론가 가운데 가장 철저한 무정부주의자인 푸코의 예를 들어 보자. 그는 최상의 선이란 쾌락을 극대화할 수 있는 개인의 자유라고 믿는다.[36] 푸코는 "사회가 음모를 꾸며 개인의 자기표현에 대한 갈망을 억압할까 봐" 두려워서, "과연 강간을 형법으로 규제하는 게 옳은지 심각하게 고뇌한다." 로널드 베이너(Ronald Beiner)는 푸코에 대해 "법 = 억압; 처벌 면제 = 자유"라고 쓴다.[37] 포스트모더니즘은 그런 견해에 대해 어떤 규범적 판단도 내릴 수 없다. '그러면 그럴수록 스스로 다수의 억압을 받고 있다고 느끼는 사람에게 더 불리해질 것'이라고 관찰하고 논평할 수 있을 뿐이다.

문학의 가치마저 독자의 창조물로 간주된다. 케빈 데트마(Kevin J. H. Dettmar)가 쓰기를, "예술적 가치는 초월적인 것이 아니라 임의적인 것이고, 그 가치가 텍스트 내에 존재하는 것이 아니라 텍스트의 내용 및 역할과 독자의 필요와 욕구 사이의 복잡한 상호 작용에 있다는 것"이 이제 공통된 믿음이 되었다.[38]

---

36   Ronald Beiner, "Foucault's Hyper-liberalism," *Critical Review*, Summer 1995, pp. 349-370.
37   Beiner, "Foucault's Hyper-liberalism," pp. 353-354.
38   데트마는 이 견해를 "가장 영향력 있게 설명한 사람"으로 *Contingencies of Value* (Cambridge: Harvard University Press, 1988)를 쓴 바버라 헌스타인 스미스(Barbara Herrnstein Smith)를 든다. Kevin J. H. Dettmar, "What's So Great About Great Books," *Chronicle of Higher Education*, September 11, 1998, p. B6를 보라.

다시 한번 우리는 (1) 초월적 하나님의 성품—스스로 선하시고 그 선을 우리에게 계시해 주시는—에 근거한 '전근대'의 유신론적 윤리에서 (2) 보편적인 인간의 이성과 경험, 객관적인 옳음과 그름을 분별하는 인간의 능력에 근거한 '근대적' 윤리를 거쳐 (3) 도덕은 옳음과 그름을 구분할 때 사용하는 다양한 언어라는 '포스트모던' 관념으로 전환한 것을 볼 수 있다. 〈표 9.1〉은 전근대에서 포스트모던으로의 역사적 전환을 요약한 것이다.

전근대	근대	포스트모던
정의로운 하나님에게서 나온 계시의 말씀에 근거해 정의로운 사회를 건설하는 데 관심을 가짐	정의로 인도하는 것은 보편적 이성임	정의의 보편적 기준에 대해 절망함
계시되고 확정된 메타내러티브	자율적 인간 이성이 대응의 진리에 접근함	특정 사회에 기여할 목적으로 구성된 언어를 통해 만들어진 진리. 그렇지만 이 언어들도 분석에 의해 해체됨
성경을 통해 하나님이 계시하신 메타내러티브를 받아들임	실재에 대한 진리를 내놓는 보편적 이성의 메타내러티브	모든 메타내러티브를 권력 놀이로 환원함
하나님의 형상으로 창조되었으므로 존엄한 인간	계획 없이 진행되는, 무수한 우연과 적자생존의 진화의 결과인 DNA의 산물로 존재하는 인간	그 자체를 설명하는 언어에 의해 구성된 비실체적 자아
선하시며 우리에게 그 선함을 계시하신 초월적 하나님의 성품에 근거한 도덕성	인간이 객관적인 옳음과 그름을 구분할 능력이 있다고 전제하고, 우주적인 인간 이성과 경험이라는 관념에 근거한 도덕성	옳음과 그름을 구별하는 데 사용된 언어의 다양성인 도덕성

표 9.1 전근대에서 포스트모던으로의 역사적 전환 요약

포스트모더니즘의 최신 경향

7. **세계관 질문 7(역사)과 8(핵심 헌신)**: 포스트모더니즘은 유동적이고, 그 사조의 역사나 인간 역사의 의미에 관한 입장에서도 유동적이다. 이는 핵심 헌신에 관해서도 포스트모더니스트들이 유동적이라는 말이다. 요컨대, 그들은 '무엇이든'이라고 하면서 끊임없이 흘러가는 것에 헌신한다.

앞서 다룬 여섯 가지 특징을 감안하면 포스트모더니즘이 왜 항상 유동적인지 쉽게 알 수 있다. 리오타르가 말하듯, "설사 어제 받았다 해도, 이미 받은 것은 모두…의심해야 마땅하다.…어떤 작품이 근대적이려면 먼저 포스트모던적이어야 한다. 이런 의미에서, 포스트모더니즘은 모더니즘의 마지막 단계가 아니라 발생 단계에 속하며, 그 상태가 계속되고 있다."[39] 포스트모더니즘의 발전 이야기는 여기서 하기에는 너무 길다. 포스트모던이 지적하듯 하나의 관점—나의 관점—에 입각해서 몇 가지 짧은 일화만을 소개할 수 있다.

중세에는 신학이 학문의 여왕이었다. 계몽주의 시대에는 철학과 더불어 특히 과학이 지적인 문화적 변화의 선두 주자였다. 포스트모던 시대에는 문학 이론이 한때 그 흐름을 주도했다.

1960년대 초에 대학원에서 영문학을 전공한 사람의 눈에는 이런 현상이 뜻밖의 놀라운 변화로 보일 수밖에 없었다. 그러나 이미 1960년대에 문학 이론은 정교해지고 문화적으로 적실성을 갖기 시작했다.[40] 과학자는

---

39 Lyotard, *Postmodern Condition*, p. 79.
40 이어지는 내용은 20세기 후반의 문학 이론에 대한 개관이다. 자세한 내용은 Roger Lundin, *The Culture of Interpretation* (Grand Rapids, MI: Eerdmans, 1993)에서 확인할 수 있다. 대학

100년 넘게 해 오던 일을 계속하고, 철학자는 갈수록 좁아지는 분석 철학의 우물을 파고 또 파는 동안, 사유에 대한 새로운 사고방식이 출현해서 급속도로 발전했다. 선캄브리아기 폭발처럼 새로운 사상이 갑자기 출현해서 침체된 영문학과의 상상력에 불을 붙였고, 그 결과 젊은 학자들이 주류에 합류했을 뿐 아니라 그들 자신이 주류가 되었다.

마르크스와 프로이트의 가느다란 물줄기가 고요한 연못 같은 신비평과 역사 비평 속으로 흘러들어오더니 그 연못을 온통 휘저어 놓았다. 그 후에 인류학[클로드 레비스트로스(Claude Lévi-Strauss)], 사회학(푸코, 리오타르), 페미니즘[케이트 밀레트(Kate Millet), 일레인 쇼월터(Elaine Showalter)], 언어학[페르디낭 드 소쉬르(Ferdinand de Saussure)]에서 신선한 샘물이 힘차게 흘러나와 문학 연구의 반(反)주류이던 것이 지성계의 주류가 되었다. 자크 데리다(해체)와 스탠리 피쉬(Stanley Fish, 독자 반응) 같은 학자가 캠퍼스에서 각광을 받았다. 문학 비평가들이 지적 유명인이 되었다. "내가 보기에, 사회적 지위를 향한 굶주림이 다른 학문 분야에서보다 영문학 교수들 사이에서 더 확연하게 드러나는 것 같다"라고 문학 교수 마크 크루프닉(Mark Krupnick)은 꼬집는다. 그는 그런 면에서 포스트모더니스트 베이비붐 세대가 승리했다고 말한다. "이제 영문학과 내에서 서로 충돌하는 현상이 줄어들었는데, 거의 모든 이가 이론가이거나 문화 연구 전문가이기 때문

원생에게 문학 연구를 소개하기 위해 고안된 보니 클롬프 스티븐스(Bonny Klomp Stevens)와 래리 스튜어트(Larry L. Stewart)의 조사도 도움이 된다. 그들이 쓴 *A Guide to Literary Criticism and Research*, 3rd ed. (New York: Harcourt Brace College, 1996)를 보라. 또한 *The Christian Scholar's Review*와 *Christianity and Literature*의 여러 호에 실린 수많은 논문에서 포스트모던 문학 이론에 대한 유용한 비판 및 그에 대응하는 비판을 확인했다. 문학과 문학 이론에 대한 기독교적 접근에 대한 조사는 Harold K. Bush Jr., "The Outrageous Idea of Christian Literary Study: Prospects for the Future and a Meditation on Hope," *Christianity and Literature*, Autumn 2001, pp. 79-103를 보라. 다음 책들은 특히 유용하다. Clarence Walhout and Leland Ryken, *Contemporary Literary Theory: A Christian Appraisal* (Grand Rapids, MI: Eerdmans, 1991); W. J. T. Mitchell, *Against Theory* (Chicago: University of Chicago Press, 1985).

이다."⁴¹

그럼에도 일부는 크게 반발했다. "문학가, 학자, 비평가, 작가 협회"(ALSCW)는 1991년에 창설된 기성 세대 학자들로 구성된 단체―어떤 이들은 복고 운동이라고 부른다―로, 존 엘리스(John M. Ellis)가 주도했는데, 그가 쓴 『해체주의 비판』(*Against Deconstruction*)에서는 데리다의 작업을 비롯해 여러 해체주의자를 날카롭게 비판한다.⁴² 이 단체는 지금도 여전히 활발하게 움직이고 있는데, 주로 문학을 언어학이나 정치학이나 사회 변동의 도구가 아니라 예전처럼 '문학'으로 연구하자는 취지를 강하게 표명한다. 일란 스타반스(Ilan Stavans)는 문학 비평에 대해 "세계에서 최상의 것으로 인식하고 생각하는 것을 사심 없이 배우고 널리 선전하려는 노력"이라고 정의한 매슈 아널드를 상기시킨다.⁴³ 이보다 더 흥미로운 것은 포스트모던 학자 자신들도 그들이 주장하는 포스트모던 비판의 대상이 된다는 지적이다. 그들의 이론 배후에 과연 어떤 성적·정치적·심리적 요인이 있는지 현재 밝혀지거나 추정되고 있다. 마치 뱀이 자기 꼬리를 삼키고 있는 것처럼 보인다.⁴⁴

끝으로, 다소 기괴한 반전을 언급하고자 한다. 데이비드 바래시(David Barash)와 나넬 바래시(Nanelle Barash)는 (내가 아는 한) 새로운 성향과 복고적 성향―과학적 근대성으로의 회귀―을 동시에 지닌 포스트모던한 문학 접근을 제안한다. 그들은 생물학적 진화론이 문학 비평의 '조직 원리'

---

41 Mark Krupnick, "Why Are English Departments Still Fighting the Culture Wars?," *Chronicle of Higher Education*, September 20, 2002, p. B16.
42 John M. Ellis, *Against Deconstruction* (Princeton, NJ: Princeton University Press, 1989); Caleb Crain, "Inside the MLA: or, Is Literature Enough?," *Lingua Franca*, March 1999, pp. 35-43.
43 Ilan Stavans, "A Literary Critic's Journey to the Culture at Large," *Chronicle of Higher Education*, August 9, 2003, p. B7.
44 Morris Dickstein, "Literary Theory and Historical Understanding," *Chronicle of Higher Education*, May 23, 2003, pp. B7-10.

가 되어야 한다고 주장한다. "문학은 서로 관계없는 상상의 산물들이 아무렇게나 널려 있는 것이 아니라, 살아 있는 유기체들이 세계—유기체들은 거기서 진화하고 또 거기에 적응한다—와 주고받는 상호 작용(그것이 실제로 일어나는 것이든 상상한 것이든)을 반영하는 것이다."[45] 4년 후에 D. T. 맥스(Max)는 문학적 다원주의에 헌신한 핵심 학자 집단의 작품을 요약했다. 사회생물학자 E. O. 윌슨(Wilson)의 열렬한 지지를 받은 그들은 매우 사변적인 가정들을 다양하게 발전시켰고, 그들이 문학 작품을 과학적으로 분석한 것이라고 확인받기를 원했다.[46] 전통적인 학자나 포스트모던 학자 모두 매우 회의적인 반응을 보였다. 그러나 조너선 갓셜(Jonathan Gottschall) 같은 지지자는 기대에 부풀어 있다.

만일 우리 문학 학자들이 용기와 겸손을 발휘할 수 있다면, 잠재적 유익이 우리의 영역을 넘어서 멀리까지 반향을 일으킬 수 있을 것이다. 우리는 예술과 문화에 관하여 더 신뢰할 만하고 지속될 수 있는 지식을 창출할 수 있다. 우리는 오랫동안 잠자고 있는 지적 모험의 정신을 다시 일깨울 수 있다. 우리는 단지 문학뿐 아니라 인문학의 더 넓은 영역이 과학에 넘겨주었던 지적 추진력과 '시장 점유율'을 회복하는 과정에 박차를 가하게 할 수 있다. 우리는 모든 학문 분과에서 가장 오래되었으나 여전히 최고의 목표인 '인간 본성을 더 잘 이해하기'로 다시 돌아갈 수 있다.[47]

---

45 David P. Barash and Nanelle Barash, "Biology as a Lens: Evolution and Literary Criticism," *Chronicle of Higher Education*, October 2002, pp. B7-9.
46 D. T. Max, "The Literary Darwinists," *The New York Times Magazine*, November 6, 2006, www.nytimes.com/2005/11/06/magazine/the-literary-darwinists.html. 브릿 피터슨(Britt Peterson)도 "Darwin to the Rescue," *The Chronicle Review*, August 1, 2008, pp. B7-9에서 문학적 다원주의자들의 작품을 조사한다.
47 Jonathan Gottschall, "Measure for Measure," *The Boston Globe*, May 11, 2008, www.boston.com/bostonglobe/ideas/articles/2008/05/11/measure_for_measure/.

어쨌든 현재의 문학 연구는 일부 과도한 비합리적 이론화 풍조에서 좀 벗어난 상황이며, 수많은 영문과 대학원생이 한때 최첨단으로 꼽히던 이론들을 배웠고 그런 이론을 학부생에게 가르쳐 왔다. 15년 전에는 그런 반발이 눈에 띄게 많았으나, 그와 같은 과격한 이론들이 몰고 온 여파는 한동안 지속될 것으로 보인다.[48] 더욱이 제프리 윌리엄스(Jeffrey J. Williams)는 최근에 다시 30년 전의 포스트모던 문학 이론으로 복귀하려는 움직임을 감지했다. 그는 오늘날의 문학 이론은 "유보하는 유형"(holding pattern)이라고 말한다. 즉, "과거를 기억"하는 "절충적 혼합"이라는 것이다.[49]

최첨단이라는 것은 언제나 바뀌게 마련이다. 포스트모던의 핵심 헌신은 일시적이다. 오늘의 지적 홍행물이 내일은 어리석음으로 전락하여 잊히고 만다. 그리고 사람들은 새로운 유행을 찾아 나선다. 포스트모던 운동 전체가 곤경에 빠진 것처럼 보인다. 앞으로 보겠지만, 그 내적 모순이 뉴에이지 사상에 내포된 모순만큼이나 무르익은 것 같다. 그러나 역사가 좋은 이성에서 더 나은 이성으로 진행하는 것이라면, 이번 장은 말할 것도 없고 이 책 전체에서 들려주는 이야기가 달라졌을 것이다. 하지만 긴 안목으로 보면 포스트모더니즘의 많은 부분이 우리와 함께하지 못할지도 모르는 이유를 알 수 있다.

---

48 캐런 윙클러(Karen J. Winkler)는 포스트모던 문학 이론에 대한 비판과 그에 대한 반발을 "Scholars Mark the Beginning of the Age of 'Post-theory,'" *Chronicle of Higher Education*, October 13, 1993, p. A9에서 개관한다. 또한 Frank Lentricchia, "Last Will and Testament of an Ex-Literary Critic," *Lingua Franca*, September/October 1996, pp. 59-67를 보라.

49 Jeffrey J. Williams, "Why Today's Publishing World Is Reprising the Past," *The Chronicle Review in Chronicle of Higher Education*, June 13, 2008, pp. B8-10.

포스트모더니즘의 전반적 개관

포스트모더니즘의 영향은 서양 문화 어디서나 볼 수 있다. 문학 연구에 관해서는 이미 언급했다. 이제 역사, 과학, 신학에 대해 간략하게 살펴보겠다.[50]

예를 들어 역사학의 경우, 과거의 과거성이 현재의 순간이라는 안개 속에서 사라져 버린다. 역사학자들은 근대적 역사주의(사건의 의미를 그 역사적 맥락에서 발견해야 한다는 관념)에서 벗어나 포스트모던 사상, 곧 "고정된 과거, 역사가가 과거 사건에서 나름대로 도출해 내는 의미와 상관없는 엄연한 과거의 실재라는 것은 없다고 주장하며, 따라서 과거에 대한 객관적 진리라는 것도 없다고 부정하는 사조"로 전향하고 있다.[51] 포스트모던 역사학자는 상상력을 발휘해 독자들이 과거 자체에 대한 감각을 느끼도록 그것을 생생하게 재창조하는 것이 아니라, "현재의 이미지에 따라 그리고 역사가의 판단에 맞추어 하나의 과거"를 창조하고 있다.[52] 학술 논문에서 각주를 사용하는 것마저 피하고 있는 실정은 상황을 더욱 악화시킨다.[53] 누가 감히 역사가의 판단을 확인하겠는가?

포스트모던 역사학자 키스 젠킨스(Keith Jenkins)는 역사를 거울로 둘러싸인 방으로 만든다. "그러면 포스트모던 세계에서는, 역사의 내용과 맥락이라는 것이 포스트모더니티의 역사 정립에 관한 성찰을 방법론으로

50　*The Death of Truth* (Minneapolis: Bethany House, 1996)에서 데니스 매컬럼(Dennis McCallum)은 각 분야—건강, 문학, 교육, 역사, 심리 치료, 법, 과학, 종교—의 전문가들이 쓴 포스트모더니즘에 관한 글을 모았다.
51　Gertrude Himmelfarb, "Tradition and Creativity in the Writing of History," *First Things*, November 1992, p. 28. 역사, 법, 철학, 문화를 넘나드는 힘멜파브의 글은 통째로 읽을 가치가 있다(pp. 28-36).
52　Himmelfarb, "Tradition and Creativity," p. 30.
53　Gertrude Himmelfarb, "Where Have All the Footnotes Gone?," in *On Looking into the Abyss* (New York: Alfred A. Knopf, 1994).

> 역사는 유동적이고 문제가 많은 담론이다. 겉으로 보기에는 과거라는 세계의 한 단면에 관한 담론이지만 그것은 현재의 관점을 가진 (그리고 대부분 우리 문화에서 좋은 월급을 받고 있는) 연구자 집단에 의하여 생산된 것이다. 그들은 인식론, 방법론, 이데올로기, 실천에서 서로 공유하는 방식으로 작업을 수행한다. 그들의 작품이 일단 유통되면 논리적으로는 무한하게 이용되기도 하고 남용되기도 한다. 그렇지만 현실적으로는 정해진 시점의 권력 토대의 범위에 부응하게 유통된다. 지배-주변 스펙트럼을 따라 역사의 의미를 구조화하면서 분배된다.
>
> 키스 젠킨스, 『역사를 다시 생각함』

삼는, 일련의 관대한 연구가 되어야 한다고 주장할 수 있다."[54] 역사는 이제 성찰의 역사들에 대한 성찰이 된 셈이다.

포스트모더니즘이 과학에 미친 영향은—과학자가 작업을 수행하는 방식이나 과학을 이해하는 면과 관련해서—별로 없다. 그럼에도, 포스트모더니즘은 과학자가 무슨 말을 하고 어떤 활동을 하든 상관없이 그 나름대로 과학이 무엇인지에 대한 우리의 이해를 다시 쓰기 시작했다. 자연주의자든 기독교 유신론자든 과학자 대다수는 비판적 실재론자다. 그들은 외부 세계가 존재하고 과학은 그 세계가 어떤 것인지 다소 정확하게 묘사하고 있다고 믿는다. 과학 연구가 진행되거나 자료를 조직하고 해석하기에

---

54 Keith Jenkins, *Re-thinking History* (London: Routledge, 1991), p. 70(인용문은 이 책의 마지막 문장이다). 『누구를 위한 역사인가』(혜안). 포스트모던 역사학에서 벗어나라고 호소하는 글은 Jeffrey N. Westerstrom, "Are You Now or Have You Ever Been…Postmodern?," *Chronicle of Higher Education*, September 11, 1998, p. B4를 보라.

> 이 두 입장[실증주의와 소박실재론(naive realism)]에 반대하며 나는 일종의 비판적 실재론을 주장한다. 이것은 알려진 것의 실재를 지식자(the knower) 이외의 어떤 것으로 인정하는 '앎'의 과정이며(따라서 '실재론'이다), 동시에 우리가 이 실재에 접근할 수 있는 유일한 경로는 지식자와 알려진 것 사이의 적절한 대화 혹은 논쟁의 나선을 따라 놓여 있음을 온전히 인정한다(따라서 '비판적'이다). 이 경로는 우리가 '실재'를 탐구한 결과를 비판적으로 반성하게 인도하고, 따라서 '실재'에 대한 우리의 주장은 잠정적임을 인정하게 한다. 다시 말해, 지식은 원칙적으로 지식자와 구별된 실재에 관한 것이지만 그것 자체가 지식자와 결코 무관하지는 않다.
>
> N. T. 라이트, 『신약성서와 하나님의 백성』

더 좋은 패러다임을 발견하면 정확도는 더 높아진다. 포스트모더니스트는 반(反)실재론자라서 우리가 생각하고 말하는 바와 저기에 실제로 존재하는 것 사이에 알려진 혹은 알 수 있는 연관성이 있음을 부정한다.[55]

과학적 진리는 우리가 원하는 것을 얻으려고 사용하는 언어다. 리오타르는 "[과학적 실천의] 규칙들이 전문가들의 의견 수렴 이상의 것이라는 증거는 전혀 없다"고 썼다.[56] 과학이란 과학자들이 말하는 것이다.[57] 그에

---

55 과학 철학 분야에서 이 쟁점을 다룬 책으로는 Del Ratzsch, *Philosophy of Science* (Downers Grove, IL: InterVarsity Press, 1986)를 보라.
56 Lyotard, *Postmodern Condition*, p. 29.
57 문학 비평가 테리 이글턴(Terry Eagleton)은 전통적인 과학자와 철학자들의 분노를 확실히 불러일으킬 내용을 썼다. "과학과 철학은 거창한 형이상학적 주장을 버리고 스스로를 또 다른 일군의 내러티브로 보는 겸손한 자세를 취해야 한다." "Awakening Modernity," *Times Literary Supplement*, February 20, 1987, by Alister McGrath, *A Passion for Truth* (Downers Grove, IL: InterVarsity Press, 1996, 『복음주의와 기독교적 지성』, IVP), p. 187에서 재인용.

대해 한 과학자가 익살스럽게 대꾸하기를 "저기 10층에 올라가서 창문 밖으로 한 걸음 내디딘 다음에 똑같은 소리를 해 보시오"라고 했다. 그런데 이는 포스트모던 이론가들을 오해한 탓에 나온 말이다. 그들은 물리적 세계가 존재하지 않는다고 말하는 게 아니다. 그들의 주장은, 우리의 인식론적 장비로는 실재 자체에 직접 접근하는 게 불가능하다는 점에 비추어 과학적 지식의 지위와 본질에 대해 '보도하는' 것이라고 봐야 한다. 이 세계는 우리에게 아무 말도 건네지 않는다. 우리의 정신은 실재를 결정하는 본질, 즉 나무를 나무가 되게 하고 금속을 금속이 되게 하는 본질에 접근하지 못한다. 우리는 세계와 대화한다. 우리는 '나무'나 '금속'이라고 말하고, 이런 단어를 문장 속에 넣어 우리가 원하는 것을 얻는다. 그렇지 않을 때 우리는 이 문장이 거짓이라고 말한다. 오히려 작동하지 않는 문장이라고 말하는 게 낫겠다.

포스트모더니스트가 과학에 관해 쓴 글은 대단히 모호한 경우가 많다. 그래서 여러 실무 과학자가 좌절감에 빠졌고, 한 포스트모던 저널의 편집진을 어리둥절하게 만들기도 했다. 뉴욕 대학교의 물리학자 앨런 소칼(Alan Sokal)은 「소셜 텍스트」(*Social Text*)라는 저널에 "경계를 넘어서: 양자 중력의 변형적 해석학"(Transgressing the Boundaries: Toward a Transformative Hermeneutics of Quantum Gravity)이라는 글을 기고했다.[58] 편

---

58 이 글이 본래 실린 곳은 *Social Text*, Spring/Summer 1996, pp. 217-252이며, 그것이 장난이었음을 소칼이 밝힌 곳은 "A Physicist Experiments with Cultural Studies," *Lingua Franca*, May/June 1996, pp. 62-64다. 소칼은 "이 논쟁의 정치적 의미를 나름대로 설명한 발문"을 써서 *Lingua Franca*에 싣는 동시에 *Social Text*에도 보냈으나 *Social Text*의 편집진은 게재를 거부했다. 그 글은 "Transgressing the Boundaries: An Afterword," *Dissent*, Fall 1996, pp. 93-97에 실려 있다. 이 장난에 관한 이야기는 1996년 여름 여러 저널에 널리 보도되었다. 예를 들어, "Mystery Science Theater," *Lingua Franca*, July/August 1996, pp. 54-64; Bruce V. Lewenstein, "Science and Society: The Continuing Value of Reasoned Debate," *Chronicle of Higher Education*, June 21, 1996, pp. B1-2; Liz McMillan, "The Science Wars," *Chronicle of Higher Education*, June 28, 1996, pp. A8-9, 13; Steven Weinberg, "Sokal's Hoax," *New York Review of Books*, August 8, 1996, pp. 11-15; "Sokal's Hoax: An Exchange," *New York*

집진은 그 글이 물리학과 사회학 어느 관점에서 보든 무의미한 글이라는 사실을 알지 못한 채 출판을 수락했다. 그러자 소칼은 「링구아 프랑카」 (Lingua Franca)에 그 글은 특히 포스트모던 과학을 비롯한 포스트모던 문화 분석이 대체로 엉터리임을 밝히려고 쓴 장난이라고 선언했다. 자기는 사회적으로 '좌파'라고 주장하면서, 다만 문화 연구를 무지몽매와 과도한 야심에서 구출할 의도로 그렇게 했다고 한다. 이 장난이 근대 정신을 지닌 과학자들에게는 기쁨을, 그 편집진과 그들의 친구들에게는 분노를 야기한 현상을 보면, 오늘날 과학에 대한 포스트모던적 접근을 시도하는 비평가들이 개인적 어려움에 처할 수도 있음을 알 수 있다. 이 사건은 소칼과 브리크몽(Bricmont)이 공저한 『유행하는 난센스: 과학을 남용하는 포스트모던 지식인들』(Fashionable Nonsense: Postmodern Intellectuals Abuse of Science)과 『소칼의 장난』(The Sokal Hoax)에서 더 자세히 다루어지는데, 후자는 「링구아 프랑카」의 편집진이 편집한 책으로 미국 및 그 외 국가의 학자들이 쓴 논평을 모은 것이다.

하지만 포스트모던 사회학자들은 적어도 킥킥거리며 웃을지도 모른다. 박사 학위가 없는 두 명의 프랑스 과학자가 전문 용어로 가득한 가짜 과학 논문을 써서 전문가의 검열을 피해 한 과학 저널에 수록하는 데 성공했다. 빅뱅 이론의 중심에 있는 특이점에 관한 그들의 논의가 장난인지 주제넘은 엉터리 과학인지는 분명치 않다. 하지만 이 사건은 난센스가 자연과학과 인문 과학의 저널 앞에 세워 놓은 문지기를 피해 얼마든지 넘

Review of Books, October 3, 1996, pp. 54-56; "Footnotes," *Chronicle of Higher Education*, November 22, 1996, p. A8을 보라. 이와 더불어 Alan Sokal and Jean Bricmont, *Fashionable Nonsense: Postmodern Intellectuals' Abuse of Science* (New York: Picador, 1998, 『지적 사기』, 한국경제신문)와 *The Sokal Hoax: The Sham That Shook the Academy*, ed. the editors of *Lingua Franca* (Lincoln: University of Nebraska Press, 2000)를 보라.

나들 수 있음을 보여 주었다.[59]

포스트모더니즘에 대한 신학자들의 반응은 매우 다양하다. 어떤 이들은 그 핵심 주장을 수용해서 신학이 아니라 무/신학(a/theology: 신학도 비신학도 아니고 그 둘의 틈새에서 나온 신학)에 관해 쓴다. 이를 이해하려면 마크 테일러(Mark C. Taylor)를 반드시 읽어야 한다.[60] 또 다른 신학자들은 포스트모더니즘의 모더니즘 비판을 받아들여 오늘날의 기독교 신학이 너무 '근대적'이라고 보고 신학을 재조명하려고 애쓴다. 이 진영에 속하는 이들로는, 신학의 정체성과 신학의 역할을 새롭게 갱신하려는 후기 자유주의자[조지 린드벡(George Lindbeck)], 이야기를 강조하는 포스트모더니즘의 특징에 착안하여 기독교도 이야기임을 강조하는 자[디오게네스 알렌(Diogenes Allen)], 복음주의 신학을 갱신하려는 복음주의자[스탠리 그렌츠, 존 프랭키(John Franke), 메롤드 웨스트폴(Merold Westphal), 제임스 스미스(James K. A. Smith)], 신학의 내러티브 성격을 강조하는 자[리처드 미들턴(Richard Middleton)과 브라이언 왈쉬(Brian Walsh)] 등이 있다.[61] 반면에 어떤 이들은 포

59　Richard Monastersky, "The Emperor's New Science: French TV Stars Rock the World of Theoretical Physics," *Chronicle of Higher Education*, November 15, 2002, pp. A16-18.
60　Mark C. Taylor, *Erring: A Postmodern A/theology* (Chicago: University of Chicago Press, 1984). 테일러의 글을 맛보기로 소개하면 이렇다. "관념들은 결코 고정된 것이 아니라 언제나 변화하고 있다. 따라서 어쩔 수 없이 과도기에 있는 셈이다.…무/신학(a/theology)이라는 단어는 양자의 중간에 위치한다. 그것은 **언제나** 중간[처음과 끝 사이]에 있다. 무/신학의 텍스트는 끝없는 회전 작업으로 생산된 실들로 엮인 하나의 천이다"(p. 13). 그 후 테일러는 신학에서 인공두뇌학으로 분야를 옮겼다. "From Kant to Las Vegas to Cyberspace: A Philosopher on the Edge of Postmodernism," *Chronicle of Higher Education*, May 29, 1998, pp. A16-17에 실린 그의 약력을 보라.
61　여기에 언급된 신학자들 및 다른 이들이 이 주제에 관해 쓴 글을 모은 책은 Timothy R. Phillips and Dennis L. Okholm, eds., *The Nature of Confession* (Downers Grove, IL: nterVarsity Press, 1996)을 보라. 또한 George A. Lindbeck, *The Nature of Doctrine* (Philadelphia: Westminster Press, 1984). 『교리의 본성』(도서출판100); Diogenes Allen, *Christian Belief in a Postmodern World* (Louisville, KY: Westminster John Knox, 1989); Stanley Grenz, *Revisioning Evangelical Theology* (Downers Grove, IL: InterVarsity Press, 1993). 『복음주의 재조명』(기독교문서선교회); J. Richard Middleton and Brian J. Walsh, *Truth Is Stranger Than It Used to Be* (Downers Grove, IL: InterVarsity Press, 1995)를 보라.

스트모더니즘을 모조리 배격하고서, 성경과 초기 교회로 돌아가자고 요청하거나[토머스 오든(Thomas Oden)], 인간의 이성을 존중하는 종교개혁 기획으로 돌아가자고 요청한다[칼 헨리(Carl F. H. Henry), 데이비드 웰스(David F. Wells), 진 에드워드 비스(Gene Edward Veith Jr.)].[62]

복음주의 진영에서는 포스트모더니즘이 여전히 논란거리다.[63] 로버트 그리어(Robert Greer) 같은 일부 젊은 학자는 기독교적 대안들을 모색한 끝에 포스트모더니즘의 진정한 통찰을 인정하고 참신하게 접근하자고—그는 이를 "포스트-포스트모더니즘"이라 부른다—요청한다.[64] 메롤드 웨스트폴과 더글러스 그로타이스 같은 노학자는 리오타르 같은 포스트모더니스트가 하는 말에 대해 서로 의견이 다른데, 때로는 서로 일방적인 소리만 주고받는 것처럼 보인다. 둘 모두 기독교 신앙의 중심 교리에 동의하면서도, 인간 지성이 하나님, 인간, 우주에 관해 얼마나 정확하게 알 수 있는지에 관해서는 전혀 다른 견해를 갖고 있다.[65] 분명 포스트모더니즘

---

[62] Thomas C. Oden, *After Modernity...What?* (Grand Rapids, MI: Zondervan, 1990); Carl F. H. Henry, "Truth: Dead on Arrival," *World*, May 20-27, 1995, p. 25; David F. Wells, *God in the Wasteland* (Grand Rapids, MI: Eerdmans, 1994). 『거룩하신 하나님』(부흥과개혁사); Gene Edward Veith Jr., *Postmodern Times* (Wheaton, IL: Crossway, 1994). 『포스트모더니즘의 세계』(아가페출판사). 오든은 자신의 접근을 묘사하는 데 포스트모던이란 용어를 사용한다. 내가 이제까지 **포스트모던**이라고 부른 것을 그는 근대 '이후'의 사조가 아니라 극단적 근대성(ultramodern)으로 간주하기 때문이다. 오늘날 교회에 추천하는 내용으로 그가 믿는 바는 근대적 성격을 넘어서기 때문에 사실 **포스트모던**이라고 불러도 타당하다.

[63] 샬롯 앨런(Charlotte Allen)의 다소 파격적인 글 "Is Deconstruction the Last Best Hope of Evangelical Christians?," *Lingua Franca*, January 2000, pp. 47-59를 보라.

[64] Robert Greer, *Mapping Postmodernism: A Survey of Christian Options* (Downers Grove, IL: InterVarsity Press, 2003).

[65] See Merold Westphal, "Blind Spots: Christianity and Postmodern Philosophy," *Christian Century*, June 14, 2003, pp. 32-35; Douglas Groothuis, "Modern Fallacies: Response to Merold Westphal" and Merold Westphal, "Merold Westphal Replies," *Christian Century*, July 26, 2003, pp. 41-42를 보라. 또한 Douglas Groothuis, *Truth Decay: Defending Christianity Against the Challenges of Postmodernity* (Downers Grove, IL: InterVarsity Press, 2000); Smith, *Who's Afraid of Postmodernism?* (Grand Rapids, MI: Baker Academic, 2006, 『누가 포스트모더니즘을 두려워하는가?』, 도서출판100)과 *Who's Afraid of Relativism? Community, Contingency, and Creaturehood* (Grand Rapids, MI: Baker Academic, 2014)를 보라.

과 신학에 관해서는 아직 아무런 결론도 내릴 수 없다.

포스트모더니즘: 비판

우선 포스트모던 관점이 지닌 (그저 유용한 측면이 아니라) 올바른 측면을 몇 가지 지적한 다음, 더 비판적인 고찰로 넘어가려 한다.

   첫째, 포스트모더니즘은 낙관적 자연주의를 대체로 정확하게 비판한다. 낙관적 자연주의에서는 인간의 이성과 과학적 방법을 지나치게 신뢰해 왔다. 완전한 지적 확실성에 도달하려 했던 데카르트의 시도는 참으로 치명적인 잘못이었다. 그는 그리스도인으로서, 우리를 그분의 형상대로 만드시고 우리에게 자기 자신을 계시하시는 선한 하나님의 존재에 근거해 확신에 도달하는 것으로 만족했어야 했다. 그는 하나님에게서 주어진 것을 떠나서 확실성을 발견하려는 시도를 하지 말았어야 했다. 만약 "나는 스스로 존재하는 자다"라고 선언하는 그 하나님을 개인적 차원의 자기 확신으로 대치하려는 자가 있다면, 데카르트 이후의 지성사에서 교훈을 얻어야 할 것이다. 존재와 앎의 영역에는 인간 지성이 침투할 수 없는 신비가 있다.

   둘째, 언어가 권력과 깊이 연루되어 있다는 포스트모더니즘의 지적도 정확한 통찰이다. 우리가 '이야기'를 들려주고 '교리'를 믿고 '철학'을 보유하고 있는 것은 그런 것이 우리에게 남을 지배하는 권력을 주기 때문이다. 광기에 대한 우리의 정의가 공공연하게 인정받기에 사람들이 정신병동에 수용되는 것이다. 사실 우리가 왜 그런 내용을 믿고 그런 언어를 사용하며 그런 이야기를 하고 있는지 그 동기를 의심해 볼 필요가 있다. 다른 사람의 동기를 똑같이 의심해 보아도 좋을 것이다.

   하지만 푸코의 경우처럼 이 의심이 극단적 형태를 띠면 결국 모순이나 최소한 변칙으로 끝나고 말 것이다. 모든 언어적 발화가 예외 없이 권력 놀이라면, 그 말 자체도 권력 놀이인 셈이고 따라서 다른 발화보다 더 타당하다고 볼 수 없다. 이는 모든 담론에 편견을 갖게 한다. 모든 담론이 똑같이 편견을 갖고 있다면, 어느 담론을 다른 담론보다 선호할 이유가 전혀 없다. 이는 도덕적·지적 무정부 상태를 초래한다. 더욱이, 푸코가 주장하는 최우선적 가치―쾌락을 증대시킬 개인의 자유―도 모든 가치를 권력으로 환원하는 그의 철학에 의해 저절로 상쇄된다. 진리 물음은 피할 수 없다. 예를 들어, **모든 담론이 위장된 권력 놀이라는 명제는 참인가**? 그렇지 않다고 답한다면, 권력이 부당하게 개입된 경우를 조심스럽게 검토할 수 있을 것이다. 그렇다고 답한다면, 권력 놀이가 아닌 문장이 단 하나 있을 때(바로 그 문장)에만 그 문장이 의미를 지니게 될 것이다. 그러므로 이 질문에 긍정적으로 답하는 극단적 포스트모더니즘은 자가당착에 빠지고 만다.[66]

셋째, 우리의 인식 작용을 둘러싼 사회적 조건에 주목하는 입장은 우리가 유한한 인간으로서 제한된 관점을 갖고 있음을 깨닫게 해 준다. 사회는 여러 면으로 우리의 모양새를 형성한다. 그런데 우리가 자연의 맹목적 세력과 사회의 산물에 불과하다면, 우리가 자연의 맹목적 세력과 사회의 산물에 불과하다는 우리의 견해도 그런 산물이다. 극단적인 지식사회학도 자가당착에 빠지고 만다.

그렇지만 포스트모더니즘의 접근법에 이런 결함들이 있음에도 포스트모더니즘은 우리가 실재를 이해하는 데 여러 가지 긍정적 기여를 한다.

---

66 맥그래스(Mcgrath)는 이렇게 논평한다. "따라서 포스트모더니즘은 이론적으로 긍정하는 것을 실제로는 부정하는 셈이다. 무심코 '포스트모더니즘은 참인가?'라는 질문만 던져도 포스트모더니즘으로서는 지극히 다루기 어려운, 평가 기준과 관련한 근본적 의문을 제기하는 셈이다"(*Passion for Truth*, p. 195).

> 진리는 우리 외부에 존재하는 게 아니다.…진리는 다양한 제약에 의해 생산된다.…각 사회에는…진리의 '일반적 정치학', 곧 그것이 진리로 수용되고 작동하게 만드는 담론의 유형들이 있다. 사람이 참된 진술과 거짓된 진술을 구분하게 할 수 있는 메커니즘과 예가 있고 그것을 인정해 주는 수단이 있다. 진리를 획득하는 데 가치를 부여하는 기술과 절차가 있으며, 진리로 간주된다고 말할 책임을 맡은 사람의 지위도 있다.
>
> …진리라는 단어를 쓸 때 나는 '발견되거나 수용된 진리의 총합'을 의미하지 않고 '참과 거짓을 구분하게 하는 규칙의 총합이나 진리에 붙어 있는 권력의 특별한 효과의 총합'을 의미한다. 이것은 또한 진리 '자체를 위한' 문제가 아니라…진리의 위치나 진리가 수행하는 경제적·정치적 역할에 대한 전쟁에 관한 문제다.
>
> '진리'는 진술들의 생산, 규제, 배분, 순환, 작용을 위해 규정된 절차의 체계로 이해되어야 한다.…곧 진리의 '통치 체계'다.
>
> 미셸 푸코, 『권력/지식』
>
> *이 부분은 Keith Jenkins, *Re-thinking History* (London: Routledge, 1991), pp. 31-32에 요약, 인용되어 있다.

이제는 더 비판적인 고찰로 넘어가려 한다.

첫째, 모든 메타내러티브에 대한 부정 자체도 하나의 메타내러티브다. 메타내러티브라는 것이 아예 없다는 것을 제일 원리로 받아들이는 관념이되, 그 속에 담긴 자기모순을 무시하지 않고는 지탱될 수 없는 관념이다. 포스트모더니즘은 이런 성격을 갖고 있다.

둘째, 우리가 실재에 접근할 수 없다(사물의 진실을 지칭하는 의미에서 사실은 없다)는 생각과 우리가 실재에 관한 이야기만 들려줄 수 있다는 생각은 서로 자가당착 관계에 있다. 거칠게 말해, 이 생각은 자기 스스로를 설명할 길이 없는데, 그 생각이 우리에게 무엇이라고 설명하든지, 그 자체의 논리상 그것은 우리가 알 수 없는 소리에 불과하기 때문이다. 찰스 테일러(Charles Taylor)는 리처드 로티를 분석하면서 이 문제를 더욱 신중하게 지적한다.

> 로티는 비실재론을 향해 큰 도약을 감행한다. 지금까지 사실 혹은 사물의 진실이 있는 것으로 간주되었던 거기에 이제는 오직 경쟁 관계에 있는 언어들만 남았는데, 그럼에도 우리는 그 가운데 어느 것이 다른 것들보다 더 낫다고 생각하고 계속 언어를 사용한다.…
>
> 그러나 어떤 것을 믿는다는 것은 그것이 참이라고 생각하는 것이다. 사실상 누구든 자신의 믿음을 의식적으로 표명하고 활용할 때는 그것이 자기에게 참되게 보이기 때문이지 그 밖의 다른 이유는 없다.[67]

이와 마찬가지로, 니체가 "진리는 은유들의 기동 부대"라거나 관습적 "거짓말"이라고 말할 때, 그는 암묵적으로 그것이 참된 진술인 것처럼 주장하지만 그 자체의 논리상 그럴 수 없는 주장을 하고 있다.[68]

---

67 Charles Taylor, "Rorty in the Epistemological Tradition," in *Reading Rorty*, ed. Alan R. Malachowski (Oxford: Blackwell, 1990), p. 258.
68 Nietzsche, "On Truth and Lie," pp. 46-47. 로티에 대한 버나드 윌리엄스(Bernard Williams)의 비평이 니체에게도 적용될 수 있다. "때로는 그[로티], 나는 여기에 니체도 덧붙이고 싶다]가 자기 사상의 지위에 대해 잘 알고 있는 것처럼 보인다.…또 다른 때에는, 자의식의 한 가지 요건을 완전히 잊어버린 것처럼 보이는데, 예전의 철학들처럼 그는 현 상황에서 벗어나려고 애쓰면서 자기 담론을 마치 자기가 묘사하는 일반적인 철학적 상황 바깥에 위치하고 있는 것처럼 순진하게 취급하곤 한다. 그러므로 그는 혹자가 던지는 질문, 즉 여러 지적 활동에 대한 자신[로티]의 설명을 수용하는 동시에 그것을 실천에 옮길 수 있는지 물어보는 질문을 무시해 버린다." "Auto-da-Fé: Consequences of Pragmatism," in *Reading Rorty*, ed. Alan R. Malachowski (Oxford: Blackwell, 1990), p. 29. 포스트모던 인식론에 관한 폭넓고 정교

셋째, 릴라가 지적하는 것처럼, 언어의 불확정성(텍스트는 다양한 방식으로 읽힐 수 있고, 서로 상반된 방식으로 읽히는 것도 가능하다)을 주장하는 해체주의의 견해는 이런 의문을 제기하게 만든다. "그러면 우리는 해체주의자의 명제들을 어떻게 이해해야 하는가? 비평가들이 지적하듯이, 언어는 모호하지 않은 주장을 표명할 수 없다는 주장을 언어로 표현할 경우 그 속에 해결 불가능한 역설이 내포될 수밖에 없다."[69]

넷째, 인간 이성의 자율성과 충족성에 대한 포스트모더니즘의 비판은 인간 이성의 자율성과 충족성에 기초한다. 니체로 하여금 데카르트의 "나는 생각한다. 고로 나는 존재한다"라는 명제의 타당성을 의심하게 만든 것은 무엇인가? '나'라는 존재가 생각을 일으키는 행위자임을 의심하게 만든 것이 무엇인가? 정답은, 니체의 생각이다. 만일 니체의 생각이 니체의 산물이 아니라면? 그것이 단지 사유 행위에 불과하다면? 그렇다면 니체의 '나'는 언어로 구성된 존재일 뿐이다. 니체나 우리가 접근할 수 있는 어떤 니체도 존재하지 않는다. 사실, 실체를 지닌 우리라는 것도 없다. 우리를 구성하는 언어적 구성물의 흐름만 있을 뿐이다. 오직 언어적 구성체만 존재한다면 우리가 굳이 이런 모습으로 구성될 이유가 없으며, 현재 우리를 구성하는 언어의 흐름이 우리의 현재 모습과 어떤 연관성이 있다고 생각할 이유도 없어진다. 결론적으로 우리는 계속 진행 중인 일련의 언어 게임으로 구성된 주관적인 인식의 틀 속에 갇혀 있는 셈이다.

한 비판은 Alvin I. Goldman, *Knowledge in a Social World* (Oxford: Oxford University Press, 1999), pp. 3-100를 보라.
69   Lilla, "Politics of Jacques Derrida," p. 38.

포스트모던 세계에서의 영성

앞서 살펴보았듯, 어떤 사람들은 하나님이 없다는 생각을 갖고도 잘 살아가는 것처럼 보인다. 버트런드 러셀, 칼 세이건, 카이 닐슨(Kai Nielsen) 같은 인물이 그렇다.[70] 또 어떤 자들은 더 어렵게 살아가는 듯하다. 니체는 하나님의 자리에 자신을 앉혔다. 바츨라프 하벨은 절대 존재(Being)에 유신론에서 말하는 신의 속성을 부여하긴 했으나, 그것은 실제로 인격적 하나님이 아니다.[71] 포스트모던 학자 이합 핫산은 짧은 말로 모호한 영성을 갖도록 부추긴다. 그는 이렇게 간청한다. "내가 알기로는, 우리가 모두 공유하는 것, 곧 가장 폭넓은 의미에서 우주에 대한 경외심, 존재와 도덕에 대한 의식이 없다면, 존재라는 것이 순식간에 단순한 생존으로 축소된다는 것이다."[72] 과학 저술가 존 호건(John Horgan)은 과학과 영성의 관계를 고찰하면서 신비적 체험이 우리에게 커다란 선물을 준다는 식으로 상당히 모호한 결론을 내린다.

세계와 관련하여 옳은 것을 모두 보는 것—진정으로 보는 것—이다. 자비로운 신을 믿는 신자가 자연적 악의 문제로 괴로움을 당하는 것처럼, 영지주의자, 무신론자, 비관론자, 허무주의자는 우정, 사랑, 아름다움, 진리, 유머, 동정심, 재미 등의 문제로 괴로움을 당하는 게 당연하다.[73]

---

70 Bertrand Russell, "A Free Man's Worship," https://philosophicalsociety.com/Archives/A%20Free%20Man's%20Worship.htm; Carl Sagan, *Cosmos* (New York: Random House, 1980), p. 8, n. 9; Kai Nielsen, *Ethics Without God*, rev. ed. (Buffalo, NY: Prometheus, 1993)을 보라.
71 Václav Havel, *Letters to Olga: June 1979–September 1982*, trans. Paul Wilson (New York: Henry Holt, 1989), pp. 331, 346, 358-359; 또한 James W. Sire, *Václav Havel: The Intellectual Conscience of International Politics* (Downers Grove, IL: InterVarsity Press, 2001), pp. 55-59를 보라.
72 Hassan, "Postmodernism to Postmodernity," final paragraph.
73 John Horgan, "Between Science and Spirituality," *Chronicle of Higher Education*, November

그는 무신론자와 허무주의자가 어떻게 괴로움을 당하게 되는지는 말하지 않는다.

최근에 자연주의자들이 견지하는 지배적 입장을 보면 그 중심에는 인문주의가 자리 잡고 있다. 하나님이 죽은 후에도 우리가 그럭저럭 꾸려 나갈 수 있을 것이라는 식이다. 피터 왓슨(Peter Watson)은 『현대 정신』(*The Modern Mind*)이라는 방대한 책의 마지막에서, 누그러진 포스트모더니즘, 누그러진 과학, 누그러진 서양 인문주의가 우리 모두를 문화적 무정부 상태에서 벗어나 의미와 중요성을 발견할 수 있는 사회로 인도해 주리라 기대한다.[74] 그는 철학자 브라이언 매기(Bryan Magee)와 사회생물학자 E. O. 윌슨을 인용한다. 매기의 경우, 인간의 존엄성을 믿는 도덕적 입장이나 신념을 갖는 데 굳이 하나님이나 이성의 재가를 받을 필요가 없다고 주장한다. 우리는 그저 직관적으로 옳다고 생각하는 대로 행동하면 된다.[75] 윌슨의 경우에는, 과학이 현재의 경로를 따라가면 장차 인문학과 예술과 합쳐져서 인간적 가치관과 열망을 지지하는 "통섭"(consilience)에 도달하리라고 주장한다. 그는 우리의 도덕 감각에 대한 물질적 원인을 발견하기만 하면 우리가 마땅히 취할 바람직한 행위를 충분히 정당화해 주리라 믿는다. 그는 여기서 **존재**에서 **당위**를 끌어내는 자연주의적 오류를 범하는데, 그는 이를 부인하지만 그게 사실이다. 그의 유물론적 환원주의를 설득력 있는 견해로 보는 사람은 거의 없다.[76]

29, 2002, p. B9.

[74] Peter Watson, *The Modern Mind: An Intellectual History of the Twentieth Century* (New York: Perennial, 2001), pp. 767-772.

[75] Bryan Magee, *Confessions of a Philosopher* (London: Phoenix, 1977), pp. 590-592.

[76] E. O. Wilson, *Consilience: The Unity of Knowledge* (New York: Alfred A. Knopf, 1998), 특히 pp. 238-265. 『통섭』(사이언스북스). 예를 들어 "Is Everything Relative?," *Wilson Quarterly*, Winter 1998, pp. 14-49에 나오는 포스트모더니스트 리처드 로티와 생물학자 폴 그로스(Paul R. Gross)의 반응을 보라.

끝으로, 앨런 소칼과 장 브리크몽은 포스트모더니즘에 대한 도전의 세 가지 가능한 결과를 정리한다. 첫째는 "반동적 반응으로 일종의 독단주의나 신비주의(예컨대 뉴에이지), 종교적 근본주의로 돌아가는 것이다." 둘째는 "지식인들이 기존 사회 질서에 대한 철저한 비판을 꺼리는 방향으로 (적어도 10-20년 동안) 나가는 것이다." 셋째는 "새로운 문화의 등장인데, 그것은 합리주의적이되 독단적이지 않고, 개방적이되 경박하지 않고, 정치적으로 진보적이되 당파적이지 않은 문화일 것이다." 그러나 소칼과 브리크몽은 현실적이다. 그들은 "이것은 단지 희망일 뿐이고, 어쩌면 꿈에 불과할지도 모른다"라고 덧붙인다.[77] 그리고 사실 꿈으로 끝날 가능성이 높다. 과학적 합리주의에 그런 희망을 뒷받침할 만한 토대가 있는가?

어쨌든 하나님의 죽음, 이성의 죽음, 진리의 죽음, 자아의 죽음 등—오늘날 포스트모더니즘의 특징을 이루는 모든 것—은 상당히 오랫동안 우리와 함께 있을 것 같다. 사려 깊은 사람들은 시대마다 무엇이 참으로 실재적인지, 우리가 어떻게 알 수 있는지 계속해서 질문을 던질 것이다. 우리가 물질적 존재에 불과하며 비의도적이고 무정한 뿌리가 낳은 산물일 뿐이라면, 우리가 무엇이든 알 수 있다는 생각은 어디서 온 것인가? 우리가 선하게 되어야 한다는 생각은 또 어디서 왔는가?

포스트모더니즘이 우리에게 해 준 것이 자연주의를 넘어서는 게 아니라 오히려 완전한 불확실성의 그물에 말려들게 한 것이라면 그것이 우리의 진면목을 제대로 묘사해 준다고 생각할 이유가 있는가? 포스트모더니즘을 넘어서는 길은 없는가?

---

77 Sokal and Bricmont, *Fashionable Nonsense*, p. 211.

포스트모더니즘을 넘어서

물론 포스트모더니즘은 완숙한 세계관이 아니다. 하지만 널리 퍼지는 바람에 여러 세계관을 변형시키게 되었는데, 가장 눈에 띄는 사례가 자연주의다. 사실 이런 면에서 포스트모더니즘을 '근대'의 가장 최근 단계로, 자연주의의 가장 최근 형태로 간주하는 것이 가장 좋으리라 생각한다. 포스트모더니즘 속에는 모더니즘의 본질이 그대로 남아 있다. 이 둘이 공유하는 두 가지 핵심 관념은 (1) 우주가 존재하는 모든 것—어떻게든 신은 존재하지 않는다—이라는 것과 (2) 인간 이성의 자율성이다. 물론 후자가 전자에서 나온다. 하나님이 없다면 인간이 우주에 존재하는 유일한 '인격'—그 밖에 또 어떤 존재든 상관없이—일 것이다. 이제까지의 증거로 볼 때 그들만이 이성적 정신을 가진 유일한 존재다. 따라서 우리는 스스로 존재하는 셈이다. 초기의 모더티스트들은 낙관적이었으나, 최근의 모더니스트들은 그렇지 않다. 초기와 후기 모더니즘을 구별하는 것은 상당히 중요한 문제이기에 후자에 **포스트모던**이라는 용어를 붙이는 것이 필요하다.

포스트모더니즘은 자연주의의 얼굴에서 교만하게 웃는 가면을 벗겨낸다. 가면 뒤의 얼굴은 끊임없이 변하는 표정을 짓고 있다. 거기에는 인간 대중의 떼거리 심성을 맹렬히 비난하는 니체의 고뇌, 초인이 되고자 하는 니체의 황홀한 기쁨, 강렬한 성적 체험을 지향하는 푸코의 곁눈질, 자신의 담론을 포함해 모든 담론을 해체하는 데리다의 익살스런 웃음, 토대 없는 연대성을 지지하는 로티의 입술 주변의 아이러니컬한 모양새가 담겨 있다. 그러나 진리에 대한 확신, 실재에 대한 신뢰, 장래에 대한 희망을 표명하는 얼굴은 없다.

우리 문화가 더욱 희망찬 미래를 향해 전진하려면, 먼저 더 실재적인 과거로 돌아가서 어디서 길을 잘못 들었는지 찾아내고, 거기서부터 후대에 발견한 귀중한 통찰들을 고려하는 가운데 더욱 적절한 세계관을 다듬어 내야 할 것이다.[78]

중동, 북아프리카, 동남아 등에서 수 세기 동안 자리를 잡아온 세계관이 있다. 그러나 최근까지 그 세계관이 지적으로나 사회적으로 근대 서양 세계에 거의 도전이 되지 못했다. 하지만 테러리스트들이 민간 항공기를 사용해 뉴욕의 세계무역센터를 공격한 2001년 9월 11일 이후, 곧 9/11이라 불리는 사건 이후에는 상황이 완전히 달라졌다. 이슬람교는 서양에서도 전면에 등장하고 중심 무대에 서게 되었다. 이슬람교의 세계관을 이제는 더 이상 지나칠 수 없게 되었다.

성찰과 토론을 위한 질문

1. **포스트모더니즘**이라는 용어가 어떻게 사용되고 정의되고 있는가?
2. 어떠한 점에서 포스트모더니즘이 '근대의 마지막 운동' 혹은 근대의 자연스러운 결과라고 할 수 있는가?
3. '존재가 앎에 선행한다'는 저자의 믿음에 대해 어떻게 생각하는가? 포스트모더니스트들은 이러한 견해를 어떻게 반박하는가?
4. 우리가 실재를 이해하는 방식에서 포스트모더니즘이 긍정적으로 기여한 바는 무엇인가?

---

78 이번 장을 끝내면서 몸을 사릴까 한다. 여기서 내가 간략하게 개관한 내용을 조만간 더 상세하게 다룰 생각은 없다. 다른 사람들(주 61-62에서 언급한 사람들)이 이 주제를 두고 작업하고 있으므로, 과업을 그들과 그 동료들의 몫으로 돌린다.

10장

중동에서 온 시선: 이슬람교 유신론

윈프리드 코두언

알라 외에 신은 없으며, 무함마드는 알라의 예언자다.
무슬림 신앙고백

1979년 테헤란 주재 미국 대사관의 적대적 점거로 시작된 여러 사건은, 그때까지 북아프리카에서 인도네시아에 이르는 지구 반대편에서 활발히 살아 있었지만 공산주의와 자본주의 간의 '진짜' 싸움과는 다른 그저 색다른 일탈 정도로만 취급되던 세계관을 북미와 유럽 무대 위로 끌어올렸다. 서양 세계가 그 세계관을 외교 정책에서 무시할 수 있었던 적은 한 번도 없었지만, 유럽에서조차 일반 대중은 그 세계관이 근대 사상에 기여한 바를 대체로 무시할 수 있었다. 물론 중세에는 이슬람 학자들이 고대 그리스인의 철학 사상을 보존, 해석, 발전시킴으로써 서양 사상에 많은 기여를 했다. 그러나 17세기에 이르러 유럽과 이후 신세계에서 그들의 지적 영향력은 대체로 사라졌다. 물론, 정치적으로 중동은 서양에 지속적인 도전으로 남아 있었지만, 서양의 기독교, 이신론, 자연주의, 실존주의 세계관을 심각하게 위협하지는 않았다. 그러나 1979년, 이란의 급진적 무슬림들이 미국 대사관을 점거하고, 곧이어 레바논과 리비아에서 다른 무슬림들과 소규모 접전을 벌였다. 그런 뒤, 21세기가 막 동틀 무렵, 중동의 테러리스트에게 납치된 두 대의 민항기가 뉴욕의 세계무역센터로 날아와 충돌했다. 그 세계관을 더 이상 무시할 수 없게 되었다.

정말로 이슬람교에 대한 관심은 전반적으로 새로워졌고, 특히 탈레반과 알카에다 같은 특정 집단과 관련해서도 새롭게 부각되었다. 안타깝게도 이슬람교에 대한 대중적 묘사는 종종 지나친 논쟁에 의해 주도되며, 우리는 그 종교 및 세계관에 대해 상충되는 많은 진술을 접한다. 따라서 이슬람교 유신론에 대한 신중한 논의를 제공하는 것이 중요하다.[1]

하지만 그와 같은 논의를 진행하려고 할 때 분명한 의문이 제기된다.

유신론은 이미 이 책에서 다뤘는데, 같은 내용을 반복하는 것이 과연 합리적인가? 만약 모든 형태의 유신론이 똑같고 우리가 단순히 동일한 정보를 반복해서 말한다면, 그 답은 분명 '합리적이지 않다'일 것이다. 그러나 **포괄적** 세계관은 존재하지 않으며, 현실에서도 **포괄적** 유신론 같은 것은 존재하지 않는다. 유산과 환경의 문제를 고려하지 않은 채 '순전한 유신론' 자체를 고수하거나 다른 어떤 세계관을 고수하는 사람은 어디에도 없다. 세계관은 항상 특정 맥락에서 발생하며, 그 세계관이 실행되는 문화에 따라 다양한 형태로 표현되기 쉽다. 따라서 기독교 유신론과 이슬람교 유신론 사이에 중요한 차이가 있다는 사실은 놀랍지 않다.

이러한 이슬람교 유신론을 설명하는 임무를 맡은 기독교 저술가는 두 가지 방향 중 하나를 택하는 실수를 범할 가능성이 높다. 하나는 기독교 유신론과 이슬람교 유신론의 차이를 지적하면서, 그 모든 경우에 단순히 기독교와 다르다는 것 자체가 이슬람교의 결함임을 입증하려는 암묵적 의도를 갖는 것이다. 헌신된 그리스도인이라 하더라도 그렇게 추론하는 것은 부당하다. 모든 차이가 진리와 거짓의 문제는 아니기 때문이다. 또 다른 방향으로 길을 잘못 드는 경우는, 피상적 공통점을 지나치게 강조하거나 소수 집단이 더 광범위한 합의를 대변하게 함으로써 이슬람교를 실제보다 더 기독교와 유사하게 보이도록 만드는 것이다. 궁극적으로 이러

---

1 이 책의 주 저자인 제임스 사이어는 이슬람교와 관련해 다음의 책들을 추천한다. Winfried Corduan, *Neighboring Faiths: A Christian Introduction to World Religions*, 2nd ed. (Downers Grove, IL: IVP Academic, 2012), chaps. 3-4; Seyyed Hossein Nasr, *The Heart of Islam: Enduring Values for Humanity* (San Francisco: HarperSanFrancisco, 2002); Karen Armstrong, *Islam: A Short History* (New York: Modern Library, 2002). 『이슬람』(을유문화사); Mark Hanna, *The True Path: Seven Muslims Make Their Greatest Discovery* (Colorado Springs: International Doorways, 1975); Erwin Lutzer, Steve Miller, *The Cross in the Shadow of the Crescent: An Informed Response to Islam's War with Christianity* (Eugene, OR: Harvest House, 2013). 쇼캣 모우캐리의 다음 두 책은 특별히 유익하다. *The Prophet and the Messiah: An Arab Christian's Perspective on Islam and Christianity* (Downers Grove, IL: IVP Books, 2002), *Islam and Christianity at the Crossroads* (Batavia, IL: Lion International, 1988).

한 태도는 종교로서의 이슬람교의 가치가 기독교와의 유사성에 달려 있다는 똑같은 편견을 드러내는 것이다. 반면, 이슬람교 유신론이 수반하는 어려움을 기독교 유신론이 해결할 수 있음을 보여 줄 수 있다면, 유신론의 기독교 유형을 잠재적 해결 방안으로 가리키는 것이 합당해 보인다.

나는 쿠란(Qur'an)과 하디스(hadith)의 가르침에 충실한 자세를 견지함으로써, 가능한 한 이슬람교가 그 자체의 목소리를 낼 수 있도록 노력할 것이다. 다양한 이슬람교 집단 사이에 이견이 있는 경우, 더 널리 통용되는 해석을 제시하기 위해 최선을 다할 것이며, 그것이 현실적으로 불가능한 경우에는 쿠란의 문자적 해석에 우선순위를 둘 것이다. 그렇게 하는 것이 한계로 보일 수도 있겠지만, 실제로는 그것이 장점이 된다고 말하고 싶다. 대부분의 뉴스를 차지하며 우리가 궁금해하는 이슬람교 집단들은 보다 보수적인 집단에 속하기 때문에, 이러한 접근 방식을 사용하면 모든 분파를 동등하게 다룰 때보다 실제로 그들의 세계관을 더 명확하게 파악할 수 있다.[2]

---

[2] 보다 엄밀히 말하면, 이슬람 율법[샤리아(shari'a)]의 네 학파가 있는데, 그중 가장 보수적인 학파는 주후 800년경에 살았던 이븐 한발(Ibn-Hanbal)의 이름을 딴 한발 학파(Hanbalite school)다. 그가 죽은 지 약 100년 후, 아부 알 하산 알 아슈아리(Abu al-Hasan al-Ash'ari)에 의해 그의 접근 방식이 전면에 부각되었고, 그의 추종자들은 아슈아리파(Ash'arites)로 알려지게 되었다. 이 보수적 갈래는 18세기 사우디아라비아에서 매우 엄격한 개혁가 이븐 압둘 알 와하브(Ibn Abd al-Wahhab)에 의해 재부흥하게 되었다. 와하브파 이슬람은 사우디아라비아에서 유일하게 허용되는 이슬람 학파가 되었고, 결국 아프가니스탄의 탈레반을 탄생시켰다. 와하브파는 어느 정도 알카에다의 배경이기도 한데, 알카에다의 지도자 오사마 빈 라덴(Osama bin Laden)이 와하비즘에 개인적 뿌리를 두고 있기 때문이다. 내 설명은 의도적으로 보수적 접근 방식을 취하고 있기 때문에, 한발파와 아슈아리파의 신념을 가장 가깝게 반영할 것이다. 그러나 최근 가장 많은 관심을 불러일으키고 있는 집단에서 견지하는 입장이 바로 이러한 보수적 형태의 이슬람교이기 때문에, 쿠란의 가르침에 대한 우리의 묘사가 이 학파들의 종교 이해를 조명한다면 우리가 크게 잘못된 방향으로 가는 것은 아니라고 말할 수 있다.

기본적인 이슬람교 유신론

1. 세계관 질문 1(최고의 실재): 이슬람교의 근본 실재는 절대신(알라)이며, 그는 유일하고, 무한하며, 인격적이고, 초월적이며, 내재하고, 전지하며, 주권적이고, 선하다고 묘사된다. 이슬람교는 이러한 속성 가운데서 특히 그의 유일성, 초월성, 주권을 강조한다. 쿠란을 어느 정도까지 근본 실재의 범주에 포함시켜야 하는지에 대해서는 논쟁이 있다.

'알라'(Allah)라는 단어는 단순히 '절대신'(God)을 뜻하는 아랍어 단어이며, 완전히 문자적으로는 **바로 그** 신이라는 뜻의 '알-이라'(al-ilāh)의 축약형이다.[3] 엄밀히 말해, 그것은 고유명사가 아니라 영어에서 쓰이는 '갓'(God)처럼 포괄적으로 사용되는 단어다. 일반적으로, 그리스도인이나 다른 사람들이 성경에 나오는 하나님을 아랍어로 부를 때 사용할 수 있는 가장 적합한 단어가 알라다. 따라서, 이슬람교 유신론의 근본 실재가 알라라고 말하는 것 자체만으로 그 유신론에 대한 고유한 뭔가를 말하는 것은 아니다. 우리는 알라에 대한 묘사를 더 자세히 살펴보고 기독교 유신론과 이슬람교 유신론 사이에 어떤 차이가 있는지 알아볼 필요가 있다.[4]

이제 알라와 이슬람교 연구에서 비교를 기본 접근 방식으로 삼는 것

---

3 Frederick Mathewson Denny, *An Introduction to Islam*, 2nd ed. (New York: Macmillan, 1994), p. 387.
4 나는 'God'와 'Allah'를 혼용해서 사용할 것인데, 부분적으로는 문제의 다양성을 위함이고[성경의 하나님에 대한 긴 글을 쓸 경우 '주'(the Lord)나 '야웨'(Yahweh) 같은 동의어를 쓸 것이다], 부분적으로는 기독교 유신론과 이슬람교 유신론 사이에 유사점과 차이점 둘 모두가 존재함을 상기시키기 위함이다(한국어 번역에서는 혼란을 피하기 위해 'God'을 이슬람교 문맥에서 사용했다면 '알라'로, 기독교 문맥에서 사용했다면 '하나님'으로 구별하여 번역했다—옮긴이).

이 부적절하다고 말할 수 없다. 쿠란의 내용 중 상당 부분이 이슬람교가 다른 어떤 종교보다 훌륭하며 이슬람교에서 묘사하는 신은 인간이 상상할 수 있는 그 어떤 신보다 위대하다는 것에 대한 입증으로 이루어져 있기 때문이다. 이슬람교는 경쟁의 맥락에서 발생했다. 무함마드는 당시 메카를 지배하던 다신교와 그가 위선적이라고 여긴 유대교의 유일신교, 우상숭배적이며 터무니없다고 맹비난한 기독교의 삼위일체 유일신교에 맞서 자신이 이해한 방식의 유일신교를 주창했다. 이슬람교는 내부적이기보다는 외부적으로, 기존의 다른 종교에 맞서 스스로를 정의했다.

오 경전의 사람들이여! 종교를 과도하게 믿지 말라. 즉, 알라에 대한 진리 외에는 아무것도 말하지 말라. 마리아의 아들 그리스도 예수는 알라의 사도, 알라가 마리아에게 맡긴 그의 말씀, 알라에게서 나온 성령이다(단지 그뿐이다). 그러므로 알라와 그의 사도들을 믿으라. '삼위일체'라는 말은 쓰지 말라. 그만두라. 그렇게 하는 것이 너희에게 더 좋을 것이니, 알라는 하나의 알라이심이라. 영광을 그에게 돌릴지어다. 아들을 갖기에 그는 너무도 지극히 높으시다. 하늘과 땅의 모든 것이 그에게 속하였다. 그리고 알라는 일을 처리하는 분으로 충분하시다. (4:171)[5]

---

[5] 여기서 인용한 쿠란 구절은 모두 유수프 알리(Yusuf Ali)의 번역을 사용했으며, 이 번역본은 이제 많은 버전으로 접할 수 있고 여러 인터넷 사이트에서 쉽게 찾을 수 있다. 이슬람교에서는 최초 아랍어 원문의 쿠란만을 유일한 쿠란이라고 주장하는데, 모든 번역은 해석이 필요하며 해석하는 데는 왜곡 가능성이 있기 때문이다. 어떤 번역이나 해석이 보다 정확한지에 대해서는 많은 논쟁이 있다. 유수프 알리의 번역본은 일부 비판을 받기도 했지만, 모스크와 이슬람교 센터에서 방문객에게 배포하는 번역본이기 때문에 그들의 신앙을 대변하기에 충분히 정확하리라고 타당하게 추론할 수 있다. 더 나아가, 유수프 알리는 독실한 무슬림이었으며 그의 연구 노트는 일반적으로 받아들여지는 보수적 접근 방식을 반영하기 때문에, 그 표현과 가르침이 바른 이슬람교의 관점을 대변한다고 신뢰할 수 있다.

하지만 유수프 알리의 번역 방식을 알 필요가 있다. 한 언어에서 다른 언어로 이동할 때, 한 단어를 여러 단어로 옮기거나 짧은 표현을 길게 옮겨야 하는 경우가 있다. 보통 번역가는 이러한 조정을 자동적으로 수행하고 독자가 이것을 인지하기를 기대한다. 유수프 알리는 이러한 단어나 문구가, 문장이 전달하려는 의미의 필수적 부분일 때에도 괄호 안에 넣어 표기 이슬람교의 비교 충동은 가장 잘 알려진 이슬람교 문구 중 하나인 "알라후 아크바르"(Allahu akbar)에서 잘 드러난다. 이는 하루에 다섯 번 반복하는 기도문의 일부로, 신실한 신자들은 좋은 일이든 나쁜 일이든 평범하지 않은 일에 반응할 때 감탄사처럼 사용하는 표현이기도 하다. 보통은 간단하게 "알라는 위대하시다"라고 번역한다. 이 표현에서 주목할 점은 '아크바르'가 실제로는 단순히 '위대하다'라는 의미가 아니라는 것이다. '위대하다'라는 말 자체는 그냥 '카비르'(kabir)가 될 것이다. 그 의미에 더 가깝게 번역하려면, '더 위대하다'(비교급) 또는 '가장 위대하다'(최상급)라고 해야 한다.

그러나 이 두 가지 방식도 이 문맥에서 '아크바르'가 사용된 방식을 제대로 보여 주지 못한다. 결국, 더 위대하지만 가장 위대하지는 않은 존재가 있을 수 있으며, 언어에서는 두 명의 가장 위대한 존재처럼 최상급을 공유하는 존재가 둘 이상인 경우를 허용하기 때문이다. 간단한 예시를 들자면, 조지가 프레드보다 더 빨리 달릴 수는 있지만(비교형), 그렇다고 그가 가장 빠른 주자라는(최상급) 의미는 아니며, 만약 마이클과 스티븐이 기록을 공유한다면, 두 사람 모두 가장 빠른 주자이기 때문에 둘 다 최상급에 해당한다. 아랍어에는 이 문맥에서 알라에게 사용된 것처럼 **절대 최상급**(elative)이라는 또 다른 문법 형식이 있는데,[6] 해당 형용사가 다른 어떤 것에 적용될 때보다 그 등급을 높이는 것이다. 따라서 '알라후 아크바르'는 실제로 '알라는 다른 모든 존재보다 위대하다' 혹은 '알라는 유일무이한 최고의 존재'라는 의미를 함축한다. 우리는 이슬람교의 가장 근본적

---

6   한다. 더 나아가, 그는 대문자 표기를 다소 이례적으로 사용한다.
    엄격하게 문법적으로는, 다른 환경에서는 절대 최상급이 비교급이나 최상급 이상의 강도를 전달하지 못한다는 것과, 그렇지만 적어도 이 지점에서는 배타주의적 의미가 포함되어 있다는 것을 지적해야겠다.

인 토대에, 알라의 위대함은 다른 모든 열등한 존재와의 대비를 통해 이해된다는 신념이 자리 잡고 있음을 알 수 있다.

이러한 사고방식은 이슬람교가 스스로를 제시하는 어디서나 겉으로 드러난다. 쿠란에서, 알라에 대한 찬양이 그에 대한 잘못된 견해나 그러한 견해를 가진 사람들을 비난하는 구절과 곧바로 연결되지 않는 경우가 거의 없다. 물론 다른 종교의 경전에서도 타 신앙에 대한 인식을 보여 줄 때 분명한 대비를 강조하는 경향이 있기는 하지만, 쿠란처럼 지속적으로 그렇게 하지는 않는다.

비교할 수 없는 알라의 위대함은 그 외의 모든 그의 본성을 고려할 때 핵심축이 된다. 알라의 위대함을 손상시킨다고 이해될 가능성이 있는 어떤 것도 거짓이거나 심지어 모욕적인 것으로 간주되어야 한다. 이슬람교에서 가장 큰 죄는 '쉬르크'(*shirk*)다. 흔히 이는 '우상숭배'로 해석되지만, 문자적으로는 '결부시킴'을 의미하고 따라서 신상숭배 같은 일반적인 우상숭배의 이해를 넘어서는 의미를 함축한다. '쉬르크'는 알라를 그의 피조물과 결합하거나, 알라에게 동역자가 있다고 말하거나, 알라에게 한계가 있다고 이해하는 것을 의미한다. 한계라는 것은 그가 만든 피조물의 특성이지 그의 특성은 될 수 없다.

이런 금지 사항은 성육신 같은 개념이나 알라가 인간이 이해할 수 있는 형태로 자신을 직접 계시한다는 생각을 배제할 뿐만 아니라, 알라가 자신의 것으로 계시한 어떤 속성이든 인간의 기준으로는 측정할 수 없음을 의미한다. 예를 들면, 알라는 의롭지만, 우리가 의로움을 정의한 다음 알라가 의롭다는 것이 무엇을 의미하는지 이해할 수 있다고 생각한다면, 이는 허용되는 한계를 넘어서는 일이다. 마찬가지로, 알라는 자비롭고 은혜로우며 용서하는 분이지만, 알라에 대한 이러한 진리를 안다고 해서 알라가 어떤 특정 사람에게 분명 어떻게 행동할 것인지에 대한 함의를 끌어

낼 수 있다고 자신해서는 안 된다. 알라를 알 수 없는 것은 아니지만, 우리가 그의 속성들로부터 그가 특정한 경우에 그러한 속성을 구체적으로 어떤 식으로 드러낼 것인지 유추하는 것은 주제넘은 일이 될 것이다.

모든 유신론의 필수 요소는 신이 초월적이면서도(세상 너머에 있으면서도) 동시에 내재적이라는(세상 안에서 존재하고 활동한다는) 것이다. 이슬람교 유신론의 경우, 알라의 초월성이 내재성보다 훨씬 중요하다. 알라와 맺을 수 있는 관계에 대한 어떤 개념이든 이러한 경계를 존중해야 한다. 신과 인간은 결코 같은 차원에서 만날 수 없다. (아마도 약간 과장된) 이사밀 라기 알 파루키(Isam'il Ragi al Faruqi)의 말을 들어 보자.

> 이슬람교는 초월주의다. 모든 형태의 내재주의를 거부한다. 이슬람교는 실재가 초월적인 것과 시공간적인 것, 창조자와 피조물, 가치와 사실이라는 두 가지 포괄적 종류로 이루어지며, 형이상학적으로나 존재론적으로 서로 다르다고 주장한다. 이러한 두 존재 영역은 인간 지식의 두 방식, 즉 선험적 지식과 경험적 지식의 서로 다른 대상을 구성한다. 이러한 존재의 이중성에 대한 의식은 인간만큼이나 오래되었지만, 이슬람교에서처럼 혼돈에서 완전히 자유롭고 그 자체로 절대적으로 자명한 경우는 없었다.…이슬람교는 초월적인 것과 시공간적인 것의 형이상학적 분리를 절대적으로 주장한다는 점에서 다른 세계 종교 사이에서도 두드러진 특징을 지닌다.[7]

우리는 이 책 앞부분에서, 기독교 유신론에서는 하나님의 초월성과 우리의 유한성 사이에 직접적 모순이 존재하지 않음을 보았다. 사실, 그리스도인은 인간으로 산다는 것의 의미에서 중요한 측면이 하나님과 친밀

---

[7] Isam'il Ragi al Faruqi, "Islam," in *The Great Asian Religions*, eds. Wing-tsit Chan, Isam'il Ragi al Faruqi, Joseph M. Kitagawa, and P. T. Raju (Indianapolis: Macmillan, 1969), p. 309.

한 관계를 누릴 수 있는 능력이 있다는 것, 즉, 우리가 우리의 형제나 아버지를 아는 것처럼 하나님을 알 수 있다는 것이라고 주장한다. 쿠란에서 우리가 알라의 임재를 알고 그의 인도함, 유효함, 인애를 인식할 수 있음을 인정한다고 해도, 기독교 유신론과 비교할 때 인간과 알라의 관계에는 여전히 훨씬 더 큰 간극이 존재한다. 기독교 유신론에서, 우리는 하나님이 그분의 성령을 통해 우리 안에 내주하시기 때문에(요 14:17, 19; 롬 8:9; 고후 6:17), 우리가 다른 사람과 맺는 관계보다도 더 친밀한 관계를 하나님과 맺는다고 말할 수 있다. 쿠란에서는 그러한 진술이 불가능할 것이다. 알라가 세상에서 활동하는 만큼 내재한다고 말할 수 있을지라도, 하나님이 인간으로 성육신하신 것(그리스도)이나 그를 믿는 모든 이 안에 직접적으로 내주하신다는 기독교의 개념은 이슬람교 유신론에서 볼 때 신을 피조물의 수준으로 너무 끌어내리는 것이다.

물론 우리는 쿠란에서 알라가 우리에게 가까이 있다고 진술한다는 사실을 명확히 할 필요가 있지만, 또한 그것이 무엇을 의미하는지 알아야 한다.

> 나의 종들이 나에 관해 주께 물을 때, 나는 정말로 (그들에게) 가까이 있다. 나를 부를 때, 나는 모든 탄원자의 기도에 귀 기울인다. 그들 역시 의지를 가지고 나의 부름을 듣고, 나를 믿게 하라. 그렇게 할 때 바른 길을 걸을 수 있을 것이다. (2:186)

함무다 아브달라티(Hammudah Abdalati)는 이 구절의 근거를 두고 이렇게 단언한다.

> 알라는 높고 지고하신 분이지만, 경건하고 사려 깊은 사람들에게 매우 가까이

계시며, 그들의 기도에 응답하시고 그들을 도우신다. 그는 그를 사랑하는 사람들을 사랑하시고, 그들의 죄를 용서하신다.…그는 선하시고 사랑이 많기 때문에, 선하고 옳은 것만 권하고 받아들이신다. 그의 자비의 문은 진심으로 그의 도움과 보호를 구하는 모든 이에게 항상 열려 있다.[8]

이 구절은 일상생활에서 어려움을 겪는 무슬림에게 가장 큰 위로로 여겨지며, 따라서 이슬람 세계관 전체에 기여했다고 보아야 한다. 그럼에도 우리는 이 구절의 문맥과 전체 의도 역시 인지할 필요가 있다. 이 구절은 라마단 준수에 관한 다양한 규칙 가운데 등장한다. 직전에 나오는 구절은 라마단 기간에 금식을 명령하고, 몸이 아프거나 여행 중인 사람은 나중에 의무를 이행할 수 있도록 허용한다. 그다음으로, 금식 시간에는 성관계를 갖지 말고 식사가 허용되는 시간에는 과식하지 말라는 지침이 이어진다. 요컨대, 이 구절은 알라의 임재에 대한 확신을 담고 있지만, 문맥상 이 구절의 주된 목적은 라마단 기간에 신자들의 기도가 응답되기 위한 조건을 제공하는 데 있는 것으로 보인다. 따라서 이 구절은 위로의 말씀이지만 순종에 대한 권면과도 연결되어 있다.

더 극단적인 예를 들자면, 서양 그리스도인을 상대하는 무슬림 변증가들은 때로 쿠란의 구절(50:16) 일부를 인용해 알라와 사람들 사이의 거리감에 대한 인식을 반박하고자 한다. "우리는 (그의) 목에 흐르는 혈관보다 가깝다." 여기서 "우리"는 '군주 복수형'(royal we, 군주나 국왕처럼 절대 주권자가 자신을 지칭할 때 단수 대신 복수를 사용하는 것을 말한다—옮긴이)을 사용하여 말하는 알라다. 이 구절은 분명 친밀한 인격적 관계를 암시하는 것처럼 보인다. 하지만 앞뒤 문맥을 살펴보면, 그 자체로는 알라의 위로를 주

---

8   Hammudah Abdalati, *Islam in Focus* (Indianapolis: American Trust Publications, 1975), p. 5.

는 임재에 대한 확증처럼 보일 수 있는 것이 사실은 위협임을 알 수 있다. 그 구절 전체와 따라오는 두 구절을 함께 보자.

> 사람을 창조한 것은 우리며, 우리는 그의 영혼이 그에게 어떤 어둠의 제안을 하는지 안다. 우리는 (그의) 목에 흐르는 혈관보다 가깝다. 보라, (그의 행위를) 살펴보도록 (그리고 기록하도록) 둘(수호천사)이 임명되었는데 하나는 오른편에, 하나는 왼편에 앉아 있다. 그가 한마디도 말하지 않더라도, 그 바로 옆에는 파수꾼이 있어 (그것을 기록할) 준비가 되어 있다. (50:16-18)

이 구절에서는 친밀한 인격적 관계 같은 것을 가르치지 않을 뿐만 아니라, 이 구절에 묘사된 알라의 임재는 직접적이지 않고 두 천사에 의해 매개된다.

이러한 알라와의 친밀한 관계를 명백하게 결핍하고 있는 데서 예외적인 경우는 이슬람교의 신비주의 분파인 수피파(Sufism)가 될 수 있다. 수피의 가르침은 쿠란을 훨씬 뛰어넘어 알라와 신자 사이의 사랑의 관계를 강조함으로써 이슬람교 전체에 지대한 영향을 끼쳤다. 심지어 사람이 알라의 직접적 비전을 얻을 수 있다고도 가르친다. 그러나 그것은 모든 무슬림에게 단순히 주어지는 어떤 것이 아니다. 그러한 결과에 이르려면 많은 공을 들여야 하며, 단순히 그렇게 하겠다고 결심한다고 해서 경험을 얻을 수 있는 게 아니다. 이 경지에 도달하기 위해서는 수년간 엄격한 수피파의 규칙을 따라야 한다.⁹ 이슬람교의 모든 일반 규칙을 준수할 뿐 아니라, 절대적인 정결의 상태에 도달하고 유지해야 한다. 그럴 때 직접적으로 알라의 임재 안에 있게 되는 순간을 얻는 것이 가능해진다. 그러나 그렇다

9　Menahem Milson, trans. and ed., *A Sufi Rule for Novices* (Cambridge, MA: Harvard University Press, 1975).

하더라도, 수피파 역시 알라의 초월성 강조에 대해서만큼은 예외를 두지 않는다. 그들의 목표는 알라가 인간과 가까워지기 위해 아래로 내려오는 것이 아니라, 수피 수도사가 마침내 알라를 경험하기에 충분한 높이에 도달할 때까지 그의 영적 상태를 고양시키는 것이기 때문이다.

그러나 물론, 앞에서 나온 알 파루키의 진술에도 불구하고, 이슬람교에서 알라의 내재성을 완전히 무시하지는 않는다. 뒤에서 보겠지만, 알라는 멀리서도 우주의 사건을 규제하며, 인간 역사를 통해 자신을 일관되게 계시해 왔다. 알라의 가장 중요한 계시는 쿠란이지만, 이슬람교에서는 일반 계시를 어느 정도 허용하기도 한다.

> 보라, 하늘과 땅을 창조한 것, 밤과 낮이 바뀌는 것, 인류의 이익을 위해 배들이 바다를 항해하는 것, 알라가 하늘에서 비를 내리고 그것을 통해 죽은 땅에 생명을 주시는 것, 그가 온 땅에 흩어놓으신 온갖 짐승들, 바람의 변화와 하늘과 땅 사이에서 그 바람이 마치 자신의 종처럼 끌고 다니는 구름, 참으로 (여기에) 지혜로운 사람들을 위한 표징이 있다. (2:164)

이러한 신의 실마리를 알아보는 것은 '지혜로운 사람들'에게 제한되어 있으며, 이는 '이미 알라를 믿는 사람들'의 다른 표현일 뿐임을 주지하라. 사실, 이 구절 바로 다음에 따라오는 내용은 표징을 보았지만 알라가 아닌 바로 그러한 것들을 숭배하게 되는 이들에 대한 정죄다.

그럼에도, 계시의 사실은 알라의 초월성 때문에 우리가 알라의 속성에 대해 불가지론적이어야 한다는 생각에 여지를 주지 않는다. 우리는 알라에 대해 어떤 것들을 알 수 있다. 그러나 언제나 이 지식은 오직 일반적임을 인정해야 한다. 우리는 알라가 자비롭다는 **사실을** 알 수 있지만, 그 말에 담긴 함의를 도출할 수 있을 만큼 그 의미를 충분히 이해하는 척해서는 안 된다.

알라의 배타적 본성과 관련된 앞의 모든 내용을 살펴본 뒤, 이슬람교에서 근본 실재를 구성하는 요소에 대한 우리의 탐구에 한 가지 항목을 더 추가해야 한다는 것을 알면 놀랄 수도 있다. 적어도 그 항목은 무슬림 사이에서 논쟁의 여지가 있는 사안이기는 하다. 지금까지 우리의 답은 알라가 궁극적 실재라는 것, 알라 스스로는 우리와 상당히 떨어져 있다는 것, 알라는 쿠란을 통해 우리에게 자신을 계시했다는 것이다. 또 다른 수수께끼를 던져 주는 사안은 바로 쿠란의 본성이다. 쿠란은 일반적으로 영원하다고 받아들여진다. 쿠란의 참된 형태는 하늘에 '경전의 어머니'['움 알 키타브'(Umm-al-Kitab)]로 존재한다. 가브리엘이 무함마드에게 최초로 임무를 줄 때, 그 천사는 '움 알 키타브'에서 발췌한 일부를 그에게 보여 주었고, 이 부분을 읽고 암송하라고 명령했다(수라 96장). 무함마드는 문맹이었기 때문에 처음에 이 명령을 받고는 매우 당황했다. 천사는 단순한 핏덩어리(즉, 수정란)에서 사람을 창조하신 동일한 알라는 그에게도 책을 읽고 그 내용을 완전히 정확하게 반복할 수 있는 능력을 주실 것이라며 안심시켰다. 이것이 무슬림들이 쿠란을 기적이라고 부르는 이유 중 하나다(나머지 이유는 쿠란의 형식과 내용이 완벽하다고 인식되는 점이다). 동시에, '책 뒤의 책', 즉 하늘에 있는 참된 쿠란의 본성은 무슬림 사이에서 많은 논쟁을 불러일으켰다.

역사적으로 이 논쟁을 주도해 온 것은 무타질라파(Mu'tazilites)와 아슈아리파(Ash'arites)로 알려져 있다.[10] 이번 장에서 논쟁 전체를 제대로 전부

---

10 무타질라파는 주후 8세기 초, 철학적 소양을 갖춘 이슬람교 개종자들 사이에서 생겨났으며, 이들은 이슬람교에 대한 합리적 논거(kalām)를 제시하려고 노력했다. 그들은 쿠란의 영원성과 개인의 자유(이에 대해서는 이번 장 뒷부분에서 다룰 것이다)라는 두 가지 쟁점에 대해 흔치 않은 입장을 취했다. 쿠란과 관련해 무타질라파는 쿠란이 창조되었다고 단언했다. 그에 맞서 아슈아리파는(앞의 각주 2를 보라) 쿠란이 영원하지만 알라의 생각으로서 그런 것

다룰 수는 없으므로, "시간이 지나면서 [아슈아리파가] 수니파 신학의 지배적 학파로 여겨지게 되었다"는 존 에스포지토(John L. Esposito)의 평가를 언급하는 데 만족하고, 그 대신 양편의 견해에 초점을 맞춰야 할 것 같다.[11] 이미 암시했듯, '움 알 키타브'의 핵심은 영원성에 관한 것이다. 만약 그것이 정말로 영원한 책이라면, 우리는 사실 알라와 쿠란이라는 두 개의 근본 실재를 가질 수 있으며, 그렇다면 후자는 알라의 위대함을 손상시킬 것이다. 이 원치 않는 결과를 다루는 가장 쉬운 방법은, 쿠란은 창조되었고 따라서 시간성을 갖는다고 말하는 것이며, 바로 그것이 무타질라파의 입장이었다. 그러나 '움 알 키타브'가 영원하다는 개념은 이슬람 사상에 너무 깊이 뿌리박혀 있었기 때문에, 무슬림들이 보기에 그것을 부정하는 것은 경전의 권위를 떨어뜨리는 일이었다. 아슈아리파의 입장이기도 하면서 가장 일반적으로 받아들여지는 해결책은, 쿠란이 독립적 실재는 아니면서도 실제로 영원하다고 말하는 것이다. 오히려, 쿠란의 말씀은 알라 자신의 생각이며, 따라서 알라가 있는 한 그것도 존재했고 그럼으로써 쿠란은 두 번째 실재로 규정되지 않으면서도 영원하게 된다.

이러한 견해를 고려할 때, 쿠란은 알라의 생각을 담고 있을 뿐 아니라, 그 생각을 우리에게 매개해 준다. 결과적으로, 우리는 쿠란에 대해 두 층위로 생각하면서, (우리로서는 결코 접근할 수 없는) 알라의 정신의 내용으로서의 쿠란과 (알라에 대한 정확한 지식을 가질 수 있는 유일한 방법인) 알라의 계

이지 별도로 존재하는 실재로서 그런 것은 아니라는 이해를 옹호했다. 아슈아리파는 무타질라파를 결국 이단으로 규정하는 데 성공했지만, 무타질라파의 사상은 우리 시대의 무슬림에 의해 어느 정도 되살아났다. 그럼에도 무타질라파나 아슈아리파 중 한쪽이 이슬람교의 그 문제를 '해결'했다고 보는 것은 큰 의미가 없다. 아슈아리파의 견해가 더 오래 지속되어 오기는 했지만 논쟁은 아직도 진행되고 있다. David S. Noss, *A History of the World's Religions* (Upper Saddle River, NJ: Prentice Hall, 2008), pp. 569-572.

11 John L. Esposito, *Islam: The Straight Path*, 3rd ed. (New York: Oxford University Press, 1998), p. 73.

> 무슬림의 삶에서 쿠란이 차지하는 위치는 유대인과 그리스도인의 삶에서 성경이 차지하는 위치처럼 제한적일 뿐이다. 학자들은 기독교와 관련하여, 역사와 인류 안에서 세상에 기적적으로 내려온 신의 말씀이라고 믿는다는 점에서 쿠란이 그리스도와 유익하게 비교될 수 있다고 평해 왔다. 기독교에서 "말씀이 육신이 되었다"면, 이슬람교에서는 책이 되었다. 그리고 그 책은 믿음과 순종의 맥락에서 생생하게 읽히는 곳에서만 적절하게 전유되고 적용된다.
>
> 프레더릭 매튜슨 데니, 『이슬람 개론』

시로서의 쿠란을 구별해야 한다.

무슬림 학자 사이에서 벌어지는 이 논쟁에서 우리가 어느 편을 들 필요는 없지만, 이슬람교에서 근본 실재를 구성하는 것이 무엇인지 파악하려고 노력할 때, 일부 이슬람 학파에서는 쿠란을 알라의 정신을 표현하는 것으로 본다는 점을 포함하는 게 중요하다.

---

2. 세계관 질문 2(외부 실재): 알라는 무에서 우주를 창조했고, 모든 피조물은 그에게 반응해야 한다. 그러나 알라의 신적 계율을 벗어나서는 세상에서 어떤 일도 발생하지 않는다는 점에서 세계는 닫힌 체계다.

알라의 위대함이 드러내는 장엄함은 그가 우주를 창조한 기적에서 분명하게 드러난다.

사람들은 서서나 앉아서나 누워서나 알라를 찬양하는 것을 경축하고, 천지창조(의 경이)를 묵상하는 사람들이 (마음으로 말하길): "우리 주님! 주께서 이 (모

든) 것을 헛되이 창조하지 않으셨나이다! 주께 영광을! 우리를 불의 형벌로부터 구원하소서." (3:191)

알라의 창조는 단지 물질적인 것에만 국한되지 않는다. 가장 첫 번째 수라에서, 알라는 "세상의 수호자이자 지탱자"(1:2)로 찬양되며, 리처드 마틴(Richard C. Martin)은 "복수형 세상은 우리가 생각하듯 다른 행성과 별을 가리키는 것이 아니라 천사와 보이지 않는 영적 존재의 다른 신성한 영역을 가리킨다"고 지적한다.[12] 인간을 창조하기 전, 알라는 이미 천사와 '진'(jinn)을 창조했다. 쿠란에 따르면, 후자는 선할 수도 악할 수도 있는 영적 존재로, 무함마드의 메시지를 듣고 회개한 이들도 상당수 포함된다(72:14-15). 그럼에도 많은 무슬림은 '진'을 주로 사악한 존재로 보며, 그들로부터 자신들을 보호하고자 애쓴다.

알라의 창조 방식은 그저 말을 하여 사물이 존재하게 하는 것이다. 이러한 이해는 쿠란의 두 구절에 잘 드러나 있다. 따라서 아담의 창조와 관련해 다음과 같은 본문이 나온다. "그분은 그를 흙으로 창조하셨고, 그런 뒤 그에게 '존재하라'고 말씀하셨다. 그러자 그가 있었다"(3:59).[13] 마찬가지로, 천사가 마리아에게 그녀가 처녀임에도 예수를 낳을 것이라고 알려주었을 때, 충분히 이해할 만하게도 마리아는 어리둥절해했다. 천사는 그녀의 의심을 이렇게 꾸짖는다. "그렇더라도 알라는 그가 뜻하시는 것을 창조하신다. 그가 계획을 명하실 때, 그는 다만 '되라'라고 말씀하시고, 그러면

---

12 Richard C. Martin, *Islam: A Cultural Perspective* (Englewood Cliffs, NJ: Prentice Hall, 1982), p. 92.
13 여기와 다른 여러 곳에서, 쿠란은 아담이 흙이나 진흙으로 창조되었다는 성경의 개념과 일치한다는 점에 주목하라. 수라 96장에 나오는, 알라가 핏덩어리에서 사람을 창조했다는 진술은 아담의 창조를 말하는 것이 아니라, 처음에는 핏덩어리에 지나지 않는 것처럼 보이는 수정란에서 각 인간이 나오는 기적을 가리킨다.

그대로 된다!"(3:47)

알라는 우주를 창조했기 때문에 그에 대한 절대적 재량권을 가진다. 해변에 모래성을 쌓은 아이를 생각해 보라. 아이는 조개껍질로 성을 장식하고 물에 떠내려가지 않게 보호하고 성을 더 쌓을 수도 있고, 발로 짓밟고 물에 떠내려가게 하거나 절반은 놔두고 절반은 떠내려가게 할 수도 있다. 결정은 전적으로 아이의 몫이다. 아이는 모래성에 빚진 것이 없지만, 구조물은 아이에게 모든 것을 빚지고 있다. 아이가 그것을 돌보는 한, 이는 순전히 아이의 선한 본성의 문제다. 아이는 그러한 본성을 유지할 의무가 없다. 바로 그것이 알라와 피조물의 관계다.

알라는 우주의 창조자이자 소유자이며, 그의 계획에서 벗어난 어떤 일도 우주 안에서 일어나지 않는다. 이러한 교리를 '카드르'(Qadr)라고 하는데, 문자적으로 '힘'이라는 뜻이다. 이 경우, 그것은 우주를 알고 다스리는 알라의 능력을 지칭한다. 알라에게 놀라운 일이란 없다. 이 정도는 알 수 있지만, 이 개념을 이해하는 방식은 다양하며, 무슬림 학자들은 이 개념이 등장한 1세기부터 지금까지 그것이 함축하는 의미를 두고 논쟁을 벌여 왔다.

다시 말하지만, 역사적으로 다툼을 벌여 온 두 경쟁자는 무타질라파와 아슈아리파이며, 또 다시 말하지만 무타질라파의 중요성을 최소화하고자 하지 않으면서도 우리는 아슈아리파의 견해가 지배적이었고 따라서 전체를 더 대변한다는 점에 주목할 필요가 있다. 그리고 다시 한번, 우리의 목적상 이 논의에서 누가 옳은지 어느 편을 들 필요는 없다. 더 나아가, 그에 대한 해석의 모든 변형을 그저 기술하는 것만으로도 책 한 권이 필요할 것이다.

알라의 섭리는 우주의 모든 세부 사항에 대한 철저한 지식에서 시작된다. 이 모든 지식은 영구적인 자료 은행에 보관되어 있다.

나뭇잎 하나도 그가 알지 않고는 떨어지지 않으며, 곡식 알갱이 하나도, 신선하거나 마른(푸르거나 시든) 그 무엇도 땅의 어둠(혹은 깊음) 안에 있지 않고, (읽을 수 있는 이들에게) 분명한 기록으로 (새겨져) 있다. (6:59b)

그러나 알라에게 지식이란 단순히 특정 상황을 인식하거나 모든 올바른 명제를 참으로 받아들이는 것이 아니다. 그에게 사물이나 사건을 안다는 것은 그것을 통제하는 것이다.

우리가 그것을 일어나게 하기 전 율례에 기록되지 않은 채 어떤 불행도 지상에서 일어날 수 없다. 그것은 알라에게 참으로 쉬운 일이다. 너희가 너희를 지나치는 일로 인해 절망하거나 너희에게 베풀어진 호의에 기고만장해지지 않게 하기 위함이다. 알라는 허황된 자랑을 하는 어떤 이도 사랑하지 않기 때문이다. (57:22-23)

마흐무드 무라드(Mahmoud Murad)는 '카드르'에 대한 상당히 엄격한 해석을 옹호하면서, 이 교리를 받아들이는 것은 다음을 인정하는 것을 수반한다고 주장한다.

알라의 지식이 모든 것을 아우르며, 하늘에 있는 것이든 땅에 있는 것이든 그의 지식을 벗어나는 것은 없다. 알라는 자신의 피조물을 창조하기 전부터 알았다. 그는 그들의 필요, 수명, 말, 행실, 행동, 움직임, 내외부의 일, 그들 중 누가 잔나[천국]에 가도록 정해졌는지, 그들 중 누가 지옥에 떨어질 운명인지 다시 정한다.

알라는 무엇이 존재하게 될 것인지 미리 결정했다. 이것을 위해서는 모든 신성한 율례를 기록하는 '펜'(the Pen)과 그 결정이 기록되는 '보존된 판'(the

Preserved Tablet)을 믿어야 한다.

알라의 뜻은 실질적이고, 그의 능력은 무궁무진하고 포괄적이다. 의심할 여지 없이 알라가 뜻하는 것은 무엇이든 이루어지며, 그가 뜻하지 않는 것은 무능력 때문이 아니라 그의 무한한 지혜 때문에 이루어지지 않는다. 알라의 능력을 좌절시키는 것은 아무것도 없다.[14]

다른 해석들은 이러한 설명을 기점으로 모두 후퇴하는 입장이지만, 이 해석에서 멀어질수록 가장 널리 통용되는 보수적 수니파의 입장과 멀어진다는 것을 명심해야 한다.

따라서, 역설적으로 보일 수 있지만 실제로는 매우 합리적인 그림이 나타난다. 한편으로, 알라의 초월성은 아무리 강조해도 지나치지 않다. 그는 세상의 어떤 유한한 존재와도 연계되어서는 안 된다. 다른 한편으로, 알라는 세상의 모든 세부 사항을 볼 뿐만 아니라 어떤 것도 그의 특정 계획 밖에서 일어나는 일을 허용하지 않는다는 것 역시 분명하다. 후자의 진술로 인해 많은 무슬림은 알라가 모든 사건을 직접 관리한다고 믿게 된다.

그렇다면 여기에 기독교 유신론과 중요한 차이점이 있다. 이 책의 앞부분에서 기독교 유신론은 열린 세계관이라고 서술했다. 하나님은 통일된 법칙들을 통합하는 우주를 창조하셨고, 그분은 자신이 창조하신 그 세계 안에서 인간이 진정한 창의성을 발휘할 수 있는 기회를 부여하셨다. 반면, 이슬람교 유신론은 우주에 내재된 한계를 넘어서 또 다른 엄격함을 추구한다. 피조물이 어떤 창의성을 갖든, 그들은 알라가 그의 불가해한 뜻에 따라 허용하는 한에서만 그것을 발휘할 수 있다는 것이다. 따라서 대체로 이슬람교 유신론은 궁극적으로 어떤 피조물이든 인과적 주체

---

14 Mahmoud Murad, *This Message Is for You*, www.scribd.com/doc/295593/This-Messageis-for-You.

로서 할 수 있는 일의 경계가 알라의 뜻에 의해 설정되는 닫힌 우주 안에 우리를 남겨 둔다.

인간의 지식을 다루는 다섯 번째 세계관 질문의 문맥에서 '카드르' 교리를 다시 살펴볼 필요가 있을 것이다.

---

3. 세계관 질문 3(인간): 인간은 알라의 창조의 정점이다. 그들은 천사와 진 같은 다른 피조물이 가질 수 없는 능력을 부여받았다. 그러나 또한 그들의 높은 위치에는 알라의 기준에 부응하여 살아야 할 책임 역시 따른다.

우리가 이슬람교에서 알라의 절대적 위대함을 강조한 사실이, 따라서 이슬람교는 인간에 대한 낮은 견해를 가진다고 생각하도록 우리를 오인하게 해서는 안 된다. 다음의 설명은 수라 2장에 서술되어 있으며 다른 곳에서도 반복되는 사건들을 따라간다. 쿠란에 따르면, 알라가 아담을 창조하는 일에 착수했을 때, 그때까지 그가 창조한 모든 영적 존재의 전체 회의를 소집했고 그가 하려는 일을 발표했다. 천사들이 그의 의도를 알게 되었을 때, 그들은 반대했고 실제로 알라의 지혜를 의심했다. 결국 그들이 주장한 것은 자신들이 알라를 내내 신실하게 찬양해 왔다는 것이다. 그런데 어째서 그는 이제 또 다른 피조물을, 특별히 잘못을 저지르기 쉬운 피조물을 그들 위에 두려 한다는 말인가?

> 보라, 주께서 천사들에게 말씀하셨다. "내가 지상의 대리자를
> 창조할 것이다." 그들은 말했다:
> "주께서 거기에 누군가를 두실 것인가
> 거기에서 잘못을 범하고 피를 흘릴 이를?—
> 우리가 주의 찬양을 경축하고

주의 거룩한 (이름)을 영화롭게 하는 동안?"

그는 말씀하셨다. "나는 너희가 알지 못하는 것을 안다." (2:30)

천사들은 알지 못하는 뭔가를 자신은 알고 있다는 알라의 수수께끼 같은 대답의 구체적 의미를 곧 알게 될 것이다. 알라는 지상의 많은 생물(추정컨대 식물, 동물, 자연의 사물)을 식별하는 법에 대해 아담을 개인적으로 교육시켰다. 그런 다음, 또 다른 회의를 소집하여 천사들에게 창조 세계의 다양한 항목에 적절한 이름을 달도록 도전했지만, 그들은 이 임무에서 형편없이 실패했다. 그러자 알라는 아담을 불러냈고, 놀랍게도 그는 천사들이 할 수 없었던 바로 그 일을 해냈다. 그들은 비판을 철회하고 알라가 그렇게 훌륭한 존재를 창조하는 일에서 실수하지 않았음을 인정했다. 이 점을 강조하기 위해, 알라는 모든 천사에게 아담 앞에 절하도록 명했다.

보라, 우리가 천사들에게 말했다.
"아담에게 절하라." 그리고 그들은 절했다.
이블리스는 그렇게 하지 않았으니, 그는 거절하고 거만하게 굴었다.
그는 믿음을 거부한 자들 중 하나였다. (2:34)

그리하여 이블리스(Iblîs)는 사탄 혹은 '샤이탄'(Shaytan)이 되었다.[15] 그렇다면 유대교나 기독교와 똑같이, 이슬람교에서 악마는 알라에게 순종하지 않은 타락한 영적 존재(이 경우 하급 계급 중 하나인 '진')라는 점에 주목하라. 악마가 반역하게 된 구체적 계기가 신의 우월성 자체에 대한 반역이 아니라 자신에 대한 인간의 우월성을 드러내는 것을 거부한 데서 발생했

---

15 Iblîs에서 bl의 문자 조합을 보면, 이 이름이 우리가 쓰는 '악마적'(diabolical)이라는 단어와 동일한 언어적 뿌리를 공유한다는 것이 납득될 것이다.

다는 것은 이슬람교에서 인간이 차지하는 위치를 이해하는 데 중요하다.

이 이야기를 조금 더 따라가 보자. 그러면 몇 가지 중요한 결론을 도출할 수 있을 것이다. 이제 알라는 아담과 그의 아내(이 수라에는 그녀의 이름이 언급되지 않는다)를 동산에 두고 특정 나무의 열매를 먹지 말라는 익숙한 명령을 한다. 구체적으로 제시되지 않은 방법으로, 사탄은 그들이 불순종하도록 설득할 수 있었고, 그들은 동산에서 쫓겨나 행복을 빼앗겼다.

그러나 이 버전의 이야기는 상대적으로 빠른 해피엔딩에 도달한다.

> 그런 뒤 아담은 주께
> 영감의 말씀을 배웠고, 그의 주는
> 그를 향해 돌아섰다. 주는
> 자주 돌이키는, 가장 자비로운 분이기 때문이다. (2:37)

아담이 알라의 총애 밖에 있을 때조차 그는 알라의 가르침을 받았고, 합당한 회개와 함께 알라는 그를 친교의 관계로 회복시켜 주었다. 따라서 영구적인 저주는 없었고, 아담은 타락한 피조물로 남지 않았으며, 인류는 유전적 '원죄'에 시달리지 않았다.

그렇다면 우리는 인간으로서 우리가 누구인지에 관한 이슬람교의 가르침에 대해 다음과 같은 기초적 그림을 갖게 된다. 우리는 지상에서 알라의 대리자이고, 다른 어떤 생명체보다 높으며, (기독교 신앙과는 다르게) 아담의 타락으로 인해 부패해지지 않은 본성을 가졌다. 결과적으로, 우리는 순결하고 순수한 상태로 태어나는데, 이 사실은 모든 신생아가 무슬림으로 세상에 태어남을 함축한다.

하지만 이제 우리의 지위에 걸맞게 사는 것이 우리의 의무가 된다. 정결하게 태어난다고 계속해서 정결하리라는 보장은 없다. 쿠란은 명령한다.

오 너희 백성들아!

너희를 창조하신

너희의 수호자 주를 경배하라.

그리고 너희보다 앞서 살았던 이들,

너희가 그들로부터 의로움을 배울

기회가 있는 이들도. (2:21)

특권에는 책임이 따르며, 거기에 달려 있는 것은 헤아릴 수 없이 막중하다. 최대한 간단하게 말하자면, 이슬람교에서는 각 인간이 평생 보호 관찰을 받는다고 본다. 설령 진정성이 담겨 있다고 해도 단지 말로만 알라를 가장 위대하다고 인정하는 것과 평생 그에게 복종하며 사는 것은 전혀 다른 일이며, 후자의 요건이 한 사람이 구원받을 자격이 있는지를 가늠하는 시험이다. 존 에스포지토를 인용하면,

믿음은 무슬림을 바른 길로 이끌며, 행동은 헌신과 신실함을 증명한다. 이슬람교에서 삶의 목적은 단순히 긍정하는 것이 아니라 실현하는 것이며, 단순히 신에 대한 믿음을 고백하는 것이 아니라 이슬람교의 메시지와 율법을 전파하는 알라의 뜻을 실현하는 것이다. 행함이 없는 믿음은 공허하고, 공로가 없으며, 실제로 알라의 심판을 위한 근거는 '행실의 책'(the Book of Deeds)일 것이다.[16]

따라서 우리는 인간으로 사는 것이 의미하는 바에 대한 이전의 요약에 한 가지 중요한 수정 사항을 덧붙여야 한다. 우리는 우주에서 두 번째로 높은 존재라는 지위를 부여 받았고, 우리는 정결한 상태로 태어났으

---

16 Esposito, *Islam: The Straight Path*, pp. 68-69.

며, 우리는 이슬람교를 배우고 실천할 수 있는 문화에서 살 수 있는 이점을 누릴 수도 있다. 그럼에도, 알라와 무함마드의 가르침을 섬기는 데 우리의 삶을 바치지 않는다면, 그것 중 어떤 것도 의미가 없다. 시험을 통과하지 못하면, 우리의 목적지는 지옥이 될 것이다.

---

4. 세계관 질문 4(죽음): 죽음은 이생에서 영원한 상태로 가는 전환의 시간이며, 영원한 상태는 천국 아니면 지옥 둘 중 하나일 것이다.

따라서 우리는 다음 주제, 즉 사람이 죽으면 어떻게 되는지에 대한 이야기로 쉽게 넘어갈 수 있다. 이 질문을 문자 그대로 받아들이면, 사람의 육체적 유해에 관한 답 하나와 영혼에 관한 답 하나, 이렇게 두 개의 답이 있다. 하지만 그 둘은 서로 관련되어 있다. 매장 관습을 바르게 준수하면 사후 영혼의 운명에 기여할 수 있다. 미래의 어느 날, 고인은 문카르(Munkar)와 나키르(Nakir) 두 천사의 심문을 받게 될 텐데,[17] 고인이 올바른 대답을 할 수 있도록 돕기 위해 유족이 할 수 있는 어떤 일이든 그가 천국에 들어갈 확률을 높여 줄 것이다. 따라서 죽기 직전 마지막으로 한 번 더 "알라 외에 신은 없으며, 무함마드는 알라의 예언자다"라고 고백하도록 격려하는 것이 좋다. 만약 그것이 더 이상 불가능하다면, 장례식에 모인 이들이 고인을 위해 그러한 고백을 반복할 것이다. 시신은 씻어서 의례적 정결 상태로 만들어야 한다. 마지막으로, 메카를 향하도록 오른쪽으로 눕혀서 묻어야 한다.

이러한 외부의 물리적 조치는 영혼이 장차 올 마지막 때의 심판을 온전히 준비하도록 인도하는 데 목적이 있다. 결국 모든 죽은 자가 심판을

17　Denny, *Introduction*, p. 289.

받기 위해 부활하는 마지막 날이 있을 것이라는 데 모두가 동의한다. 그때까지, 죽음 직후부터 부활과 심판 이전까지의 사이에 무슨 일이 일어나는지에 대해서는 논쟁의 여지가 있다. 어떤 무슬림은 그때까지 영혼이 평화롭게 잠을 자리라고 주장하며, 다른 무슬림은 죽음과 부활 사이에 사후의 고통을 통해 영혼이 정화되어 천국에 적합하게 되는 영적 정화의 기간이 있으리라고 믿는다.[18]

이러한 추측과 상관없이, 부활이 있을 때 무슨 일이 일어날지에 대해서는 의심의 여지가 없다. 모든 인간은 신의 심판대 앞에 서도록 호출될 것이며, 그들의 모든 신념과 태도, 생전에 행한 모든 사소한 행동의 기록이 심판을 위한 근거가 될 것이다. 모든 인간은 언젠가는 죽음을 맞이할 인생을 사는 동안 그가 행한 선하고 악한 일 모두에 대한 기록이 행실의 책에 축적되어 있을 것이다. 누구도 자신의 악행을 벌충할 만큼 충분히 선을 행했는지 확신할 수 없고, 그리하여 천국에 갈 수 있을지도 확신할 수 없다. 여기서 세 가지 뚜렷한 예외는 순교자, 사춘기 이전 어린이, 정신질환자인데, 마지막 두 경우는 자신의 행동을 완전히 책임질 수 없기 때문이다. 그 외에는 누구든 구원의 확신을 충분히 주장할 수 있다고 생각하는 것은 자신이 알라에게 해야 할 일을 가르쳐 줄 수 있음을 함축하는 것이므로, 이러한 태도는 부적절하다고 여겨진다. 수잰 해니프(Suzanne Haneef)가 단언하기를,

어떤 무슬림도, 심지어 그들 중 가장 훌륭한 무슬림조차 자신이 천국을 보장받았다고 상상하지 않는다. 반대로, 양심적이고 알라를 두려워하는 무슬림일수록 자신의 결점과 연약함을 더욱 인식한다. 따라서 오직 알라만이 삶과 죽

---

18 Denny, *Introduction*, p. 289.

음을 통제하며, 언제든 자신에게 죽음이 찾아올 수 있음을 아는 무슬림은 자신의 미래의 존재를 위해, 자신의 주께 기쁨을 선사할 그런 행실을 미리 보내 놓고자 노력함으로써 알라의 자비와 은혜에 대한 소망을 가지고 그 미래를 고대할 수 있게 하고자 한다.[19]

그렇지만 마지막 날이 오면, 더 이상 어떤 양가성도 존재하지 않을 것이다. 알라가 판결을 내리자마자 천사 중 한 명이 그 사람에게 다가와 그에게 그의 행실의 책을 건네줄 것이다. 어떤 말을 듣지 않아도, 그는 천사가 자신의 어느 손에 책을 올려놓느냐에 따라 자신의 운명을 알게 될 것이다. 책을 그의 오른손에 올려놓는다면, 자신이 알라의 자비를 경험했으며 천국에 들어가게 될 것임을 안다. 불행하게도 천사가 그의 왼손에 책을 올려놓는 경우에는, 바로 그 순간부터 지옥에서 사는 자신과 화해하는 때가 올 것이다(69:13-37).

이러한 믿음의 기원이 아라비아의 사막 문화에서 유래했음을 염두에 둘 때, 지옥의 고문은 사막 유목민이라면 헤아릴 수 없을 만큼 끔찍한 것으로 여길 만한 어떤 것으로 묘사된다. 물이 없는 사막에 있는 것보다 더 끔찍한 고통이 무엇이겠는가? 그 답은, 사막에서 우물을 발견하고는 물을 마실 수 있으리라 생각했는데, 사람이 한 모금도 마실 수 없을 만큼 물이 너무 오염되었음을 깨닫는 것이다. 쿠란의 설명을 보면, 지옥은 무엇보다 뜨겁고 악취가 나며 독성이 있는 물이 있는 곳으로, 불신자는 거기서 수많은 고문을 견뎌야 할 것이다.

---

19 Suzanne Haneef, *What Everyone Should Know About Islam and Muslims* (Chicago: Kazi Publications, 1979), p. 37. 뒤에서 더 지적하겠지만, 여기서 '은혜'라는 말은 그리스도인들이 이 용어를 사용하는 의미와는 아주 다른데, 이슬람교 문맥에서 해니프가 '은혜'라고 부르는 것은 우리의 행위에 근거하기 때문이다.

반면, 천국은 사막 유목민에게 기쁨을 주는 이상적 장소로 묘사된다. 신선한 물, 탐스러운 녹색 식물, 최고의 음식과 음료를 가져다주는 미소년들, 사계절 내내 즐겁게 하는 매혹적인 검은 눈을 가진 아름다운 처녀들 후리(huri)가 시중을 드는 아름다운 오아시스를 떠올려 보라. 지금 쿠란에 나오는 천국 묘사가 전적으로 남성에게 맞춰져 있음은 의심할 여지가 없다. 그렇다고 해서 여성은 천국에 갈 자격이 없다고 추론해서는 안 된다. 쿠란은 신실한 신자들이 향하는 것에 대해 이렇게 말한다.

> 영원한 지복의 동산, 그들이 거기 들어가리니, 그들의 조상과 **그들의 배우자와 그들의 자손** 가운데 의인들 역시 들어가고, 천사들도 모든 문에서 (인사하며) 거기로 들어가리라. "너희가 인내하며 참았으니 너희에게 평화가 있을지어다! 이제 최후의 집이 얼마나 훌륭한가!" (13:23, 강조는 저자)

따라서 쿠란의 묘사가 남성의 욕망에 맞추어져 있는 것은 분명하지만, 여성을 배제하려는 의도는 없다. 아마도 여성은 자신의 성에 상응하는 지복을 누릴 것이다.

---

5. 세계관 질문 5(지식): 알라는 인간에게 이성과 감각을 이용한 지식의 능력을 부여했다. 그것에 의해 그들은 알라의 계시도 알 수 있다. 그러나 알라의 주권적 규례는 인간의 지식을 제한한다.

앞에서 우리는 아담의 창조와 관련하여, 인간이 천사나 진보다 더 뛰어난 지적 능력을 지닌 것을 보았다. 알라는 인간의 감각이 신뢰할 만한 정보의 원천이 되고, 그들의 추론 기술이 믿을 만한 것이 되도록 그들을 창조했다. 알 파루키는 이슬람교에 대한 자신의 설명 전체를 "첫째, 이슬람교

는 합리적이다"라는 말로 시작하는 데까지 나아간다.[20] 그의 이러한 결론은 강제 개종을 금지하는 쿠란의 구절에 근거한다.

> 종교에는 강제가 없어야 한다. **진리는 오류로부터 분명하게 부각되며**, 악을 거부하고 알라를 믿는 누구든 결코 끊어지지 않는 가장 신뢰할 만한 손을 잡은 것이다. 그리고 알라는 모든 것을 듣고 안다. (2:256, 강조는 저자)

인간의 이성은 진실과 거짓을 충분히 분별할 수 있다. 우리는 우리를 둘러싼 세상에 이성적으로 접근할 수 있으며, 종교의 문제에 관한 한 우리의 합리성을 포기할 필요가 없다. 이것은 좋은 일인데, 우리가 살펴본 것처럼 우리는 알라의 기준에 부응하는 알라에 대한 헌신을 증명하기 위해 우리의 모든 잠재력을 사용해야 하고, 거기에는 지극히 중대한 것, 곧 영원한 행복 혹은 영원한 고통이 달려 있기 때문이다.

물론 우리의 추론 능력이 아무리 예리하더라도 이를 적용하기 위해 필요한 정보가 없다면 무익한 것이 될 텐데, 바로 이 지점에서 신의 계시가 우리를 도와준다. 전 세계의 모든 무리에게는 무함마드와 같은 교훈을 가르친 알라의 메신저가 한 명 이상 있었다. 무함마드 이전의 모든 예언자를 열거한 단일한 표준 목록은 없지만, 다양한 목록에는 아담, 노아, 아브람, 롯, 다윗, 요나, 그뿐만 아니라 이삭과 이스마엘과 같은 구약성경의 수많은 인물이 포함되어 있다. 무함마드를 제외하고 가장 높은 지위를 가진 예언자는 아브라함이며, 중요도에서 예수가 그 뒤를 바짝 따라온다. 쿠란은 예수의 십자가 죽음과 신성 둘 다를 부인하지만, 그의 동정녀 탄생뿐만 아니라 가르침, 치유, 기적도 강력하게 긍정한다. 더 나아가, 수라

---

20 Al-Faruqi, "Islam," p. 308.

11장에서 쿠란은 알라가 당대의 백성에게 보낸 성경 밖의 예언자들에 대해서도 언급한다. 후드(Hud)는 아드족(A'ad)에게, 살리(Salih)는 타무드족(Thamud)에게, 슈예브(Shu'yeb)는 미디안족에게 보내진 예언자다. 따라서 우리는 단순히 예언자들의 말을 들음으로써 알아야 하는 것들을 쉽게 알 수 있었다.

하지만 인간은 유혹에 굴복하고 불신앙에 빠지기 쉽다. 안타깝게도 이전의 예언자 모두가 동일한 장애물에 부딪혔다. 백성은 결국 자신들에게 해가 되는 일이었음에도 그들을 조롱하고 거부했다. 노아가 매일 방주를 만들고 있을 때, 그 시대 사람들은 자신들의 죄를 회개해야 마땅했지만 오히려 노아를 조롱했다. 말로 하는 경고와 더불어, 노아가 홍수를 피할 수 있는 유일한 탈출구인 거대한 배를 공개적으로 만들고 있었다는 것보다 더 분명한 경고의 신호가 어디 있겠는가? 그런데도 백성들은 그에게 저항했다. 따라서 예언자들은 분명한 지식의 원천이었고, 그런데도 사람들이 알라에게 순종하지 않은 것은 충분한 정보가 없었기 때문이 아니라 그들의 악함 때문이었다.

더 나아가, 예언자 중에는 훨씬 더 두드러지는 이들도 몇몇 있었다. 이들은 후손을 위해 자신의 가르침을 책으로도 남긴 '메신저'였다. 모세는 율법을, 다윗은 시편을, 예수는 복음을 가져왔다. 그러나 그들이 직접 전한 말도 듣지 않았던 그 동일한 불신자들은 자신들의 우상숭배적 입맛에 맞추어 그들의 글까지 변질시켰다. 그 결과, 원래의 전달자는 거부되었을지언정 글의 형태로는 살아남은 알라의 분명한 메시지는 글로 기록된 형태에서마저 왜곡되고 말았다.[21]

---

21   이 시대의 무슬림들은 성경 사본에 많은 변형이 존재한다는 것을 드러낸 기독교의 성경 본문 비평에서 이러한 주장을 위한 큰 도움을 얻었다. 그러나 성경 본문이 변조되었다는 주장은 이러한 학문적 분과가 등장하기 훨씬 전인 무함마드 자신의 시대까지 거슬러 올라간다.

무함마드의 등장으로 모든 것은 바뀌어야 했다. 그는 '예언자들의 인장'으로 여겨졌고, 이슬람교의 눈에 그를 두드러지게 해 주는 것은 쿠란에 기록된 그의 메시지가 오류나 인간의 개입 없이 보존되었다는 믿음이다. 따라서 더 이상의 예언자는 필요하지 않으며, 이전에는 메시지가 아무리 모호했더라도 이제는 모든 사람에게 분명하고 쉽게 이해될 수 있어야 한다. 따라서 유대인과 그리스도인은 특별한 격려를 받는다.

> 오 경전의 사람들아! (일련의) 우리 사도들이 끊어진 뒤, 이제 우리의 '사도'가 너희에게 와서 (일들을) 분명하게 밝혀 주었다. 너희가 "우리에게 기쁜 소식을 전하는 자도 없고 (악으로부터) 경고하는 자도 없도다"라고 말할 수 없도록. (5:19)

쿠란의 권위를 위한 특정한 증거는 쿠란 자체다. 이미 이슬람교를 믿은 사람들은 쿠란이 스스로를 인증한다고 생각한다.

> 말한다. "어떤 것이 가장 중요한 증거인가?" 말한다. "알라가 나와 당신 사이의 증인이시다. 이 쿠란은 영감으로 내게 계시되었고, 그리하여 나로 하여금 당신과 이 쿠란이 미치는 모든 이에게 경고하게 하셨다." (6:19a)

반면, 예언자 무함마드를 거부하고 쿠란이 위조된 것에 불과하다고 주장하는 이들은 쿠란의 본질 자체에 의해 도전받는다.

> 그들은 '그가 그것을 발명했다고 말한다. 말한다. 그렇다면 그와 같이 발명한

이 사안에 대한 기독교의 반응은 Corduan, *Neighboring Faiths*, pp. 109-110, 133를 보라.

> 열 장의 수라를 가져오고, 너희가 과연 진실하다고 밝혀 줄 알라 외 모든 이
> 를 너희가 할 수 있는 대로 불러 보아라! (11:13)

메시지는 전달되었고, 그것을 받아들이는 것 외에 다른 변명은 있을 수 없다.

그럼에도, 명확한 계시가 있다고 해서 그 계시를 자동으로 받아들이는 것은 아니다. 다음의 요점을 가능한 한 명확하게 제시하기 위해 쿠란의 몇 구절을 인용하면서 그중 일부 표현은 생략하겠다. 그런 다음 누락되었던 부분을 보여 주면 나의 요점이 분명히 드러날 것이다. 이 구절들은 불신앙에 헌신한 사람들은 아무리 강력한 증거가 있더라도 마음을 바꾸지 않으리라고 가르친다.

> 그들 중 주의 말을 듣는 (척 하는) 자들이 있다.…**[생략 1]**…그러므로 그들은 그것을 깨닫지 못하고, 그들의 귀는 듣지 못한다. 즉, 그들이 모든 표징을 일일이 보더라도, 그들은 그것을 믿지 않을 것이며, 주께 와서도 주와 (오직) 논쟁을 벌일 것이다. 그 불신자들은 말하기를, "이런 것은 고대인들의 설화에 지나지 않는다"라고 한다. (6:25)

확고한 불신앙을 지닌 이들에게는 초자연적 표징도 아무런 소용이 없을 것이다.

> 그들의 거부가 주의 마음을 힘들게 한다면, 그럼에도 주께서 땅속의 터널이나 하늘에 이르는 사다리를 찾아서 그들에게 표징을 가져다줄 수 있다고 해도 (무슨 소용이 있겠는가?)…**[생략 2]**…. (6:35)

또한

> 우리의 표징을 거부하는 이들은 깊은 어둠 속에서 입과 귀가 막혔다.…[생략 3]…. (6:39)

요컨대, 믿지 않는 자들은 그들의 불신앙에 고착되어서 할 수만 있다면 믿지 않을 것이다. 합의된 불신앙에 대해 그들은 오직 그들 스스로 탓할 수 있다. 이러한 결론은 옳으며, 생략된 부분을 복구한다고 해도 그 사실은 변하지 않는다. 그럼에도 누락된 부분은 분명 그림을 복잡하게 만든다.

앞의 인용 구절에서 생략된 부분은 다음과 같다.

생략 1: 그러나 우리는 그들의 마음에 베일을 덮었다.

생략 2: 만약 알라의 뜻이라면, 그는 그들을 함께 모아 참으로 인도할 수 있다.

생략 3: 알라는 그가 뜻하는 이들이 방황하도록 내버려두며, 그가 뜻하는 이들이 곧은 길을 걷게 한다.

따라서 이제 우리는 진리를 깨닫지 못하는 이들이 또한 알라에 의해 깨달음이 가로막히리라는 것을 안다. 믿음과 불신앙이 절대적으로 알라의 뜻에 달려 있음을 보여 주는, 동일한 수라에 나오는 또 다른 구절이 있다.

> 알라가 (그의 계획 안에서) 인도하고자 하는 이들은 그들의 가슴이 이슬람교에 열리게 하시고, 그가 계속 방황하게 하고자 하는 이들은 마치 그들이 하늘에 오르기라도 해야 하는 것처럼 그 가슴이 닫히고 좁아지게 하시니, 그리하여 알라는 믿기를 거부하는 자들에게 형벌을 (쌓아 두신다). (6:125)

우리의 의지와 알라의 의지에 따라 우리는 진리를 알 수 있다. 만약 우리의 의지가 알라의 계시를 믿지 않으려 한다면 우리는 알라의 도움을 거의 기대할 수 없다. 알라는 (아담에게 그랬던 것처럼) 자신의 선호에 따라 자비를 베풀 수 있지만 다음과 같은 일반 규칙이 있다.

설령 우리가 그들에게 천사를 보내고 죽은 자들이 그들에게 말을 하고 우리가 그들의 눈앞에 모든 것을 하나로 모은다고 해도, 알라의 계획 안에 있지 않는 한 그들은 믿을 이들이 아니다. 그러나 그들 대부분은 (진리를) 무시한다. (6:111)

이제 우리는 '카드르', 알라의 섭리가 인간에게 어떻게 영향을 끼치는지 보다 직접적으로 볼 수 있다. 인간이 알라에게 순종할지 말지 선택한다고 해도 그 선택은 열려 있지 않다. 알라가 각 사람을 두 집단으로 분류해 놓은 것처럼 보인다. 하나는 신자들이 모인 집단, 다른 하나는 알라의 원수들이 모인 집단이다. 사람들이 두 번째 범주에 떨어지는 즉시 알라는 그들을 돕기를 거절할 뿐만 아니라 그의 능력을 사용하여 그들이 계속해서 불신앙에 현혹되어 있게 할 것이다.

여기서 기독교와 구별되는 점을 지적함으로써 이슬람교의 이러한 측면을 보다 자세히 설명하는 게 유익할 것이다. 로마서 5:10에서 사도 바울은 이렇게 기뻐한다.

곧 우리가 원수 되었을 때에 그의 아들의 죽으심으로 말미암아 하나님과 화목하게 되었은즉 화목하게 된 자로서는 더욱 그의 살아나심으로 말미암아 구원을 받을 것이니라!

우리는 타락한 본성 때문에 이미 하나님의 원수였지만, 하나님은 우리를 사랑하셨고 십자가 위에서 죽으신 그리스도의 죽음 때문에 우리와 화해하셨다. 반면, 쿠란에서는 이렇게 말한다.

화 있을지어다! 알라는 신앙을 저버린 이들의 원수이시다. (2:98b)

알라의 피조물에 얼마나 많은 행위 능력이 부여되든지 상관없이, 그들의 모든 행동은 알라의 뜻에 의해 제한된다. 실제로 쿠란은 신자들이 알라의 계획을 최종적인 것으로 받아들임을 보여 줄 기회를 알라가 의도적으로 주리라 약속한다.

분명 두려움과 굶주림, 재물이나 생명, (너희 수고의) 열매의 손실 같은 것으로 너희를 시험하겠지만, 재앙을 당할 때 인내심을 가지고 견디는 자들에게는 기쁜 소식을 줄 것이다. "우리는 알라에게 속했고, 우리는 그에게 돌아가리라." 그들은 알라로부터 복과 자비가 (내려오는) 이들이며, 그들은 인도하심을 받는 이들이다. (2:155-157)

---

6. 세계관 질문 6(도덕성): 옳고 그름은 쿠란의 가르침에 근거하고, 그 가르침은 하디스에서 자세히 설명해 주며, 율법, 즉 샤리아 학파들이 해석한다.

따라서 알라의 모든 명령에 따르기 위해 최선을 다하는 것 외에 우리가 할 수 있는 것은 없다. 알라의 뜻을 추측하는 것은 아무런 의미가 없

---

22 Martin, *Islam*, p. 100.

다. 우리는 알라의 목적을 찾기보다, 그가 우리의 길에 무엇을 보내든 '빌라 카이프'(bilā kayf), 즉 "이유를 묻지 않고" 받아들여야 한다.[22] 우리 편에서 의사를 표현할 때는 언제나 '인샬라'(inshallah), 즉 "알라가 뜻하신다면"(18:24)이라는 말을 덧붙여야 하는데, 이는 알라에 대한 진정한 의존을 표현할 수 있지만(약 4:15에서는 그리스도인에게도 동일하게 가르친다), 대중적으로는 체념의 표시나 악을 막는 주문으로 사용될 수도 있다. 우리의 의무는 알라를 더욱 깊이 생각하는 것이 아니라 그의 뜻을 행하는 것이다.

이미 지적한 것처럼, 무엇이 옳고 그른지에 대한 지식의 원천은 쿠란이다. 특정 계명을 어떻게 해석해야 할지와 관련해 모호함이 존재하는 경우 하디스를 참고할 수 있는데, 이는 무함마드를 잘 아는 사람들이 기억하는 그의 말과 행동을 담은 모음집이다.[23] 예를 들어, 이러한 기억의 상당수는 무함마드의 젊은 아내 아이샤(Aïsha)가 남긴 것으로 알려져 있다. 그녀는 이른 나이에 미망인이 되어 칼리프 자신들과 당돌하게 논쟁을 벌였다. 하디스라는 표현을 단수로 사용하는 것이 관행으로 받아들여지지만, 권위 있는 단일 모음집이 존재하는 것은 아니며, 권위에서 차이가 있는 다양한 부분으로 구성되어 있다. 결과적으로 수니파 무슬림 사이에서, 쿠란의 규칙과 하디스와의 관계를 적용할 때 서로 다른 엄격함의 정도를 주장하는 네 가지 이슬람 율법(샤리아) 학파가 발전했다. 네 학파 중 문자 그대로 적용하기를 가장 엄격하게 고수하는 데는 한발파다. 그 유산 중 하나가 와하브 개혁 운동이며, 이는 이슬람 근본주의 운동 중 하나인 아프가니스탄의 탈레반을 탄생시켰다.[24]

---

23 하디스 모음집은 여러 개가 있으며, 무슬림 사이에서도 그 신뢰성은 고르지 않다고 여겨진다. 대표적인 모음집은 Maulana Muhammad Ali, *A Manual of Hadith* (Lahore, Pakistan: The Ahmadiyya Anjuman Ishaat Islam, 1944)로, www.sacred-texts.com/isl/hadith/index.htm에서 쉽게 접근할 수 있다.
24 '급진적' 이슬람 집단이 처음 등장한 것은 새로운 이슬람 공동체의 리더로서 무함마드의 후

무슬림의 의무는 다음의 다섯 기둥으로 시작한다. 알라 외에는 신이 없다고 고백하기, 하루에 다섯 번 기도하기, 라마단 기간 동안 금식하기, 가난한 사람들을 위해 매년 기부하기, 일생에 한 번 이상 메카를 순례하기. 그러나 이것은 단지 시작에 불과하다. 무슬림의 생활은 엄격하게 규제된다. 세 가지 기본적 행동 범주가 있다. 직접적으로 명령된 행동·['파르드'(*fard*)], 허용된 행동·['할랄'(*halal*)], 금지된 행동·['하람'(*haram*)]이다. 물론 '할랄'에 위배되는 모든 행위는 '하람'이며, '파르드'에 해당하는 의무를 이행하지 않는 것도 '하람'이다. 이 논리적으로 뻔한 이치를 언급하는 것은, 부정적 사고방식이야말로 규칙을 지키는 것에 따라 자신의 영원한 운명이

계자(칼리프)를 뽑기 위한 다툼에서 비롯되었는데, 무함마드의 가족인 사위 알리 벤 탈립(Ali ben Talib), 손자 알 하산(al-Hassan)과 알 후세인(al-Hussein)은 자신들이 그 자리를 차지할 자격이 있다고 믿었던 우마이야 가문(Umayyad)과 싸웠다. 하리즈파(*Kharijites*, '반대자'를 의미한다)라 불리는 그룹은 칼리프가 될 자격을 가장 갖춘 사람은 알라에게 가장 헌신적이고 쿠란에 가장 모범적으로 순응하는 사람이어야 한다는 메시지를 가지고 등장했다. 그와 다르게 생각하는 누구든 진정한 이슬람교에서 떠난 사람이며, 이슬람교에 맞서 싸우는 불신자와 같은 대우를 받아야 마땅했다. 사실 쿠란에서는 믿음을 저버린 무슬림과 위선자를 불신자보다 더 나쁘게 간주한다. "그들은 (악한) 말을 하지 않았다고 알라를 두고 맹세하지만, 실제로 신을 모독하는 말을 했고, 이슬람교를 받아들인 뒤에 그렇게 했다. 그들은 실행할 수 없는 계획을 마음에 품었다. 알라와 그의 메신저가 그들을 풍성하게 베풀었던 포상에 대한 (그들의) 유일한 보답으로 그들은 이렇게 복수했다. 그들이 회개한다면 그것이 그들에게 최선일 것이다. 그러나 (그들의 악한 길로) 돌아선다면 알라는 현세와 내세에서 끔찍한 형벌로 그들을 벌할 것이다. 땅 위의 누구도 그들을 보호하거나 돕지 않을 것이다"(9:74). 더 나아가, "위선자들은 불구덩이 가장 깊은 곳에 있을 것이니, 그들을 돕는 누구도 찾을 수 없을 것이다"(4:145).

일반적으로 기독교 근본주의, 급진적 이슬람교, 하시디즘 유대교로 알려진 다양한 양상으로 드러나는 '근본주의'의 본질을 설명하는 것과 관련해, 현대의 사회과학계에서 주목할 만한 현상이 나타나고 있다. 근간을 이루는 질문은 이러한 '근본주의자'들이 어떤 공통점을 가지고 있으며 그들 각자의 환경에서 어떠한 유사한 영향을 끼칠 수 있는가다. 말할 필요도 없이, 대립하는 많은 의견이 있다. 예를 들어 Bruce Lawrence, *Defenders of God: The Fundamentalist Revolt Against the Modern Age* (New York: Harper & Row, 1989)를 보라. 나는 근본주의 그룹들이 그들의 개별 문맥에서 보수주의를 대표한다는 점 외에 이런 그룹 사이에 공통점이 거의 없다는 것이 문제라고 말하고 싶다. 관찰자들은 오직 기독교에만 적합한 용어를 다른 종교들에 임의로 적용했고, 이제 그들 자신의 무분별한 용어 사용에 의해 스스로 만들어 낸 현상을 설명하고자 노력하고 있다. 예를 들어, 이슬람교의 경우 탈레반 같은 집단에 와하브파와 한발파보다 더 일반적인 이름표를 붙여야 한다면, 가장 좋은 용어는 '근본주의자'가 아니라 '신(neo)하리즈파'일 것이다. 그들이 스스로를 부를 때 선호하는 명칭은 '예언자를 따르는 이들'이라는 뜻의 살라피(Salafi)다.

결정된다고 믿는 사람들 사이에서 보이는 가장 흔한 결과이기 때문이다. 모든 것이 우리의 행동에 달려 있으며 신의 은혜는 고사하고 신의 관용 조차 확신할 수 없을 때, 감사에 근거해 규칙을 지키고자 하는 긍정적 동기보다는 모든 죄가 가져올 잠재적으로 부정적인 결과를 피하는 것이 행동의 주요한 자극제가 되기 마련이다.

7. 세계관 질문 7(역사): 인간의 역사는 알라의 절대적 주권을 드러내는 데 그 의의가 있지만, 그것보다 더 중요한 것은 사람들이 그에 대한 복종을 드러내는 기회라는 것이다.

인간의 역사는 세계에서 가장 긴 기말고사이며, 강의와 함께 곧바로 시험이 시작된다. 보다 덜 궁극적인 차원에서, 역사의 목표는 전 세계를 이슬람 공동체, 즉 '움마'(umma)에 편입시키는 것인데, 이는 신자들의 회중인 만큼 정치적 실체이기도 하다. 이 진술의 중요성은 또 다른 대조점을 이끌어 냄으로써 명확해질 수 있다. 많은 종교는 그들의 신념과 실천이 전 세계에서 보편적으로 지켜지게 될 시대를 고대한다.[25] 문제는 그동안 우리가 무엇을 해야 하느냐는 것이다. 예를 들어, 기독교에서 신자들은 통치자들이 이교도일지라도 순복하라는 훈계를 받으며, 많은 그리스도인이 '천년왕국' 동안 그리스도께서 실제로 지상에서 다스리시기를 고대함에도 오직 하나님 자신만이 역사의 종말을 가져오시리라고 믿는다.[26] 그때까지

---

25 유대교에서는 메시아 시대를 고대하고, 기독교에서는 (종종 천년왕국에 대한 기대와 함께) 그리스도의 재림을 기다리며, 조로아스터교에서는 사오샨트(Saoshyant)가 세상을 바로잡기를 기대한다. 심지어 역사가 끝없는 순환이라고 보는 종교 가운데서도, 힌두교에서는 칼키(Kalki)를, 불교에서는 미륵을, 자이나교에서는 또 다른 스물네 명의 티르탕가라(Tirthankaras) 완전체를 기다린다. Winfried Corduan, *A Tapestry of Faiths: Common Threads Among the World's Religions* (Downers Grove, IL: InterVarsity Press, 2003), pp. 171-194.

26 이제껏 이슬람교를 다루며 해 왔던 것처럼, 여기서 나는 가장 대표적인 형태의 기독교를 언

우리는 하나님이 하나님 자신의 능력으로 모든 것을 끝내시도록 기다리면서 정의와 평화를 증진하기 위해 할 수 있는 것을 해야 한다. 반면, 이슬람교는 이슬람 통치체제를 세우라는 명령을 수반하며, 이는 이슬람 국가가 존재하지 않는 한 온전히 실행되지 않는다.

> 따라서 우리는 너희로 바르게 균형 잡힌 '움마트'를 만들었고,
> 그리하여 너희가 민족들에게
> 증인이 되게 하였다. (2:143)

유수프 알리는 이 구절과 앞 구절에 대한 주석에서 움마가 새로운 나라, "그들 자신의 법과 의식을 가진 독립적 민족"이라고 설명한다. 이 국가에서는 우상숭배가 허용되지 않겠지만, "경전의 사람들", 즉 유대인과 그리스도인은 "기꺼이 복종하면서 지즈야(Jizya)를 내고, 그들 스스로 정복되었다고 느끼는 한" 용납될 것이다(9:29). '지즈야'는 그리스도인과 유대인이 무슬림 공동체에 기여하지 않으면서 그 안에서 살 수 있는 혜택을 누리는 데 요구되는 보상이다.

많은 무슬림은 최후의 심판 직전에 마흐디(Mahdi)가 나타나리라 믿는다. 이 인물과 관련해 상충되는 몇 가지 전통이 있다. 시아파 이슬람교에서는, 그가 주후 878년 다섯 살 때 외딴 동굴로 은둔하러 들어갔다가 스스로 다시 모습을 드러낼 때까지 거기 살았던 열두 번째 이맘(Imam)이라고 생각한다. 다른 분파에서는 그의 정체가 덜 구체적이다. 또한 많은 무슬림은 그리스도의 재림을 믿으며, 특히 그가 시리아 다마스쿠스에 있는

급하고 있으며 보다 문자적으로 성경에 의존하고 있다. 자신의 힘으로, 때로는 무력을 사용해 지상에 하나님 나라를 세우고자 시도한 그리스도인들이 있었다는 사실은, 그러한 관점이 본문에서 내가 다루고 있는 더 성경적인 견해와 동등한 위치임을 의미하지는 않는다.

우마이야(Umayyads) 모스크로 내려오리라고 믿는다. 어떤 이들은 그리스도가 마흐디라고 믿는 반면, 다른 이들은 예수와 마흐디가 서로 다른 두 사람이라고 믿는다.[27] 또 다른 이들은 무함마드가 마지막 예언자이기 때문에 마흐디에 대한 생각 자체가 그다지 쓸모없다고 생각한다. 내가 이 논쟁을 언급하는 것은, 종말에 대한 무슬림의 기대가 결코 만장일치가 아님을 잘 보여 주기 때문이다. 가장 중요한 최후의 심판이 곧바로 따라온다는 점을 생각할 때, 역사가 어떻게 끝나는지는 그다지 중요하지 않다.

---

8. 세계관 질문 8(핵심 헌신): 경건한 무슬림은 알라가 자신을 섬길 수 있는 기회를 준 것에 감사하며, 삶의 가장 작은 부분에서도 신의 가르침을 따르기 위해 노력할 것이다.

분명히 우리는 무슬림 사이에서 다른 모든 종교와 마찬가지로 헌신의 정도가 나뉘는 것을 본다. 따라서 우리는 알라에게 진지하게 헌신한 사람에게 초점을 맞추고자 한다. 그러한 사람은 알라가 그들에게 천국에 들어갈 수 있는 기회를 준 것에 감사를 표한다. 무슬림은 쿠란의 가르침을 '좋은 소식'이라고 칭한다. 그리스도인은 물론 '복음'과 동의어인 이 용어를 사용하는 것에 놀랄 수 있는데, 그리스도인 사이에서 복음의 개념은 우리의 타락한 상태와 우리 자신의 힘으로 하나님과의 위치를 개선할 수 없

---

[27] 아흐마드파(Ahmadiyya)로 알려진 파키스탄 그룹(지금은 실제로 두 그룹으로 나뉘어 있다)은 흥미로운 간접 정보를 제공한다. 이 종파는 19세기, 카디안의 굴람 아흐마드(Ghulam Ahmad of Qadiyan)에 의해 시작되었는데, 그는 자신이 마흐디이고, 재림한 그리스도이며, 힌두교인이 소망하는 크리슈나(Krishna)의 귀환의 성취라고(종종 잘못 전해지는 것처럼 크리슈나 자신은 아니지만) 주장했다. 아흐마드파 이슬람교는 일관되게 평화주의자인데, 지금은 두 하위 집단으로 나뉘었고 각 본부가 있는 도시의 이름을 따서 부른다. 카디안 지파는 굴람이 개혁가일 뿐이라고 말하는 반면, 라호레(Lahore) 지파는 그가 예언자이기도 하다는 비정통적 견해를 가지고 있다. 결과적으로 후자 형태의 아흐마드파 이슬람교는 파키스탄에서 참 이슬람교로 공식 인정을 받지 못한다.

는 우리의 순전한 무능함, 그리고 우리의 선행과 상관없이 우리를 구원하시는 하나님의 은혜와 묶여 있기 때문이다. 이슬람교에는 모든 인간이 태어날 때부터 정죄를 받는다는 원죄 교리도 없고, 우리의 행위가 구원에 기여하는 수단이 되지 않는다는 은혜로 받는 구원 교리도 없다. 사실 무슬림은 값없는 구원의 개념을 무책임하다고 생각하는 경향이 있으며, 원죄 개념은 없더라도 인간의 죄성을 충분히 확신하기 때문에 구원의 어떤 기회조차 알라가 베푸는 진정한 자비의 행위로 여긴다. 쿠란의 수라 하나(9장)만 제외하고는 모두 "가장 은혜롭고 가장 자비로우신 알라의 이름으로"라는 표현으로 시작한다. 무슬림은 구원받기 위해 알라의 기준에 부합하게 살아야 한다는 사실을 부담이 아닌 기회로 본다.

그럼에도 이슬람교에서는 사람에게 한 치의 모자람도 없이 모든 것을 요구한다. 참으로 받아들여질 만한 삶을 위한 기준은 매우 높으며, 하디스에 따라 그것을 실행하려고 노력하면 할수록 더욱 극도로 세밀해진다. 몇 가지 명백한 것만 언급하자면, 돼지고기나 피, 목 졸린 짐승의 고기를 피하는 것처럼 음식은 당연히 제한된다. 여성뿐만 아니라 남성도 의복 및 의복에 부착하는 개인 장식의 원칙을 따라야 한다. 더 구체적으로 말하면, 남성은 적어도 팔꿈치와 무릎까지 팔다리를 가려야 하고, 금을 착용하거나 완전히 비단으로만 만든 의복을 입어서는 안 된다. 일상 행동을 어떻게 하고 그때 어떤 기도나 문장을 말해야 하는지를 포함해, 평범한 날의 모든 측면을 관장하는 규칙이 있다.[28] 열성적인 무슬림은 이러한

---

28 무슬림이 아닌 사람에게는 과장되어 보일 수 있지만, 이것이 내가 말하려는 현실을 잘 보여 주기 때문에 이를 강조하고자 조금 더 설명해 보겠다. 하디스에는 적절한 위생 수단 및 생체 활동을 하기 전후에 어떤 기도를 해야 하는지에 대한 내용도 포함되어 있다. 그뿐만 아니라, 이슬람교의 태도라기보다는 서양의 '기독교적' 양심의 산물일 가능성이 더 높은 감수성을 침해하지 않으면서 명확하고 공개적으로 그렇게 한다. Maulana Muhammad Ali, *A Manual of Hadith*, chap. 4, sec. 1: "Natural Evacuations," www.sacred-texts.com/isl/hadith/had07.htm.

요구 사항에 불만을 품지 않고, 자신의 충성을 보일 수 있는 이런 기회에 대해 알라에게 감사하며 그것을 지킬 것이다.

그럼에도, 감사와 소망은 기쁨이나 은혜와 같지 않다. 의무와 그에 따른 결과의 무게는 자동적으로 기쁨을 이끌어 내기에는 너무 막중하다(물론 행복한 무슬림들도 있다). 극단적으로, 사우디아라비아 와하비 운동의 창시자인 무함마드 이븐 압둘 알 와하브는 음악을 금지했는데, 이 규칙은 결국 원래의 국가에서는 완화되었지만 그 후예인 탈레반에 의해 되살아났다. 그러나 이런 묘사를 정말로 가슴 아프게 만드는 것은, 인간이 그 모든 것을 준수하더라도 알라의 뜻은 한 사람이 쌓아 온 모든 선한 일을 언제나 무시할 수 있다는 것이다. 알라는 어떤 속죄도 필요 없이 한 사람의 죄를 용서할 능력이 있다고 믿기 쉽다. 그러나 콜린 채프먼(Colin Chapman)이 논평하듯,

> 하지만 이러한 용서 이해는 우리를 섬뜩한 불확실성에 열려 있게 하는데, 우리는 심판의 날에 알라가 각 개인에게 어떤 선고를 내릴지 결코 확신할 수 없기 때문이다.[29]

이어서 채프먼은 "올바르게 인도된"이라는 표현에서 드러나듯 삶의 모범으로 여겨지는 초대 두 칼리프조차 임종할 때 자신들이 알라에게 받아들여질지 알 수 없어서 공포감을 느낀 것을 언급한다.

참된 무슬림은 알라가 모든 것을 돌보고, 모든 것을 용서하며, 모든 것에 자비롭다고 단언해야 하지만, 그렇다고 해서 그것이 알라가 자신을 분명히 천국에 들어가게 해 주리라는 의미는 아니라고 생각할 것이다. 그

---

29 Colin Chapman, *The Cross and the Crescent: Responding to the Challenges of Islam* (Downers Grove, IL: InterVarsity Press, 2003), pp. 259-260.

는 기독교의 속죄에 대한 믿음을 일축하도록 배웠을 텐데, 그러나 그리스도인이 구원의 확인을 표현할 수 있는 것은 바로 속죄가 인간이 아닌 하나님의 일이기 때문임을 이해하지 못할 수도 있다. 따라서 우리의 무슬림 이웃은 마지막 날에 부응하기 위해 기쁘게 최선을 다하고 알라가 선하다는 것도 알지만, 자신의 영원한 운명에 관한 한 언제나 자신을 덮고 있는 물음표를 지울 수 없다. 나는 자신이 천국에 가리라고 확신한다는 무슬림을 한 명 이상 만났다. 자신이 생애 매 순간 알라와 그의 계명을 의식하는 한 말이다. 이러한 단서는 그가 말한 확신에서 모든 확실성을 빼앗아 간다.

그럼에도, 이슬람교는 수백만 명의 사람들에게 안정을 제공해 왔다. 그들은 어떤 불확실성에도 불구하고 자신들이 옳은 편에 서 있다고 확신한다. '알라후 아크바르'는 경쟁하는 모든 종교에 대한 승리의 외침이다. 그러나 우리가 살펴본 이슬람교 유신론은 불균형적인 세계관인 것이 드러났다. 즉, 궁극적으로 인간을 개인의 책임과 신의 결정론 사이에 묶어 두는 닫힌 체계다. 알라는 자비와 불신자에 대한 증오에 불과한 것 사이를 오가는 것처럼 보인다.

그러나 아마도 이슬람교가 신자들의 삶에서 수행하는 긍정적 역할을 더 잘 이해하기 위해서는 기독교와 이슬람교의 두 유신론을 비교하는 것만으로 제한해서는 안 될 것이다. 우리는 이슬람교가 무슬림이 '어둠의 시대'라고 부르는 것에서 발생했다는 점을 염두에 두어야 한다. 무함마드의 주요 메시지는 정의와 권력이 동의어이고 많은 이가 짐승보다 못한 취급을 받으며 영아 살해가 일상화된 사회에서 우상숭배와 미신에 반대하는 것이었다. 우리는 초창기 이슬람교가 당시의 문화를 증진하는 데 기여했음을 인정할 필요가 있으며, 일부 주요 측면에서는(예컨대 여성 인권) 당시 유럽 문화보다 앞서 있었음을 인정해야 한다. 역사적으로 이슬람교 유

> **메카 사망자 수 확인, 국왕은 운명이라 칭하다**
>
> 사우디 내무부 장관 나예프 왕자는 오늘 이 도시와 순례자를 위한 천막촌을 연결하는 보행자 터널에서 1,426명의 무슬림 순례자가 압사했다고 밝혔다. 나예프 왕자는 일곱 명의 순례자가 터널 근처 고가 다리에서 추락한 것이 압사 사고의 발단이었다고 말했다. 다른 관리들은 기온 44도의 더위에 460미터 길이, 18미터 폭의 터널에서 정전으로 인해 에어컨이 꺼지면서 압사를 불러왔다고 말했다. 파드 국왕은 이 재난에 대해 "모든 것 위에 있는 알라의 뜻"이었으며 "그것은 운명이었다"고 말했다.
>
> 1990년 7월 4일자 「뉴욕 타임스」에 실린 AP 뉴스 기사

신론의 기원은 유대교와 기독교의 영향과 어느 정도 결부되어 있지만, 이 새로운 유신론은 더 오래된 그 두 형태의 유신론의 휘장 아래 세워진 문화에서는 당시 존재하지 않았던 몇몇 사회적 증진에 기여한 문화를 세웠다. 초기 이슬람교가 무력으로 전파되었는지에 대한 논쟁은 여전히 계속되고 있지만, 많은 지역에서는 이슬람교에 기쁘게 문을 열었으며, 만연하던 비잔틴 제국의 부패에서 놓이게 된 것을 좋아한 것은 부정할 수 없는 사실이다. 이슬람교는 몇몇 진리를 발견했고, 그것을 전파함으로써 크게 기여했다.

그러나 동시에 이슬람교에서는 더 오래된 두 형태의 유신론으로부터 스스로를 차단하고, 그 두 기원보다 처음부터 우월한 최종 진리라고 스스로 선언했다. 유대교는 수천 년에 걸친 발전의 역사를 가지고 있고, 기독교에서는 그리스도 이후 수백 년이 지나서야 공의회에서 중요한 질문들을 해결하기 시작한 반면, 이슬람교는 그 유신론을 더 정교하게 다듬는

일에 대체로 문을 닫았고, 특히 유대교와 기독교에서 뭔가를 더 배울 수 있으리라는 가능성을 차단했다. 물론 샤리아 학파들이 발전했지만, 이 학파들은 신학 연구가 아니라 주로 법률을 다루는 학파였다. 무타질라파에서 제안한 것과 같은 잠재적인 신학 혁신은 한동안 관심과 대중의 지지를 받을 수 있을지라도 의심의 눈초리와 맞닥뜨리기 일쑤였고, 설령 결국 이단으로 선언되지는 않더라도 조만간 전통적 입장에 의해 삼켜지기 마련이었다.

이제, 지금까지 내가 언급한 내용은 그 자체로 비판으로 간주해서는 안 된다. 복음주의 그리스도인으로서 나 역시 신학의 혁신을 경계한다. 그러나 내 말의 요점은, 내가 보기에 이슬람교는 외부적으로나 내부적으로나 너무 일찍 소통 창구를 닫아 버렸다는 것이다. 결과적으로, 이슬람교 유신론이 처음 몇 세기 동안 계속 배우고 통찰을 키웠더라면 해결할 수 있었을, 앞서 지적한 모호함과 불확실성을 끌어안게 되었다. 분명 이슬람교 유신론은 진정성 있는 유신론이지만, 안타깝게도 완전히 성숙해지기 전에 자랄 수 있는 가지들을 절단해 버렸다.

민간 이슬람교

다양한 학파, 교단, 종파를 포함해 사실상 어느 종교든, 책과 지도자들이 가르치는 그 종교의 '표준' 버전과 일반 사람들이 실제로 일상에서 살아내는 그 종교의 '민간' 버전 사이에는 큰 간극이 존재할 수 있다. 예를 들어, 내가 사는 인디애나주에서는 '민간' 기독교를 꽤 쉽게 식별할 수 있다.[30] 많은 저자는 이슬람교가 알라의 초월성을 매우 강조하다 보니 그

---

30 Corduan, *Neighboring Faiths*, pp. 48-49.

'표준' 형태와 '민간' 버전 사이의 간극이 특별히 커진 종교로 부각되는 점을 지적한다. 예를 들어, 콜린 채프먼은 수피파가 "개인에게 현실성이 있는 신앙을 갈망한" 이들의 "마음속 갈구"를 채우기 위한 방법으로 발전했으며,[31] '민간' 이슬람교는 그 동일한 필요를 충족시키는 데서 한 걸음(아마도 아주 큰 걸음이기는 하지만) 더 나아간 것으로 볼 수 있다고 지적한다.[32] 그 구분은 때로 자의적일 수 있지만, 이제부터는 두 용어를 따옴표로 묶지 않고 사용할 것이다.

민간 이슬람교에 대한 많은 설명은 그것을 진정한 이슬람교이면서도 표준 유형 내에서 기대할 수 있는 것과는 사뭇 다른 태도로 살아내는 것으로 묘사하는 경향이 있다. 사람들은 다섯 기둥의 기본 의무를 수행하고 다른 이슬람교 규율도 준수하지만, 그들의 목표는 알라를 예배하는 것 자체가 아니라 이슬람교에서 제공하는 힘과 축복의 원천을 활용하는 것이다. 예를 들어, 일생 동안 엄청난 헌신을 나타낸 사람들이 성인으로 추대되고, 그들을 추앙하는 이들이 특별한 복을 바라며 그들의 무덤을 찾는 일은 흔한 현상이다. 인도에서 나의 경험에 비추어 보면, 하이데라바드의 거리를 걸어가다 갑자기 주택들과 상점들 사이의 작은 빈 공간과 마주치는 경우가 드물지 않다. 그 작은 공터에는 대형 관만한 크기의 콘크리트 각기둥 모양으로 세워진 성인의 무덤이 있고 그 주변은 약 1미터 높이의 콘크리트 벽으로 둘러싸여 있기도 하다. 작은 구조물 전체가 이슬람교 상징으로 덮여 있고, 아마도 특별히 거기 묻힌 사람과 관련된 다른 장식도 칠해져 있을 것이다. 특별한 영적 도움이 필요한 사람들은 이러한 장소에 와서 기도를 드릴 수 있다.

삶은 개인이 그들 스스로 관리하기에는 너무 크고 복잡하며, 경작이

---

31   Chapman, *Cross and Crescent*, p. 122.
32   Chapman, *Cross and Crescent*, p. 129.

좋지 않거나 관계가 틀어지거나 가족이 아프거나 다른 문제가 삶에 불쑥 끼어들 때, 사람들은 언제나 즉각 도움을 줄 수 있는 해결책을 찾는다. 이른바 민간 이슬람교는 그러한 도움을 주려고 노력한다. 이에 덧붙여, 이슬람 민간 종교의 관습들은 악령(진)과 저주, 혹은 '사악한 눈'으로부터 영적 보호를 받기 위해 종종 행해진다. 사실, 일부 지역에서는 이 두 번째 측면이 너무 압도적이어서, 민간 이슬람교는 유신론보다는 애니미즘의 한 형태에 가까워 보이기 때문에 이슬람교 유신론을 다루는 장에 들어갈 자리가 사실 없다고 결론 내릴 수도 있다.

전 세계의 많은 지역에서, 민간 이슬람교는 미신적 관습으로 사람들이 느끼는 필요를 해결해 주는 형태인 이슬람교라는 설명을 넘어선다. 표준 이슬람교는 특정 필요를 충족시키지 못한다는 민간 이슬람교의 잠재적 가정을 받아들인다면, 또 무슬림 인구가 우연히 또 다른 종교가 번성하는 지역에 살고 있고 이러한 다른 종교가 바로 그 특정 필요를 충족시키는 것으로 보인다면, 그 결과로 나타나는 것은 종종 다른 종교의 요소들을 이슬람교의 관습과 통합시킨 혼합주의다.

나는 남아시아와 동남아시아의 각기 다른 많은 상황에서 민간 이슬람교를 보았다. 예를 들어, 싱가포르 외곽에서 배를 타고 1시간 정도 가면 쿠수섬 또는 '거북이섬'이라고 불리는 작은 섬이 있는데, 이 섬에는 무슬림 성인과 그의 아내, 그의 딸을 기리는, 앞서 언급한 무덤과 유사한 성지가 있다. 그러나 이 경우, 전설에 따르면 그들은 죽지 않고 19세기 후반에 곧장 하늘로 올라갔다. 쿠수섬은 상당히 평평하지만, 추종자들은 섬 한쪽 끝에 약 30미터에 이르는 인공 언덕을 만들어서 나무를 심고, 그 정상에 노란색으로 칠한 나무 성지를 세웠다. 성지로 올라가고 내려가는 길은 각기 다른 경로로 만들어서, 수많은 말레이시아 무슬림이 특별한 날들을 지키러 오는 10월 동안 참배객 행렬이 효율적으로 움직일 수 있게 했다. 그렇지만 성지는 언제나 열려 있어서 사람들은 연중 내내 그곳을 방문하며, 특히 경제적 어려움을 당하거나 자녀들이 말을 듣지 않을 때 찾아온다.

건물에 들어서면 현판, 벽, '무덤' 위에 초승달과 별이 그려져 있어 이슬람 건축물임을 의심할 여지 없이 알 수 있다. 더 나아가, 메카의 카바(Kaaba)를 묘사한 태피스트리가 있고, 쿠란의 구절이 적힌 벽걸이도 있다. 그러나 쿠수섬에 있는 이슬람교 성지에서 우리가 발견하는 것은 그것만이 아니다. 무덤 중 하나의 발치에는 중국의 점술에 사용되는 음양 모양 블록을 보관하는 선반이 있고, 건물 한쪽 구석에는 중국 종교의 정령들에게 제물로 종이를 태우는 데 사용되는 형태의 큰 오븐이 있다. 표준 이슬람교와 맞지 않아 보이는 것은 더 있다. 참배자는 기도를 드리고 다른 예식을 행한 뒤, 작은 비닐봉지를 가져다가 돌을 채우고 내려가는 길에 나무 하나에 그것을 매달아 '신성한 오브제'를 만들 수 있는데, 이런 행동은 표준 이슬람교에서는 큰 문제가 될 수 있다. 그리고 얼마 뒤 자신의 기도가 바라던 대로 응답되면 다시 성지를 방문해 감사를 표하고 돌을 채운 그 봉지를 치운다.

따라서 우리는 민간 이슬람교가 다소 수정된 버전의 이슬람교가 아니라, 많은 곳에서 주변의 비무슬림 문화에 적응하여 종종 완전히 혼합된 것을 본다.

이슬람 세계와 실제 삶의 맥락에서 무슬림과 대면하는 법을 배우려는 사람이라면, 가능한 한 민간 이슬람교에 대해 많이 배우는 것이 필수다. 하지만, 많은 경우 민간 이슬람교는 표준 이슬람교와는 거리가 아주 멀기 때문에, 이슬람교 유신론과 최근 몇 년간 전 세계에 영향을 끼친 이슬람교의 본질을 이해하는 것이 목표라면 민간 이슬람교는 그와는 매우 다른 범주에 속한다. 예를 들어, 탈레반이 따르는 와하비 이슬람교는 정확하게 민간 이슬람교 풍속을 제거하기 위해 창시되었다. 더 나아가, 내가 아는 한 (현재 7백만 명에 육박하는) 미국의 무슬림은 특별히 민간 이슬람교를 선호하지 않는다. 따라서 민간 이슬람교에 대해 알아 두는 것은 좋지만, 민간 이슬람교는 이번 장에서 설명하려던 것과는 별도의 세계관이다.

성찰과 토론을 위한 질문

1. 미디어에서, 또한 당신의 지인들 사이에서 이슬람교는 보통 어떤 식으로 묘사되는가?
2. 이슬람교가 '초월주의'라는 것은 무엇을 의미하는가?
3. 이슬람교 내에서의 인간의 자유나 의지를 어떻게 설명하겠는가?
4. 이번 장에서 어떤 놀라운 점이나 통찰을 발견했는가?

11장

검토된 삶: 살 가치가 있는 삶

나의 침몰해 가는 갑판 저쪽에서
하나의 횃불, 하나의 영원한 광선이 빛났다.
육체는 사라지고, 또한 죽어야 할 쓰레기는
찌꺼기 벌레로 전락한다.
세계의 발화제(發火劑)는 꺼지고 재만 남는다.
번쩍이는 섬광 속에 요란한 나팔 소리가 나면
일순에 그리고 단번에 나는 그리스도의 몸이 된다.
지난날의 그는 오늘의 나였기에,
그리고 이 평범한 인간, 우스운 녀석, 불쌍한 오지 그릇,
천 조각, 성냥개비, 영원히 차고 단단한 돌덩이는
불멸의 다이아몬드가 된다.

제라드 맨리 홉킨스, "그 자연은 헤라클레이토스의 불이며 또한 부활의 위로다"

이제까지 여덟 가지 기본 세계관을 살펴보았다. 만일 허무주의를 세지 않는다면 일곱 가지이고, 실존주의의 두 가지 형태를 따로 센다면 아홉 가지 세계관이다.

또한 간단히 언급하고 지나간 애니미즘과 포스트모던 관점까지 포함한다면 열한 가지 세계관을 살펴본 셈이다. 그러나 세계관의 수를 따지는 것이 그리 중요하겠는가? 어느 시대의 세계관 수는 그 시대에 사는 의식적 존재의 수만큼 많을 수 있다. 동양의 윤회설을 취하거나 영원이라는 관점에서 우주를 본다면, 모든 시대의 의식적 존재의 수와 같은 수만큼의 세계관이 있다고 볼 수도 있다. 이와 반대로 "모든 사람은 세계관을 가지고 있다"는 하나의 명제로 구성된 단 하나의 기본 세계관만이 있다고 말할 수도 있다.[1]

그러나 여전히 "그것들뿐인가?"라는 질문을 던질 수 있다. 플레이보이 철학은 어디에 있는가? 삶의 혼돈 가운데서 질서를 '창조해' 내는 예술가들은 어떠한가? 분명 이와 같은 세계관을 갖고 사는 사람도 많다. 그러나 이상의 세계관들을 하나씩 검토해 보면, 우리가 앞서 살펴본 세계관 가운데 하나의 혹은 여러 특별한 변형이거나 아류에 속함을 알 수 있다. 쾌락주의적 플레이보이 철학은 자연주의 사상의 덜 정교한 변형이다. 인간은

---

1 세계관 분석과 평가를 위하여 더 읽을 책으로 Charles Taylor, *A Secular Age* (Cambridge, MA: Belknap Press, 2007); David Naugle, *Worldview: The History of a Concept* (Grand Rapids, MI: Eerdmans, 2002); James A. Herrick, *The Making of the New Spirituality: The Eclipse of the Western Religious Tradition* (Downers Grove, IL: InterVarsity Press, 2004); Mary Poplin, *Is Reality Secular? Testing the Assumptions of Four Global Worldviews* (Downers Grove, IL: InterVarsity Press, 2014); David Burnett, *Clash of Worlds: What Christians Can Do in a World of Cultures in Conflict* (London: Monarch, 2002)를 보라.

성적(性的) 기계다. 그러니 기름을 넣고 윤활유를 발라 작동시켜라. 그리고 느껴라. 와우! 아마도 이것은 순수한 자연주의, 즉 선이란 당신의 기분을 좋게 만드는 것이며 운 좋게 다른 사람을 해치지 않으면 다행이라는 입장이다.

유미주의—혼돈에 형태를, 부조리에 의미를 부여하기 위해 삶에서 예술을 창조하는 자들의 세계관—는 상당히 더 세련되고 매력적인 세계관이다. 이 세계관의 지지자들[19세기 후반의 월터 페이터(Walter Pater), 20세기의 어니스트 헤밍웨이, 헤르만 헤세, 제임스 조이스(James Joyce), 월리스 스티븐스(Wallace Stevens), 서머싯 몸(Somerset Maugham), 파블로 피카소(Pablo Picasso), 레너드 번스타인(Leonard Bernstein) 같은 사람들]은 종종 매력 있는, 심지어 카리스마 있는 인물로 추앙되기도 한다. 그러나 유미주의는, 예술가가 우주에 어떤 형식과 질서를 부여하면서 가치를 창출하는 실존주의의 한 형태다. 헤밍웨이의 소설에 등장하는 전형적 주인공이 바로 그러한 경우다. 그의 윤리적 규범은 전통적이지 않지만 일관성을 지니고 있다. 그는, 다른 사람의 규칙에 따르지는 않았을지라도 자기 자신의 규칙에 따라 살았다. 험프리 보가트(Humphrey Bogart)가 〈키 라르고〉(Key Largo), 〈카사블랑카〉(Casablanca), 〈시에라 마드레의 보물〉(The Treasure of the Sierra Madre)에서 맡았던 역할은 직업적 차원을 넘어서 유미주의(특정 양식으로서 인생)를 시장에 내놓은 것이었다. 그러나 이러한 사실에도 불구하고 유미주의는 인간이 자신의 선택과 행동에 의해 가치를 선정하고 자기 자신의 성품을 빚어 간다는 무신론적 실존주의의 특별한 형태에 지나지 않는다. 그것이 어디로 나아가는지는 6장에서 이미 살펴보았다.

사실 언뜻 보면 세계관의 수가 증식해 나가는 것처럼 보여도 그 세계관들은 단지 제한된 수의 대답만을 갖고 있는 몇 가지 질문에 대한 답으로 구성되어 있다. 예를 들어 제일 실재에 대한 질문에는 다음과 같은 두 가지의 기본적 대답만이 있을 뿐이다. 즉, 영원토록 자존하는 것은 바로 우주이거나 초월적 하나님이라는 것이다. 기독교와 이슬람교의 유신론 및 이신론은 후자를 주장하고, 자연주의, 동양 범신론적 일원론, 뉴에이지, 포스트모더니즘은 전자를 주장한다. 어느 신학자의 표현대로 우리가 경험하는 현재의 우주는 인격적 기원을 갖고 있든지 비인격, 시간, 우연 등의 복합 산물이든지 둘 중 하나다.[2]

혹은 다른 예를 든다면, 인간이 어떤 것을 진실로 알 수 있느냐는 질문에는 두 가지 가능한 대답이 있다. 즉, 인간은 실재의 본성에 대한 어떤 것을 알 수 있거나 알 수 없다. 만일 사람이 무언가를 알 수 있다면 그 지식을 표현한 언어는 어떤 면에서 실재와 명확하게 부합할 것이고 비모순율의 원칙이 적용될 것이다. 포스트모더니즘이 이 관념을 거부하는 것은 자기 참조적이기에 일관성이 없다.

우리가 참된 것을 알 수 있다고 해서 무엇이 참인지 완전히 알아야 한다는 의미는 아니다. 지식은 다듬어지기 마련이지만, 만일 그것이 참된 지식이라면 다듬어지지 않은 개념 속에 적어도 진리의 편린은 있어야 할 것이다. 그 개념의 어떤 측면은 시초와 동일하게 남아 있어야 하며, 그렇지 않다면 지식이 아니다. 예를 들어, 고대인들은 태양이 하늘에서 움직이는 것을 관찰했다. 우리는 태양이 서 있고 지구가 돈다는 것을 안다. 그러나 우리의 지식에는 고대인이 관찰한 진리도 포함되어 있다. 즉, 고대인에게 그러했던 것처럼 우리 대다수에게도 태양이 떠오르는 것처럼 보인다. 어쨌든 사람이 실재에 대한 어떤 것을 알 수 있다면, 이는 개념적 상대주의에서 파생하는 무한한 수의 가능한 설명을 배제한다. 개념적 상대주의에서는 무엇이 실제로 사실인지 알 수 없다. 우리는 언어 체계의 경계에 갇

---

2 Francis A. Schaeffer, *The God Who Is There* (Downers Grove, IL: InterVarsity Press, 1968), p. 88.

혀 있다. 이것은 본질적으로 허무주의다.

시간 개념에 관해서도 마찬가지로 선택할 수 있는 수가 제한되어 있다. 시간은 직선적이거나 순환적이다. 어느 곳을 향해 전진하거나(반복될 수 없다) 영원히 회귀할 뿐이다(따라서 의미 있는 범주로서 존재하지 않는다). 마찬가지로 윤리학과 형이상학의 기본 내용, 죽음 이후 개인의 존재는 어떻게 되는가 등에 대한 질문에서도 선택의 수가 제한되어 있다.

다시 말해, 세계관의 수는 무한하지 않다. 다원적 사회에서는 그 수가 매우 많은 것처럼 보이지만 기본적인 문제나 선택은 실제로 매우 적다. 내가 제한한 바와 같이 그 분야는 열한 가지 선택지(혹은 열이나 여덟, 즉 세기에 따른 문제다)를 포함한다. 우리 자신의 개인적 선택은 그 가운데 어느 하나일 것이다. 만일 이 책의 논증이 타당하다면 두 가지 결론이 따라온다. 첫째, 우리의 선택이 맹목적일 필요는 없다. 우리가 선택한 경로에 빛을 가져올 수 있는 방법이 있다. 둘째, 우리가 무엇을 선택하든, 위선적이지 않으려면 우리는 그 선택에 따라 살아야 한다. 세계관 정의에서 알 수 있듯, 우리는 단순히 고백하는 세계관이 아니라 우리가 실제로 지니고 있는 세계관에 따라 "살며 기동하며 존재한다." 두려움 없는 정직함이 우리의 자기 분석—지금 우리는 어디에 있는가—과 진리 추구 모두의 특징이 되어야 한다.

세계관 선택

그러면 우리는 어떻게 살기로 선택할 수 있는가? 유한한 대안들 사이에서 어떻게 결정할 수 있는가? 초월적·인격적 하나님의 존재를 가정하는 세계관과 그렇지 않은 세계관 사이에서 선택하는 데 우리에게 도움이 되는 것은 무엇인가? 이 문제에 대한 내 견해는 여러 세계관을 기술하며 비

판하는 가운데 명백히 드러났을 것이다. 이제는 그 견해를 더욱 명백히 밝힐 시간이다.[3]

만일 자신의 현재 지위가 우주의 유일한 창조자이고 의미 부여자라는 가정을 갖고 시작하지 않는다면—뉴에이지 세계관에서도 주장하는 사람이 거의 없는 입장이다—겸손의 태도를 기본 준거틀로 받아들이는 게 좋을 것이다. 우리가 어떤 세계관을 취할 것이냐는 선택은 제한되어 있게 마련이다. 우리의 인간성이 어떻든, 인간으로서의 유한성 때문에 세계관을 파악하고 표현하는 방법에서 전적인 정확성을 기하지 못하고 온전함과 철저함도 기하지 못할 것이다. 실재에 대한 몇몇 진리는 우리의 매우 촘촘한 지적 망 사이로 미끄러져 나갈 것이다. 그 망에는 심지어 우리가 알아채지도 못하는 구멍이 있을 것이다. 그러니 겸손이 출발점이 되어야 한다. 우리는 그것이 참이든 아니든 우리에게 힘을 실어 주는 입장을 취하는 경향이 있다.

그러나 겸손은 회의주의가 아니다. 우리가 무언가를 알기 기대한다면 무언가를 알 수 있다고 가정해야 한다. 그리고 그 가정에는 다른 요소도 수반되는데, 대개는 이른바 논리 법칙이라 불리는 동일률, 비모순율, 배중률이다. 이러한 법칙들을 따름으로써 우리는 명료하게 생각할 수 있고 우리의 논증이 타당하다는 확신도 가질 수 있다. 이러한 가정은 우리가 선택한 세계관이 지녀야 할 첫 번째 특징인 내적인 지적 일관성으로 이어진다. 위스콘신 대학교의 키스 얀델은 이 사실을 간명하게 진술한다. "만일 어떤 개념 체계의 본질적 요소가 논리적 일관성이 없는 일군의(하나 혹은 그 이상의) 명제로 구성되었다면 그것은 거짓이다."[4]

---

3   다른 세계관들보다 하나의 세계관을 선택해야 하는 이유에 관해서는 *Why Should Anyone Believe Anything at All?* (Downers Grove, IL: InterVarsity Press, 1994)에서 길게 서술했다.
4   Keith Yandell, "Religious Experience and Rational Appraisal," *Religious Studies*, June 1974, p.

바로 이러한 근거에서 우리는 이신론, 자연주의, 범신론적 일원론 등을 앞서 살펴보았다. 각 세계관은 몇몇 주요 지점에서 일관성이 없다는 게 드러났다. 예를 들어, 자연주의자는 한편으로 우주가 닫혀 있다고 선언하면서도 다른 한편에서는 인간이 우주를 재조정할 수 있다고 주장한다. 그 논증이 옳다면, 즉 우리가 환경을 재조정하고 형성할 수 있으려면 우리가 직접 접하는 환경을 초월할 수 있어야 한다. 그러나 자연주의에서는 환경을 초월할 수 없다고 주장하기 때문에 적어도 일반적 형태의 자연주의는 일관성이 없고 따라서 참이 될 수 없다.[5]

적절한 세계관의 두 번째 특징은 실재의 자료, 즉 각자가 일상생활의 의식적 경험을 통해 수집한 것, 비판적 분석과 과학적 탐구를 통해 얻은 것, 다른 사람의 경험을 통해 들은 것 등 모든 형태의 자료를 포함할 수 있어야 한다. 물론 이 자료들은 먼저 최저 수준(사실과 부합하는가? 환상인가?)에서 면밀히 평가되어야 한다. 그러나 그 자료들이 시험을 통과한다면 이를 우리의 세계관 안에 통합시킬 수 있어야 한다. 만일 시험해 보아도 영(ghost)의 존재를 부인할 수 없다면 우리의 세계관에 영을 위한 자리도 하나 마련해야 할 것이다. 만일 사람이 죽은 자 가운데서 부활했다면 우리의 체계는 왜 그러한 일이 일어날 수 있는지 설명해야 한다. 그런데 우리의 세계관이 그 자료들을 거부하거나 포함할 수 없다면 그 세계관은 조작되었거나 적어도 부적절한 것으로 보여진다.

자연주의에 대한 바로 이러한 도전으로 인해 어떤 사람은 그 대안으로 유신론을 받아들였다. 많은 사람은 그리스도의 부활을 포함해 다른 여러 '기적'에 대한 역사적 증거가 매우 유력하다고 생각해서 그들의 개념 체계

185.
5 물론 각 세계관에서 설명하는 내용은 그 자체의 장점에 따라 생각해 보아야 한다. 그러나 내가 검토해 본 각 세계관에서 비일관성이라는 문제가 없는 설명은 없었다.

를 포기하고 다른 체계를 받아들였다. 특히 우리 시대의 지식인 사이에서 기독교로 개종하는 일은 대개 세계관의 변화를 수반한다. 성경에서 보듯, 죄란 도덕적 차원뿐 아니라 지적 차원도 포함하기 때문이다.[6]

셋째, 적절한 세계관은 그것이 설명하겠다고 주장한 것을 설명할 수 있어야 한다. 예를 들어, 어떤 자연주의자들은 도덕성을 생존의 필요와 연결해서 설명한다. 그러나 이것은 우리가 살펴본 대로 도덕적 특성(당위)을 단지 형이상학적 특성(존재)과 관련해서 설명하는 것에 지나지 않는다. 아마 인간이라는 종은 생존하기 위해 도덕성 개념을 발전시켜야 했을지도 모른다. 그러나 왜 생존해야 하는가? 우리가 생존하지 않는다면 우리에게 '훨씬 더 나쁘기' 때문이라는 B. F. 스키너의 대답은 좋은 대답이 아니다. 의문을 불러일으키기 때문이다.

그렇다면 세계관에 대해 던져야 할 중요한 질문들은 다음과 같다. 인간은 생각하지만 그것이 불완전하다는 사실, 사랑하지만 또한 미워한다는 사실, 창조적이지만 또한 파괴적이라는 사실, 현명하지만 종종 어리석다는 사실 등을 어떻게 설명할 수 있는가? 진리나 개인적 성취에 대한 인간의 갈망을 무엇으로 설명할 것인가? 우리가 현재 알고 있는 바와 같이, 왜 우리의 쾌락은 완전히 만족할 만큼 충분하지 않은가? 왜 우리는 항상 더 많은 것—더 많은 돈, 더 많은 사랑, 더 많은 즐거움 등—을 원하는가? 우리 인간이 비도덕적 행동 양식을 거부하는 것은 어떻게 설명할 수 있는가?

물론 이것들은 거창한 질문이다. 그러나 세계관이 존재하는 것은 바로 이러한 질문 때문이다. 즉, 이러한 질문들에 답하거나 적어도 대답을 제공할 틀을 제시하기 위해 세계관이 있는 것이다.

끝으로, 적절한 세계관이란 주관적으로 만족스러워야 한다. 마치 뜨

---

6   예를 들어, 롬 1:28을 보라.

거운 죽 한 그릇이 긴 잠에서 깨어난 후의 공복을 채우듯 개인적 필요를 만족시켜야 한다. 이를 마지막에 언급하는 것은 가장 덧없는 특징이기 때문이다. 이것을 첫 번째로 언급했다면 주관이 가장 중요한 요소라는 암시를 주게 될 텐데, 이는 다시 의문을 불러일으키는 셈이다. 적절한 세계관은 만족을 주어야 한다고 말하면 우리는 순환에 빠지게 된다. "어떻게 세계관이 만족을 줄 수 있는가?" 하는 질문이 돌아온다. 내 생각에 답은 명확하다. 세계관은 참됨으로써 만족을 준다. 우리가 이해하는 실재의 어떤 부분이 환상이라고 생각한다면, 혹은 막연하게라도 의심한다면, 그 작은 금은 의심의 균열로 확대되어 우리 세계의 평화가 깨지고 지적 내전이 일어날 것이다. 진리만이 궁극적 만족을 주는 유일한 것이다. 그러나 어느 세계관이 진리인지를 결정하기 위해서는 앞의 세 가지 특징—내적 일관성, 적절한 자료 취급, 설명되어야 한다고 주장하는 것을 설명할 능력—으로 다시 돌아가야 한다.

그렇지만 여전히 주관적 만족은 중요하다. 아마 우리가 세계관을 검토하는 첫 번째 이유는 만족감의 부재에 있을지도 모른다. 우리가 지니고 있는바 무엇인가 잘 맞지 않는다는 막연하고 꺼림칙한 감정이 우리로 하여금 만족을 추구하게 한다. 우리의 세계관이 만사형통하게 해 주지는 않는다. 의심을 묻어 두지만 다시 표면으로 떠오른다. 불안감을 감추려 하지만 가면이 벗겨진다. 우리는 사실 의심을 추구하고 진리를 찾을 때 진정한 만족을 누리기 시작한다는 사실을 안다.[7]

그러면 현대에서 우리가 서 있는 위치는 어디인가? 우리가 선택할 수 있는 세계관은 매우 많지만 앞서 살펴본 대로 제한되어 있다. 또한 앞서 검토한 세계관 가운데 유신론을 제외한 다른 세계관은 모두 심각한 결점

---

7   의심의 본성과 그것이 적절한 세계관 형성에 기여하는 바에 대해서는 Os Guinness, *God in the Dark* (Wheaton, IL: Crossway, 1996)를 보라. 『회의하는 용기』(복있는사람).

을 지닌 것으로 판명되었다. 내 논증이 정당하다면 이신론, 자연주의, 실존주의, 동양 범신론적 일원론 혹은 뉴에이지, 포스트모더니즘 등 어떤 세계관도 진정한 지식의 가능성, 외부 우주의 사실성, 윤리적 구분의 존재 등을 적절히 설명할 수 없다. 각 세계관은 각자의 방식대로 결국 어떤 형태의 허무주의로 귀결된다.

이슬람교는 대안을 제시하면서도 별개의 도전을 제기한다. 그것은 하나님이 창조주와 유지자이시며 실재의 진리를 계시하시는 분이라는 유신론적 사고에 근거해 있으므로 가장 근본적인 세계관 개념(궁극적 실재의 본성)은 기독교와 유사하다. 진리를 탐구하는 사람들은 각 세계관의 구체적 내용—혹시 내적 불일치가 있는지, 특히 성경의 하나님과 알라의 성품과 본성에서 개념적으로 다른 것이 있는지, 예수의 성품과 본성에 관한 역사적 증거가 있는지, 둘의 근거가 되는 두 경전 곧 성경과 쿠란에 부여된 권위의 근거가 무엇인지 등—을 집중해서 살펴야 할 것이다. 이 과제는 독자들을 위해 남겨 둔다.[8]

다시 살펴본 기독교 유신론

지적으로 충분한 근거를 제시하면서도 허무주의에서 빠져나오는 길이 하나 있다. 17세기부터 21세기까지 종교적 확실성이 소멸되는 과정을 추적해 온 사람이 계속 앞으로 나아간다고 해서 허무주의를 넘어서는 것은 아니다. 오히려 지적 길의 초기 분기점으로 돌아갈 때 허무주의를 극복할

---

[8] 예를 들어 Colin Chapman, *The Cross and the Crescent: Responding to the Challenges of Islam* (Downers Grove, IL: InterVarsity Press, 2003); Chawkat Moucarry, *The Prophet and the Messiah: An Arab Christian's Perspective on Islam and Christianity* (Downers Grove, IL: InterVarsity Press, 2001)를 보라.

수 있다.

근대와 포스트모던의 사조를 떨쳐 버리고 17세기 이전으로 돌아가자는 제안이 다소 이상해 보일지 모른다. 그러나 내가 규정한바 기독교 유신론이 포기된 것은 그것이 내적으로 비일관적이라거나 사실을 설명할 능력이 없기 때문이 아니라, 그것이 부적절하게 이해되거나 완전히 망각되거나 당면한 문제에 적용되지 않기 때문이라는 사실을 상기해 보아야 한다. 더구나 300년 전에 모든 사람이 유신론을 포기한 것은 아니다. 과학, 인문학, 기술, 상업 등 모든 학문 분과에는 유신론 세계관을 갖고 흠 잡을 데 없는 지적 신중함과 정직함을 갖추고 활동하는 사람들이 남아 있다.[9]

실제로 유신론에는 의문점과 거친 부분이 있다. 문제점도 있다. 유한한 인간은 어떤 세계관에도 그러한 문제들이 항상 있으리라는 사실을 인식할 수 있을 만큼 충분히 겸손해져야 할 것 같다. 그러나 유신론에서는 왜 사람들에게 그러한 질문과 문제점이 있는지를 설명한다. 그 근거는 자아나 우주가 아니고 모든 것을 초월하신 하나님, 즉 무한한 인격적 하나님으로서 그분 안에서 모든 이성, 모든 선, 모든 소망, 모든 사랑, 모든 실재, 모든 구분의 근원을 찾을 수 있는 그런 하나님이다. 유신론은 인간이 의미와 중요성을 찾을 수 있는 준거틀을 제공한다. 유신론은 적절한 세계관이 되기 위한 네 가지 시험을 모두 통과했다.

19세기 예수회 시인인 제라드 맨리 홉킨스의 지적 여행은 탐구하는 정

---

9 예를 들어, 자신이 그리스도인임을 공개적으로 드러낸 철학자들이 쓴 개인적 글을 모은 Kelly James Clark, ed., *Philosophers Who Believe: The Spiritual Journeys of 11 Leading Thinkers* (Downers Grove, IL: InterVarsity Press, 1993), 『기독교 철학자들의 고백』(살림); Thomas V. Morris, ed., *God and the Philosophers: The Reconciliation of Faith and Reason* (New York: Oxford University Press, 1994); 그리고 Paul M. Anderson, *Professors Who Believe: The Spiritual Journeys of Christian Faculty* (Downers Grove, IL: InterVarsity Press, 1998)를 보라.

신과 마음이 어떻게 안식처를 찾을 수 있는지에 대한 매혹적인 연구를 제공한다. 그는 기독교 세계관을 잘 표현한 풍부한 일련의 시를 남겼다. 그가 쓴 "신의 장엄"보다 기독교 세계관의 분위기를 더 잘 포착한 시를 본 적이 없다. 또한 이 시는 세계관에 대한 우리의 다소 지적인 고찰에 관해서도 적절하게 개인적으로 끝맺을 것이다.

> 세계는 신의 장엄으로 충만해 있다.
>   그것은 흔들리는 금박의 광채처럼 불꽃이 되어 터져 나오리라.
>   그것은 짓눌려 스며 나오는 기름처럼 모여서 거대하게 되리라.
> 그런데 인간은 어찌하여 그의 권위에 무관심한가?
> 몇 세대를 두고 짓밟히고 짓밟히고 또 짓밟혀 왔다.
>   그리하여 모두는 생업으로 마비되고 고역으로 흐려지고 더럽혀져
>   인간의 때와 인간의 냄새가 풍길 뿐.
> 땅은 이제 헐벗게 되고 발은 신발 때문에 느끼지 못한다.
> 그러나 그렇다 해도 자연은 결코 소진되지 않는다.
>   만물의 속 깊이 가장 고귀한 신선함이 맥맥이 흐른다.
> 그리고 암흑의 서방에서 최후의 광선이 사라진다 해도
>   아! 아침은 갈색 동녘에서 솟아오른다.
> 성령이 활처럼 굽은 세계를
>   그 포근한 품으로, 아! 찬란한 두 날개를 품고 있으니.[10]

물론 삶을 이런 식으로 바라보는 것에 대해서는 인격적·신학적 차원

---

10 Gerard Manley Hopkins, "God's Grandeur," in *The Poems of Gerard Manley Hopkins*, 4th ed., ed. W. H. Gardner and N. H. MacKenzie (New York: Oxford University Press, 1967), p. 66.

에서 더 많이 이야기해야 할 것이다.[11] 기독교 유신론을 단지 지적으로 구성된 것으로 받아들인다면 이를 온전히 받아들인 게 아니다. 이 세계관을 이해하고 그 안에서 사는 것과 관련한 심오한 인격적 차원이 있다. 이 세계관은 우리가 하나님의 피조물로서 그분께 인격적으로 의지하는 것, 하나님에 대한 우리의 인격적 반역, 그분과의 교제를 회복하기 위해 인격적으로 하나님을 의지하는 것 등을 인정하는 일을 포함하기 때문이다. 그리고 이는 그리스도를 속박으로부터의 해방자로, 또한 우리 미래의 주로 영접한다는 것을 의미한다.

기독교 유신론자가 된다는 것은 단지 지적 세계관을 갖는 게 아니다. 그것은 무한하고 인격적인 우주의 주재(主宰)께 인격적으로 헌신하는 것이다. 그리고 그것은 매우 살 만한 가치가 있는 검토된 삶으로 우리를 이끈다.

성찰과 토론을 위한 질문

1. 세계관들을 살펴볼 때에 겸손이 중요한 이유는 무엇인가? 겸손은 회의주의와 어떻게 다른가?
2. 저자가 기독교 유신론을 선택하는 근거가 무엇이라고 생각하는가?
3. 적절한 세계관의 특징이라고 여기서 열거한 것이 여러분 자신의 믿음과 헌신을 이해하거나 다른 사람들의 믿음과 헌신을 이해하는 데에 어떻게 도움이 되는가?

---

11 기독교 유신론의 기본서는 물론 신약성경이지만, John R. W. Stott, *Basic Christianity*, Signature ed. (Downers Grove, IL: InterVarsity Press, 2019, 『기독교의 기본 진리』, 생명의말씀사)과 J. I. Packer, *Knowing God*, 20th anniversary ed. (Downers Grove, IL: InterVarsity Press, 1993, 『하나님을 아는 지식』, IVP)도 추천한다.

12장

21세기를 위한 기독교 세계관 세우기:
진행 중인 작업

이 책의 초판이 출판된 지 40년이 넘었다. 그동안 처음에 제시했던 다양한 세계관에는 여러 변화가 있었다. 그렇지만 내가 40년 전에 붙잡고 있던 기독교 세계관의 기본 요소는 변하지 않았다. 이 책에서 서술한 세계관 가운데 없어진 것도 없다. 그러나 맥락—서양 세계—은 바뀌었다. 요즘 미국 사람은 40년 전 세계관에는 익숙하지 않은 개념들을 쉽사리 택한다.

이 다변화된 환경에서 어떻게 실행 가능한 기독교 세계관을 형성할 수 있는가? 이는 쉬운 일이 아니며 여기서 시도하지도 않겠다. 그러나 그리스도인들이 현재 직면하고 있으며 앞으로도 한동안 직면하게 될 몇 가지 이슈를 다루려 한다. 나는 이 새로운 상황에 이름을 붙이려고 계속 시도하고 있지만 아직 성공하지 못했다. 새로운 상황이 유신론, 이신론, 자연주의, 허무주의, 뉴에이지, 포스트모더니즘(비록 포스트모더니즘이 우리의 가장 최근의 세계관이기는 하나), 이슬람교 유신론과 같은 위치에 오른 것은 아니다. 따라서 새로운 이름을 제시하는 대신에 생각이 깊은 그리스도인들이 5판이 발행된 2009년 이후 직면해 온 몇 가지 이슈를 나열할 것이다. 이 이슈들은 순서에 따라서 발생한 것이 아니며 모두 맞물려 있다.

온전한 인간이 된다는 것은?

첫째는 분명 온전하고 제대로 된 인간이 된다는 것의 의미에 관한 전통적 관념에 대한 지속적인 도전이다. LGBTQ(레즈비언, 게이, 양성애자, 성전환자, 퀴어 혹은 퀘스처닝) 공동체는 온전하고 제대로 된 인간이 된다는 것의 의미에 도전한다. 어떤 면에서 이런 이슈는 하나님의 형상대로 창조된 인간 본성에 대한 기독교적 개념과 연결된 주제다.

대다수 복음주의자를 포함해 다수의 그리스도인이, 그리스도인 사이에서는 동성애자든 이성애자든 모두 평등하다고 생각한다. 그러나 어떤 이들은 교회의 리더십은 독신이거나 결혼 언약(한 남자와 한 여자) 안에 있는 사람들로 제한되어야 한다고 믿는다. 복잡한 이슈지만, 사려 깊은 그리스도인이라면 분명히 다뤄야 할 주제다. 이 주제는 하나님의 형상대로 지음받은 우리 자신을 이해하는 바로 그 방식에 도전한다. 인간이란 무엇인가?(세계관 질문 3) 그리고 무엇이 옳고 무엇이 그른지 어떻게 아는가?(세계관 질문 6)

이 쟁점에는 신학적 측면과 실천적 측면이 있다. 실천적 측면은 쉽다. 그리스도인은 성 정체성과 관계없이 모든 사람을 사랑해야 한다. 모든 사람은 하나님의 형상대로 창조되었다. 하나님에 대한 우리의 사랑이라는 틀 안에서 그리스도인들은 이웃을 사랑해야 하지만, 이 원칙이 우리의 행동에서 옳고 그름을 어떻게 분별해야 하는지에 대한 모든 질문에 즉시 답을 주지는 않는다.[1]

인간 본성을 이해하는 방식에 대한 또 다른 도전은 새로 등장한 트랜스휴머니즘(transhumanism) 진영에서 나왔다. 트랜스휴머니즘은 과학과 과

---

1   이 주제를 더 깊이 생각하는 데 도움을 주는 몇 권의 책이 있다. Judith K. Balswick and Jack O. Balswick, *Authentic Human Sexuality: An Integrated Christian Approach*, 3rd ed. (Downers Grove, IL: IVP Academic, 2019). 『진정한 성』(IVP); Hak Joon Lee and Tim Dearborn, eds., *Discerning Ethics: Diverse Christian Responses to Divisive Moral Issues* (Downers Grove, IL: IVP Academic, 2020); Travis Collins, *What Does It Mean to Be Welcoming? Navigating LGBT Questions in Your Church* (Downers Grove, IL: InterVarsity Press, 2018); Mark A. Yarhouse, Janet B. Dean, Michael Lastoria, and Stephen P. Stratton, *Listening to Sexual Minorities: A Study of Faith and Sexual Identity on Christian College Campuses* (Downers Grove, IL: IVP Academic, 2018); Mark A. Yarhouse, *Understanding Gender Dysphoria: Navigating Transgender Issues in a Changing Culture* (Downers Grove, IL: IVP Academic, 2015); Gerald L. Hiestand and Todd Wilson, eds., *Beauty, Order, and Mystery: A Christian Vision of Human Sexuality* (Downers Grove, IL: IVP Academic, 2017).

학 기술을 사용해 인간의 지능과 신체를 확장하고 신인류를 창조할 수 있다고 주장하면서 자신의 진화를 통제하는 인간상을 제시한다. 성공적으로 추진된다면, 이것은 인간 존재를 이해하는 데서 우리의 사고에 심대한 영향을 미칠 수 있을 것이다.[2]

무신론적 자연주의

둘째 이슈는 내가 보기에 19세기에 발전된 것, 곧 자연주의의 무신론을 우리가 사는 세계로 밀어붙이려는 것인데, 그렇게 새로운 것은 아니다. 샘 해리스(Sam Harris), 리처드 도킨스, 크리스토퍼 히친스(Christopher Hitchens)처럼 대중 작품을 많이 쓴 사람이나 대니얼 데닛(Daniel Dennett)처럼 진지한 철학자도 있고, 최근에 슬그머니 시류에 편승하려는 과학자들도 있다.

그러나 과학자들이, 자연주의를 확실한 토대로 받아들이거나, 자신과 다른 과학자들의 연구를 근거로 모든 종류의 초자연주의, 특히 기독교 유신론이 거짓임이 증명되었다고 선언할 논리적 권리가 그들에게는 없다. 물론 기독교 세계관은 믿음에 기초한다. 그러나 이러한 믿음은 맹목적인 것이 아니라 이성으로 뒷받침된다. 사려 깊은 과학 탐구자라면 이러한 주제를 논의하는 데 도움이 되는 여러 책을 찾아볼 수 있을 것이다.[3]

---

[2] Newton Lee, ed., *The Transhumanism Handbook* (Cham, Switzerland: Springer, 2019); David Livingstone, *Transhumanism: The History of a Dangerous Idea* (Scotts Valley, CA: CreateSpace, 2015); Max More and Natasha Vita-More, eds., *The Transhumanist Reader* (Hobok Wiley-Blackwell, 2013); Jacob Shatzer, *Transhumanism and the Image of God* (Downers Grove, IL: IVP Academic, 2019)을 보라.

[3] 4장에 인용된 책 외에도 Stanley L. Jaki, *Cosmos and Creation* (Chicago: Regnery Gateway, 1980); Michael J. Murray, *Reason for the Hope That Is Within* (Grand Rapids, MI: Eerdmans, 1999); James W. Sire, *Why Should Anyone Believe Anything at All?* (Downers Grove, IL: IVP Academic, 1994); Richard Carlson, ed., *Science and Christianity: Four Views* (Downers Grove, IL: IVP Academic, 2000). 『현대과학과 기독교의 논쟁』(살림); Douglas Groothuis, *Christian Apologetics* (Downers Grove, IL: IVP Academic, 2000). 『기독교 변증학』(기독교

이 주제는 매우 중요하기 때문에 더 많은 논의가 필요하다. 여기서 핵심은 과학의 정의 및 과학과 기독교 신앙의 관계다. 저명한 과학자들로 구성된 세속적 조직인 미국 국립과학아카데미(NAS)에서는 과학을 이렇게 정의한다.

자연 현상에 대한 검증 가능한 설명과 예측을 구성하기 위한 증거의 사용과 이 과정을 통해 생성된 지식의 사용.[4]

이어서 과학의 가장 중요한 핵심 방법론을 설명한다.

과학에서 설명은 자연적으로 발생하는 현상에 근거해야 한다. 자연적 원인은 원칙적으로 재현이 가능하므로 다른 이들에 의해 독립적으로 확인할 수 있다. 자연 밖의 힘에 근거한 설명이라면 과학자들은 그 설명을 확인하거나 반증할 방법이 없다. 모든 과학적 설명은 검증 가능해야 하며, 아이디어를 뒷받침하거나 이를 반박할 수 있는 관찰 결과가 있어야 한다.[5]

과학이 이런 방식으로 정의되면, 과학은 그 자체로 세계관이 아니다. 과학은 어떤 종교나 철학에 헌신하지 않는다. 과학은 물질적 우주에 자연 질서가 존재한다는 것을 확인하지만, 신의 존재, 우주의 목적, 자연의 (도

문서선교회); Timothy Keller, *The Reason for God* (New York: Penguin, 2008). 『팀 켈러, 하나님을 말하다』(두란노); Matthew Dickerson, *The Mind and the Machine* (Grand Rapids, MI: Brazos, 2011); Alvin Plantinga, *Knowledge and Christian Faith* (Grand Rapids, MI: Eerdmans, 2015); Stewart E. Kelly with James K. Dew Jr., *Understanding Postmodernism: A Christian Perspective* (Downers Grove, IL: IVP Academic, 2017)를 보라.

4 Natural Academy of Sciences and Institute of Medicine, *Science, Evolution, and Creationism* (Washington, DC: National Academies Press, 2008), p. 10.
5 Natural Academy of Sciences and Institute of Medicine, *Science, Evolution, and Creationism*, p. 12.

덕적 혹은 미적) 가치에 대해서는 아무런 진술을 하지 않는다. 다시 말해, 과학은 철학도 세계관도 아니다. 과학은 물질세계를 이해하는 방법일 뿐 그 자체의 철학적 토대나 신학적 토대에 관해 말할 수 없다. 이러한 정의에 따른 과학적 연구는 기독교, 유대교, 힌두교, 인문주의, 심지어 물질세계에 대한 평가로서 궁극적으로 초월적인 공(空)을 선언하는 불교와 같은 다양한 종교적 세계관과 양립할 수 있다.

하지만 오늘날 많은 지식인은 무신론자나 불가지론자일 뿐만 아니라, 마치 신이나 초월적 존재가 전혀 없는 것처럼 행동한다. 이러한 과학자 중 다수는 과학과 종교의 관계에 대한 논쟁에 순진하게 접근한다. 일부는 자신의 특정 과학 분야에서 실용적이거나 가능성이 있는 이론적 진보를 이루기 위해 단순히 노력할 뿐이다. 우리는 그들을 근대 과학자라고 부른다. 포스트모던 과학자라고 불리는 다른 사람들은 과학의 우월성에 대한 자신감의 근거가 허약함을 인지하고 있다. 그들 중 일부는 앞서 서술한 과학적 방법을 사용하여 배울 수 있는 것에 대해서만 단순히 이야기할 뿐이다.[6]

오래전 인류학 과목을 수강했을 때 교수님은 내게 "사이어군, 자네는 책을 많이 읽지만 읽는 책이 전부 잘못되었네"라고 말한 적이 있었다. 그때 그는 나를 바보라고 부르지는 않았는데 아마 오늘날이라면 그렇게 했을 것이다. 모든 초자연주의는 근대 과학의 규칙을 무시한다. 그리스도인 학생들은 근대 사상이 거의 모든 교과 과정, 특히 문학, 심리학, 사회학, 의학에 침투했으며, 최근에는 실재를 자연주의적으로 읽어 냄으로써 모

---

6 "When Science Went Modern," *Hedgehog Review* (Fall 2016)에서, 로레인 대스턴(Lorraine Daston)은 과학 이해가 **근대**에서 **포스트모던**으로 넘어가면서 어떻게 바뀌었는지 역사적이고 사회학적으로 서술한다. 그는 **포스트모던**을 "제약당한 근대성"(chastened modernity)이라고 부른다.

든 생물학적 변화가 자연주의적으로 완전히 설명된다는 생각이 지배적인 생각이 되면서 자연과학, 특히 생물학에 근대 사상이 침투했음을 알아차려야 한다. 세계가 형성된 특정한 방식이 있으나 생물학적 형태에는 설계가 존재하지 않는다고 한다. 설계자라는 개념은 의식 있는 설계자, 혹은 의식 있는 어떤 초월자, 예를 들어 신이 있음을 함의한다. 그러나 신은 존재하지 않으므로—더 이상 말하지 마라—그런 개념을 생각하거나 특별히 표현하지 말아야 한다고 한다. 그렇지 않으면 (많은 지식인에게 경멸적 단어가 된) 근본주의자로 낙인찍힐 뿐만 아니라, 과학과 종교의 관계를 신중하게 고민했다고 해서 근본주의자로 취급될 것이다. 많은 종교학 과목—기독교, 유대교, 힌두교, 불교 등—에서도 어떤 종류의 신이 존재하지 않는다는 개념을 받아들인다. 여기서도 당신은 아무것도 모르는 사람으로 낙인찍힐 수 있다.

입을 다물고 있더라도 할 일이 있고, 그렇지 않다면 할 일이 더 많을 것이다. 다시 말하지만, 앞서 제시한 도서 목록은 큰 도움이 될 것이다. 소망은 분명히 기독교 철학에 있다. 기독교 철학은 필연적으로 자연과학의 한계를 비판하고 기독교 신앙의 합리성을 제공하기 때문이다. 이 분야의 책을 한두 권만 읽어 보아도 무슨 말인지 알 수 있을 것이다.

그렇다면 대학교와 지성계는 어떻게, 왜 이런 변화를 겪게 되었는가? 첫째, 이 변화는 서양 세계에서 몇 세기 동안 지속되어 온 일의 연장선상에 있다고 생각한다. 이는 4장의 주요 요점이다. 둘째, 학계에서 신에 대한 언급은 대체로 무시된다. 각 사람은 개인적으로 자기만의 종교적 견해를 가질 자유가 있다. 과학에서 신이라는 개념은 필요하지 않으며, 실제로 어떠한 역할도 하지 않아야 한다. 셋째, 이러한 침묵은 모든 종류의 종교적·비종교적 관점에 대한 개방성을 키웠다.

그렇다면 우리는 무신론을 복음처럼 열렬히 선전하는 변증가들의 책이 인기를 얻는 데 맞서야 한다. 나는 여기서 철학자 대니얼 데닛, 천체물리학자 칼 세이건, 생물학자 리처드 도킨스, 신경 과학자 샘 해리스, 대중 지식인 크리스토퍼 히친스 등이 저술한 베스트셀러를 생각하고 있다. 더 최근에는 심리학자 폴 처칠랜드(Paul M. Churchland), 멀린 도널드(Merlin Donald), 철학자 브라이언 매기가 책을 출간했다. 데닛, 세이건, 도킨스는 앞에서 다루었다.[7] 여기서는 처칠랜드, 도널드, 매기의 견해를 간략하게 요약하겠다.

폴 처칠랜드. 『물질과 의식』(*Matter and Consciousness*)에서 처칠랜드는 이렇게 말한다. "생명 현상은 전적으로 실재적이고 매우 중요하다. 그러나 우리가 이제 알게 되었듯, 생명 현상에서 '형이상학적으로 특별한' 것은 없다." 책의 나머지 부분에서 그는 근본 실재를 순전히 물질적인 구성으로 환원하는 소거 유물론(eliminative materialism)에 대한 자세한 사례를 제시한다. 그에게 정신은 곧 뇌다.[8]

멀린 도널드. 멀린 도널드는 인간을 비롯한 모든 생명체의 기원을 "신속 학습이 가능한 특정 생물들에서의 계통 발생에서 개체 발생"으로 추적한다. "인간 인지의 진화는 한 수준에서 일어나는 일련의 작은 점진적 변화가 다른 수준에서 급진적 변화를 가져올 수 있는, 급진적 진화의 훌륭한 예로 볼 수 있다." 원생동물에서 인지와 상상력을 갖춘 인간으로 진화한 그 기원은 순전히 자연적이다. 원시적 신-의식이 신화에서 시작되어

---

7   4장을 보라. 또한 Richard Dawkins, *The God Delusion* (New York: Houghton Mifflin, 2006); Daniel C. Dennett, *Breaking the Spell* (New York: Penguin, 2006, 『주문을 깨다』, 동녘사이언스), 그리고 *From Bacteria to Bach and Back* (New York: W. W. Norton, 2017, 『박테리아에서 바흐까지, 그리고 다시 박테리아로』, 바다출판사)을 보라. 비판으로는 Alister E. McGrath and Joanna Collicutt McGrath, *The Dawkins Delusion?* (Downers Grove, IL: InterVarsity Press, 2007, 『도킨스의 망상』, 살림), 그리고 David Bentley Hart, "The Illusionist," *New Atlantis*, Summer/Fall 2007, pp. 109-121를 보라.

8   Paul M. Churchland, *Matter and Consciousness*, 3rd ed. (Cambridge, MA: MIT Press, 2013), p. 133; 또한 pp. 130, 261, 271를 보라. 『물질과 의식』(서광사).

지적으로 정교한 데까지 발전한다. 예를 들어, 그는 "대뇌 가소성(cerebral plasticity)은 진화 속도[와]…보이지 않는 긍정적 피드백 회로를 가속한다"라고 쓴다. 도널드는 이 엄청난 추측을 뒷받침할 만한 생리적 자료를 거의 인용하지 않지만, 그 추측은 자연주의로 추정되는 세계관―그는 이 세계관에 대해서는 회의적이라고 겸손히 인정한다―안에서 내적 일관성이 있다.[9]

브라이언 매기. 브라이언 매기는 명쾌하고 매혹적인 문체로, 자기의 의식을 이해하고자 했던 유년 시절의 탐구를 추적하고, 592페이지에 걸쳐 철학의 역사를 조망한 후 자신의 실패를 고백한다. 인간의 마음은 유한하기 때문에 결코 성공할 수 없다. 그는 초월적 영역이라는 개념이 현실을 이해하는 데 필요한 현상들을 설명할 수 있다는 것을 잘 알고 있지만, 이를 믿을 수는 없다. "나는 종교인이 아니며, 종교적 믿음을 받아들이는 것은 진리에 대한 개방성과 양립할 수 없다고 생각한다…. [그런데도] 그것[종교적 전제]이 사실이라는 가능성을 배제할 수는 없다."[10]

매기는 지난 4세기 동안의 철학의 흐름을 살펴보는 것에서 훨씬 더 나아간다. 그는 스스로 깊이 고민해 보지 않고는 어떤 확실한 발언을 하지 않는다. 그의 『고백록』(Confessions)은 철학 입문 과정의 좋은 텍스트가 될 것이다. 그러나 그는 인간의 경험과 추상적 이성(마음뿐만 아니라 정신의 문제)에만 전념하기 때문에 신이 인간에게 생각하는 능력을 '부여'한다는 사실을 감정적으로 고려하는 것이 그에게는 가능하지 않다.[11]

---

9 Merlin Donald, *A Mind So Rare: Evolution of the Human Consciousness* (New York: W. W. Norton, 2001), pp. 210, 253, 290.
10 Bryan Magee, *Confessions of a Philosopher* (London: Phoenix, 1997), pp. 1, 572.
11 대조되는 의견으로는 Marilynne Robinson, *The Givenness of Things* (New York: Farrar, Straus and Giroux, 2015)를 보라. 또한 로빈슨의 *Absence of the Mind* (New Haven, CT: Yale University Press, 2010)도 보라.

도덕적 규범과 사회적 규범의 변화

도덕적 규범과 사회적 규범의 변화는 우리가 직면한 셋째 문제다. 이러한 변화는 TV에서 명확하게 드러난다. 전통적 도덕성을 보여 주는 코미디 프로그램인 〈딕 반 다이크 쇼〉(The Dick Van Dyke Show, 1961-1966)를 생각해 보라. 롭과 로라는 결혼한 부부로, 그들의 관계는 친절하고 충실하며 도전받는 일도 전혀 없었다. 재미있는 사건들이 아이러니나 풍자 없이 사실적으로 묘사된다. 이 작품을 〈올 인 더 패밀리〉(All in the Family, 1971-1979)라는 시트콤과 비교해 보라. 〈올 인 더 패밀리〉에서 주인공 아키 벙커는 그의 딸과 함께 등장하는데 그 딸은 남편과 함께 통상적인 예의의 한계선을 넘는다. 그런데 충격적이고 냉소적인 유머가 쉽게 통한 것은, 시청자들이 큰 실수를 연발하는 아버지 편이 아니라 사위의 편에 쉽게 설 수 있었기 때문이다. 이 시트콤은 위험 부담을 안고 방영되었으나 큰 호응을 얻었다. 그리고 이 드라마를 통해 새로운 도덕성이 더 강하게 제시되었다.

이제 〈빅뱅 이론〉(The Big Bang Theory, 2007-2019)이라는 드라마를 생각해 보자. 매우 재미있고 매우 비전통적이다. 대여섯 명의 배우가 과학자 쉘든 쿠퍼를 중심으로 관계를 형성한다. 밀레니얼 세대가 모인 이 작품에서 모든 형태의 섹슈얼리티는 정상이다. 모든 관계는 신실해야 하지만, 일시적으로만 그렇다. 결혼했을 때는 온전히 헌신하지만 그 전에는 그렇게 하지 않는다. 모든 것이 재검토된다.

남성, 여성, 가족을 파격적으로 묘사하는 수십 개의 텔레비전 쇼는 이전에는 용납되지 않았던 행동을 정상적인 것으로 제시함으로써 전통적 도덕성에 도전한다. 이러한 프로그램들은 매우 재미있어서, 전통적 도덕을 따르는 사람들조차도 보면서 진심으로 웃게 된다. 그뿐만 아니라 등장인물들이 아주 즐겁게 보이기에 그들이 더 나은 삶을 살고 있으리라는 생각이 점점 커지게 된다. 텔레비전은 문화를 모방하기도 하고 주도하기도 한다.

텔레비전과 여타 소셜 미디어의 힘은 문화 전반으로 확장된다. 여러 토크쇼, 게임쇼, 멜로드라마, 이른바 리얼리티 쇼, 심지어 뉴스에서도 〈빅뱅 이론〉과 비슷한 도덕성을 갖고 살아가는 '실제 사람들의 실제 삶'에 대한 관심이 끊이지 않는다. 이러한 쇼 가운데 하나 혹은 그 이상이 시청자의 관심을 끌어 그들을 중독 수준으로 빠뜨릴 수 있다.[12]

어린이들도 비슷한 상황에 놓여 있다. 그들은 특히 휴대전화와 컴퓨터 게임에 계속하여 관심을 둔다. 휴대전화를 만지작거리는 것에도 중독성이 있다. 미디어 자체가 특별히 악하지는 않지만, 많은 텔레비전 프로그램이 사소한 것에 관심을 끌게 해서 더 잘 사용할 수도 있는 시간을 삼켜 버린다. 티머시 제닝스(Timothy Jennings)는 이렇게 쓴다.

연구에 따르면 생후 첫 8년 동안 아이들이 오락 프로그램을 많이 볼수록 주의력, 초점, 집중력 문제(전전두엽 피질의 기능 장애)가 발생할 위험이 커지고 폭력, 충동적 행동, 성적 일탈 행동, 불안 및 정서 문제의 증가 비율이 높아진다고 한다.[13]

대학교 1학년 때 작문 선생님이 방금 채점한 과제물을 돌려주면서 평가한 내용이 생생하게 기억난다. "자네 과제물에서 대학 축제의 해악에 보이는 신랄한 태도에는 점수를 줄 수 없네. 그렇지만 엉망인 철자와 문법

---

12 Timothy R. Jennings, MD, *The God-Shaped Brain: How Changing Your View of God Transforms Your Life* (Downers Grove, IL: InterVarsity Press, 2013), pp. 51-56를 보라. 『뇌, 하나님 설계의 비밀』(CUP).
13 Jennings, *God-Shaped Brain*, p. 51.

에는 점수를 줄 수 있겠네. F 학점으로." 하지만 축제 등 사소한 것에 관하여 내가 비판한 것은 정당하다고 생각한다. 방금 서술한 대로 사소해 보이는 일들은 실제로 크게 악영향을 끼치기 때문에 엄중히 비판받아 마땅하다. 내가 이 모든 미디어에 대해 비판한 내용의 요점은 이 책을 읽는 독자들에게 경각심을 불러일으키는 데 있다. "동료 그리스도인들이여, 조심하십시오! 성경의 영원한 진리가 아니라 유행하는 시대정신에 의하여 여러분이 형성되도록 버려둔다면, 여러분은 그분께 드려야 할 여러분의 봉사와 여러분 자신을 그분에게서 빼앗는 것이 될 수 있습니다. 조심해야 합니다. 이 시대정신에 의하여 여러분의 삶이 허비되도록 버려둔다면 어떻게 세계관을 세울 수 있겠습니까?"

미래에 대한 두려움

넷째 문제도 새로운 것이 아니다. 우리가 전쟁을 치르지 않았거나 전쟁의 위협을 받지 않았던 짧은 기간도 있었다. 물론 1950년대 후반과 1960년대 원자폭탄의 시대가 있었다. 그리고 그 이전의 제2차 세계대전은 두려운 시기였다. 그런데 지난 몇 년 동안 북한 및 이란과의 관계에서 긴장이 고조되었다. 우리는 다시 핵전쟁의 위협에 처해 있다. 21세기에 그리스도인들은 사적 생활이나 공적 생활에서 어떻게 대응해야 하는가?

한 가지 중요한 방법을 제안한다. 바로 소망이다. 유대 역사 전체를 통틀어 그 민족을 지탱해 준 것은 바로 소망이었다. 구약성경 시대의 사람들은 메시아를 기다렸다. 구약의 선지자들은 그분이 오시리라는 사실을 계속 선포했다. 예수님은 마침내 오셨으나 그분을 알아본 사람은 소수에 불과했다. 그분은 겸손한 종으로 오셔서 십자가에서 돌아가셨기 때문이다. 구주가 어떻게 죽을 수 있단 말인가? 그렇지만 사흘만 기다리면 됐다.

이후 그분은 무덤에서 부활하셨고, 반드시 다시 오시리라는 소망 가운데 그분의 백성을 떠나셨다. 20세기가 지난 지금, 그분은 아직 돌아오시지 않았다. 그리스도인은 여전히 소망의 시대에 살고 있다. 언제가 될지는 모르지만 우리는 그 일을 위해 준비해야 한다.

우리의 세계관에는 하나님이 우리에게 조금 보여 주신 것이 현실이 되리라는 소망이 포함되어야 한다. 그러니 그리스도의 오심을 기다리라.

끝까지 추구할 것인가, 중단할 것인가?

당신은 세계관을 재구성하는 일을 다음과 같은 방법으로 계속할 수 있다. 주요 이슈에 관심을 기울이고, 성경을 읽고 묵상하며, 관련 서적을 참고하고, 잡지의 서평란을 계속 읽으면서 새로운 작품들을 따라가라. 내가 가장 추천하는 잡지는 「퍼스트 씽즈」(*First Things*), 「크리스채너티 투데이」(*Christianity Today*), 그리고 최고의 출간 도서를 소개하는 데 관심을 기울이는 다른 잡지들이다.

여러분은 지금 하는 일에 만족하지 못할 수도 있고, 어려운 부분을 끝내지 못할 수도 있다. 나 역시 성적 지향과 젠더에 대해 어떻게 생각해야 하는지 아직 종합적으로 파악하지는 못했다. 모두를 사랑해야 한다는 것을 알지만, 이것이 모든 질문에 답을 제시하지는 않는다. 괜찮다. 우리가 해야 할 일이고 우리가 할 수 있는 것이 그것뿐이면 어쩔 수 없다. 우리가 할 수 있는 일을 한다면 우리는 진전을 이룰 것이다. 하지만 이 책의 세계관이나 여러분의 개인적으로 갖는 세계관이 완벽하리라 생각하지 말고, 그 세계관이 가장 친한 친구의 세계관이나 목사님의 세계관과 일치하리라고 생각하지도 말라. 그 세계관은 여러분의 것이다.

이 책에는 많은 세계관적 사고가 담겨 있지만, 적어도 가장 중요한 것이 하나 있다. 바로 혼자서 조용히, 또는 가족이나 기독교 공동체와 함께 공개적으로 성경을 읽고, 기도하고, 예배하는 것이다. 우리는 모두 부활을 기다린다. 예수님과 함께 살아가고 그분의 목장에서 부활한 양들과 함께하는 삶을 소망한다.

그러니 주 예수님, 속히 오시옵소서!

성찰과 토론을 위한 질문

1. 이번 장에 언급된 네 가지 문제 중에서, 여러분의 현재 세계관 형성을 고려할 때 특히 시급하거나 관련성이 있다고 생각하는 것은 무엇인가?
2. 21세기의 세계관 형성을 설명하기 위해 추가하고 싶은 다른 주제가 있는가?
3. 평생 세계관을 계속해서 재구성하는 것이 중요하다고 생각하는가? 어떻게 하면 이를 잘 수행할 수 있는가?

부록: 세계관 도식과 간략한 개요

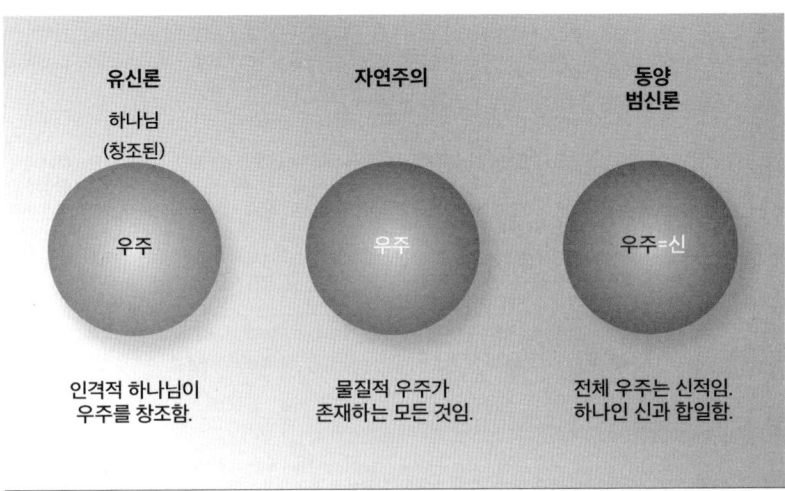

그림 1. 세계관 개략—비교(2, 4, 7장)

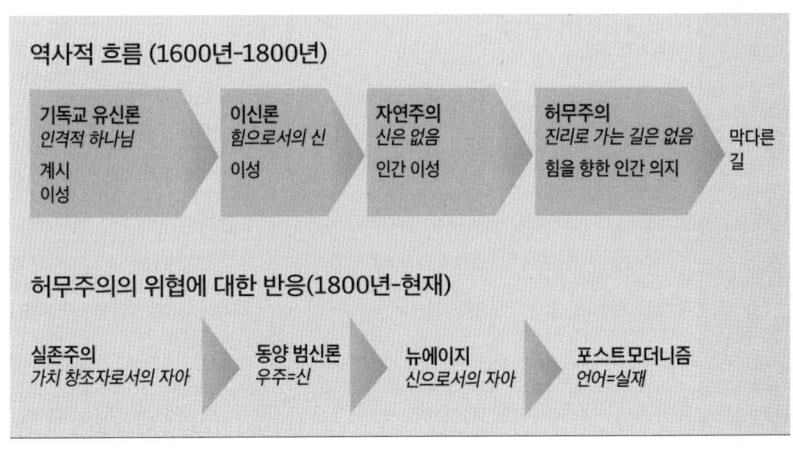

그림 2. 세계관의 역사적 흐름

간략한 세계관 개요

세계관 질문	기독교 유신론	이신론 (정교한 계몽주의 이신론)	자연주의	도덕주의적 치료 이신론[a]
최고의 실재	하나님—무한하고, 전능하며, 편재하고, 전지하며, 인격적이고, 삼위일체이며, 선함.	하나님—무한한, 비인격적인, 제일원인, 시계공.	오직 물리적 물질—움직이는 물질 혹은 물질과 에너지의 복합체(하나님이나 신이 아님).	하나님—모호한 인격적, 자비로운 창조자. 그가 하는 일은 우리가 행복할 수 있도록 사물을 정리하는 것임.
외부 실재	열린 체계에서 원인과 결과의 균일성을 갖고 창조됨.	닫힌 체계(시계 장치)에서 원인과 결과의 객관적 균일성을 갖고 만들어짐.	최고의 실재와 같음: 닫힌 체계에서 원인과 결과의 객관적 균일성.	과학을 통해 인간 이해에 열린 신의 질서 정연한 피조물.
인간	하나님의 형상으로 창조됨: 인격, 지적 능력, 도덕성, 창조성을 갖춤. 하나님께 대한 반응: 타락했고, 구속받을 수 있지만, 반드시 구속받지는 않음.	인격이지만 시계 장치의 부품임. (비일관적으로) 변화에 영향을 줄 수 있는 주체로 간주됨.	오랜 시간 동안, 설계되지 않은 완전히 자연적인 과정을 통해 생겨난 물질과 에너지의 구조로, 그 신비는 아직 이해되지 않은 복잡성뿐임. 자율적임.	하나님에 의해 행복하기 위해 창조됨. 물론 좋은 존재이지만 사람은 자신의 선호에 따라 자신의 믿음을 선택할 수 있음.
죽음 이후	하나님 및 그분의 백성과 함께하는 삶, 혹은 하나님과 분리됨.	죽음 후에도 인격적 존재이겠지만, 아닐 수도 있음.	인간 인격의 소멸(죽음 이후의 삶은 없음).	선한 사람은 천국에 감. 거의 모든 사람이 선함.
지식	인간이 하나님을 닮기 때문에 가능함. 모든 것을 아는 모든 것의 지식자에서 우리를 때때로 어떤 것을 아는 지식자가 되게 하심. 계시에는 성경을 통한 직접 계시, 인간 이성을 통한 자연적(간접적) 계시가 있음.	인간 이성의 자율적 능력을 통해 가능함. 사람들은 자연을 통해 자연 및 시계공을 알 수 있음. 성경을 통한 직접 계시는 없음.	오랜 기간에 걸쳐 완전히 자연주의적으로 진화하면서 발달한 능력. 성경을 통한 직접 계시는 없음.	하나님은 우리를 생각할 수 있는 존재라고 만드심. 과학은 기술적으로 우리가 원하는 것을 얻게 해 줌. 우리는 행복이라는 목표를 실현하기 위해 인간 관계를 조정하는 데 지성을 사용할 수 있음. 다양한 경전을 통한 직접 계시가 있을 수 있음.
도덕성	인간이 하나님을 닮기 때문에 가능함. 하나님의 성품과 명령이 표준.	인간의 이성과 직관이 윤리적 지식을 가능하게 함.	인간의 개인적·사회적 구성체.	하나님은 우리가 착하고 다른 사람들과 잘 지내기를 원함. 누구도 의로울 필요는 없음.
역사	인간을 향한 하나님의 목적, 즉 하나님 나라의 건설이 구체적으로 실현되는 일.	인간의 선택으로 만들어지며 일반적으로 좋은 사회를 향해 나아감.	인간의 개인적·사회적 구성체. 역사는 인간이 의미 있다고 상상하는 대로만 의미 있음.	삶의 초점은 현재에 있음. 과거나 미래에는 거의 관심을 기울이지 않음.
핵심 헌신	하나님을 영화롭게 하고 영원히 그분을 즐거워하는 것. 먼저 하나님 나라를 구하는 것.	인간 이성을 사용하여 인간 번영을 촉진하는 것.	자율적 인간 이성을 가지고 자신의 운명을 결정하고 살아가는 것.	행복하게 되는 것.

a. Christian Smith with Melinda Lundquist Denton, *Soul Searching: The Religious and Spiritual Lives of American Teenagers* (New York: Oxford University Press, 2005)에 기초함.

허무주의적 포스트모던 자연주의	동양 범신론	뉴에이지 (새로운 미국 영성)[b]	이슬람 유신론
지식의 직접적 대상이 아니며, 지식의 대상이 전혀 아닐 수도 있음. 식별하기는 언어에 달려 있음.	공간과 시간, 선과 악, 환상과 실재의 구분을 넘어서는 합일.	신성한 어떤 것이든—각 개인이 지각하는 바에 따라 정의됨. 개인의 특정 언어, 문화, 사회, 가족, 장소, 시간에 근거하며, 시간, 장소, 사람의 변화에 따라 계속 변함.	알라—무한하고, 하나이며, 인격적이고, 초월적이며, 내재적이고, 전지하며, 주권적이고, 선함. 그럼에도 무엇보다 하나됨, 초월성, 주권을 강조함.
최고의 실재와 동일하지만, 이는 모든 사람의 언어 체계의 일부임. 보통 과학의 '언어 게임'에 의한 진지한 지적 추구에서 다루어짐.	물질적 실재는 환상이며, 일자가 다수에게 투사된 것임.	무엇이든 구체화된 것. 신과 우주는 궁극적으로 동일함.	닫힌 체계에서 원인과 결과의 균일성으로 무에서 유를 창조함. 알라의 명령이 없으면 아무 일도 일어나지 않음.
사람들이 사용하는 언어에 의해 구성됨.	궁극적 실재와 재결합할 수 있는 신성의 불꽃.	최고의 실재 내에서 나뉘는 것은 물질적 특성과 영적 특성을 모두 나타내는 개별 자아로 드러남.	알라의 기준에 따라 살아야 할 책임이 있는 알라 창조의 정점.
개인적 소멸 가능성이 가장 높지만 아무도 알 수 없음.	이전 생에 살았던 방식에 근거한 환생.	인간 자신에게는 본질적 변화가 일어나지 않음. 각 개인은 '그 어떤 것'과 재통합됨.	전적으로 자신의 행위에 근거한 심판에 따라 부활해, 낙원 혹은 지옥에서 사후를 맞이함.
엄밀히 말해 모든 사람이 아무것도 알지 못하며, 이해란 존재에 대응하는 데 사용되는 언어에 의해 구성되고 제한됨.	외부 실재의 환상적 성격에 참여하는 것. 이른바 외부 실재 혹은 최고의 실재에 대한 지식은 없음.	개인적·인격적 경험이 최종적 권위. 가장 권위 있는 경험은 황홀경. 어떤 의식 있는 상태에서 지각하는 무엇이든 그것이 한 개인에 관한 한 이는 실재(즉, 존재하는 것)임.	지식이 주권적 명령에 의해 제한되긴 하지만, 알라는 인간에게 이성과 감각이라는 수단을 통해 지식의 가능성을 부여함.
전적으로 인본주의적이며, 사회적·언어적으로 구성된 욕망, 사고, 행동의 양식에 따른 결과.	선과 악의 최종적 구분은 없음.	선과 악의 최종적 구분은 없음. 악 자체는 환상임.	옳고 그름은, 하디스에 의해 확대되고 법(샤리아) 학파에 의해 해석된 쿠란에 근거함.
우리가 구성한 것 외에 삶의 의미나 목적은 없으며, 그마저도 확실하거나 안정적이거나 보편적이거나 오래 지속되는 게 아님. 모든 메타내러티브는 모호하고 억압적임.	인간의 삶 그 자체에는 결정적 목적이 없음. 각 사람의 목표는 윤회의 수레바퀴에서 벗어나 궁극적 실재와 연합하는 것임.	인류의 역사에는 거의 관심이 없음. 지금과 당장 다가올 미래의 각 개인에게 초점을 맞춤.	알라의 절대 주권을 입증하고, 또한 인간이 그에게 복종함을 보여 줌.
각자가 원하는 것을 얻을 수 있는 언어를 만들고 사용하는 법을 배우는 것.	무한한 비인격적 일자 안에서 자신의 근원으로 돌아가는 것.	개인의 자아를 향상시키는 것.	삶의 모든 영역에서 알라에게 복종하는 것.

b. Elizabeth Lesser, *The New American Spirituality: A Seeker's Guide* (New York: Random House, 1999)에 기초함.

찾아보기

가다머, 한스게오르크(Hans-Georg Gadamer) 29-30
갈릴레이, 갈릴레오(Galileo Galilei) 81
갓셜, 조너선(Jonathan Gottschall) 361
개념적 상대주의 307, 311-314, 316, 331, 345, 435
개인주의 286
계몽주의 104-105, 147, 168, 339-341, 358, 462
고빈다 250-255
과학주의 114
구르지예프, 게오르기(George I. Gurdjieff) 299
굴람 아흐마드, 카디안의(Ghulam Ahmad of Qadiyan) 421
그레고리, 앙드레(André Gregory) 280
그레이엄(W. Graham) 166
그렌츠, 스탠리(Stanley Grenz) 354, 368
그로타이스, 더글러스(Douglas Groothuis) 22, 266, 273, 369
그로프, 스태니슬라프(Stanislav Grof) 275, 305
그리어, 로버트(Robert Greer) 369
그린, 마조리(Marjorie Grene) 217-219
근본주의 377, 417-418
기니스, 오스(Os Guinness) 22, 281, 440
기독교 연구소 266
기독교 유신론 41-76, 79, 81-82, 87-88, 89, 92, 96-99, 101, 111-112, 125, 127, 131, 147, 210-211, 212, 224, 259, 325, 339, 384-386, 390-391, 401, 441-444, 449, 461-462
기독교 인문주의 137-138
기든스, 앤서니(Anthony Giddens) 335, 340
기링, 로이드(Lloyd Geering) 225
기번, 에드워드(Edward Gibbon) 95
기어츠, 클리퍼드(Clifford Geertz) 277

나예프(Nayef, 사우디아라비아 왕자) 425
네이글, 어니스트(Ernest Nagel) 117-118, 120-122
노글, 데이비드(David Naugle) 18, 22
뉴먼, 마거릿(Margaret A. Newman) 290
뉴에이지 17, 28, 98, 263-331, 343, 362, 435-437, 447, 461-463
니버, 라인홀드(Reinhold Niebuhr) 210, 223
니체, 프리드리히(Friedrich Nietzsche) 29, 158-159, 172, 176, 185, 189-190, 222, 334-335, 339, 343-344, 354, 374-375, 378
닐슨, 카이(Kai Nielsen) 375

다스굽타, 수렌드라나트(Surendranath Dasgupta) 234
다원주의(다원화) 17, 335
다윈, 찰스(Charles Darwin) 132-135, 148, 165-166, 361
달라이 라마(Dalai Lama) 234
대스턴, 로레인(Lorraine Daston) 451

덜레스, 에이버리, 추기경(Cardinal Avery Dulles) 104-105
데니, 프레더릭 매튜슨(Frederick Mathewson Denny) 397
데닛, 대니얼(Daniel Dennett) 129, 132, 174, 449, 453
데도, 게리(Gary Deddo) 22
데리다, 자크(Jacques Derrida) 337, 343, 355, 359-360, 378
데이비스, 폴(Paul Davies) 99
데카르트, 르네(René Descartes) 111-113, 118-119, 339, 341-344, 370, 374
데트마, 케빈(Kevin J. H. Dettmar) 356
덴턴, 멜린다 런드퀴스트(Melinda Lundquist Denton) 103
도널드, 멀린(Merlin Donald) 453-454
도스토옙스키, 표도르(Fyodor Dostoyevsky) 197-198, 202
도킨스, 리처드(Richard Dawkins) 100, 135, 175, 449, 453
돌바크, 남작(Baron D'Holbach) 129
뒤샹, 마르셀(Marcel Duchamp) 153
드 밀레, 리처드(Richard De Mille) 277
디즈니, 월트(Walt Disney) 180
<딕 반 다이크 쇼> 455
딕, 필립(Philip K. Dick) 280

라 메트리, 쥘리앙 오프레 드(Julien Offray de La Mettrie) 112-113, 116, 119, 126-127
라다크리슈난, 사르베팔리(Sarvapalli Radhakrishnan) 234
라우리, 월터(Walter Lowrie) 217
라이마루스(H. S. Reimarus) 95
라이트(N. T. Wright) 224, 319, 365
라이트, 로버트(Robert Wright) 99

램, 버나드(Bernard Ramm) 138
러브록(J. E. Lovelock) 277-278
러셀, 버트런드(Bertrand Russell) 122-123, 314, 375
레너드, 조지(George, Leonard) 271, 289
레닌, 블라디미르(Vladimir Lenin) 145
레비스트로스, 클로드(Claude Lèvi-Strauss) 359
레잉(R. D. Laing) 316
렘리, 브래드(Brad Lemley) 273
로자크, 시어도어(Theodore Roszak) 275, 284
로젠, 위니프레드(Winifred Rosen) 273
로젠펠드, 앨버트(Albert Rosenfeld) 294
로지, 올리버(Sir Oliver Lodge) 309
로크, 존(John Locke) 83-85, 88, 112, 343
로티, 리처드(Richard Rorty) 315, 345, 347-348, 353, 355, 373, 378
루이스(C. S. Lewis) 20, 52, 92, 166-167, 234
루카스, 조지(George Lucas) 280
르낭, 에르네스트(Ernest Renan) 220, 224
르샨, 로런스(Lawrence LeShan) 287-289, 294, 314-315
리어리, 티머시(Timothy Leary) 273
리오타르, 장프랑수아(Jean-François Lyotard) 337-338, 351, 358-359, 365, 369
리프먼, 월터(Walter Lippmann) 129-131
린드벡, 조지(George A. Lindbeck) 368
릴라, 마크(Mark Lilla) 337, 355, 374
릴리, 존(John Lilly) 264, 275, 282, 286-287, 294-304, 310-311, 316

마돈나(Madonna) 289
마르쿠제, 헤르베르트(Herbert Marcuse) 220
마르크스, 카를(Karl Marx) 139-147, 150, 359
마르크스주의 22, 139-147, 150
마스카로, 후안(Juan Mascaró) 247, 254

마텔, 얀(Yann Martel) 350
마틴, 리처드(Richard C. Martin) 398
마헤쉬 요기, 마하리쉬(Maharishi Mahesh Yogi) 235, 241-242, 279
마흐디(Mahdi) 420-421
매기, 브라이언(Bryan Magee) 376, 453-454
매스터스, 로버트(Robert Masters) 274, 300, 312
매슬로우, 에이브러햄(Abraham Maslow) 274, 300
매컬럼, 데니스(Dennis McCallum) 363
매크라켄, 새뮤얼(Samuel McCracken) 330
매클레인, 셜리(Shirley MacLaine) 98, 268, 271, 279, 287-291, 294, 297, 299-306, 309, 318, 322
매킨타이어, 알래스데어(Alasdair MacIntyre) 220
맥그래스, 알리스터(Alister McGrath) 371
맥스(D. T. Max) 361
멈마, 하워드(Howard Mumma) 207-208
메더워, 피터(Peter Medawar) 82
메카 387, 406, 418, 425, 429
모노, 자크(Jacques Monod) 135, 162-164
모우캐리, 쇼캣(Chawkat Moucarry) 22, 384
몰리에르, 장 바티스트(Jean Baptiste Molière) 30-31
몸, 서머싯(Somerset Maugham) 434
묘초, 선 마스터(Zen master Myocho) 256
무디, 레이먼드(Raymond J. Moody, Jr.) 305
무신론 99-100, 112, 114, 141, 185-201, 208-217, 225-226, 231, 375-376, 434, 449-454
무타질라파 395-396, 399, 426
무하드, 마흐무드(Mahmoud Murad) 400
무함마드 382, 387, 395, 406, 410-412, 417, 421, 424
미국 국립과학아카데미 450
미들턴, 리처드(J. Richard Middleton) 368

미첼, 조니(Joni Mitchell) 289
밀레트, 케이트(Kate Millet) 359
밀턴, 존(John Milton) 20, 79, 137
바래시, 나넬(Nanelle Barash) 360
바래시, 데이비드(David P. Barash) 360
바르트, 칼(Karl Barth) 209-210, 223-226
바빙크(J. H. Bavinck) 37
바울, 사도(apostle Paul) 29, 61, 67, 70, 164, 272, 328, 415
바타차야, 아누파마(Anupama Bhattacharya) 277
배럿, 윌리엄(William Barrett) 119
밴젠트, 이얀라(Iyanla Vanzant) 281
버크, 리처드 모리스(Richard Maurice Bucke) 300-302
버트런드, 마크(J. Mark Bertrand) 16
번스타인, 레너드(Leonard Bernstein) 434
범신론 99, 136, 234, 236, 245, 248, 262, 282, 461, 463
범재신론 98-99
베르그송, 앙리(Henri Bergson) 293
베리만, 잉마르(Ingmar Bergman) 176, 183
베버, 막스(Max Weber) 172
베이너, 로널드(Ronald Beiner) 356
베이컨, 프랜시스(Francis Bacon) 81, 351
베이컨, 프랜시스(Francis Bacon, 화가) 183
베케트, 사뮈엘(Samuel Beckett) 45, 153-156, 161, 183-185
벨라, 로버트(Robert Bellah) 286
벨하우젠, 율리우스(Wellhausen, Julius) 221
보가트, 험프리(Humphrey Bogart) 434
보니것, 커트(Kurt Vonnegut Jr.) 156, 178, 185
보드, 스티븐(Board, C. Stephen) 21
보를레르, 샤를(Charles Baudelaire) 93, 205

보어, 닐스(Niels Bohr) 163
볼처, 로드베이크(Lodewijk Woltjer) 132
볼테르, 프랑수아마리 아루에(François-Marie
　　Arouet Voltaire) 83
부버, 마르틴(Martin Buber) 213-214, 217
부브, 리처드(Richard H. Bube) 22, 138, 162
부에처, 존(John B. Buescher) 233, 261
부조리주의 45
불가지론 99, 114, 194, 451
불교 232-237, 255-259, 451, 452
불트만, 루돌프(Rudolf Bultmann) 223-224
붓다 233, 252, 255-257, 272, 317
브라이얼리, 존(John Brierley) 119
브레이어, 에밀(Émile Bréhier) 89, 94, 117
브로노우스키(J. Bronowski) 81
브로드(C. D. Broad) 293
브루너, 에밀(Emil Brunner) 210
브리크몽, 장(Jean Bricmont) 367, 377
블랙햄(H. J. Blackham) 208-209
블레이크, 윌리엄(William Blake) 284
블룸, 앨런(Allan Bloom) 130, 172, 174, 185
비베카난다, 스와미(Swami Vivekananda) 233, 237
비스, 진 에드워드(Gene Edward Veith Jr.) 369
비판적 실재론 364-365
<빅뱅 이론> 455
빈 라덴, 오사마(Osama bin Laden) 385

상수 257
새로운 의식 17, 28, 265, 267-268, 272, 276, 331
색스턴, 찰스(Charles Thaxton) 81
샌본, 세라(Sara Sanborn) 85
샹카라 235
선(禪) 233, 256-258, 290, 300
세계관, 규정된 17-22
세속적 인문주의 117, 137-140
세이건, 칼(Carl Sagan) 114, 135, 375, 453
세즈넥, 장(Jean Seznec) 46
셰익스피어, 윌리엄(William Shakespeare) 45, 137
소쉬르, 페르디낭 드(Ferdinand de Saussure) 359
소칼, 앨런(Alan Sokal) 366-367, 377
소크라테스(Socrates) 180, 335
쇼월터, 일레인(Elaine Showalter) 359
수니파 396, 401, 417
수피파 393-394, 427
쉐퍼, 프랜시스(Francis A. Schaeffer) 166, 219
슈뢰딩거, 에르빈(Erwin Schrödinger) 314-315
슈트라우스(D. F. Strauss) 220
스미스, 제임스(James K. A. Smith) 368
스미스, 크리스천(Christian Smith) 103
스즈키(D. T. Suzuki) 233, 258
스코투스, 둔스(Duns Scotus) 220
스키너(B. F. Skinner) 128, 161, 195, 324, 439
스타반스, 일란(Ilan Stavans) 360
스텐저, 빅터(Victor J. Stenger) 314
스튜어트, 래리(Larry L. Stewart) 359
스티븐스, 보니 클롬프(Bonny Klomp Stevens) 359
스티븐스, 월리스(Wallace Stevens) 434
스팽글러, 데이비드(David Spangler) 288
스펜서, 에드먼드(Edmund Spenser) 137

스필버그, 스티븐(Steven Spielberg) 280
시네스트베트, 댄(Dan Synnestvedt) 22, 95
시드니, 필립(Sir Philip Sidney) 58
시아파 이슬람교 420
시오랑, 에밀(E. M. Cioran) 169
신비주의 28, 265, 282-283, 300, 304, 323, 377
신에 대한 무관심론 114
신정통주의 210, 223-224
신하리즈파 418
실존주의 28, 180, 187-227, 231, 286, 338, 353-355, 383, 433-434, 441
심슨, 조지 게일로드(George Gaylord Simpson) 120, 128, 134-135
『싯다르타』 230, 235, 246-255, 302

아널드, 매슈(Matthew Arnold) 24, 221-223, 360
아리스토텔레스(Aristotle) 81, 82, 99, 124
아브달라티, 함무다(Hammudah Abdalati) 391
아슈아리, 아부 알 하산 알(Abu al-Hasan al-Ash'ari) 385
아슈아리파 385, 395-396, 399
아우구스티누스(Augustine) 29, 57
아인슈타인, 알베르트(Albert Einstein) 98, 159, 163, 173, 287
아흐마드파 421
알 파루키, 이사밀 라기(Isam'il Ragi al Faruqi) 390, 394, 409
알 하산(al-Hassan) 418
알 후세인(al-Hussein) 418
알렌, 디오게네스(Diogenes Allen) 368
알리 벤 탈립(Ali ben Talib) 417
알카에다 383-385
애니미즘 282-284, 308, 324-325, 428, 433

애덤스, 더글러스(Douglas Adams) 154-156, 185
앤더슨, 타와(Tawa J. Anderson) 16
야키, 스탠리(Stanley Jaki) 163-164, 170, 173
얀델, 키스(Keith Yandell) 22, 181, 234, 437
업다이크, 존(John Updike) 110, 122
에라스무스, 데시데리우스(Desiderius Erasmus) 137
에반스, 스티븐(C. Stephen Evans) 22
에스포지토, 존(John L. Esposito) 396, 405
에슬린, 마틴(Martin Esslin) 45
에워, 윌리엄(William Ewer) 71
에이어(A. J. Ayer) 122
에크하르트, 마이스터(Meister Eckhart) 297
엘리스, 존(John M. Ellis) 360
엘리엇(T. S. Eliot) 30
엥겔스, 프리드리히(Friedrich Engels) 139
영지주의 267, 320, 325, 375
영지주의 문헌 272, 319
예수 16, 33, 50, 63, 66, 70-71, 73-76, 84, 89, 93-95, 117, 125-127, 209, 222-225, 253, 260, 266, 272, 288, 317-321, 327-328, 348, 387, 398, 410-411, 421, 441, 457-459
오든, 토머스(Thomas Oden) 369
오츠, 조이스 캐럴(Joyce Carol Oates) 277
<올 인 더 패밀리> 455
올리버, 조앤 던컨(Joan Duncan Oliver) 268
올비, 에드워드(Edward Albee) 45
올슨, 칼(Carl Olson) 318-319
올타이스, 제임스(James H. Olthuis) 29-31
와인버그, 스티븐(Steven Weinberg) 277, 314
와츠, 앨런(Alan Watts) 233
와하비즘 385
왈쉬, 브라이언(Brian Walsh) 368
왓슨, 피터(Peter Watson) 376
우드워드, 밥(Bob Woodward) 269

우드워드, 토머스(Thomas Woodward) 133
우파니샤드 235, 236-238, 243-247
워프, 벤저민(Benjamin Whorf) 312
웨스트민스터 소요리문답 73-74
웨스트민스터 신앙고백 47, 50
웨스트폴, 메롤드(Merold Westphal) 368-369
웨일, 앤드루(Andrew Weil) 272-274, 279, 283, 289, 299, 315
웰스, 데이비드(David F. Wells) 369
위더링턴, 벤(Ben Witherington) 224
윈프리, 오프라(Oprah Winfrey) 281
윌리엄스, 버나드(Bernard Williams) 373
윌리엄스, 제프리(Jeffrey J. Williams) 362
윌리엄슨, 메리앤(Marianne Williamson) 281
윌버, 켄(Ken Wilber) 266, 271-272, 275, 290, 294, 300, 302, 314, 324, 328
윌슨(E. O. Wilson) 361, 376
윌슨, 우드로(Woodrow Wilson) 275
윌슨, 제임스(James Q. Wilson) 129
유미주의 434
유수프 알리(Yusuf Ali) 387, 420
유신론, 기독교 '기독교 유신론'을 보라.
융, 카를(Carl G. Jung) 274, 353
이글턴, 테리(Terry Eagleton) 365
이븐 압둘 알 와하브, 무함마드(Muhammad Ibn Abd al-Wahhab) 385
이븐 한발(Ibn-Hanbal) 385
이성의 시대 105
이슬람교(이슬람교 유신론) 19-20, 28, 48, 147, 379, 381-430, 435, 441, 447, 463
이신론 19, 22, 28, 77-107, 111-113, 116, 383, 435, 438, 441, 447, 461-462
  대중적 83, 106, 102-104
  도덕주의적 치료 83, 97, 103, 462
  따뜻한 84, 100

정교한 과학적 98-99
정교한 철학적 99-102
차가운 84-86, 97-98, 100
이오네스코, 외젠(Eugène Ionesco) 45, 156
이차조, 오스카(Oscar Ichazo) 289, 304, 315
인문주의 117, 126-127, 137-140, 376, 451. 또한 '기독교 인문주의; 세속적 인문주의'를 보라.
"인문주의자 선언" 117-123, 126-127, 137-138
잉글런드, 해럴드(Harold Englund) 215

자본주의 141, 142-143, 145-146, 383
자연주의 28, 79, 84, 88, 109-150, 156-158, 162-172, 174-175, 179, 189-191, 231, 242, 265, 269, 275, 282-283, 285-286, 313, 323, 338-339, 341, 355, 364, 378, 383, 433-434, 438-441, 447, 449-452, 461-463
재너(R. C. Zaehner) 299
제1차 세계대전 190
제2차 세계대전 457
제닝스, 티머시(Timothy R. Jennings) 456
제임스, 윌리엄(William James) 274, 300
제퍼슨, 토머스(Thomas Jefferson) 95-96
젠킨스, 키스(Keith Jenkins) 363-364, 372
조로아스터 272
조블링, 데이비드(David Jobling) 117-118
조이스, 제임스(James Joyce) 434
존슨, 루크 티머시(Luke Timothy Johnson) 223, 224
존슨, 스튜어트(Stuart D. Johnson) 114
종교개혁 369
주커브, 게리(Gary Zukav) 277, 281, 282
진화 33, 35, 117, 120, 124, 132-136, 148, 156, 162, 243-244, 269-272, 282-283, 304,

322-324, 354, 360-361, 449, 453-454, 462
질송, 에티엔(Étienne Gilson) 106

채프먼, 콜린(Colin Chapman) 22, 423, 427
처칠랜드, 패트리샤 스미스(Patricia Smith Churchland) 341
처칠랜드, 폴(Paul M. Churchland) 341, 453
체스터턴(G. K. Chesterton) 68
초월 명상 235, 261, 265, 279
초프라, 디팩(Deepak Chopra) 272, 279, 281, 288, 294, 302, 317-321
치머만, 옌스(Jens Zimmerman) 138

카넬, 에드워드 존(Edward John Carnell) 210, 223
카뮈, 알베르(Albert Camus) 29, 45, 180, 189-191, 197, 202-208, 212, 226, 227, 345
카바니, 피에르 장 조르주(Pierre Jean Georges Cabanis) 119, 193
카스타네다, 카를로스(Carlos Castaneda) 276-277, 284, 294-297, 303-304
카시러, 에른스트(Ernst Cassirer) 312
카포네, 알(Al Capone) 324
카폰, 로버트 패러(Robert Farrar Capon) 171
카프라, 프리초프(Fritjof Capra) 266, 277, 282
카프카, 프란츠(Franz Kafka) 156, 175-176, 183-185, 209, 222
칸트, 임마누엘(Immanuel Kant) 18, 29, 217, 343
칼뱅, 장(John Calvin) 29, 137, 223
칼뱅주의 218
커밍스(E. E. Cummings) 30
커츠, 폴(Paul Kurtz) 117
케이지, 존(John Cage) 183
케플러, 요하네스(Johannes Kepler) 81

코두언, 윈프리드(Winfried Corduan) 20, 22, 236-237, 381
코페르니쿠스, 니콜라우스(Nicolaus Copernicus) 81
코플스턴, 프레더릭(Frederick Copleston) 83, 344
코헨, 앤드루(Andrew Cohen) 271
콩도르세, 마리 장 앙투안 니콜라 드 카리타, 후작(marquis de Condorcet, Marie Jean Antoine Nicolas Caritat) 95
콰인, 윌러드 반 오먼(Willard Van Orman Quine) 348-349
쾌락주의 259, 433
퀴블러-로스, 엘리자베스(Elisabeth Kübler-Ross) 305
큐브릭, 스탠리(Stanley Kubrick) 279
크레인, 스티븐(Stephen Crane) 25-27, 152, 170, 179
크로산, 존 도미닉(John Dominic Crossan) 224
크루프닉, 마크(Mark Krupnick) 359
클라센, 노먼(Norman Klassen) 138
클라크, 아서(Arthur C. Clarke) 148, 279
클랩, 로드니(Rodney Clapp) 22
클리모, 존(Jon Klimo) 275, 294, 315
클린턴, 힐러리 로댐(Hillary Rodham Clinton) 269
키르케고르, 쇠렌(Søren Kierkegaard) 190, 209, 216-219, 226
킨, 샘(Sam Keen) 266, 289, 300, 304, 315

타임니(I. K. Taimni) 299
타트, 찰스(Charles Tart) 315
탈레반 383, 385, 417-418, 423, 429
터클, 셰리(Sherry Turkle) 119
테니슨, 앨프리드(Lord Alfred Tennyson) 27
테일러, 마크(Mark C. Taylor) 368

테일러, 유진(Eugene Taylor) 273
테일러, 찰스(Charles Taylor) 30, 79, 138, 258, 373
토마스 아퀴나스(Thomas Aquinas) 29, 62, 341
토마스, 루이스(Lewis Thomas) 277-278
톨런드, 존(John Toland) 95
톨레, 에크하르트(Eckhart Tolle) 281-282
톰슨, 윌리엄 어윈(William Irwin Thompson) 275-276, 282, 289, 294, 302, 323-324
톰슨, 키스(Keith Thompson) 277
트랜스휴머니즘 448
트레베탄, 토머스(Thomas Trevethan) 21
틸리케, 헬무트(Helmut Thielicke) 59, 181, 315, 329

파드(Fahd, 사우디아라비아 국왕) 425
파라마함사, 스리 라마크리슈나(Sri Ramakrishna Paramahamsa) 233, 237, 241, 248
파스칼, 블레즈(Blaise Pascal) 57
파울리(W. Pauli) 163
퍼거슨, 매릴린(Marilyn Ferguson) 266, 289, 296, 301-302
페늘롱, 프랑수아(François Fénelon) 86-87
페라이노, 칼(Carl Peraino) 156
페어브리지, 로즈(Rhodes W. Fairbridge) 117
페이터, 월터(Walter Pater) 434
페인, 토마스(Thomas Paine) 84, 96
페일리, 윌리엄(William Paley) 112
포스트모더니즘 17-18, 28, 105, 125, 148, 190, 289, 315, 331, 333-379, 447, 461
포이어바흐, 루트비히(Ludwig Feuerbach) 140-141
포타파루경 257
포프, 알렉산더(Alexander Pope) 78, 90-95, 106, 323

폴라드, 닉(Nick Pollard) 175
푸코, 미셸(Michel Foucault) 337, 348, 352-354, 356, 370-372, 378
풀러, 버크민스터(Buckminster Fuller) 85
프랑스 혁명 97, 143
프랭클린, 벤저민(Benjamin Franklin) 83-84, 96
프랭키, 존(John Franke) 368
프레드킨, 에드워드(Edward Fredkin) 121
프로이트, 지크문트(Sigmund Freud) 177, 311, 348, 353, 359
프로타고라스(Protagoras) 59
플라톤(Plato) 29, 80, 348
플랜팅가, 앨빈(Alvin Plantinga) 165
플랫, 존(John Platt) 128-129, 160, 195, 217
플루, 앤터니(Antony Flew) 99-100
피쉬, 스탠리(Stanley Fish) 359
피카소, 파블로(Pablo Picasso) 434
핀터, 해럴드(Harold Pinter) 45

하디스 385, 416-417, 422, 462
하벨, 바츨라프(Václav Havel) 100-101, 375
하이데거, 마르틴(Martin Heidegger) 190
하이젠베르크, 베르너(Werner Heisenberg) 156, 163
하인라인, 로버트(Robert Heinlein) 167
한발 학파 385, 417
핫산, 이합(Ihab Hassan) 336, 375
해니프, 수잰(Suzanne Haneef) 407
해리스, 샘(Sam Harris) 449, 453
햄턴, 찰스(Charles Hampton) 22
허무주의 28, 38, 45, 88, 149, 151-186, 189-190, 193, 197, 208-209, 222, 226, 231-232, 281, 315, 322, 329, 433, 436, 441, 447, 461
헉슬리(T. H. Huxley) 148

헉슬리, 로라 아케라(Laura Archera Huxley) 291

헉슬리, 올더스(Aldous Huxley) 274, 291-297, 302-304, 308-309

헉슬리, 줄리언(Julian Huxley) 120

헤겔, 게오르크 빌헬름 프리드리히(Georg Wilhelm Friedrich Hegel) 140-141, 145, 343

헤릭, 제임스(James A. Herrick) 266-267

헤밍웨이, 어니스트(Ernest Hemingway) 183-185, 434

헤세, 헤르만(Hermann Hesse) 230, 235, 246-247, 250-251, 255, 302, 434

헨리, 칼(Carl F. H. Henry) 369

헬러, 조지프(Joseph Heller) 156

호건, 존(John Horgan) 375

호메로스(Homer) 348

호킹, 스티븐(Stephen Hawking) 98, 115-116, 132

혼합주의 17, 232, 428

홀데인(J. B. S. Haldane) 166

홈즈, 아서(Arthur F. Holmes) 18

홉킨스, 제라드 맨리(Gerard Manley Hopkins) 42, 75, 432, 442

화이트헤드, 앨프리드 노스(Alfred North Whitehead) 112, 191

환생 35, 68, 72, 248-250, 251, 306, 463

후버, 제임스(James Hoover) 15-16, 17-22

휴스턴, 진(Jean Houston) 269-274, 288-289, 300, 301

흄, 데이비드(David Hume) 95, 112, 343

히친스, 크리스토퍼(Christopher Hitchens) 449, 453

힌두교 232, 234-236, 248, 251, 255-259, 451, 452

옮긴이 후기

이웃 세계관을 통해 자기를 돌아보기

이 책의 영어 제목은 "옆집의 우주: 기본 세계관 목록"(Universe Next Door: Basic Worldview Catalogue)이다. 저자는 서양 사회의 세계관이 어떻게 변천했는지 기본 질문을 통해 제시한다. 최고의 실재, 인간, 죽음, 도덕성, 역사, 핵심 헌신 등을 묻는 질문에 대답하는 방식으로 세계관의 변천 과정을 살핀다. 서양에서는 기독교 유신론에서 인격적 하나님 개념이 약화되고 규칙이나 법으로 환원되면서 유신론이 이신론으로 변형되었고, 물질이 궁극적 실재가 되면서 자연주의로 넘어갔으며, 그 논리적 귀결로 허무주의가 도래하고, 허무주의로는 살 수 없기 때문에 이를 극복하기 위해 실존주의가 등장했다. 아울러 동양의 범신론, 새로운 의식(뉴에이지), 포스트모더니즘이 나타났고 최근에는 이슬람 세계관도 큰 영향력을 끼치고 있다. 저자는 이렇게 역사적 방식으로 세계관의 변천을 다룰 뿐 아니라 지금 형성되는 세계관의 중요한 특징도 서술한다.

초판에서 6판까지—그리스도인의 집단 지성

제임스 사이어는 IVP 편집장 시절에 수많은 기독교 지성인과 교류했고, 저술과 강의를 통해 젊은 지성인들과 끊임없이 교감했다. 이 책은 그러한 교류와 교감의 열매다. 저자는 초판 출간 이후 개정 작업을 거듭하면서 다른 학자를 초청해 함께 집필했다. 마르크스주의(스티븐 에반스)와 이슬람교 세계관(윈프리드 코두언) 부분이 그 결과다. 이번 6판(한국어판은 개정4판)은 제임스 사이어의 후임이자 이전 판본의 편집자로서 이 책의 역사와 함께해 온 제임스 후버가 전체적으로 교정하고 첨가하여 완성했다. 그런 면에서 이 책은 그리스도인의 집단 지성의 열매라고 할 수 있을 것이다.

아울러 이 책은 여러 그리스도인이 토론하고 저술한 결과일 뿐 아니라, 계속해서 질문을 제기함으로써 그리스도인을 청중이자 독자로서 참여시켜 사고하게 하는 열린 책이다. 이 책의 구성만 보면 책이 단지 몇 가지 명제를 중심으로 세계관을 분석하는 것처럼 보이겠지만, 내용을 들여다보면 저자가 단순히 명제를 도식화하여 설명하지 않음을 알 수 있다. 저자는 세계관 질문을 단순히 순서대로 열거하지 않고 각 세계관에 맞는 방식으로 순서를 바꾸기도 하고 같은 질문을 반복해 다루기도 하기 때문이다.

그리스도인의 집단 지성의 산물이라고 할 수 있는 이 책은, 초판(1976년)에서 6판(2020년)까지 진행하는 동안 내용 면에서도 상당히 변화했다. 예를 들어, 초판에서는 이신론이 기독교 유신론에서 자연주의로 넘어가는 다리 역할을 하는 정도로 보고, 단순히 논리적으로 서술하면서 이미 지나간 사조라는 인상을 주었다. 그런데 이번 6판에서는 이신론을 차가운 이신론과 따뜻한 이신론으로 나누어 설명하고 오늘날에도 영향을 끼치고 있음을 상기시켜 주었다. 자신이 제시했던 분석 틀을 고집하지 않고, 사람들의 태도나 주장을 세심하게 관찰하는 저자의 통찰력이 잘 반영된 부분이다. 이 내용은 교회 안에서 생활했으나 하나님을 인격적으로 만나지 못한 사람들이 무의식적으로 경험하는 바를 서술한 것으로, 오늘날 기독교 가정에서 자라난 사람들에게도 해당한다고 생각한다.

기세현사와 40년

'기세현사'로 약칭되던 『기독교 세계관과 현대사상』은 1982-1983년에 한국외국어대학교에서 강의하던 윌리엄 쇼(William Shaw) 교수가 IVF 학사들과 공부한 결과물을 스터디 가이드로 엮어 내면서 한국의 기독교 지성인들에게 알려지기 시작했다. 옮긴이는 1984년과 1985년 겨울에 기독교학문연구회에서 이 책을 번역하면서 함께 공부했다. 아직 워드프로세서나 개인 컴퓨터가 본격적으로 사용되기 전이어서 우리는 번역 원고를 대학 노트에 정서하고 복사해 나누어 보면서 공부했다. 이후 『그리스도인의 비전』 『창조 타락 구속』 등의 책이 기독교학문연구회의 다른 간사들에 의해 번역, 출간되면서 1980년대 기독교 세계관 운동이 활발하게 전개되었다. 광주의 5월과 함께 시작한 1980년대의 대학가는 마르크스의 유물론적 세계관이 지배하고 있었고, 과학적 세계관을 주장하는 그들에 대항해 세계관을 논리적이고 체계적으로 설명한 이 책은 그리스도인 학생들에게 지적 단비 같은 역할을 했다. 지난 40년 동안 거의 매년 재쇄를 거듭할 정도로 꾸준히 팔렸다는 사실은 이 책이 한국의 기독 학생들 사이에서 크게 영향을 끼쳤다는 증거가 될 것이다.

옮긴이 김헌수는 초판을 번역한 이후, 기독교학문연구회에서 총무로 일하다가 목회자로 부름을 받아 목회에 매진했다. 그동안 확대 개정 2판과 4판이 출간되고, 새로 집필한 부분을 다른 옮긴이가 번역했다. 이후 IVP에서 확대 개정 6판을 출간하는데 새로 집필한 부분을 번역할 의사가 없느냐는 연락을 받았다. 마침 옆에 있던 아들이 그 일을 하고 싶다고 자원해 함께 이 일을 맡았다. 원서의 기고자가 여럿이듯 이 책의 번역자도 여럿이다(8-9장은 안경상, 10장은 백지윤, 12장은 김경재가 맡았다). 원서가 '그리스도인의 집단 지성'의 산물인 것처럼 한국어판 번역도 그렇다. 여러 사람이 부분적으로 번역에 참여했으며 마지막으로 김헌수가 검토했다. 아울러 초판과 개정판 모두 한 사람이 원고 정리에 도움을 주었다. 같은 목표를 향해 걸어가는 그 사람의 도움으로 이 책이 이만큼이나마 모양을 갖추게 되었다.

끝으로 이 번역서를 웨슬리 웬트워스께 헌정한다. 그는 1965년에 한국에 와서 평신도 선교사로 57년간 봉사하면서 이 땅의 기독교 지성을 위하여 형언할 수 없이 수고하신 후 2022년 12월에 미국으로 돌아가셨다. 사실 1984년에 이 책으로 스터디 그룹을 조직하여 공부와 번역을 겸한 것도 그분 사역의 일부였고, 그분 덕분에 이 책도 한국어로 번역될 수 있었다. 주님께서 웨슬리와 같은 정신을 가진 그리스도인을 많이 일으키시기를 소원한다.

2023년 12월
동자동 연구실에서
옮긴이 대표, 김헌수

옮긴이 김헌수는 총신대학교를 졸업하고 서울대학교 서양사학과 박사 과정을 수료하였다. 기독교학문연구소 총무와 연구 위원으로 활동하며, 기독교 세계관(특히 역사관), 학문과 신앙 등에 관한 여러 편의 글을 썼고 강의를 했다. 미국 필라델피아 웨스트민스터 신학교와 네덜란드 아펠도른 신학대학교에서 공부했으며, 대전성은교회에서 목회한 후 지금은 독립개신교회신학교 교장으로 재직하고 있다. 『하이델베르크 요리문답 강해』 『시편과 그리스도의 고난』 『여호와의 율법을 찬송함』 『영원한 언약』(이상 성약출판사) 등을 썼으며, 『예술과 기독교』(IVP), 『성경에서 가르치는 장로』 『시편의 흐름』(이상 공역, 성약출판사) 등을 한국어로 옮겼다.

기독교 세계관과 현대사상

초판 발행 1985년 5월 10일 | 초판 18쇄 1993년 12월 24일
제2판 발행 1995년 1월 10일 | 제2판 16쇄 2006년 8월 30일
제3판 발행 2007년 8월 10일 | 제3판 16쇄 2022년 10월 20일
제4판 발행 2024년 1월 2일 | 제4판 2쇄 2025년 5월 30일

지은이 제임스 사이어
옮긴이 김헌수
펴낸이 정모세

편집 이성민 이혜영 심혜인 설요한 박예찬
디자인 한현아 서린나 | 마케팅 오인표 | 영업·제작 정성운 이은주 조수영
경영지원 이혜선 이은희 | 물류 박세율 정용탁 김대훈

펴낸곳 한국기독학생회출판부 | 등록번호 제2001-000198호(1978.6.1)
주소 04031 서울시 마포구 동교로 156-10
대표 전화 (02) 337-2257 | 팩스 (02) 337-2258
영업 전화 (02) 338-2282 | 팩스 080-915-1515
홈페이지 http://www.ivp.co.kr | 이메일 ivp@ivp.co.kr
ISBN 978-89-328-2225-9

ⓒ 한국기독학생회출판부 2024

책값은 뒤표지에 있습니다.
무단 전재와 복제를 금합니다.